新闻学与传播学“十四五”规划教材·基础课程系列
14th Five Year Plan University Textbook

媒介经营与管理

MEDIA OPERATION AND MANAGEMENT

(SECOND EDITION)

（第二版）

楚明钦 编著

中国传媒大学出版社
·北京·

图书在版编目(CIP)数据

媒介经营与管理/楚明钦编著.--2版.--北京:中国传媒大学出版社,2025.5.

(新闻学与传播学"十四五"规划教材)

ISBN 978-7-5657-3901-9

Ⅰ. G206.2

中国国家版本馆CIP数据核字第20252VR765号

媒介经营与管理(第二版)

MEIJIE JINGYING YU GUANLI (DI-ER BAN)

编　　著	楚明钦
策划编辑	李水仙
责任编辑	李水仙　李明远
封扉设计	风得信设计·阿东
责任印制	李志鹏

出版发行	中国传媒大学出版社		
社　　址	北京市朝阳区定福庄东街1号	**邮　　编**	100024
电　　话	86-10-65450528　65450532	**传　　真**	65779405
网　　址	http://cucp.cuc.edu.cn		
经　　销	全国新华书店		

印　　刷	三河市东方印刷有限公司
开　　本	787mm×1092mm　1/16
印　　张	19.75
字　　数	386千字
版　　次	2025年5月第2版
印　　次	2025年5月第1次印刷

书　　号	ISBN 978-7-5657-3901-9	**定　　价**	68.00元

本社法律顾问:北京嘉润律师事务所　郭建平

第二版前言

传统媒体时代，媒介产品生产以劳动分工为基础，采编播分工明确，传媒产品生产被分解成若干环节，分别由专业的记者、编辑分工合作完成，记者也有文字记者、摄影记者和摄像记者等分工。由于学习效应存在，完成不同分工任务的记者和编辑专业化程度较高，熟能生巧，每个人各司其职，他们通过分工与合作完成任务。

随着生成式人工智能技术的不断更新迭代，其推动舆论生态、媒体格局、媒介内容生产和传播方式都发生了深刻变化。人工智能时代的媒介产品生产，从谷歌的自动翻译到 AlphaGo 的应用，到 ChatGPT 的出现，再到 Sora 文生视频的实现，都给传统媒体产品生产和传播带来巨大冲击。2025 年 1 月，中国深度求索公司发布的 DeepSeek 模型，显著降低了计算资源能耗，实现了高效的推理能力，更是将生成式人工智能关键性突破推向了新的高度。媒介产品生产通过生成式人工智能，将数据获取、智能服务、情感支持和创作工具支持等功能集为一体，彻底颠覆了媒介产品生产的流程和经营模式。媒介产品生产和传播的生产成本、人员成本、时间成本和组织成本等都将大幅度降低。

本教材致力于突出数字技术下媒介经营与管理的组织变革、传统媒体与新媒体融合、媒介产品生产、媒介品牌经营、媒介广告经营、新媒体营销、媒介资本运作、媒介法务管理等主题，反映数字智能时代媒介经营与管理变革对新闻传播人才培养的要求，也体现与时俱进在媒介经营与管理中的重要性。但是，随着大数据、云计算、区块链、人工智能等新媒体技术的迅猛发展，传媒产业发生了“颠覆性创新”和“破坏性变革”。为了适应传媒技术、市场和政策等环境新变化，及时吸纳新的传媒现象、理论和实践，需要对《媒介经营与管理》第一版进行修订。本教材第二版修订的内容主要体现在以下几个方面：

第一，在第七章补充了“媒介市场与媒介营销创新”内容。本版教材对第一版整体内容和结构进行重新审视，分析各章节之间的逻辑关系和衔接情况。例如，由于媒介营销是媒介经营与管理的重要组成部分。本教材在第六章“媒介融合时代的信息产品生产”后，加入了“媒介市场与媒介营销创新”一章。第七章从媒介市场与媒介商业模式、双边市场与媒介双边市场、营销与营销要素组合、媒介融合下的媒介营销创新等角度分析了媒介经营与管理中的媒介营销问题。

第二,在第四章“媒介的领导体制和组织架构”部分,补充了“数字经济下媒介组织的平台化转型”。数字智能时代,媒介组织的平台化转型成为重要趋势。为了更好地适应平台化转型要求,媒介组织需要对传统组织架构进行调整和优化,构建更加灵活、高效的平台化组织架构。本教材第二版分析了平台型媒体特征和分类、媒体平台化的路径、媒体平台化的三个阶段。在此基础上,从主体层面、内容层面、分发层面和社交层面分析了数字经济下媒体组织平台化的路径。

第三,在第六章“媒介融合时代的信息产品生产”部分,补充了“人工智能时代的媒介产品生产”。在人工智能时代,媒介产品生产、分发和商业模式等都发生了断裂式发展和颠覆性创新。本版教材分析了人工智能时代,媒介信息产品生产从 PGC、UGC 到 AIGC 的转变,并分析了生成式人工智能在新闻生产和分发中的应用,例如,发现新闻线索、机器新闻写作、信息核查、算法推荐等。在此基础上,分析人工智能应用于媒介产品生产中的侵犯用户因素、偏离新闻价值、缺乏人文关怀、造成信息茧房等问题。

第四,数据和案例的更新。本版教材更新了中国媒介业的发展现状。例如,本版教材从传媒产业市场规模、媒体深度融合、网络视听行业市场格局特征、广播电视新媒体发展、报刊数字化和市场化转型、图书行业融合出版、数字广告迭代升级等层面分析中国传媒产业发展现状。再如,从数字智能技术下的媒介商业模式转型、用户付费机制和生成式人工智能塑造数字传媒新景观等层面分析传媒产业发展趋势。另外,本版教材也与时俱进,删除了部分过时的案例,补充了一些数字智能时代传统媒体数字化转型、新媒体发展、媒体平台化、媒体深度融合、媒体数字营销、数字广告、生成式人工智能等前沿案例。

本教材修订力图将媒介深度融合条件下媒介经营与管理的新技术、新政策、新实践等吸纳到教材中,有助于帮助学生了解并掌握媒介经营与管理最新的技术动态和行业趋势,提高学生适应能力。但是,教材的修订速度永远赶不上媒介技术的更新迭代速度。随着生成式人工智能技术对媒介生产、分发和商业模式的影响不断增强,媒介经营与管理的教材内容和体系需要不断与时俱进,以适应媒介产业发展的新需求。

楚明钦

2025 年 3 月 10 日

目　录

第一章　媒介经营与管理导论

【章节大纲】

1.媒介经营与管理的相关概念；

2.媒介融合进程中的技术形态变迁；

3.中国媒介的发展现状与趋势。

【章节内容】

本章介绍了媒介经营与管理的含义、学习媒介经营与管理的重要意义、我国不同媒介技术的演化、媒介技术融合与我国三网融合的推进、我国媒介的发展现状、我国传媒业发展存在的问题以及发展趋势等。

第一节　媒介经营与管理的相关概念

10 年前，人们每天清晨出门后的第一件事情，也许是从门口的报箱中拿出一沓报纸查阅天气，获悉昨天的新闻头条。10 年后的今天，人们只需睁开惺忪的睡眼，躺在温暖的被窝里，便可用手机阅览新闻，了解国内外正在发生的事情。

10 年前的你，也许会为找不到客户而发愁，也许为了一家家地上门拜访客户而跑断腿。而今天的你，可以直接在互联网上找到客户信息，通过手机、QQ、微信、微博等多种交流方式建立新的客户关系。你也可以通过智能 CRM 系统自动分析市场数据，识别潜在客户，并通过个性化信息推送方式与你的潜在客户建立联系；此外，系统还能根据客户的反馈和行为数据，为你提供针对性的营销策略建议。

10 年前的你，在工作之余，困倦得瘫倒在床上，看看电视、读读杂志，便已心满意足。10 年后的你，可以在工作之余，在淘宝网等电子商务平台上开一家小店，赚取工作之外的收入；也可以通过在线学习平台学习自己感兴趣的领域，以便为自己的职业生涯加分;还可以随时在贴吧中发表言论,或是通过微博、微信、QQ、抖音、小红书等记录下此时此刻的心得体会并分享给大家。有时你还会意外地发现,浏览你"作品"的人比一些大型媒介的用户数量还要多,如果能把这些人发展成付费用户,那么也许你的人生将有新的规划。在数字化和互联网技术推动下,线上线下生活已经实现了无缝衔接,你可以在家远程办公、购物、学习、娱乐等。

如今的媒介产品或服务已经不再传统而狭义地存在于生活中。集便携化、轻薄化、集成性和时尚性为一体的工业产品设计,使更多的媒介产品或服务逐渐演变成"全天候伴随性"的媒介形态,24 小时陪伴在人们身边。如果你是一个"宅男"或"宅女",你根本不用出门,因为在数字化的互联网技术背景下,媒体组织可以照顾你所有的生活,可以为你提供各种信息和娱乐内容(有电子出版物、影视、游戏等内容产业等作为支撑),帮助你在家里完成工作并获得收入(有 SOHO 办公产业的软硬件等作为支撑),还能够帮助你购买任何东西(有电子购物与电子金融等作为支撑),并且在你指定的时间把东西送到你的眼前(有物流产业等作为支撑)。由此可见,人们每天的生活都是一个从和媒介接触开始,到和媒介说再见而结束的过程。[①]

一、媒介经营与管理的含义

长期以来,人们所重视的是意识形态的宣传属性。但随着媒介市场化的发展,媒介的产业属性日益鲜明,这促使媒介开始必须尊重市场规律和传播规律,媒介经营与管理不再只是宣传的工具。在此背景下,媒介经营与管理的含义有了更为全面而准确的界定。

(一)媒介的含义

媒介的英文为 medium,复数形式为 media,翻译成汉语时被称为"传媒""媒介"或"媒体",主要指传播信息的载体,即信息在传播过程中,从传播者到接收者之间携带和传递信息的一切形式的物质工具。

但是,这三种翻译之间也有一定的细微区别:传媒是"传播媒介"或"传播媒体"的简称,强调"媒介"或"媒体"的传播特性。

媒介在《现代汉语词典》中被解释为"使双方(人或事物)发生关系的人或事物"。"媒介"一词,在中国古代最早见于《旧唐书·张行成传》:"观古今用人,必因媒介。"其中,"媒"在先秦时期主要指媒人,后来引申为事物发生的诱因;而"介"主要指居于两者

---

① 张宏.媒介营销管理:智能化融媒时代的理论、政策与战略实践[M].2 版.北京:北京大学出版社,2013:8.

之间的中介体或工具。传播媒介主要强调传媒的介质属性，指的是信息传递的载体、渠道、中介物、工具或技术手段。因此，媒介是中性的，它有自己的属性，而这些属性如何运用，则取决于人的主观能动性。

媒体被释义为“交流、传播信息的工具”。传播媒体主要强调信息的传播机构，指的是掌握某种或某些传播媒介的机构与团体。作为机构和团体的媒体是主观的，决定其主观性的因素主要有两个方面：一是体制，二是媒体自身的立场、观点和利益。任何媒体都不可能完全独立，它必然受法制、行政、意识形态等方面的领导与管理。媒体除了有媒介的含义外，还有物质属性。例如，报纸、广播、电视、手机、互联网等，都是媒体。也有人把媒体理解为各种传播方法的综合运用，例如多媒体等。①

在传播学领域，我们习惯将诞生于20世纪的报纸、广播、电视、电影这四大媒介形态称为“传统媒介”，而将诞生于2000年左右的互联网、手机等媒介形态称为“新媒介”。传统的媒介定义一般分为两个层面，其中技术层面指工具，组织层面指机构。罗杰·菲德勒在《媒介形态变化》一书中指出：“媒介是传输信息的工具，也是新闻机构，如报纸、新闻杂志、广播及电视等新闻部门。”“传统媒介”属于单向传播型的媒介形态，被称作“大众型媒介”；“新媒介”则以“交互”性著称，可以实现点对点的双向传播，被称为“人际型媒介”。随着技术的革新，传统媒介和新媒介在传播方式上逐渐趋向“融合”。

麦克卢汉1964年在《理解媒介：论人的延伸》一书中，提出了“媒介即讯息”的著名论断。麦克卢汉还认为“媒介是人的延伸”，也就是说，报纸是人的视觉能力的延伸，广播是人的听觉能力的延伸，而电视则是人的视觉和听觉能力的综合延伸。凡是能够使人与人、人与物、物与物之间产生联系或发生关系的物质都可以称为“媒介”。因此，“媒介不再是一般人心目中的四大媒体：报纸、广播、电视和电影，而是包括一切人工制造物，包括一切技术和文化产品，甚至包括大脑和意识的延伸”。正是在这种媒介观的基础上，媒介才被人从忽视的角落里拎出来，以一种最具革命的力量去考量媒介、个人与社会的三方关系。如果说“媒介是人的延伸”主要在挖掘媒介的人的属性，那“媒介即信息”则是在挖掘媒介的社会属性。可以说，在媒介、个人和社会的三方关系中，麦克卢汉将媒介放在了“原初”的位置上，人的发展和社会的进步都被媒介深深影响。麦克卢汉关于媒介的定义，即“媒介是人的延伸”和“媒介即信息”，深含着媒介对人和社会的解放力量。②

---

① 赵炎秋.媒介与媒体：传媒的两种涵义及其区分[J].湖南社会科学，2009(5)：136-138.

② 关琮严.去媒介化：媒介运作的符号学隐喻：“媒介即信息”的再思考[J].新闻界，2017(3)：52-56.

无论是在学界还是在日常生活中，人们已经习惯将“传媒”“媒介”“媒体”大体等同，并且在叙述中将这三个概念做出细致区分也比较困难。“传媒”主要指传播媒介，它在一定程度上可以和“媒介”一词互换，更多强调其中介性和连接性等特征。“媒体”主要指交流、传播信息的工具，比如，报刊、广播、电视、互联网等。综上所述，媒介经营与管理中的媒介包含两方面的含义：一是指传播信息的中介、载体、渠道、工具、技术手段等；二是指从事信息采集、加工、生产、传播的组织机构。

(二)经营的含义

“经营”的含义在《现代汉语词典》里的解释为“筹划并管理(企业等)”。据学者考证，“经营”一词最早来源于《诗经・大雅・灵台》里的“经始灵台，经之营之”，意思是“经度营造”，后来引申为筹划营谋。随着社会的发展，“经营”的含义和理念发生了很大的变化。如果从经济学角度来考察，“经营”是商品经济的产物，是随着商品经济的发展、市场作用的增强和市场竞争的加剧而不断发展起来的。“经营”也是一系列有组织的谋划活动，这种谋划活动一般由企业所为，它以市场为对象，以商品生产和交换为手段，为实现企业目标和效益，使企业的投资、生产、销售等经济活动与企业的外部环境保持一种均衡动态。具体来说，“经营”就是对供(投入及生产线的设备设施)、产(加工制造)、销(销售及售后服务、反馈)进行筹划运作并协调三者关系，以获得最佳经济效益的经济活动。

媒介经营指的是以市场为对象，以媒介商品的生产、交换(流通)、消费等为手段，以实现媒介的目标并获得收益的经济活动。在社会主义市场经济条件下，媒介经营是一种市场行为，经营者需要进行市场调研，需要考虑市场供给与需求情况，需要了解竞争对手情况，需要进行市场定位和产品定位，需要进行财务预算、计算投入产出情况，需要建立流通渠道，需要通过提供媒介产品和服务获取利润等。这些活动既要遵循市场经济发展规律，又要遵循媒介产品的生产、交换(流通)、消费等环节特殊的运行规律。我国的媒介组织虽然在 20 世纪 70 年代末就走上了“事业单位企业化管理”的发展道路，但几乎所有的媒介组织都缺乏有关媒介市场运作和经营的经验。随着经济体制不断为媒介发展注入活力，媒介的产业化进程在 20 世纪 90 年代开始加速。在此背景下，媒介产业化已经成为所有媒介组织生存和发展必须面对的局面，特别是国际资本的迅速流动以及境外媒介产业的并购和扩张，都在不断加深媒介行业的竞争程度。在这样的条件下，我国媒介组织只有通过提高经营管理水平来增强自身竞争力，才能在世界媒介市场中占有一席之地。

(三)管理的含义

福利特(Follett,1942)较早给管理下了一个经典的定义,她把管理描述为“通过其他人来完成工作的艺术”。这一定义把管理视作艺术,强调了人的因素在管理中的重要性。

罗宾斯和库尔塔(Robbins and Coulta,1996)认为:“管理这一术语是指和其他人一起并且通过其他人来有效完成工作的过程。”这一定义把管理视作过程,既强调了人的因素,又强调了管理的双重目标:既要完成工作,又要讲究效率。[①]

“管理”二字如果从字面上来理解的话,“管”即管制,是对人或事进行约束;“理”即处理、理顺,指将无序处理得有条理。关于“管理”含义的概括,中外说法向来不同。有的侧重于组织目标的实现,认为管理就是“确切地知道你要别人干什么,并指导他们用最经济的方法去做”;有的强调管理的职能,认为“管理就是决策”,是计划、组织、指挥、协调和控制;有的注重人力、财力、物力和信息等资源的优化配置;有的侧重于以人为本,认为“管理就是由一个或更多的人来协调他人的活动,以便达到个人单独活动所不能达到的效果而进行的各种活动”。

有的学者把“管理”区分为广义和狭义。广义的“管理”指的是运用科学的手段组织、安排社会活动,使其有序进行,对应的英文词为“regulation”或“administration”;狭义的“管理”指的是为了保证一个单位的全部业务活动正常开展而实施的一系列程序化的计划、组织、指挥、协调和控制活动,对应的英文词为“management”或“run”。广义的“管理”本来就包含着“经营”,而管理学中常常使用狭义上的“管理”。

媒介管理指的是媒介组织中的管理者,通过决策、计划、组织、领导、控制、创新等职能协调他人或其他媒介组织的活动,以达到媒介的既定目标的活动。媒介管理既包括媒介的经营性活动,例如媒介产品的研发、生产、营销、广告、资本运作等,也包括媒介的非经营性活动,例如人力资源管理、财务管理、媒介文化建设、媒介党务工作等。[②]

(四)经营与管理的关系

“经营”与“管理”是两个既有联系又有区别的概念。区别主要是:

首先,经营是商品经济的产物,强调市场化和“做大做强”;管理是劳动社会化的产物,强调利用管理所具有的职能,使活动按照既定方向和目标运转,不偏离轨道。

① 周三多.管理学[M].3 版.北京:高等教育出版社,2010:4-5.

② 周蔚华. 媒介经营与管理[M].北京:中国人民大学出版社,2023:30.

其次,经营着眼于企业外部的市场环境,根据企业条件和外部环境的变化来决定经营目标,起“适应”和“超前”的作用;管理着眼于企业内部的各种管理关系,组织、协调企业内部资源去实现经营目标。

再次,经营适用于企业,只有以营利为目的的经济组织才有经营活动,企业通过预测、决策来谋求最大的经济效益;管理适用于一切组织,它在实施过程中提高效益,保证赢利得以实现。

最后,经营要解决的通常是重大的、方向性的、一次性出现的和无常规可循的问题,属于战略性范畴;管理要解决的通常是具体的、日常的、重复出现的并且有规律可以遵循的问题,属于战术性范畴。

经营与管理还有很大的联系,主要表现在:

首先,二者的目标和功能是一致的,都是为提升组织效率而发挥积极作用。

其次,从历史发展角度来看,管理的出现要早于经营,有管理不一定有经营;但有经营则必须有管理。企业的成功必须以有效的管理为前提,管理是经营的基础和保证,经营是管理的最终目的。

最后,经营是管理职能的延伸和发展。在市场经济条件下,买方市场占据了主导地位,企业经营能力日益重要。企业管理的职能自然要延伸到研究市场需要、开发新产品和制定市场战略等方面上来,从而使企业管理发展为企业经营与管理。

总之,经营与管理二者密不可分,互为交叉、互相包容、互相渗透、互相制约。只重视管理而不重视经营,则不利于企业的生产和发展;只重视经营而不重视管理,就会造成企业工作秩序混乱、人员素质低下、产品货物质量下降等后果。因此,我们常常将“经营”与“管理”放在一起使用,即经营与管理。

(五)媒介经营与管理的含义

媒介经营与管理,主要解决的是一个媒介组织或者作为市场主体的媒介公司的经营与管理问题,其中包括新闻生产的规范与效率问题和媒介市场的经营效益最大化问题。媒介组织如同企业厂商一样,也要制造产品(信息)并销售产品(信息)。如此一来,媒介本身也需要良好的“经营”与“管理”。媒介经营与管理的研究对象,主要是媒介机构、媒介产品和媒介市场的一般性与特殊性问题。

媒介经营与管理,就是要运用媒介的人力、财力、物力和信息等资源,有效实现媒介所设定的目标。具体而言,媒介经营与管理是指媒介的经营与管理者借助传播手段、传媒的功能价值和公众的认知度以及在社会上的影响力等,将传播职能与经营策略有机结合起来,以实现媒介组织的经济效益和社会效益。

媒介经营与管理的目标，是要使社会效益与经济效益协调发展，并将社会效益置于首位，自觉将意识形态使命和宣传责任纳入自己的目标体系。不同于一般企业的经营与管理中对"人力""财力""物力"等资源的优化配置，媒介经营与管理还要考虑"信息"资源管理。媒介如果不传播信息，用户也就没有对信息的需求，媒介也就没有存在的必要。

1995 年，媒介管理学者舍曼(B.L.Sherman，亦有人将之译为"雪曼")在《远程传播管理：广播、电缆和新技术》一书中曾引用一个由英文字头合成的"POSDCORB"一词来说明媒介经营与管理的职能，其中，P 代表"计划"(planning)，O 代表"组织"(organizing)，S 代表"人事"(staffing)，D 代表"指挥"(directing)，CO 代表"协调"(coordinating)，R 代表"报告"(reporting)，B 代表"预算"(budgeting)。舍曼的观点具有一定的普遍性，结合我国媒介经营与管理的实践，可以把媒介经营与管理的职能概括为策划、计划、组织、指挥、协调、控制和创新七个方面。这七种职能，一方面既有层次又有侧重，不同的媒介主管人员在不同职能上花费的时间和精力有所不同；另一方面，这几个层次又相互联系、相互重叠、相互渗透、相互作用，形成一个统一的整体。①

二、学习媒介经营与管理的重要意义

(一)社会主义市场经济体制下媒介经营与管理人才紧缺

我国媒介业不缺乏写新闻稿的采编人才，真正需要的是优秀的媒介经营与管理人才。尽管我国媒介业的领导管理人员有着较高的专业素质，但是对媒体和市场的结合缺乏足够的实际操作经验，原先在媒介业工作的人不懂媒介市场经营，而持有资金希望进入媒介业的人不了解媒介业的特殊运作规律。媒介业的经营与管理人才严重匮乏，导致媒介业难以应对日益激烈的市场竞争，这与发展中的社会主义市场经济不相符，也制约着媒介业在新形势下的可持续发展。

(二)媒介业谋求生存发展的需要

媒介业的重要目标，是在党的领导下，站在人民的立场上，满足社会的需求，做好新闻信息的传播工作。但它还有另外一个重要的目标，就是要与其他企业一样，通过市场交换去谋求生存与发展。随着中国特色社会主义媒介制度的深入推进，传统媒介不再能够从政府财政获得生存与发展的资金，争取最大的经营效益成为媒介工作的重

---

① 谭云明.传媒经营管理新论[M].2 版.北京：北京大学出版社，2014：12-16.

要主题。而要达到此目标,就要把握媒介经营与管理的基本特征,洞察媒介的基本经营规律,从而实现互联网技术条件下媒介的成功转型。以纸质媒体为例,因为纸质媒体不断受到移动网络及数字媒体的冲击,所以受众流失严重。在这种情况下,纸质媒体不断加强其内容再造,构建了报网融合的一体化机制,促进、完善了全媒体形式的新闻平台,真正实现了新旧媒体的优势互补,加强了新闻生产链的延伸,造福读者。例如,山东烟台的日报传媒集团就在新闻中心建立了小组,对集团内不同媒体的同一新闻分配采编任务,各部门各自为政,生产方式集约化,信息的采访和收集一次性完成。这种经营管理方式的转变正是纸质媒体对当今发展形势的应对表现。

由原解放日报报业集团和文汇新民联合报业集团整合重组的上海报业集团,大力推进媒体深度融合整体转型,率先实现传统主流媒体转战互联网主阵地。经过近十年的发展,集团已从一家以报刊为主的传统报业集团,转变为新媒体占据半壁江山的全媒体集团。①

(三)适应媒介市场竞争加剧的需要

在计划经济时代,媒介的生产者无须进行认真思考就可以简单、轻松地完成宣传任务,因此在信息选择的问题上,媒介业一直处于“传者第一”而非“受者第一”的状态。在互联网技术快速发展的今天,受众的眼界变得越来越开阔,选择信息的余地也越来越大,“受众”变成了“互众”,其在选择媒介时更趋理性,更具有针对性,反过来形成了“受者第一”而非“传者第一”的局面。随着媒介产品的日益增多、内容愈加丰富,任何一种媒介都不可能游离于媒介市场之外。21 世纪以来,全球化浪潮对于中国广电媒介产业来说,既是机遇也是更强劲的挑战。面对世界范围内的竞争态势,我国的本土媒介从长远来看,无论在规模实力上还是在产业化运营上都明显处于劣势地位。所以,提升我国媒介的经营与管理水平刻不容缓。

(四)全媒体时代媒介适应信息传播全球化的需要

改革开放 40 多年来,我国媒介业的迅猛发展和新闻信息的快速传递,在很大程度上得益于媒介技术的快速发展和普遍应用。现代信息技术的发展缩小了国与国之间、地区与地区之间的距离,世界经济出现全球化趋势,媒介产品的生产和销售也逐渐实现全球化。源自中国市场的 TikTok,即抖音海外版,自 2017 年发布以来,迅速进入海外主流市场。截至 2021 年 9 月,TikTok 的全球活跃用户总量超过 10 亿。同时,Tik-

---

① 季颖.上海报业集团深度融合发展的实践与思考[J].传媒,2021(20):24-25,27.

Tok 成为 2021 年度美国市场和全球市场下载量排名第一的移动应用。[①] 在全媒体时代，新的传播技术和传播方式呼唤现代化的传播手段和经营管理模式。如图 1-1 所示。作为知识经济重要组成部分的媒介业，每一位从业人员都要具备新媒介的创新能力以应对全球化时代信息传播的需要，以便塑造国家良好的国际形象，并提升国家的软实力。

图 1-1　全媒体时代

第二节　媒介融合进程中的技术形态变迁

作为第一种大众传播媒介，报纸产生的首要条件并不是技术因素。与其他媒介不同的是，报纸的技术雏形早已出现，人类社会的“近代化”才是它发展成熟的根本原因，虽然技术进步也是推动人类社会近代化的主要因素之一。

虽然广播、电视诞生所依赖的社会条件与报纸诞生时并无二致，但与报纸不同的是，催生广播、电视的决定因素是技术进步。计算机是电子技术发展的核心成果，网络又将一台台孤立的计算机连成整体，一切传统媒介都将进入这个平台。在现实层面，广播、电视日益智能化和网络化，而计算机网络也逐渐完善着日益丰富和强大的大众传媒功能。双方在编码和解码方式、信道、终端等层面相互交叉和渗透，直至融合为一体。

一、报业领域的技术进展

公元 105 年，中国东汉的蔡伦在前人的经验基础上，制造出了植物纤维纸，邸报也由于媒介的变化而得到进一步发展。

中国宋仁宗庆历年间(1041—1048 年)，毕昇首创了胶泥活字排版印刷技术。

1450 年，德国工匠约翰内斯·古腾堡制造出使用金属活字排版的印刷机。

① 姬德强. TikTok 研究：一个国际传播的前沿领域[J]. 视听理论与实践，2022(2)：11-17.

1833 年,美国人本杰明·戴在纽约创办了历史上第一张面向平民百姓的廉价报纸《纽约太阳报》,并获得了大量广告收入。

1845 年,德国生产了世界上第一台快速印刷机,印刷技术的机械化过程从此开始,人类进入了工业化大生产时代。

1860 年,美国生产出第一批轮转机。之后,德国相继生产了双色快速印刷机、印报纸用的轮转印刷机。

1900 年,6 色轮转机的出现,标志着彩色印刷时代的到来。

1978 年,中国报业走上适度自主经营的"事业单位企业化管理"道路。

从 17 世纪开始,随着物质技术条件的逐步改善,原来的手抄小报逐步改为印刷出版,不定期出版的新闻书也逐步定期化。随着邮政事业的发展,邮件稳定地每周送达一次,于是便有了新闻性较强的周刊或周报,即定期报刊。一般认为,定期报刊的出现,标志着近代新闻事业的诞生,或者说大众传播时代的到来。

技术发展对报纸的影响主要体现在以下三个方面:

首先,报纸成本不断降低。从政党报刊到商业报纸,从面向上层社会到服务大众,无论背后有多少原因,成本是影响报纸发展的重要因素。一方面,以往的报纸成本高昂,经济收益有限,报业的商业化程度自然受限;另一方面,政治力量倾向于不顾成本地占领舆论阵地,因此政党报刊得以占据主流地位。同样,报纸一开始只能是比较富裕的群体的消费品,只有在成本降低到一定程度后,才能成为大众消费品。

其次,印刷质量和内容表现能力不断提升。报纸的发展经历了一个从仅有文字到拥有插图,从单色到彩色再到照片级印刷的过程,技术的进步提供了日益增多的表现手段,也使报纸在与其他大众媒体的竞争中获得了新的优势。

最后,报纸的采编、发行手段得以改善。随着录音、录像和摄影技术以及互联网和手机技术的迅猛发展,增加了报纸记者的新闻采访手段,提高了记者的工作效率。随着互联网传播技术的不断发展,报纸的发行手段也不仅仅借助于纸张,还会依靠电子手段,人们可以通过电脑、手机订阅电子报纸,随时随地查阅,尽情享受阅读。

二、模拟广播技术

大众传播发展的社会条件在报纸时代已经具备,对后来的电子大众传媒而言,技术变革是其发展的首要因素。

广播,是指通过无线电波或导线来传送声音信息的多功能、现代化的信息传播工具。广播分为无线广播和有线广播两类。其中,无线广播是广播发展的主流,它是一系列技术积累的结果，其发展的关键几步如下：

首先，无线电波的发现。早在 19 世纪五六十年代，英国物理学家詹姆斯·麦克斯韦就发现了电磁学基本原理，提出了放射性电波可以无线传送的论断。1896 年，意大利人马可尼在英国取得了无线电传送信号专利，并组建公司从事无线电报器材的生产。1899 年，他成功拍发了英国至法国的无线电报，并在 1901 年完成了越洋电报的收发，从此，无线电通信进入实用阶段。

其次，电子管的发明。1904 年，世界上第一只二极管在英国物理学家约翰·弗莱明的手中诞生，这只"真空二极管"是人类电子文明的发端。1906 年，匹兹堡大学教授雷金纳德·费森登在马萨诸塞州的实验室广播了简短的节目，效果良好。

最后，超外差电路的发明。1918 年，美国人埃德温·霍华德·阿姆斯特朗发明了超外差电路，这种方法可以防止两个频率相近的信号在接收机中互相干扰，从而保证不同频率的广播被同时接收。1920 年 11 月 2 日，美国匹兹堡的 KDKA 电台开始播音，这是世界上第一家无线广播电台——无线广播事业诞生了。

广播的技术进步集中体现在它的终端——收音机、电子管、晶体管和集成电路上。它们是电子技术发展的几个阶段，每个发展阶段都与收音机的发展阶段一一对应。事实上，其他电子设备，如电视机、计算机也是如此，它们从诞生的那一天起，就具有内在结构的一致性。因此，不同的电子设备天然地具有"融合"的基础。

广播技术的进步还体现在广播信号上。广播信号最初占用的是无线电波的中波（AM）波段。随着技术的进步，发射系统和收音机都实现了对短波（SW）和超短波（FM）的接收。短波朝天空发射后，被大气中的电离层阻挡而反射回来，从而可以超越遥远的地理距离，因此它的覆盖范围比较大，国际电台通常都是短波广播。超短波广播的信号波长最短；中波和短波都是调幅波，通过无线电波幅度的变化来反映声音信号；而调频波则通过电波频率的变化来反映声音信号。调频波的信息最稳定，音质最好，但穿越建筑物和地理障碍的能力最差。20 世纪 80 年代以后，卫星传送技术应用于无线广播领域，这使广播在发射塔外拥有了一种更为先进和廉价的信号发送方式。卫星广播具有非常明显的优势，原来的许多广播盲点都可以被覆盖。

1893 年，在匈牙利的布达佩斯，有人连接了 700 多条电话线定时广播新闻，形成了正式的有线广播。1924 年，苏联开办有线广播，德、法等国也利用电话网传送广播节目，遂形成了能输送多套节目的有线广播网。20 世纪 80 年代初，我国形成了以县广播台（站）为中心、以乡（镇）广播站为基础，连接千村万户的农村有线广播网。今日，随着社会经济和科技水平的发展，无线广播逐渐占据了绝对主导地位，有线广播网逐渐解体。

三、模拟电视技术

1925 年,英国人约翰·贝尔德发明了机械扫描式电视摄像机和接收机。当时的画面分辨率仅有 30 行线,扫描器每秒只有 5 次扫过扫描区,画面本身也仅有 2 英寸高、1 英寸宽。

1936 年 11 月 2 日,英国广播公司(BBC)开始定时播出电视节目,这时电视的扫描行数已经达到 240 行。一般认为,这是世界电视事业的正式开端。

1953 年,美国联邦通信委员会(FCC)批准了 NTSC(National Television System Committee)开发的兼容制彩色电视制式,并于 1954 年开播,从此开始了彩色电视时代。

技术的进步,帮助人们实现了一系列跨越:从广电效应的提出到将远距离广电转换(传送图像)化为现实;从传送静止图像到传送动态影像;从模糊的 30 线到相对清晰的 240 线;从黑白到彩色……视听信息跨越时空的再现能力从无到有、从弱到强,当今的高清电视画面已经非常接近现场效果。

电视机从电子管起步,也经历了晶体管和集成电路的时代。

图 1-2 “电星一号”

通过发射塔发射微波是最基本的电视信号传输模式,之后的有线电视和卫星电视对这种方式起到了良好的补充作用。有线电视最早出现在 20 世纪 40 年代的美国。到了 20 世纪 80 年代,发达国家的有线电视用户已占全部电视用户的一半以上。1962 年 7 月,美国发射了“电星一号”通信卫星(如图 1-2 所示),第一次把电视信号送上卫星,借助卫星上的转发器同西欧国家之间进行越洋电视转播,这开启了电视的卫星转播时代。1974 年,美国开始运用专门的广播卫星向阿拉斯加等边远地区播送教育电视节目。20 世纪 80 年代后,卫星直播电视开始广泛应用于跨越国界的电视传播领域。

四、计算机和网络技术

1946 年,第一台电子通用计算机“ENIAC”(electronic numerical integrator and computer,如图 1-3 所示)在美国诞生。它由 18,000 多个电子管组成,占地 170 平方

米，总重量达30吨，耗电为150千瓦/小时，每秒能进行5,000次加法或400次乘法运算。在后续的几十年里，计算机经历了电子管、晶体管、集成电路和超大规模集成电路4个发展阶段，变得体积越来越小，功能越来越强，价格越来越低，应用范围越来越广泛。

图 1-3 "ENIAC"

从外形上看，计算机的发展有两个方向。一是巨型化方向，即不计较体积、功耗而追求高性能，使计算机的运算速度更快、存储容量更大、功能更强，以满足在尖端科技等领域大规模的运算需求。虽然计算机的性能在大规模、超大规模集成电路的应用中有了不可思议的提高，但现在的"巨型"计算机的体积还是比"ENIAC"时代小得多，所谓的巨型是相对于家用电脑而言的。

另一个方向是微型化，即发展微处理器和微型计算机。集成电路技术的发展使计算机的体积越来越小，价格逐步降低，直至能够进入家庭，个人计算机(PC)的概念应运而生。PC中有一类产品特别强调便携性能，常见的名称有"笔记本电脑"和"膝上型电脑"等。更小型的计算机被称为掌上电脑，但屏幕和键盘太小始终是限制掌上电脑发展的主要障碍。除了作为单纯的计算机产品被使用外，微型计算机还以各种形态作为系统的一部分进入仪器、仪表、家用电器等各种小型设备，或作为工业控制设备的心脏使其"智能化"。

"多媒体电脑"出现后，计算机终于与"媒体"发生了联系。在此之前，计算机处理的信息往往仅限于文字和数字，而人机互动只能借助于键盘和显示器。为了提高人机交互能力，使计算机能够集声音、文字、图片、影像处理于一体，多媒体电脑应运而生。今天的PC基本上都是多媒体电脑。多媒体电脑摆脱了单纯的计算工具的角色，在信息的输入和输出方面有了较大提高。遗憾的是，计算机系统不具备大众传播能力；振奋的是，因特网来了。

因特网把世界各地分散、孤立的计算机连接起来,实现了资源共享,形成了一个巨大的信息系统。随着网络存储、网络计算等技术的发展,这些原来局限于某一台计算机的功能可以通过网络上的其他计算机来协调完成。当我们讨论网络和计算机的发展速度时,不能不谈到"摩尔定律"。20世纪六七十年代,英特尔公司的奠基人之一戈登·摩尔总结出了"摩尔定律":微处理器的性能每隔18个月就能提升1倍,而价格则下降一半。因特网本身仅仅是一个平台,它的潜力和功用只有通过具体的网络应用才能体现出来。可以看到,网络发展史也是微缩版的人类传播发展史。通过网络,真实世界与虚拟世界互相交融、渗透。①

五、媒介技术与我国三网融合的推进

20世纪90年代,广播事业开始了新的飞跃,传统的模拟广播开始向数字音频广播过渡。1995年9月,英国广播公司率先进行全国性的数字音频广播,瑞典、丹麦、法国、德国、荷兰、瑞士、美国等国家紧随其后。数字广播与传统模拟广播相比,音质纯净到可以与CD相媲美,抗干扰性强,收听效果好;同时,发射功率低,发射带宽使用充分,具有多方面的优势。最关键的是,数字广播中的信号就其本质而言,与宽带网络中传输的信号是相同的。

跟传统广播一样,传统电视采用模拟的方式来处理、传输、接收和记录电视信号。新兴的数字技术则能把模拟电视信号转变为数字电视信号并进行处理、传输、接收和记录。数字技术能够大大压缩电视节目,使得原来传输一套节目的频道可以传输多套节目,大大增加大众可收看的节目数量,也大大提高了信号处理和传输的质量,增强了接收效果。电视数字化后,还融入了许多全新的功能,包括视频点播、网上购物、远程教学、股票交易、信息查询等。数字电视的角色从封闭的窗户变成了交流的窗口,成为名副其实的信息家电。

在网络发展早期,网络使用费用高昂,网速缓慢,网络未能展现出它在音频、视频方面的巨大潜力。但随着网络技术水平的提升,网络表现出越来越强大的"广播电视能力"。由于音频对网络带宽的要求不高,所以传统广播与网络的结合比较早。1995年4月,位于美国西雅图的"进步网络"(progressive networks)在其网页上放置了一个Real Audio System的试用版软件,提供"随选音效"(audio on demand)服务,这一举措标志着网络广播的诞生。随着网络基础设施从"窄带"发展为"宽带",网络电视也发展起来。大批电视台在因特网上建立网站,传送自己的电视节目。

① 杨溟.媒介融合导论[M].北京:北京大学出版社,2013:51-70.

事实上，尽管网络电视一直是热点，但业内并没有对网络电视产生一个确切而统一的定义。从网络电视的产生和其在国外的发展情况来看，网络电视就是“TV over IP”，即以 IP 方式承载电视业务。这种方式有两层含义：一是网络电视提供的是电视类业务；二是网络电视基于 IP 技术，通过宽带网络传送内容。因此，网络电视融合了传统电视和互联网的相关特性，可以被视为传统电视业务、电信新兴业务的结合体。相比电视，网络对传统广播业务的影响还比较小，因为广播的生命力在于其听众可以一心多用，如一边开车一边听广播等。而坐在电脑前听广播，既无意义，也谈不上舒适。不过，站在技术的角度，一个问题浮现了——今天的用户们通过机顶盒将电视机连上宽带，然后就能收看各频道的节目，这是在上网，还是在看电视呢？

广播电视和计算机网络的关系日益深入，其中的高潮部分是三网融合。“三网融合”中的“三网”指的是以因特网为代表的数字通信网、以电话网（包括移动通信网）为代表的传统电信网和以有线电视为代表的广播电视网。“三网”代表了现代信息产业中的三个不同行业，即电信业、计算机业和有线电视业及其基础设施。三网融合不可避免地会带来电信、媒体和信息技术这三大领域的技术融合。

从本质上看，三网融合在数字技术和网络传播技术的推动下，消除了手机、广播、电视和计算机等不同媒介终端之间的技术壁垒，语音、数据和视频等内容可以共享。三网融合将有利于语音、数据、图像等内容在综合网络平台上进行交换和传输，实现网络资源的有效整合和利用。从业务层面上来讲，目前，有线广播电视网（制播合一体制下）主要承担广电视听节目的制作、传送，而电信网主要提供基础语音服务和增值视听服务。计算机互联网是一个应用型的基础网络，其技术通信工具和网络电视已基本可以实现对电信网络与广播电视网功能的兼容。客观上讲，三网融合的技术障碍已经被清除，其关键在于，通过规则放松，允许三方网络相互进入彼此的业务市场。

我国在 2001 年 3 月通过的《中华人民共和国国民经济和社会发展第十个五年计划纲要》中明确提出了“三网融合”，即“促进电信、电视、计算机三网融合”。我们可以将“三网融合”引申为互联网、电信网和广播电视网互相渗透、互相兼容，并逐步整合成为统一的信息通信网络。2008 年 1 月 1 日，科技部等六部委提出了“以有线电视数字化为切入点，加快推广和普及数字电视广播，加强宽带通信网、数字电视网和下一代互联网等信息基础设施建设，推进‘三网融合’”。在总体方案经历了 15 次修改和 2 年多的博弈后，2010 年 7 月 1 日，三网融合的 12 个试点城市名单正式出台。

2011 年 12 月，国务院公布第二批三网融合试点名单，第二批三网融合试点共有

42个地区(城市)。2015年8月,国务院办公厅印发《三网融合推广方案》,提出加快在全国全面推进三网融合,推动信息网络基础设施互联互通和资源共享。2020年5月,中宣部等九部委联合印发《全国有线电视网络整合发展实施方案》,提出实现全国有线电视网络统一运营管理,实现国有资产的保值增值。①

2014年《关于推动传统媒体和新兴媒体融合发展的指导意见》要求,“推动传统媒体和新兴媒体在内容、渠道、平台、经营、管理等方面的深度融合”。2020年《关于加快推进媒体深度融合发展的意见》强调,“建立以内容为根本、先进技术为支撑、创新管理为保障的全媒体传播体系”。党的二十大以来,中央文件多次强调“加强全媒体传播体系建设”,目的是要在媒体领域全面深化改革,以主流媒体为核心,全面推进全媒体传播体系建设。在此背景下,一些主流媒体在构建全媒体传播体系过程中,正在积极布局“造船”,努力打造自主可控、具有较强影响力的技术平台。中央广播电视总台打造的央视频、央视新闻两大新媒体旗舰平台,以双平台实现双轮驱动,旗下央视网、央广网、国际在线联合推出人工智能编辑部,充分发挥“内容为王+平台制胜+技术领先”核心竞争力,布局“云、数、智”,构建全媒体产品服务和传播生态体系。湖北广电长江云是湖北“省、市、县”三级官方移动端总入口,其着力构建省内重大新闻共享机制,对于重要活动或重大主题宣传活动,长江云统一策划、共享发布。②

2024年,党的二十届三中全会提出,“构建适应全媒体生产传播工作机制和评价体系,推进主流媒体系统性改革”。主流媒体系统性变革,其核心要义涵盖了坚持党性原则和遵循新闻规律、坚持正确导向与担当社会责任、深化融合创新与借力技术驱动、立足用户导向与注重需求驱动、坚持开放合作与开展生态构建、着力优化管理与重点提升效能等多个方面。主流媒体系统性变革,要构建全媒体传播平台,实现媒体资源共享与互通;加快人工智能、大数据、云计算等新技术的应用,提升新闻采集、生产、分发、接收、反馈全链条的智能化水平;根据用户需求和市场变化,不断创新媒体产品和服务形式,提升用户体验和满意度;加强人才队伍建设,培养具备全媒体素养、创新能力和国际视野的高素质人才;构建适应全媒体生产传播的工作机制,实现媒体资源的优化配置和高效利用;加强内部协作和沟通,形成一体化策划、指挥、调度和生产、传播、分发体系;建立创新导向、成果导向、效果导向和全程多元的新评价体系,精准引领主流媒体系统性变革;推动主流媒体组织结构、管理流程、运营模式等内部机制的深化改革。③

---

① 姚战琪.产业融合与数字创新:来自三网融合的证据[J].企业经济,2024(3):5-17.

② 郭海威,胡正荣.主流媒体系统性变革的基本要求、战略目标与实践路径[J].中国出版,2025(2):3-10.

③ 季为民.全力推进主流媒体系统性变革[J].当代传播,2025(1):225.

六、人工智能技术与传媒产业内容生产

ChatGPT 是由 OpenAI 公司发布的聊天机器人，通过类似微信对话框的形式，对用户提出的问题进行解答。OpenAI 公司成立于 2015 年，由拉里·佩奇（Larry Page）、伊隆·马斯克（Elon Musk）和马克·扎克伯格（Mark Zuckerberg）等联合创立。OpenAI 公司创立的目的就是研究人工智能并将其应用于实际问题中，以帮助人类更好地理解和控制人工智能。从 2018 年起，OpenAI 就开始发布生成式预训练语言模型 GPT（Generative Pre-Trained Transformer），用于生成文章、代码、机器翻译、问答等各类内容。从数字上看，每一代 GPT 模型的参数量都爆炸式增长。2019 年 2 月发布的 GPT-2 参数量为 15 亿，而 2020 年 5 月发布的 GPT-3，参数量达到了 1,750 亿。基于大参数量与预训练数据量，GPT-3 成了一个非常强大的自然语言生成模型。它基于 Transformer 模型架构，通过预训练大量文本数据，然后通过微调学习特定任务，来获得高效的自然语言处理能力。截至 2023 年 1 月，ChatGPT 的月活跃用户达到了 1 亿人。随着 ChatGPT 的火爆，以及相关爆款软件的陆续出现，未来的传媒产业将逐步进入智能生产时代，"采、写、编、评、播、摄"的基础生成模式将面临深度变革。一方面，传媒生产环节及环节内具体内容将在生产者意图指导下深度整合、自动组合。另一方面，代码生成的能力将逐渐成为传媒产业智慧化内容生产能力的重要组成部分。[①]

第三节　中国媒介的发展现状与趋势

一、中国媒介业的发展现状

改革开放以来，中国媒介业发展迅速，取得了巨大的成就。国内的报纸、杂志、广播、电视、互联网等媒体发展迅速，种类繁多，新兴网络媒体的发展也突飞猛进。根据《中国统计年鉴(2023)》数据，1978—2022 年，中国报纸出版种类从 186 种增加到 1709 种，其中 2008 年达到最高峰，为 1,943 种；中国报纸出版总印数从 127.8 亿份增加到 271 亿份，其中 2013 年达到最高峰，为 482.4 亿份。2010—2022 年，中国公共广播节目播出时间从 1,266 万小时增加到 1,602.2 万小时；中国有线广播实际用户数从

① 崔保国，赵梅，丁迈.中国传媒产业发展报告(2023)[M]. 北京：社会科学文献出版社，2023：319-322.

18,872 万户增加到 19,964 万户；公共电视节目套数从 3,272 套增加到 3,559 套；电影银幕数量从 6,256 块增加到 83,998 块；互联网使用人数从 4.57 亿增加到 10.67 亿，手机上网人数从 3.02 亿增加到 10.65 亿；互联网普及率从 34.3％提高到 75.6％。① 根据《中国传媒产业报告(2023)》数据，2013—2022 年，中国传媒产业总产值从 10,637.4 亿元增长到 29,082.5 亿元。这些数据说明，中国已经建立了一个由报纸、广播、电视和互联网等组成的巨大的大众传媒信息网络。

在互联网行业，中国互联网正从接入普及向高质量发展迈进。第一，互联网、5G、大数据和人工智能等新一代信息技术促进数字经济快速发展。2022 年，中国数字经济规模达到了 50.2 万亿元，同比增长了 10.3％。第二，产业互联网成为数字经济主战场，国民经济产业加速数字化转型。第三，数据基础制度不断完善。2022 年 12 月，《中共中央、国务院关于构建数据基础制度更好发挥数据要素作用的意见》发布，为释放数据要素价值、构建完善的数据要素产业链奠定了基础。第四，数字鸿沟进一步弥合，全民数字素养进一步得到提升。基于庞大的市场规模、日益完善的数字基础设施，中国互联网企业成为中国数字经济发展的关键力量。在企业布局方面，2022 年，头部互联网企业持续以电子商务、移动支付、数字内容为核心，推动消费互联网与产业互联网双轮驱动。

在网络视听行业，中国网络视听行业蓬勃发展，成为推动传媒产业发展的新引擎。中国网络视听行业发展呈现五大特点：第一，市场格局趋于稳定，市场集中度进一步提高。爱奇艺、腾讯视频、优酷视频、芒果 TV、哔哩哔哩五大平台占据综合视频领域 89.5％的市场份额。抖音和快手位列短视频第一梯队，占据六成以上市场份额。第二，长短视频平台从竞争走向融合，寻求内容共赢。2022 年，短视频平台快手、抖音分别与爱奇艺等达成合作，在长视频平台版权授权下，实现短视频平台二次创作合法化。第三，网络直播快速发展，深入游戏、教育、公益、电商等多个领域。根据商务部公开的信息，2022 年，重点检测电商平台累计直播场次超 1.2 亿场，累计观看人数超 1.1 万亿人次，直播商品超 9,500 万个，活跃主播近 110 万人。② 第四，节奏快、时长短的微短剧成为视听领域新风口。第五，网台同标，网络视听朝着规范化、精品化方向发展。

在广播电视行业，根据赛立信数据，2022 年，广播媒体受众规模为 6.58 亿人，比 2021 年下跌了 3.3 个百分点。广播媒体依托数字技术，在内容生产、收听渠道层面加

---

① 数据来源：《中国统计年鉴(2023)》《第 27 次中国互联网发展状况统计报告》《第 51 次中国互联网络发展状况统计报告》。

② 商务部：2022 年电商平台直播超 1.2 亿场[EB/OL]. (2023-01-31)[2024-07-08]. https://www.163.com/dy/article/HSDC5S1B0514CA4V.html.

速资源整合与媒体融合。一方面，寻找更为开放、包容的内容生产，以 AI 主播、PUGC 提高内容生产效率；另一方面，构建多元传播矩阵，通过 FM 直播流、自建音频平台、入驻聚合平台等渠道触达更多受众。与此同时，传统电视向网络电视转向趋势明显。2022 年，全国有线电视实际用户为 2.0 亿户，同比下降 1.96%，而全国 IPTV（交互式网络电视）用户超过了 3 亿户，OTT（互联网电视）平均月活跃用户超过 2.7 亿户。内容生产方面，"减量提质"是 2022 年中国电视剧市场的重要特征。另外，电视流媒体转向趋势显著，相较于大幅下降的传统广播电视广告收入，广播电视新媒体广告收入则达到了 2,407.39 亿元，同比增长了 20.28%。[①]在此背景下，电视媒体加快融合发展步伐，以高质量作品回应时代需求，以纵深合作增强市场影响力，以技术创新应用提升服务水平。

在报刊行业，报业的数字化和市场化转型，以及互联网思维运营已经是大势所趋。一方面，各地报业集团探索跨界融合、资本并购、"非市场需求"业务拓展等策略创新性营利模式，增强自身造血能力。在各大报业集团中，多家省级党报的运营做得有声有色，成为拉动报业集团改革发展的主要动力。都市报、晚报在艰难的市场环境中寻找突破口。例如，杭州《都市快报》App"橙柿互动"开启电商业务，聚焦小学生新闻的河南《阳光少年报》的发行量在 2022 年末超过 100 万份。另一方面，报业媒体深耕内容领域，依托数字技术构建多端口、多平台传播渠道，进而开拓新型内容付费。例如，2022 年 6 月底，财新网付费订阅用户攀升至 85 万人，位居全球第九，较 2021 年上半年增长 21%。[②]

在图书行业，受图书定价上涨、平台低价打折、销售模式多主体化、大众消费习惯转变等影响，2022 年，中国图书出版业尤其是实体书店仍然处于低谷。2022 年，中国图书零售市场码洋规模为 871 亿元，同比下降了 11.77%。虽然整体码洋规模下降，但平台电商和短视频电商零售模式日渐成熟。其中，短视频电商零售码洋实现同比增长 42.86%，成为图书宣发的重要渠道。在政策引导下，深耕优质精品内容，强化融合出版是图书出版业转危为机的关键之路，也是图书出版业在互联网时代高质量发展的必由之路。

在广告行业，数字化撬动广告行业不断迭代升级。2023 年，中国互联网广告与营销市场规模合计约为 12,482 亿元，同比增长 11.07%。高连接性的互联网广告以绝对

---

① 2022 年全国广播电视行业统计公报[EB/OL].(2023-04-27)[2024-07-08]. https://www.nrta.gov.cn/art/2023/4/27/art_113_64140.html? xxgkhide=1.

② 2022 财新夏季峰会开幕 胡舒立寄语"应对不确定性"[EB/OL].(2022-07-09)[2024-07-08]. https://topics.caixin.com/m/2022-07-09/101910488.html.

优势占据广告业核心位置。互联网广告市场集中度较高,阿里巴巴、字节跳动、腾讯和百度四大巨头所占市场份额达到了77.54%。[①]在深度媒介化背景下,广告企业逐渐从单向模糊的营销传播方式转向精准互动的数字化营销传播方式[②],新的营销场景、营销模式涌现。电商广告、短视频广告和社交媒体广告占据互联网广告市场份额前三。与此同时,“元宇宙”可能成为撬动营销新周期的内容和技术力量。在元宇宙技术加持下,虚拟空间成为存量时代流量争夺的新蓝海。企业可通过虚拟场景拓展既有的营销平台,也可用数字藏品、数字人等形式拓展营销内容,从内容、交互上满足消费者的沉浸式、个性化需求。

二、中国媒介业发展存在的问题

与其他发达国家和地区相比,中国的媒介业虽然发展迅速,但是还存在数量较多但质量不高、整体规模小、产业化水平低、市场竞争力不足等一系列问题,主要表现为以下几个方面:

(一)媒介资源配置不合理

中国对报纸、广播、电视和互联网等媒介的管理分割现象严重。在经营上,各媒介单位独立经营,彼此交叉很少,分割严重。除了中央媒体以外,各媒介基本上局限于彼此的行政地域范围,导致在局部地区和市场,同质、等效的传播产品大量重复。重复建设、条块分割和资源分散,造成了传播成本增多的局面,整个传媒业无法实现效益最大化和成本最小化。

(二)政企不分,政事不分

政府之于媒介,既是出资者,又是经营者,还是消费者。这些年虽然经历了改革和整顿,但媒介发展的所有权、支配权和经营权三权分立的问题仍没有得到有效解决,媒介业产权方面的改革也没有实质性地推行。当前,我国媒介业仍然是一个以国有制占主导、行政机构过度干预为特征的垄断性行业。

(三)市场在媒介资源配置中尚没有起决定性作用

市场经济体制最大的特征就是公平竞争,优胜劣汰。只有竞争才能提高质量,才

① 2022年中国互联网广告数据报告[EB/OL].(2023-02-04)[2024-07-08]. https://www.xdyanbao.com/doc/ogfq1gv27d? bd_vid=11218751171821753496.

② 刘昀,刘晓康,贺清哲.数字营销传播对消费者注意力和广告效果的影响[J].商业经济研究,2022(22):74-77.

能实现社会效益与经济效益的统一。然而，我国媒介资源配置不科学，政企不分、政事不分等问题依然存在，这使得优胜劣汰的市场规律和效率优先的竞争机制一时难以在媒介业形成，如一些党报、党刊还在依赖行政资源经营、发行，而一度盛行的报业价格大战，无疑是违背市场经济规律的无序竞争。

（四）相关媒介法规不健全

市场经济是法治经济，媒介经营与管理无疑应该纳入法制化轨道。中国现行的媒介政策和法规是计划经济时期政治经济体系下的改良和延续，它虽然有效保证了执政党和政府对媒介的控制，但严重滞后于中国特色社会主义市场经济体制的建立和完善，并且阻碍了中国媒介业的成长。另外，长期以来的法规和政策侧重于控制、规范社会运行秩序，忽视了媒介业服务社会和保护人民利益的作用。

（五）产业结构不合理

西方的媒介经营与管理比较注重"多角经营"。所谓"多角"，一是指多地经营，二是指多业经营，也可以是多业、多地经营。"多角经营"不仅分散和降低了经营风险，更使收入渠道多元化。反观中国的媒介产业，多为"独角"经营和"坐地"经营，收入结构单一，即过分依赖广告收入。广告市场一有风吹草动，媒体生存便岌岌可危。虽然也有很多媒体组建了传媒集团，实施多元化经营，但由于体制、机制等原因，经营效果并不理想。信息传播是媒介的生存之本，媒介的发展必须在经营信息产品的基础上进行市场化兼并收购，这是媒介通过经营与管理走向强大的必由之路。

（六）中国媒介仍无力应对国际竞争

近年来，中国虽然逐步形成了一些大型媒介集团，但这些媒介集团受经营范围等诸多因素的限制，依旧无法实现跨媒体、跨地区的优势互补和资源共享，经营规模也难以扩大，经营模式多元化效果不佳。在这种大环境下，我国的媒介发展与国外的媒介发展相比，在生产经营能力、抗市场风险能力、市场竞争力和影响力等方面都处于弱势地位。

我国媒介业在发展过程中存在的核心问题是媒介人才问题。当前，我国媒介经营与管理人才的匮乏问题异常突出。首先，缺少的是商业管理和专业管理相结合的人才，即社长、总编和 CEO 等；其次，缺少的是商业管理人才，如行政总监、财务总监和人力资源总监等；最后，缺少的是专业技术型人才，如美术总监、广告总监、品牌推广总监等。究其原因，我国媒介业长期沿用的是传统的管理模式，即"政府领导体制"。在此体制下,媒介管理者的身份是官员,带有浓厚的"官本位"特征。媒介经营管理者主要由新闻主管部门直接任免,重政治素质和业务素质,轻经营才能和管理才能。我国媒介业自身存在的这些问题,在很大程度上制约和决定了媒介产业的运作模式、竞争能力和运营效率,这提醒我们在所有重大媒介发展战略方面做出相应的选择和调整。

三、中国媒介的发展趋势

清华大学媒介经营与管理研究中心主任崔保国认为,2004 年是中国媒介产业的启蒙年;2005 年是中国媒介产业改制与转折起飞的元年;2006 年,媒介扩张成为中国媒介产业发展的主题;2007 年,国际化成为中国媒介产业发展的主题;2008 年,中国媒介产业全面崛起,成为中国经济新的支柱之一,进而影响到整个社会的转型发展。随着我国的社会发展与国家政治体制、经济体制,特别是文化体制改革的不断深化,中国的媒介产业在体制、机制、产业结构以及政策等方面的改革也将不断深化,媒介产业发展将走向成熟。

(一)媒介的市场化和法制化程度将逐渐提升

国家对媒介机构的管理将逐步实现法制化,国家将制定大量的法规制度来约束媒介行为,逐步减少对媒介的行政干预。国家将仅控制少量全国性和地方性的传媒机构,并用法律制度保证其覆盖率,因此大量的社会资本将持续进入媒介产业,媒介的所有制形式在国家监管下呈现多样化趋势,部分媒介机构可以直接实现上市融资;媒介新闻的采、写、编、评等部门将与其他部门分离,不参与经营,但仍实行事业单位管理体制,以保证媒介的舆论宣传导向作用。①

(二)传统媒体与新兴媒体深度融合

报纸、杂志、电台、电视台等传统媒体在互联网技术的支持下,不断与互联网实现组织融合、管理融合、品牌融合、技术融合和营销融合等。在媒介融合进程中,传统媒介纷纷进行内部流程与管理系统的优化,其基本设计原则是将平面、影像、网络等多种媒体形式接入数码技术平台,通过对管理流程的有序整合,形成多元化的媒体生产与传播链。在融合趋势下,媒体的生产、销售方式以及营利模式等都在发生改变。媒介融合的结果是终端融合,融合后的视频、文字、图片之间的屏障被打破,视频生产者与传统纸媒的界限变得模糊,终端融合也让媒介业迎来了大数据时代。互联网本身具有

---

① 谭云明.传媒经营管理新论[M].2 版.北京:北京大学出版社,2014:5-7.

数字化和互动性特征，这种属性给数据搜集、整理和研究带来了革命性的突破。[①]

党的二十大报告明确指出："加强全媒体传播体系建设，塑造主流舆论新格局。"2023年是媒体融合作为国家战略整体推进的第一个十年。十年间，媒介形态、媒体业态和传媒生态发生了深刻改变，媒体融合也在顶层设计不断优化中调试和实践。

（三）媒介商业模式面临转型

传统媒介面临的危机表面上来自新媒体与新技术，但实际上是信息垄断时代结束所带来的必然结果。在传统的信息不对称年代，由持有准入牌照的采编人员通过专属平台进行信息发布，几乎成了公众获取信息的唯一渠道，这样的发布是单向的、强势的和不平等的。而在新的媒体环境下，理论上每个普通人都可以通过社交媒体平台发布自己的声音。在平等、互动、自由竞争等新媒体精神的驱动下，由特殊人才、特殊工艺处理条件经营的传统新闻"生意"被技术化后的智能信息流所取代，广告主和公众都有条件选择自己认可的信息传播方式。在这样的自媒体时代下，传统媒体必须经历商业模式的根本性变革，那些长期忽视受众、不注重互动、缺乏动态数据的传统媒介不仅转型吃力，还会受到技术与业务模式的双重冲击，导致竞争力不断下降，盈利状况陷入前所未有的窘境。

（四）媒介市场格局将重构

中国媒介业开始通过自身重组和外部扩张等多种方式，寻求更强大的资本支持，向集团化、规模化经营方向发展。新的报业集团和媒体集团将不断涌现，市场竞争将更趋激烈。报业集团将向寡头竞争的新秩序发展，广电行业也开始实施资源整合、制播分离、有线无线合并以及台网分离等措施，电视产业化将更深入，跨媒体传媒集团雏形初显。随着我国社会主义市场经济体制的逐步深化，在国家产业政策和市场竞争机制的引导下，我国的媒介产业将形成各种形式的媒体集团。面对急速变化的媒介行业发展态势，媒介的经营与管理应该与时俱进，及时调整发展理念、思维以及操作技巧，以应对媒介行业重新洗牌的格局。[②]

（五）用户分层驱动付费机制完善

海外流媒体平台基于多年的用户培养，已经形成了SVOD（基于月费的会员订阅

---

① 杨溟.媒介融合导论[M].北京：北京大学出版社，2013：8-10.

② 谭云明.传媒经营管理新论[M].2版.北京：北京大学出版社，2014：5-7.

模式)、AVOD(基于广告的点播模式)、TVOD(单片付费模式)和vMVPD(以线性方式在互联网上交付内容的流媒体电视服务)四种付费模式。一方面是用户消费内容的多元与细分,另一方面是广告收入面临的持续性压力。跳脱对传统会员基数增长的期望,聚焦内容与用户需求的精细化、多元化付费订阅模式,将是中国视听平台乃至新闻机构营收的关键。爱奇艺创始人龚宇在2023年年初接受《中国企业家》杂志访谈时表示,广告商业模式不足以支撑爱奇艺等长视频平台发展,爱奇艺未来将被打造成一个重点付费用户的平台,并根据用户需求进行付费分级。国内的新闻内容付费模式主要包括硬付费墙、线上线下结合付费、计时付费、分类付费和预览付费等。[①]《财新周刊》《南方周末》《环球时报》《第一财经》等媒体付费墙初具规模,其付费模式具有发展潜力,也能为全国、地方、区域媒体走出盈利困境、探索垂直内容营收提供借鉴。

(六)AIGC构造数字传媒新景观

以ChatGPT为代表的生成式人工智能将为传媒产业带来以下两个层面的新趋势:第一,AIGC拥有搜集、整合等信息处理能力以及强大的内容生产能力,为以主流媒体为代表的传媒产业带来畅想,成为辅助新闻生产、传播的重要工具。传媒产业的智能化应用将从原来的信息分发环节转移至内容生产环节,在技术赋能下生产出新的内容产品与交互体验模式,同时将实现用户画像精准化,创新受众互动模式,增强传播效果。AIGC将释放传媒生产力,驱动传媒从业者摆脱数据性、重复性生产的束缚,聚焦更具创新性的深度内容创作,促使传媒产业向技术密集型与资本密集型转变。第二,以互联网企业为代表的资本力量强势进入AI产业。从2022年底的ChatGPT爆红开始,全球已经出现与其相关的诸多尝试,包括百度、360、阿里巴巴、华为在内的中国互联网巨头均已进入该领域,并在游戏、营销、影视等领域推出相关的AI+产品。就目前而言,AIGC技术虽然已经达到了一定的"智力"要求,却缺乏内容生产最重要的"心力"。[②]以ChatGPT为代表的AIGC预训练存在知识盲区与语境适配问题,故其虽对传媒劳动力形式有所创新,但还未能从根本上颠覆传媒内容生态。[③]

【本章小结】

1.传媒是"传播媒介"或"传播媒体"的简称,强调"媒体"或"媒介"的传播特性。

---

① 辜晓进.新闻内容付费:全球趋势与中国道路[J].青年记者,2023(3):17-22.

② 崔保国,邓小院.ChatGPT给传媒业带来的机遇与挑战[N/OL].中国社会科学报,2023-03-07[2024-07-28].http://sscp.cssn.cn/xkpd/tbch/tebiecehuaneirong/202303/t20230307_5601658.html.

③ 崔保国,赵梅,丁迈.中国传媒产业发展报告(2023)[M].北京:社会科学文献出版社,2023:26-27.

2.媒体除了有媒介的含义外,还强调它的物质属性。例如,报纸、广播、电视、手机、互联网等都是媒体。也有人把媒体理解为各种传播方法的综合运用,例如多媒体等。

3.媒介是中性的,它有自己的属性,这些属性如何运用,取决于人的主观能动性。

4.媒介经营与管理,是指媒介的经营与管理者借助传播手段、传媒的功能价值和公众的认知度,以及在社会上的影响力,将传播职能与经营策略有机结合起来,以实现媒介组织的经济效益和社会效益。

【思考与研讨题】

1.学习媒介经营与管理有什么意义?

2.请结合实际,讨论中国媒介形态的历史演进。

3.请结合实际,分析中国某一媒介形态的现状及发展趋势。

4.请结合实际,说明媒介经营对媒介组织发展有什么重要意义。

5.媒介技术发展对媒介经营模式变迁有什么影响?

第二章　媒介经济的运作方式

【章节大纲】

1.媒介经济及其分类；

2.媒介经济的特殊运作模式；

3.中国媒介的市场结构与管理特征。

【章节内容】

本章介绍了媒介经济及媒介经济组织的含义、媒介经济的主要种类、媒介经济的理论建构、媒介产品及其特殊性、媒介产品的价值与使用价值、不同媒介形态的产品与市场等。

第一节　媒介经济及其分类

一、媒介经济

媒介经济是指基于信息公开而广泛地传播所产生的经济活动。在这个定义中，主要有以下几个关键点：

第一，“信息传播”。该定义强调信息传播在整个媒介中的基础性作用。传播学定义了传播媒介的若干功能，如环境监测、社会沟通、文化传承和提供娱乐等。作为传播媒介，其必须履行的一种最本质的社会功能，是在全社会范围内收集、加工和传播信息。由此可以引申，媒介的核心功能之一就是收集、加工以及传播信息，它在收集、加工和传播信息过程中所使用的具体方式会随时代和技术的不同而不同，甚至会由于传播环境的地理原因而异，但媒介信息传播的基本功能是不会改变的。

第二，“公开而广泛”。这界定了媒介的信息传播与其他种类的信息传播有所区别，“公开而广泛”是媒介传播活动的重要特征。

第三，“经济活动”。现代媒介传播需要消耗大量的经济资源，既有人力资源也有自然资源。从经济学角度来看，任何经济活动都有资源的消耗和补偿，而现代媒介所从事的信息传播活动所消耗的大量经济资源如何得到补偿，是媒介经济研究的主题。

在现代传播技术条件下，媒介经济一般涉及以下媒体的经济活动：一是新闻信息传媒，主要包括报纸、广播和电视；二是一般信息传媒，主要包括互联网、杂志、图书、电影和音像制品等。这些媒体以各种形式，直接或间接地制造或收集、整理人们需要的各种信息（包括时政信息、财经信息、娱乐信息、体育信息和生活资讯等），从而使人“活得明白”；也使人们得以继承前人文化成果，受到文化熏陶，从而弄清自己的归属，即“活得明确”；还能使人们在紧张工作后得到必要的娱乐，从而“活得轻松”。当然，在以上诸种功能中，提供信息以供个人和社会决策，即让人“活得明白”，是传播媒介最主要、最核心的功能。

媒介经济是随着商品经济的确立和发展而建立起来的。在高度集中的计划经济体制下，媒介机构的一切经费都由国家财政支付，它们无须进行经营活动。即使有媒介经济的概念，也仅仅是在如何使用好国家财政拨款方面，争取少投入、多产出，而并无其他含义。在商品经济条件下，市场是资源配置的主要调控手段，它要求各级媒介机构走向市场，要求媒介机构不再依赖国家拨款或补贴，要学会自主经营以实现“资源补偿”和“价值增值”。①

媒介经济组织是指实际担负新闻媒介运营过程中资源补偿和价值增值责任的经济和法律实体。在我国，媒介经济组织通常指报社、杂志社、电台、电视台、媒介集团以及网络公司等。

媒介产品强烈的公共性质导致了对媒介经济性质的长期争论，争论的焦点在于，这种对社会有重大影响的使用价值的生产应该以何种方式进行，也就是说，应由什么人、用什么方法、为什么目的生产该使用价值。

人类社会主要以下列方式提供该使用价值：

一是由国家（政府）非营利性地直接经营、管理媒介，经费由国家财政支付。这是一种典型的公共服务模式。

二是由私营企业以营利为目的经营媒介。这是一种纯粹的自由主义时代下资本主义企业的典型经营方式，它的特点是不承认传播的公共性质。

三是在国家与社会的高度监控下，由私人资本集体以营利为直接目的经营媒介，

① 周鸿铎.传媒经济“三论说”[M].北京：社会科学文献出版社，2006:4-5.

这是目前资本主义国家的主要模式。

四是在政府监控下,由国有企事业单位作为独立法人经营媒介。这种模式不以营利为最终目的,经费通过媒介与社会的商品交换活动获得。

以上四种是当今世界媒介经济组织的主要形式。新闻媒介的管理与组织形式,在不同国家和地区,又有不同的表现形式,需要具体问题具体分析。[①]

二、媒介经济的主要种类

(一)报业经济

改革开放以来,中国报业经济取得了举世瞩目的快速发展。2015 年,中国报纸出版总数为 1,906 种,报纸出版总印数为 430.09 亿份。报业是报纸行业的简称,也可以称为报纸产业。经济学意义上的产业是指由具有同类性质产品的生产单位所组成的生产群体,或由具有同类社会经济职能的社会经济单位所组成的经济群体。产业是介于微观主体(企业)和宏观主体(国民经济)之间的一个集合概念。

所谓报业经济,是指以报纸产业经营活动为主体以及由此所引起的各类经济活动的总称。对报业经济的这种概括说明了三个问题:其一,报业经济活动是一种产业经营活动,而这种产业经营活动必须纳入媒介产业经营与管理范围,既从事产业经营,又执行宣传任务;其二,强调报纸产业经营就意味着报纸的经营活动必须产生两种效益,即经济效益和社会效益,并把社会效益放在首位;其三,报业经济是一个宽泛概念,不仅包括报纸产业自身的经济活动,还包括与其相关的其他经济活动,充分体现了报纸产业的媒介共有特征。

从微观上讲,报业经济的核心产品——报纸,是一种非常特殊的产品。报纸的经济特性集中表现在报纸产品的性质上。报纸的产品既具有商品性的一面,又具有非商品性的一面。在效用上,报纸不仅可以满足一般读者对其所需信息的要求,还能满足决策者、生产经营者对信息的特殊要求。报纸的读者群有层次之分,因此准确的定位对于报业发展具有十分重要的作用。报业的经营者应根据自身定位,通过市场交换手段实现报纸的价值和使用价值。报纸的市场交换活动,一方面可以使读者和广告主得到报纸和可以支配的相应的报纸版面;另一方面,报纸的经营活动能反映其经营收入的价值。

报业经济结构指的是报纸产业的构成体系。报纸产业发展到今天,已经形成了庞

---

① 宋建武.新闻媒介管理[M].北京:高等教育出版社,2013:3-5.

大的产业群，它以报业产品本身的经济结构为基础组建了报业集团，采用现代化管理方式和经营模式，广泛地向其他产业领域进行扩张和渗透。例如，由深圳特区报业集团和深圳商报社合并而成的深圳报业集团。深圳报业集团一直关注数字新媒体业务的拓展，积极推进“一报一网”建设，着力整合传统报刊、网络、移动手机资讯平台。该集团旗下拥有10家报社、5家杂志社、17个系列网站、1家出版社、3个大科技印务与发行中心和2个文化产业机构，同时还积极地向其他产业领域扩张。

报业的经济结构可以分为核心层经济结构、延伸性经济结构、报业外经济结构和跨媒体经济结构。发行、广告和印刷是报业经济的核心结构，和报业相关的、围绕着核心经济结构服务的一些报业内产业是报业经济的延伸，房地产、电子商务、旅游等是报业外围的经济结构，此外还有跨媒体和跨地域的经济结构。这些不同层次的经济结构，是以资产、契约、权利或参股为联结纽带而形成的经济联合组织。

（二）广播经济

广播信息以电子信号为载体，从最初的有线、无线发展到卫星传输，传输渠道日益多元化，科技进步使得广播信息实现物理上的无限覆盖成为可能；广播信息的接收成本较低，受到社会中低收入群体的青睐。

参与广播节目可谓“只闻其人声，不见其人”，这种形式在有效保护听众隐私的前提下，实现了听众与广播节目播音人员或嘉宾的互动，参与感真实并且更容易调动听众的参与热情。

此外，收听广播节目只需调动听众的听力，不需要占用其他器官，这使得广播成为人们在从事其他活动时的一种消遣形式。人们可以在各种不同的情景中接收广播信息，例如，做饭、运动时可以听，乘坐交通工具时可以听，睡前可以听，等等。广播的伴随式收听有效利用了听众的碎片化时间，使其在媒介竞争中多了新的机会和空间。

开展广播经济活动，既要明确广播具有的上述优点，也要客观认识广播的局限性。例如，广播信息稍纵即逝、广播节目受语言限制、广播节目无法实现深度传播等。这些不足需要我们在开展广播经济活动时充分注意。[①]

广播经济，主要包括广播节目的经营、系列台的经营、广播资源的开发和利用等范围内的经济活动。广播节目经营活动是广告经济活动的重要内容。

在节目经营过程中，应该有盈利目标，没有盈利目标的经营活动是不可能获得成功的，当然也不会有理想的社会效益。

---

① 王文锋，肖华，王瑜.传媒经济论：研究史纲卷[M].北京：中国书籍出版社，2013：147-148.

全国各省、市、自治区以及地市级的广播电台,基本上已经开设了交通广播、经济广播、新闻广播等系列台。系列台实行独立核算、自负盈亏的产业化经营,完全依靠自身的力量发展自己。这样,系列台必须按照经济规律办台,自谋生路、自主经营。系列台的发展,大大支持了人民广播电台的发展,为广播产业化积累了经验。

广播资源应包括频率资源、时间资源、信息资源和物质资源等。近年来,我国对这些资源进行了不同程度的开发、利用,同时对电波传送、微波通信、调频附加载波以及环境条件等也进行了一定程度的开发和利用。其开发、利用的主要形式是采用有偿服务,如频率收取频率费,电波传送信息收取节目费,微波通信收取服务费,利用地理位置为航空、石油、气象等部门提供特殊服务和收取占用、播出费等。

新中国成立后很长一段时间,广播所从事的活动都与“经济”无关。新中国成立初期,我国广播实行的是“集中统一的事业管理体制”,广播基于覆盖广泛、快速反应等特点,责无旁贷地担起了宣传任务。为此,国家提供大量经费,进行广播网尤其是农村有线广播网的建设,取得了显而易见的效果,广播也成为群众喜闻乐见的媒介形态。改革开放后,调频收音机走进百姓家庭,广播开始无处不在。21 世纪后,随着经济的增长和人们生活水平的提高,汽车走进了寻常家庭,车载调频开始向移动人群渗透。广播电台为移动人群打造了专属平台,各地电台都设立了交通广播以满足移动人群的需求。

(三)电视经济

电视节目是开展电视经济活动的基础,没有赏心悦目、吸引观众的节目,便失去了电视经济活动的基础。电视节目是电视产业部门劳动者生产的各类信息产品的总和,是构成电视传播内容的具体形式,综合起来,可以分为新闻、教育、文艺、体育、服务五大类。电视节目设置的规模和内容既同电视台的经济实力相联系,也会受国家的传播方针、政策的影响和制约。

电视经济是由无线电视传播和有线电视传播所引起的一切电视经济活动的总称。从电视本身来分析,电视经济是一种利用现代电子技术和设备从事信息产品生产、交换、分配和消费的过程,或者说是电视产业部门根据市场需求和自身的实力,科学地处理投入与产出关系的活动。电视经济活动的开展是在电视理论创新基础上逐步摸索的过程。

改革开放后,电视媒介迎来了繁荣和发展期,电视媒介的市场化程度不断加深,电视全面进入以“产品”为主导的阶段,节目创新也随之围绕“产品”进行。吸引观众眼球、提高收视率、增加广告额成为电视节目的主要任务,形成了良好的经济效益。2003

年，中央提出要发展文化事业和文化产业，这是重要的理论创新。过去电视节目由电视台自制的模式被打破，除了新闻节目外，电视剧、文艺节目等的生产也可以由制作公司完成，制播分离机制催生了大批电视节目制作公司。

发展至今，电视媒介已经基本摆脱了计划经济思想的禁锢。创新节目形态、丰富节目内容，社会效益得到了更好实现；转变思路，广开财源，经济收益节节攀升。几十年的发展，电视实践不断丰富，电视理论不断发展。然而，电视媒介创新的脚步不能停歇。事实上，伴随着新技术的发展，电视需要面对更多、更新的挑战。此时，电视人需要以更大的勇气和更高的智慧，去迎接新的变局。一方面，需要在宏观传媒生态系统中抓住电视规律，不断创新；另一方面，在媒体内部，用现代企业管理思路开展经济活动。①

（四）互联网经济

互联网经济这一概念最早由约翰·费劳尔（John Flower）于 1997 年提出。1999 年 10 月，美国得克萨斯大学发布了全球第一份互联网经济发展报告，这份报告把互联网经济的实质分成了四个主要的层次：第一层是互联网本身的结构，主要有互联网的主供应商、服务供应商、网络的硬软件公司、网络安全公司、数字化光纤的厂家等；第二层主要是互联网的应用结构，主要有互联网的多媒体应用、搜索引擎应用和互联网数据库等；第三层是互联网的第三方平台，如金融交易平台和应用平台等；第四层是最高层，主要有互联网电子商务、在线销售商和在线服务等。②

我国著名经济学家乌家培（2000）从不同层面解释了网络经济，为该领域的学术研究奠定了扎实的理论基础。从经济形态层面看，网络经济可以被称为数字经济，区别于工业经济、农业经济和游牧经济；从产业发展层面来看，网络经济与电子商务密不可分，涵盖了网络设备、基础设施、网络产品和网络服务等产业，不存在独立于互联网之外的企业，网络经济更是一种整体经济的范畴；从企业经营管理、个人消费层面来看，网络经济是基于网络的以信息资源和信息技术应用为特征的虚拟市场，电子商务逐渐趋于个性化和差异化，更多地向交互设计、多样化生产转变。③

1994 年 4 月，我国第一条 64K 的国际专线开通，实现了与 Internet 的全功能连接。这是中国在国际上正式被承认为真正拥有全功能 Internet 国家的标志性事件。1997 年，中央电视台、人民日报社、新华社等强势传统媒体纷纷开始触网。与此同

---

① 王文锋，肖华，王瑜.传媒经济论：研究史纲卷[M].北京：中国书籍出版社，2013：27.

② 韩金伶.美国互联网经济发展研究[D].吉林：吉林大学，2006：2-3.

③ 奚欣明.互联网经济对经济增长的影响研究[D].南京：东南大学，2016：5.

时,以数字化方式生存的全新电视台——凤凰卫视亮相,中国互联网在新媒体方向上的尝试与实践正式拉开序幕。2000 年前后,新浪、搜狐、网易等门户网站崛起,“门户”概念走进大众的视野。另外,以 QQ 为代表的即时通信的火爆,开始逐步影响网民的生活。2003 年上半年的“非典”让电子商务得到了长足的发展,从阿里巴巴到易趣网再到携程网等,都对电子商务进行了完美的诠释。2004 年,网络游戏这块中国互联网最赚钱的“蛋糕”在被撬动 5 年后,再次“发威”。2005 年,广大草根的平台“博客”开始以“门户”为标杆进行调整;同一时期,优酷网、土豆网、酷 6 网等视频网站搅动了整个互联网江湖。2010 年,“微博”的爆发引领了新一轮互联网传播的风潮,此后,微信的普及更是把互联网经济推向了高潮。抖音、快手等短视频媒介为受众开辟了短视频传播时代,同时带动电商直播成为最火爆的经济行为之一。

随着互联网经济的快速发展,新产品、新服务、新业态不断涌现。例如,门户网站、远程教育、即时通信、搜索引擎、网络购物、网上书店、网上银行、旅行预订、团购、电子邮件、网络音乐、网络视频、网络文学、网络游戏、博客、微博和论坛等。这些互联网经济现象的出现,不仅改变了我们的物质生活方式,拓展了我们精神生活的广度和深度,而且还改变了企业的组织形态和结构,进而引起了市场和产业结构的变化。①

三、媒介经济的理论建构

(一)注意力经济理论

“注意力经济”(the economy of attention)的概念最早是 1990 年由加拿大一位心理学家提出来的。然而,真正引起学者们研究兴趣,引发了一场由美国的社会学、经济学专家参与的关于“注意力经济”大讨论的是 1997 年美国学者米切尔·高德哈伯(Michael Goldhaber)在网络杂志《第一个星期一》发表的论文《注意力经济:网络的自然经济》②。这篇论文被称为注意力经济理论甚至是注意力经济学派的开山之作。

注意力经济的主要内容是,网络经济中最稀缺的资源不是信息本身,也非传统的货币资本,而是相对于无限信息供给而言的有限需求——注意力。注意力经济是指如何更有效地配置企业现有的资源,以最低的成本去吸引用户或消费者的注意力,通过培养潜在的消费群体在未来获得最大的无形资产,即经营消费者的注意力。

---

① 谢雁娇.基于互联网经济的产业融合研究[D].北京:北京交通大学,2013:2-3.

② GOLDHABER.The attention economy: the natural economy of the net[J/OL].[2025-03-20].https://firstmonday.org/ojs/index.php/fm/article/view/519.

所谓注意力，就是指人们关注一个主题、一个事件、一种行为和多种信息的持久尺度。它有如下几个特点：第一，它不能共享，也无法复制。因为它表达的是受众个人的兴趣、爱好、愿望、关心等。第二，它是有限的、稀缺的。互联网时代的信息过剩，导致人们有限的注意力资源稀缺。“物以稀为贵”，注意力由此产生了价值。第三，它有“易从众”的特点，受众可以相互交流、相互影响。第四，注意力是可以传递的，名人广告就说明了这一点，受众的注意力可以由自己关注的名人转移到名人所代言的广告物——产品上。第五，注意力产生的经济价值是间接的。企业往往把钱投给掌握着注意力资源的媒体，而媒体把凝聚着受众注意力资源的版面或时间段出售给企业，达到双赢。可见，“注意”和“吸引”是“注意力经济”的基本行为。

因此，当前以互联网迅猛发展为特征的“新经济”的本质是注意力经济，当代经济的基础是注意力而不是信息。在这种经济形态中，传统的经济理论已经失去了价值，经济学原有的含义已经不再适用，人们的注意力配置不是用来消费注意力的内容——将成为商业模式价值的源泉，即获得注意力就意味着获得了财富。例如，Faceu 在进行产品分析的时候，发现用户群以 90 后和 00 后的女性为主，这些群体的特点是跟随流行，喜欢娱乐。所以 Faceu 在初期推广时，就考虑先从明星 KOL（key opinion leader，关键意见领袖是营销学上的概念，通常被定义为拥有更多、更准确的产品信息，且为相关群体所接受或信任，并对该群体的购买行为有较大影响力的人）着手，又考虑到相机类的用户主要以女性居多，男性艺人在初期所产生的影响可能要比女性好，所以就找一些男性明星代言。

20 世纪 60 年代，麦克卢汉在对大众媒介的分析中指出，媒介实际上是在租用我们的眼睛和耳朵做生意。媒介通过生产、制造我们偏好的媒介内容来购买大众的注意力，而我们用注意力来为媒介内容付费，然后媒介将凝聚在自己的版面或时段上的受众“出售”给广告商或一切对于这些受众感兴趣的政治宣传者、宗教宣传者等。这种“出售”行为，贩卖的就是受众的注意力资源。媒介所凝聚的注意力资源是媒介经济真正的价值所在。

（二）影响力经济理论

影响力（influence）是指“文化活动者以一种所喜爱的方式左右他人行为的能力”，从本质的角度看，影响力是一种控制能力，是影响力的发出者对于影响力的收受者在认知、倾向、意见、态度和信仰以及外表、行为等方面产生的控制作用。媒介影响力是在信息传播过程中收受者关注、接触的基础上产生的，它是由“吸引注意（媒介及媒介内容的接触）”+“引起目的性的变化（认知、情感、意志行为等的受动性改变）”两大基本部分构成的。

媒介影响力的本质特征是什么？喻国明认为，它是作为资讯传播渠道而对受众的社会认知、社会判断、社会决策和社会行为所打上的属于自己的"渠道烙印"。这种"渠道烙印"大致可以分为两个基本方面：一是媒介的物质技术属性，如报纸、杂志、广播、电视等作为不同类型的传播渠道在传播资讯时所打上的各自的物质技术烙印，并由此产生的对于人们认知、社会判断和社会行为的影响；一是媒介的社会能动属性，如媒介通过对资讯的选择、处理、解读及整合分析等，在传播资讯时所打上的各自的社会能动性的烙印，并由此产生的对于人们认知、社会判断和社会行为的影响。

人们接触媒介信息时，都会或多或少地打上这两种渠道的烙印。任何一类媒介的影响力都是在传播过程中产生的，它由五个要素构成：规模、时间、内容、方向和效果。规模决定着影响力的范围和边界；时间决定着影响力的持续性与长久性；内容是影响力产生的载体与基础；方向决定着影响力施加的对象、传播目标群体的定位；效果是对整个传播内容、定位、形式等的检验。

构建影响力经济的途径主要有以下几个方面：

1.内容为王

传播的内容是影响力形成的基础与载体。媒介要在这个窄播化、分众化的年代产生影响力，首先，传播的内容要满足受众的需求，传播的内容要有"必读性""可读性"和"选读性"。其次，无论是报纸、广播还是电视，都要依托资源，立足个性，找准定位，细分受众，积极向"个性化"和"特色化"靠拢，用精彩的内容把自己的目标受众牢牢抓住，再辐射一些潜在的受众。

2.品牌意识

媒介品牌栏目就如同一个城市的标志性建筑，它既可以创造有形的经济价值，同时也具有无形的价值，它是一个媒体的代言人，塑造着一个媒体的形象。媒体打造自己的品牌，实际上是让自己在受众心目中树立良好的形象，提高自己的知名度和美誉度，以保持长久的生命力。媒介品牌栏目的构成要素有三点：一是栏目模式具有创新性，栏目风格具有独特性；二是有"可持续发展"和题材资源空间；三是要有懂经营、会管理、专业化程度比较高的人才队伍。

3.创新意识

分众传播时代细分了市场，目标受众的定位越来越明确，媒介发展呈现专业化趋势。个性化内容的差异化和形式的多样化是创新的基本要求，于是，报纸开创了由单一的机关报到晚报、都市报、时尚消费类报纸、财经类报纸纷纷涌现的局面，广播开辟了音乐频道、交通频道等，电视也开始走向专业频道。总之，媒介需要通过创新，另辟蹊径，找准自己的定位，避免内容同质化，以满足目标群体的个性化需要。

4.文化意识

大众传播媒介不仅是政策的宣传者、信息的传递者，而且也是一个民族文化的传播者与传承者，提供文化认同与共识是现代媒介的主要任务之一。一个有影响力的媒介，应该在该地区的政治、经济、文化生活等方面有一定的话语权，它不但要让百姓了解一个时代，而且还要给百姓提供一种理性的、建设性的思考。文化体现着媒介或栏目的一种精神、一种思想、一种品位、一种厚度。

5.人才意识

媒介影响力的提升问题归根结底是人才问题。观念出自人才，策划出自人才，市场的运营离不开人才，技术的运用与革新也需要人才，媒介的竞争说到底还是人才的竞争。在市场细分的今天，需要拥有多种学科背景，具有开放性思维且分析、判断能力强的人才，需要具有人文、经济、法律、科技类专业背景并经过新闻专业训练的人才，需要懂经营、会管理的人才，需要懂得学习、善于学习、终身学习的人才。①

（三）舆论经济理论

影响力经济理论阐释了媒介影响力的重要价值，但它只关注到媒介对人们的社会生活产生影响的现象层面，没有从更深层次、更本质地揭示媒介为什么具有如此强大的影响力。学者们在对影响力经济理论研究深化的基础上，提出了舆论经济理论。

所谓"舆论"，就是"公众关于现实社会以及社会中的各种现象、问题所表达的信念、态度、意见和情绪表现的总和，具有相对的一致性、强烈性和持续性，对社会发展及有关事态的进程产生影响，其中混杂着理智和非理智的成分"。上海大学吴信训在2005年指出，媒介之所以能产生影响力，实质上是因为媒介作为"社会舆论利器"所持有的影响舆论、形成舆论甚至是制造舆论的特殊内在力量，以及在形成舆论或制造舆论过程中产生的、容易快速左右社会人群行动决策的影响力量。

舆论经济理论的核心观点是，媒介经济是舆论经济。也就是说，媒介经济在本质上是媒介所特有的舆论功能决定的其自身行业经济发展的特殊规律，以及其在国民经济发展中（对国家及个人经济决策行为）发挥特殊影响作用的特殊规律和所占地位。

---

① 陆军.中国传媒的注意力经济与影响力经济[J].求索，2006(10)：184-186.

换句话说,舆论经济是媒介产业运用影响舆论、形成舆论并发挥舆论影响力的规律来实现其经济行为与目标。[①]

(四)数字经济

从文字、印刷术到电报、电影、电视,人类历史上有过多次重大的信息技术革命。信息技术革命,主要是以微电子、计算机等信息技术为代表的科技革命。本次信息技术革命的主要特征是数字化。数字化信息技术革命,也可以定义为用0和1编码来表达和传输一切信息的综合性技术革命。数字化推动数据化,全社会重视对数据的收集、聚合、分析与应用。数据已经成为新的生产要素。数字化从计算机化向数据化方向发展,是当前社会信息化最重要的趋势之一。1995年,美国学者尼葛洛庞帝在《数字化生存》一书中,描述了数字技术对人们生活、工作、教育和娱乐带来的冲击。

1994年,唐·塔普斯科特最早在 *The Digital Economy* 中提出数字经济,因此他被称作"数字经济之父"。他将数字经济描述为"可互动的多媒体、信息高速公路以及互联网所推动的以人类智慧网络化为基础的新型经济"。美国商务部1998年发布了第一份数字经济研究报告《浮现中的数字经济》,此后美国政府连续发布了13份关于"数字经济"议题的重要报告。中国官方聚焦于信息化,一直使用的是信息经济概念。2016年,中国官方开始推动数字经济概念,并于2017年写入《政府工作报告》。同时,2016年在杭州召开的G20峰会将数字经济作为重要的全球议题之一,并发布了《G20数字经济发展与合作倡议》。G20杭州峰会对数字经济的定义是:"数字经济是指以使用数字化的知识和信息作为关键生产要素、以现代信息网络作为重要载体、以信息通信技术的有效使用作为效率提升和经济结构优化的重要推动力的一系列经济活动。"

数字经济的核心要素是网络通信技术和数字化的信息,其发展动力可以归结为网络驱动(net driven)和数据驱动(data driven),即以网络通信技术传输为基础和以数据算法为基础的两种驱动力。媒介设备、数字内容、数字传播平台都是现代传媒业的核心组成部分,数字传媒业是典型的由媒介、内容和数据构成的产业,是数字经济的基础组成部分。

数字传媒是媒介、媒体、传播、内容和数据融为一体的共同体。数字经济时代,几乎所有的媒体都将数字化,媒介的形态也将不断创新,视觉化、智能化、与人体器官融合、仿真延伸是大趋势。[②]

① 王文峰,肖华,王瑜.传媒经济论:研究史纲卷[M].北京:中国书籍出版社,2013:202-206.

② 崔保国,刘金河.论数字经济的定义与测算:兼论数字经济与数字传媒的关系[J].现代传播(中国传媒大学学报),2020(4):120-127.

第二节　媒介经济的特殊运作模式

一、媒介产品的特殊性

产品，是指能够满足消费者需求的物品和非物质形态的劳务。在经济领域，所有的市场活动都以产品为中心来组织研发、生产和销售，通过满足消费者的需求来产生利润。媒介产品是一种特殊的产品，是媒介根据市场需求，生产出满足消费者需求的产品和服务。媒介产品既是媒介的目的，也是手段。①

媒介产品的特殊性主要体现在媒介产品作为精神产品所特有的意识形态性与道德评价性等。正确认识媒介产品的特殊性是成功组织媒介产品生产的前提。

（一）媒介产品的使用价值具有共享性与持久性

信息传播是一种共享活动，这里所说的共享，是指一个人可以将自己获知的信息传播给他人，而自己不会失去该信息。媒介产品提供的正是具有共享性的信息。例如，同一本图书或杂志经常会在多人之间传阅，看过某电视节目的人可以将其中的信息、观点等告知其他人，这些都不会影响媒介产品最初拥有者对于这一信息的占有。

媒介产品的使用价值具有持久性。一般的产品经过使用以后，使用价值会因为磨损、消耗而不复存在，媒介产品却不同，虽然媒介信息的载体是客观存在的实物，这些实物也会因为磨损而老化，但信息相比其物质载体而言具有相对独立性，信息的消费和使用表现为载体的转换，这种转换并不会引起信息商品本身的损耗和丧失。2023年除夕，累计1.9亿人在微信视频号"竖屏看春晚"。从电视屏幕到手机屏幕的转换，并不会影响春晚电视节目的收视情况，反而扩展了春晚的受众群体。②

（二）媒介产品通过"二次售卖"拥有受众和广告客户两级消费者

媒介产品与其他产品的显著不同在于，其他产品一般只有一级消费者，比如生产

---

① 邵培仁，陈兵.媒介管理学概论[M].北京：高等教育出版社，2010：133.

② 汤浩.手机竖屏直播及分屏技术在晚会中的创新应用：以中央广播电视总台"竖屏看春晚"第二年为例[J].中国广播影视，2023(9)：66-68.

资料的消费者是生产性组织，生活资料的消费者是居民、团体等，这些产品的消费都是一次性的，而媒介产品则有两级消费者：受众和广告客户。

媒介产品是一种特殊产品，它在向受众提供内容的同时，还获取了广告客户最感兴趣的受众注意力。通过向受众提供信息和向广告客户提供受众的注意力，媒介产品在经过两次销售之后实现了双重价值。也就是说，媒介产品的价值是在媒介生产者、受众和广告客户三个环节的流动过程中实现的。

(三)媒介产品兼具公共产品与私人产品的特征

"公共产品"与"私人产品"是两个重要的经济学概念。一般认为，区分某种物品属于公共产品还是私人产品的主要标准，在于其是否具有消费上的外部性、排他性和竞争性。

外部性是指一种产品在生产和消费的过程中所产生的"溢出效应"，即一种产品的生产和消费对生产者或消费者之外的其他社会成员带来的影响。

排他性是指消费者在消费特定产品时能够排除其他人消费同一产品的可能性。也就是说，排他性可以将不能或不愿意付出相应代价的人排除在外。

竞争性，主要看产品能不能分割出售，不能分割出售的东西就没有竞争性。竞争性意味着产品的相对稀缺，也就是产品存在正的边际成本，即某个消费者对该产品的消费会影响到其他人使用同一产品的机会与效用。

在上述三个条件中，排他性和竞争性是由产品的自然特性造成的，外部性是由社会的影响造成的。一般认为，其消费的外部性较大的物品(或服务)，至少是准公共物品(或服务)。例如，在西方，"教育"是准公共物品。而媒介产品，如同一部电影作品，当以不同的产品形态出现时，其在排他性与竞争性这两个方面的特征也就不尽相同，因而也就表现为公共物品或私人物品或者介于二者之间的不同产品类型。

具体而言，首先，当电影在商业院线上映时，消费者要获得内容必须先付费，因而电影具有排他性，而影院座位有限，决定了某一消费者的消费行为必然影响到其他人的消费机会，这又体现出竞争性。其次，当电影在露天或公共电影院免费播放时，任何人都不能阻止其他人前来观看，此时对电影的消费是非排他性的。但是，一旦影院的拥挤达到一定程度，再有消费者希望进入时，其效应和机会必然受到负面影响，竞争性显现，此时的电影产品属于公共资源。再次，当电影通过电视频道或网络传播时，其有形载体不复存在，因而新增加一次消费的边际成本为0，无论同时有多少人通过电视观看，都不会增加其他人获取并消费同一电影内容的成本，此时的电影产品具有非竞争性，而其是否具有排他性则取决于相应的电视频道或网络下载服务是否收费——付费电影频道和付费网络电影资源属于“俱乐部产品”。而当电视频道免费提供时，电影产品就成为真正的公共物品。

表 2-1　根据排他性和竞争性划分的四种产品类型（以电影产品为例）

竞争性 / 排他性	是	否
是	私人产品 （商业院线、DVD）	俱乐部产品 （付费电影、付费网络资源）
否	公共资源 （免费露天或公共影院）	公共产品 （免费电影频道、免费网络电影资源）

资料来源：谢新洲.媒介经营与管理[M].北京大学出版社，2011：54.

（四）媒介产品体现着特定的意识形态

媒介产品的功能很多，包括提供认知、教育、审美和娱乐等，它们可以满足人们的精神需求、丰富人们的知识、推动受众形成特定的世界观和价值观。绝大部分的媒介产品具有鲜明的时代性，甚至带有媒介组织所处社会环境的意识形态痕迹。由于媒介组织存在于特定的社会制度下，媒介产品的内容也就必然受到一定社会制度之下的上层建筑，即政治、法律和宗教等的影响，媒介产品的意识形态性由此得以体现。正因如此，所有国家的政府都会通过政治、法律和宗教观念等手段对媒介产品的生产和流通等环节进行规范，以确保媒介内容对受众产生的影响不是消极的、反社会的。①

二、媒介产品的资源补偿与价值实现机制

媒介业主要有信息内容和广告资源这两种产品。在实践中，这两种产品并非互不相干，而是具有极其紧密的互相影响的关系，即前者的质量对后者的销售有决定性影响。

从媒介的生产流程来看，媒介从创办伊始，内容产品与广告资源都可以出现，并且还能同时进行销售。但是，内容产品的传播状况最终决定了广告资源的价值大小，决定了广告资源的价格以及销售数量。内容产品传播的数量，即传播到受众手中的数量越多、传播到的受众消费能力越强，则广告资源价值越大，价格越高，销售数量也

① 谢新洲.媒介经营与管理[M].北京：北京大学出版社，2011：51-56.

越大。[1]

媒介在经济运作上出现了一种矛盾而复杂的现象:它提供给最广大公众的信息产品——新闻,实质上成为一种免费的公共服务;而面向少数广告主提供的广告信息传播服务,却成为它获得资源补偿的主要产品形式。

媒介具有独特的经济运作机制,也就是说,在以产业方式进行的媒介经济运作之中,生产新闻及其他一些公共信息所耗费的资源与劳动价值,并没有通过媒介与受众之间的交换关系得到补偿和实现,以产业方式运作的媒介主要是以广告收入作为资源补偿和价值增值手段。

由此,传播媒介形成了一种特殊的产业化经济运作模式:把信息传播作为一种公共服务,免费或半免费地向社会大众提供,媒介在此过程中形成传播能力和社会影响力,并以广告服务的形式转化为商品,出售给广告主。广告服务实际是经济学意义上媒介产业的最终产品,媒介只有通过广告服务才能真正实现其资源补偿和价值增值。在社会功能上,传播媒介是新闻和其他信息的搜集者和传播者,而在经济运作过程中,它只是一个广告载体。

三、媒介市场与媒介产业

(一)媒介二元产品市场

马歇尔在《经济学原理》中指出,市场是买方和卖方可以自由进入,并在同一时间对同种商品形成相同价格的所有交易关系的总称。市场不是从来就有的,市场是商品经济发展到一定阶段的产物。媒介产品需要在市场进行买卖交易,从而形成媒介市场。

媒介市场的形成造就了媒介产业,媒介产业的发展离不开媒介市场的繁荣,媒介市场又需要建立在媒介产品商品属性基础上。如果媒介不能成为商品,无法通过商品交换获得价值和使用价值,媒介市场也就无法形成。

1989 年,传媒经济学者罗伯特·G. 皮卡德在《媒介经济学:概念与问题》一书中,将媒介市场简洁地描述为"二元产品市场"。他在书中写道:"从经济学角度看,媒介产业与其他产业的不同之处在于,媒介产业在一个二元产品市场中运行。媒介生产一种产品,但参与两个独立的、性质迥异的市场,即产品市场和服务市场。这两个市场相互

---

① 张辉锋.传媒经济学:理论、历史与实务[M].3 版.北京:人民日报出版社,2015:45-47.

作用，相互联系，产品在一个市场中的表现会影响它在另一个市场的表现。”①

与“二元产品市场”很相似的一个概念是“二次售卖”：媒介先将媒介信息产品提供给受众，再将广告位/受众（注意力）卖给广告主，以此获取经济收益。“二次售卖”虽然在中国广为人知，但需要注意的是，媒介信息产品（报纸、杂志、广播电视节目等）往往免费或低价提供给受众，其价格与价值往往并不直接关联。因此，媒介信息产品市场中的“售卖”与广告产品市场中的“售卖”性质并不一样。

媒介由于产品内容产生的影响力和吸引力而拥有众多受众，这些受众对于广告主具有很大的吸引力和商业价值。媒介可以用自己的版面、时段或者其他媒介空间为广告主提供广告服务，并将自己的受众（注意力）“售卖”给广告主，实现“二次售卖”，进而通过广告获取收益。在此过程中，媒介产品起主导作用，媒介产品内容质量越高，越具有吸引力、影响力和公信力，越能吸引更多受众，对广告主也越具有吸引力，广告就会有更多客户，产品溢价也会越高，收益也会越大。相反，如果媒介产品内容低劣，受众很少或者受众消费能力有限，对于广告主就会缺乏吸引力，广告业务就难以开展。同时，媒介广告也会对媒介产品内容质量具有反作用。媒介广告收益越高，媒介越有实力去招揽更多优秀的媒介产品内容策划、创意等人才，媒介产品质量也会得到提升。反过来，如果媒介缺乏广告收入，其经济实力就会大打折扣，其对媒介人才的吸引力也会下降，同时也会影响媒介产品的内容质量。②

（二）媒介产业

由于媒介产品是商品，媒介产品的生产、流通、消费等就形成了媒介市场。媒介产业是生产传播各种以文字、图片、声音、影像、数码等形式存在的信息内容产品以及提供各种信息服务的企业或机构按照市场化方式形成的产业集群。

媒介产业在国外也被称作内容产业。例如，1997 年开始，美国把出版业（包括软件出版）、电影和录音业、广播和电视业、信息服务和数据处理服务业等称为内容产业。按照中国 2017 年颁布的《国民经济行业分类》，媒介产业包括“文化、体育和娱乐业”大类下的“新闻与出版业”和“广播、电视、电影和录音制作业”，“批发业”类别中的“图书批发、报刊批发、音像制品、电子和数字出版物的批发”以及这些物品的零售等，还包括“租赁与商务服务业”大类中的“广告业”。另外，制造业中的“印刷和记录媒介复制业”“广播电视设备制造业”等也属于媒介产业。

---

① 皮卡德.媒介经济学：概念与问题[M].赵丽颖，译.北京：中国人民大学出版社，2005：14.

② 周蔚华. 媒介经营与管理[M]. 北京：中国人民大学出版社，2023：23.

随着数字化和媒介融合的深度发展,媒介产业与其他产业不断融合。有的学者认为媒介产业是信息产业的一部分,认为它是内容提供者。大多数学者都把媒介产业看作文化产业的一部分。国家在制定相关的文化产业规划时,也把媒介产业作为文化产业的重要组成部分。①

(三)数字化背景下的媒介产业融合

在信息技术推动下,经济领域内出现了为适应产业增长而发生的原有产业边界逐渐模糊甚至消失、新产业形态出现的现象,我们称之为"产业融合"。产业融合是一个过程。技术融合并不等于产业融合,只有经过技术融合、产品融合、市场融合三个阶段,才能完成产业融合的整个过程。

关于产业融合的研究,最早是从技术融合研究开始的。1963 年,美国学者罗森伯格(Rosenberg)在对美国机器生产中所使用的工具演化进行研究时发现,同一种技术在向不同产业扩散,他把这种现象称为"技术融合"。当不同的产业共享同一种技术时,这种技术显著影响或改变一种产业的产品、竞争、价值创造的过程时,意味着技术融合的产生。技术融合阶段,数字技术逐渐实现了信息存储和传输形式的统一,网络技术为信息提供了统一的传输平台,通用的信息技术可以渗透到各种传统产业中。对于媒介产业来说,技术融合主要表现为媒介融合,消费者可以通过单一的设备对文字、图像、声音、视频等无缝整合。

在技术融合中,原来边界清晰的不同产业之间出现了可以替代的产品和服务,各产业内的企业生产替代性产品和服务的能力开始增强,彼此之间从原来没有竞争走向了竞争与合作,产业发生了交叉,可以称为产品融合。从需求角度来看,产品融合可以分为替代性融合和互补性融合,例如,采用数字技术后,以前独立的产品产生的汇合或功能的统一。

在业务融合过程中,电信、互联网、广播、报刊、电视、电影等产业的产品和服务的差异性明显弱化,产业间的市场边界逐渐消失,不同产业或同一产业内的不同行业通过相互渗透、相互交叉,最终融为一体,逐渐形成新产业,可以称为市场融合。

媒介的产业融合主要沿两个方向发展:一是媒介产业与信息产业融合,二是媒介产业与文化产业融合。在媒介产业与信息产业融合中,通信产业也将产业触角伸到内容领域。电信业的增值业务为中间用户提供计费服务、特色服务和广告,为终端用户提供语音服务、信息处理和信息娱乐服务。同时,媒介产业向文化产业渗透,例如,媒

---

① 周蔚华. 媒介经营与管理[M]. 北京:中国人民大学出版社,2023:29.

介产业渗入文化艺术产业、教育业、旅游业、体育业、广告业、会展业、咨询业等。①

第三节　中国媒介的市场与市场环境

一、不同媒介形态的产品与市场

媒介形态主要是指媒介信息内容的中介物，由技术、符号、介质来共同呈现具体的产品样式。根据媒介形态，媒介产品可以分为平面媒介产品、电子媒介产品和数字媒介产品。报纸、杂志、图书等是典型的平面媒介产品。广播、电视、电影是典型的电子媒介产品。互联网新媒体是典型的数字媒介产品。本部分分别以报业、广播电视业和互联网业分别分析这三种媒介形态所形成的行业。

(一)报业

1."两位一体"的产品形态和两个市场

报纸是报业在形态上的产品，有两个主要市场，即发行市场和广告市场。实际上，对于现代报业而言，报纸是"两位一体"的产品形态，报业的两种产品——面向公众的资讯产品和面向广告主的广告服务，是共存于报纸之上的。

2.广告媒介的发行市场与广告市场的关联

报业发行市场是报纸以资讯产品的广泛传播为手段，获得社会和市场影响力的平台，依靠资讯产品公开、广泛、连续、大规模的传播，实现"信道"功能，提升其信息使用价值。

报业广告市场是报纸销售其社会和市场影响力的关键所在，其依靠提供广告服务获得价值补偿。

发行市场和广告市场之间是一种相互依存的关系，具有高度的一致性。一般而言，媒介在发行市场上的表现，决定了它在广告市场上的表现。在这个意义上，报纸发行实质上是报业的生产环节和生产手段。资讯产品和发行网络构成了报纸的核心竞争力。

---

① 喻国明，丁汉青，支庭荣，等. 传媒经济学教程[M].2 版.北京：中国人民大学出版社，2019：196.

3.报业产品和市场特征

- 公共性:报业资讯产品偏重于时事性内容的传播。
- 对象性:媒介可以用不同的政治倾向、文化品位及资讯配比方式,筛选出不同的目标对象。
- 实物形态:便于携带阅读,适合于商业零售、分类广告等。
- 易分割性:版面便于分割为各种功能性模块,服务于不同的读者和广告客户。
- 地域性:信息需求因地而异,即信息的接近性。
- 有效性:报纸读者的文化水平、社会地位及收入水平较高,信息到达率、有效率较高,便于广告客户准确选择目标对象。

(二)广播电视业

1.“免费的午餐”

在多数国家的广播电视体制中,广播电视提供的内容产品是以“免费的午餐”形式无偿向公众提供的。

2.“免费的午餐”由广告主出资

与报业相同,广播电视业的资源补偿,也主要通过媒介提供广告服务来实现,“免费的午餐”实际上是由广告主买单。广播电视业对广告市场的依赖甚于报业。统计数据表明,在付费电视尚未得到快速发展的国家和地区,广播电视业90%—100%的收入来自广告。

3.广播电视业内容产品的基本单位、主要构成及其生产方式的特殊性

广播电视业内容产品的基本单位主要体现为“节目”。在广播电视业的内容产品中,娱乐性内容占较大比例,而时事性内容是广播电视业的资讯产品中产生较大社会影响力的部分。

广播电视业可以通过对资讯产品“原料”的大量购买来降低生产成本,并且可以借助这种购买来推动专业化分工,以提高资讯产品的制作水平。我国推行的“制(作)播(出)分离”,即建立在这一基础上。

由于媒体传播方式的特点,广播电视业的广告服务比较适合形象广告活动,并且往往面向较为广阔的市场区域。因此,广播电视业的全国性广告市场比较繁荣。

4.电视业的产业链条

电视业的产业链条是由电视台、节目制作公司、网络传输公司、节目营销公司、代

理公司及电视管理机构等组成的。这个产业链条可以分为三个环节，即内容制作、频道运营和网络播送。在电视市场上，除了观众，还存在三个市场主体，即内容供应商、频道运营商和网络供应商。

这三个市场可以使电视业进一步划分为四个市场，即广告市场、节目市场、网络市场和观众市场。

广告市场是由电视台、广告主、广告代理公司三者形成的市场，通过广告代理公司，电视台把广告服务销售给广告主（企业）。

节目市场主要指内容供应商和电视台（频道运营商）之间的市场，目前国内除了大量影视公司，还出现了专门的电视节目公司。由于政策限制，民营节目公司不能制作新闻节目，但可以制作娱乐方面的"准新闻节目"。

网络市场指的是电视台（频道运营商）和网络提供者形成的市场。由于国内电视台长期实行"台网合一"体制，上级电视台依靠下级电视台转播实现无偿落地。随着台网分离改革的推进，国内的电视网络市场也在逐步发展。

观众市场是各电视台对观众的争夺，是电视台竞争的主要内容。[①]

（三）互联网业

在互联网发展历程中，无论是国外还是国内的互联网市场，网络门户都是互联网发展的主导模式，在国外以美国在线、雅虎等为代表。在我国，典型的门户网站有新浪网、网易和搜狐网等。门户网站的概念最早起源于互联网商业中的 ICP（internet content provider，网络内容提供商），是指在互联网上进行信息收集、加工并向其他用户或访问者发布的公司。当国内 ICP 这个名词刚开始流行的时候，网络业务形式比较少，因此，业界以及媒体在比较清晰地定义了 ISP（internet service provider，网络接入服务提供商）的范围之后，将除了 ISP 以外从事其他网络服务的公司统称为 ICP。

（四）移动互联网业

数字化转型背景下，移动互联网行业在不断满足用户多样化需求的同时，持续推动中国数字经济高质量发展。在移动互联网媒体行业，社交平台不断拓展业务范围和功能，实现从"社交"向"社交＋"转变。除了继续提供基础社交功能外，移动互联网社交平台还不断拓展业务场景。目前，"社交＋电商"在降低市场推广和营销成本，在为

① 宋建武.新闻媒介管理[M].北京：高等教育出版社，2013：6-19.

企业打通下沉市场方面已得到广泛认可;“社交+直播”在营销和娱乐领域也发展迅速。社交行业整体已经具备市场商业价值,为给用户提供更丰富的服务体验,需要继续拓展商业场景。

在移动互联网新闻资讯行业,新闻资讯平台以优质内容、社交互动寻求吸引用户和激活用户的突破口。移动互联网新闻资讯行业格局相对稳固。如何吸引和激活更多用户,成为新闻资讯行业必须面对和解决的问题。一方面,通过优质内容吸引更多用户。网易新闻在内容领域持续投入巨资补贴创作者,从曝光、流量、品牌等方面,帮助创作者在平台内快速发展,打造完善的产品内容生态链。另一方面,提高平台互动性以激活用户。今日头条除了借助内容算法进行智能推荐外,还通过开创头条问答社区、凸显评论等功能,提升用户的参与感。作为移动互联网的重要流量入口,新闻资讯行业竞争越来越激烈。

在移动互联网视频行业,长视频平台与短视频平台稳步发展,并逐步开启相互协作的新局面。长视频平台在内容建设方面持续发力,通过自制剧、自制综艺、与国内外影视公司合作等方式获取更多的独家版权内容,以优质内容吸引用户。长视频平台通过电影、电视剧和纪录片等营造出一个完整的世界,使用户沉浸其中。短视频平台则更倾向于探索更多流量入口,通过创作者创作出内容,结合算法分发,以吸引更多流量,持续抢占用户注意力。短视频平台直接把精彩内容展示给用户,满足用户碎片化的信息获取需求。

在移动互联网电商行业,精细化运营和激活数字用户资产成为行业共识。发展私域电商对企业提高用户复购率、减少对第三方平台的依赖、提高品牌影响力等具有重要意义。在公域流量获客成本越来越高的情况下,深入挖掘老用户需求,优化用户体验,可以创造更多价值。私域电商能够获取更多维度、更加精准的用户数据,为品牌积累数字用户资产。对数字用户资产的挖掘有助于了解用户需求和偏好,帮助私域电商进行精细化运营,为用户提供个性化的服务体验。①

二、中国媒介产业发展面临的市场环境

媒介产业和媒介组织及其运行是在社会大环境中展开的一个生态系统,因此,应该把消费者、供应商、竞争者和其他利益相关者都纳入媒介组织与社会环境相互作用的关系中进行考察。媒介生态系统指各种形态的媒介、各种业态的媒体所形成的生态群落与其生存环境之间的相互联系、相互制约而构成的动态平衡系统。作为一个整体

---

① 崔保国,赵梅,丁迈. 中国传媒产业发展报告(2023)[M]. 北京:社会科学文献出版社,2023:138-144.

性系统,生态良性发展关乎内部生态群落迭代等具体性因素,也与外部环境等宏观因素紧密相连。

（一）政策环境

2022年,广播、电视、电影行业被人力资源和社会保障部等四部门认定为困难行业。[①]一方面是宏观经济走低下行业发展的举步维艰,另一方面是数据、算法等现代技术入场下越发复杂的生态位竞争。媒介政策环境呈现的几个面向为:第一,面向主流舆论格局,对媒体深度融合、媒介内容精品化供给提出要求。围绕党和国家重大宣传主题和重要时间节点,生产思想性、艺术性、观赏性相统一的媒介产品成为产业自觉。第二,面向媒介产业复苏,以从中央到地方的纾困服务体系拉动市场繁荣。以影视文化为例,全国范围内加大"留抵退税"优惠力度,地方政府税收租金减免、财政补贴等政策红利为影视企业增加现金流、缓解经营压力提供强劲支持。第三,面向传媒生态治理,打造风清气正的网络空间环境。平台垄断、数据泄露、网络暴力、网络侵权、流量造假、天价片酬等一系列问题得到精准整治。尽管监管力度加大会在短期内带来产业产值波动,但这对媒介生态系统可持续发展大有裨益。

（二）资本环境

在资本市场大环境影响下,传媒业出现融资艰难、媒介供给下降、文化娱乐消费需求降低、企业营收断崖式下跌现象。从媒介产业资本市场来看,媒介企业投融资比较艰难,企业经营受挫。从IT桔子数据来看,2022年,中国文化传媒行业投资事件共计169起,投资总额270.36亿元,同比下跌49.47%。阿里巴巴、字节跳动和网易等互联网巨头公司的投资行为均有所减少,视频与直播等火热赛道受到的监管加强,投资总数大幅下滑。宏观经济环境和监管政策等种种因素致使文娱资本市场活跃度下降,市场主体对融资发展预期减弱。在此背景下,媒介资本将更加注重稳定性和抗风险能力,资本环境将过滤掉以"赚快钱"为目的的投机者,打破产业非理性繁荣,促进各细分行业重新洗牌、重建秩序,倒逼产业注重精品内容,实现生态良性发展。

（三）技术环境

在政策引领和数字经济推动下,IPv6与5G等"下一代互联网技术"已经从探索阶

---

① 人力资源社会保障部 国家发展改革委 财政部 税务总局关于扩大阶段性缓缴社会保险费政策实施范围等问题的通知[EB/OL].(2022-05-31)[2024-06-22]. https://www.mohrss.gov.cn/xxgk2020/fdzdgknr/zcfg/gfxwj/shbx/202205/t20220531_451044.html.

段进入实质应用阶段。数字技术催生了媒介新形态，三维化和虚拟现实成为数字化转型的关键支撑技术。基于稳定的信息基础设施，元宇宙从理论概念走向实践探索。元宇宙数字孪生技术打造的虚拟数字人已经被广泛应用于广播电视等多个领域；虚拟现实(VR)/增强现实(AR)技术在视听、游戏、社交、电商等领域应用，搭建起 Web3.0 时代的营销模式和打造全新的消费场景。与此同时，生成式人工智能(artificial intelligence generated content, AIGC)产品迎来“一夜爆红”，OpenAI 的新一代人工智能对话机器人 ChatGPT 作为通用人工智能(AGI)和通用目的技术(GPTs)发展的里程碑产品，将为传播劳动方式和价值生产带来革新。

(四)受众环境

社会媒介化发展改变着传媒受众的媒介接触习惯和连接方式，社交、搜索引擎、视频、直播和短视频等移动应用形成多元新媒介分发渠道。[①]从宏观网民结构聚焦传媒受众，传媒受众环境主要呈现以下两大特征。第一，受众触媒习惯向数字化、移动化、个性化转变。现代社会的受众媒体接触并不是单一被动的，多样化的媒介形态和信息获取渠道让受众有选择性地接触不同类型媒体信息以满足自身多元需求。第二，用户发生代际新变化。除了“Z 世代”外，中老年受众群体崛起，对未来传媒内容生产、消费产生重要影响。[②]

【本章小结】

1.媒介经济是指基于信息公开而广泛地传播所产生的经济活动。在这个定义中，主要有三个关键点：其一是“信息传播”；其二是“公开而广泛”；其三是“经济活动”。

2.媒介经济组织是指实际担负新闻媒介运营过程中资源补偿和价值增值责任的经济和法律实体。在我国，媒介经济组织通常指报社、杂志社、电台、电视台、媒介集团以及网络公司等。

3.传播媒介形成了一种特殊的产业化经济运作模式：把信息传播作为一种公共服务，免费或半免费地向社会大众提供，媒介在此过程中形成传播能力和社会影响力，并以广告服务的形式转化为商品，出售给广告主。广告服务实际上是经济学意义上媒介产业的最终产品，媒介只有通过广告服务才能真正实现其资源补偿和价值增值。

4.新闻媒介运营管理目标的双重性质决定其管理价值取向为通过提供公共服务、争取

---

① 刘强，李本乾. 受众选择与媒体生命周期：对媒介感知价值影响机制阶段性演进的实证研究[J]. 新闻记者，2020(3)：46-57.

② 崔保国，赵梅，丁迈. 中国传媒产业发展报告(2023)[M]. 北京：社会科学文献出版社，2023：13-17.

社会效益,为自身获取经济效益。

【思考与研讨题】

1.如何理解媒介经济?

2.请结合实际,分析媒介经济不同形态的作用机制。

3.如何理解传播媒介形成了一种特殊的产业化经济运作模式?

4.如何理解注意力和注意力经济?

5.如何理解影响力和影响力经济?构建影响力经济的途径有哪些?

6.媒介产品的特殊性体现在哪些方面?

7.如何理解媒介市场的“二次售卖”?

8.请结合实际,分析中国媒介产业发展面临的市场环境。

第三章　互联网经济时代的传媒产业转型

【章节大纲】

1.互联网经济与新媒体产业发展；

2.互联网新媒体的营利模式；

3.互联网时代传统媒体与新媒体的融合；

4.媒介融合时代传统媒体的转型发展。

【章节内容】

本章介绍了我国互联网行业的发展概况、互联网经济及其价值、互联网技术下的新媒体发展、互联网的营利模式、媒介融合理论的兴起、媒介融合的分类、传统媒介的转型等。

第一节　互联网经济与新媒体产业发展

一、我国互联网行业发展概况

作为最具代表性的新媒体，我国的互联网产业从20世纪90年代初发展至今，在短短二十几年的时间里对周围世界产生了前所未有的影响。

1969年，互联网传媒起源于美国，1994年我国正式接入互联网。我国的互联网传媒虽然起步较晚，但是发展很快，发展速度呈几何式增长。我国互联网行业的发展可以简单划分为以下几个阶段：

1986—1993年，是我国互联网的研究实验阶段(E-mail only)。1987年9月20日，从钱天白教授发出第一封E-mail开始，中国正式接入因特网，与世界连线。

1993—1996年，是我国互联网的起步阶段(full function connection)。1994年4

月 20 日，NCFC(The National Computing and Networking Falility of China，中国国家计算机与网络设施)工程通过美国 Sprint 公司连入 internet 的 64K 国际专线开通，实现了与 internet 的全功能连接。从此，中国在国际上正式被承认为第 77 个真正拥有全功能 internet 的国家。

1996—1998 年，是我国互联网内容发展的活跃期。1997 年后，出现了电子商务、网络游戏以及对当时的中国人来说非常新鲜的移动互联网。政府相关部门也开始对互联网进行管理，出台了一系列的法律法规。

1999—2002 年，是我国互联网的快速增长期。我国网民开始呈几何级数增长，上网对于网民来说，从曾经的前卫、潮流已经开始演变成真正的需求和习惯。

2003—2014 年，是我国互联网应用多元化和纵深发展阶段。互联网已经深入中国千家万户，上网已经成为人们生活的一部分，移动互联网网民爆炸式增长，手机上网对于中国网民来说，已经不再陌生。①

2015 年至今，是中国“互联网＋”上升到国家战略的阶段。在 2015 年 3 月 5 日第十二届全国人民代表大会第三次会议上，李克强在政府工作报告中首次提出了“互联网＋”行动计划，要推动移动互联网、云计算、大数据、物联网等与现代制造业结合，引导互联网企业拓展国际市场，把“互联网＋”上升为国家战略。

2025 年 1 月，中国深度求索公司发布 DeepSeek 模型，标志着生成式人工智能技术实现了新的关键突破。DeepSeek 是专注推理能力的大型语言模型，它通过优化推理过程，显著降低了计算资源的消耗，实现了高效的推理能力。在数学推理领域，DeepSeek 超越了 OpenAI-o1；在编程方面，超越了 96.3％的人类参赛者。②

信息社会是以信息系统为中枢系统来维系社会发展与繁荣的社会形态，是后工业时代文明继续发展的标志。在信息社会，互联网已经成为社会生活最重要的元素之一，支撑着信息社会的有序运转，促进着经济社会的繁荣发展。互联网作为工具，已经成为社会组织、人际交往的重要平台；互联网作为产业，已经占据了支柱性产业的重要地位。

二、互联网传媒的价值

(一)互联网网站的价值

互联网网站价值也就是互联网传媒的品牌价值，它包括互联网传媒的市场价值和

---

① 王文锋，肖华，王瑜.传媒经济论：研究史纲卷[M].北京：中国书籍出版社，2013：161-163.

② 郭蕾蕾.生成式人工智能驱动教育变革：机制、风险及应对——以 DeepSeek 为例[EB/OL].(2025-03-10)[2025-03-20].https://link.cnki.net/urlid/50.1028.G4.20250310.1548.002.

社会价值。

(二)搜索引擎的价值

搜索引擎是基于互联网的一种信息检索方法及检索系统。具体来说,搜索引擎就是根据特定的计算机程序从互联网上搜集信息,并能对信息进行组织和处理,进而将信息展示给用户的系统。目前,互联网世界能够为用户提供的搜索引擎很多,比如谷歌、百度、搜狗等。搜索引擎已经成为网络用户的必备工具。在互联网时代,互联网传媒已经成为人们获取信息的重要渠道之一,信息需求者需要利用搜索引擎去检索他们需要的特定信息。

(三)互联网网页的价值

互联网网页同报纸、期刊的版面、广播电视的频道一样,都是刊载信息的平台或空间。互联网网页价值取决于三个条件,即网页及其容量、信息及其有用性和网页点击率。网页容量体现了网络产品的总量,信息的有用性体现了网络产品的可信度、创新性和时效性,网页点击率则反映了对网络市场的占有率和规模。这三者的有效结合所产生的有用效益就是互联网的网页价值。对于互联网传媒来说,网页价值具有重要意义,它的实现和增值是互联网传媒生存与发展的基础。

(四)互联网资源的价值

我国的互联网资源相当丰富,它包括互联网传媒的软资源和硬资源。互联网传媒的软资源,主要指网民、IP 地址、域名、网站、网页和带宽等资源,它们是互联网传媒的基础性资源,是由互联网传媒的本质特征所决定的必备资源,是互联网传媒独有的资源。互联网传媒的硬资源,主要包括基础设施、网络设备、光缆线路等资源,它们是由网络技术装备起来的再造资源,不仅互联网传媒可以开发、利用,而且传统媒体也可以开发利用,是一种共享资源。不管是互联网传媒的软资源还是硬资源,其价值大小取决于人们对其开发和利用的深度与广度。

(五)互联网网民的价值

网民是指网络的使用者,它是一个宽泛且复杂的概念,可以从年龄、性别、职业、学历、收入和爱好等角度对其进行细分。网民的宽泛性和复杂性决定了网民价值的多层次性和多面性。不管怎样对网民进行细分,网民价值基本上表现在两个方面,即经济价值和社会价值。网民的经济价值主要是通过网上购买行为实现的,网民的社会价值则是通过博客、微博、微信以及其他言论、行为等实现的。

（六）互联网广告的价值

广告是商品经济的产物，是市场营销的一种手段，同时也是一种文化产业。广告是依附于传媒经济的一种经济形式，是人们获取信息的一种渠道。广告是传媒经济的一种形态，它的发展既有广告产业的特点，又在一定程度上体现了传媒经济的发展。互联网传媒的出现把现代传媒推向了一个新的阶段，所以要发展互联网传媒就必须重视互联网广告的作用，必须重视互联网广告价值的实现。互联网广告的价值体现在哪里呢？在传媒社会，广告价值体现在互联网网站的品牌中，体现在互联网广告产品的质量中，体现在互联网传媒市场的健康发展中，体现在互联网传媒政策体系的完善过程中，体现在互联网传媒人的素质提高过程中。总之，互联网广告的价值是同互联网传媒的成熟程度成正比的，因此，要提升互联网广告价值，首要的任务就是要促进互联网传媒的发展，稳定互联网传媒的主体地位。

（七）互联网运营模式的价值

运营模式是企业或文化产业运营者在经营过程中应遵循的规范和准则，是经营实体价值判断的依据和理论概括。互联网传媒是一种实体传媒产业，选择适当的运营模式能够为判断互联网传媒的价值提供依据和标准。那么，衡量互联网运营模式价值的标准是什么呢？主要有三项标准：一是互联网传媒价值的实现程度，二是互联网传媒的可信度，三是互联网网站品牌的知名度。[①]

相信不少人的朋友圈都曾在2017年被唯品会刷屏（图3-1），唯品会通过大数据与人工智能结合，利用DSP（demand-side platform，广告需求方平台）真正实现了将广告投放给最有需求的用户，精确满足用户所想、所需，成功实现“千人千面”“千地千面”和“千时千面”广告投放的重要一步。

图3-1　唯品会特卖朋友圈

个性化时代，用户的需求不尽相同，只有实现基于不同用户行为的精准广告推送，将适当的内容推荐给最适合的群体，并在此基

① 王文锋，肖华，王瑜.传媒经济论：研究史纲卷[M].北京：中国书籍出版社，2013：166-175.

础上实现品牌的交互,才能让广告的投放更加有效,而这背后就需要有大数据和先进的互联网技术给予支撑。

一般认为,智能化时代的到来,让未来的广告模式更加侧重在与用户互动和对广告投放精准性的提升上,因此,企业在品牌的推广中,应该更加注重在内容、渠道和技术上的投入,只有整合不同的网络营销模式,并不断与时俱进,才能将品牌更好、更快地传播出去。

三、互联网技术下的新媒体发展

(一)数字化与新媒体发展

互联网技术的发展带来了传播内容和传播模式的变化,数字技术可以使用"0"或"1"来表达和传输一切信息,将文字、数据、图像、声音等各种信息要素变成数字信号进行传输,再通过接收器将其复原。在媒体领域,数字化具有以下几种趋势:

第一,传统的报纸、刊物、书籍等出版物纷纷出版自己的电子版、手机报,推出网站、电子销售平台等,呈现数字化、多媒体的形式。

第二,传统的广播电视朝数字影视迈进,广播正进入数字音频广播新阶段,电视也全面进入数字高清和数字压缩新阶段。

第三,网络成为数字化的媒体基础。也就是说,数字传媒正成为传媒的主流,数字化正在打通原本泾渭分明的信息业、电信业、大众传媒业三大领域,数字化已经创造出新的媒体产业,如数字内容、数字出版、数字设计和数字电视等。

所谓新媒体,是一个相对的概念,"新"是相对于"旧"而言的。纵观整个媒介发展史,印刷出版物相对于手抄本来说是一种新媒体,广播电视和电影相对于报纸来说是一种新媒体,互联网数字媒体相对于电视来说是一种新媒体,所以新媒体是在传统的报纸、广播、电视等媒体之后因技术推动而发展起来的新的媒介形态。

(二)新媒体的传播学价值

1.由广播走向窄播,形成了新媒体传播的分众传播模式

新媒体的传播状态从原来的一点对多点的"广播"模式变为多点对多点的"窄播"模式,这就意味着议程设置的权力被泛化到多对多的每一个发布者中。

在新媒体传播中,"窄播"的传播目的是满足某些特定时间和环境下特定人群的某种特定需求,这种传播极具针对性,也被称为"分众传播"。如今,分众传播已被广泛运

用到商务领域，比如写字楼的电梯上、机场大道航班到达通知系统、社区的安全警示系统、学校的教务通知系统、交通管理部门的路况告示系统等(图3-2)。

图3-2　新媒体分众传播

2.从两级传播到全员性传播，形成了用户创造内容的微内容模式

传统大众传媒赋予受众的只有接受的权利，而没有发言和创作的权利，受众被界定为“读者”“听众”和“观众”。新媒体全球共享和全面互动技术的强大动力，瓦解了传统媒体作为信息内容的唯一发布者的地位，无情地将传统媒体的“读者”“听众”和“观众”解构为“seeker”(搜寻人)、“consultant”(咨询人)、“browser”(浏览人)、“responder”(反馈人)、“interlocutor”(对话人)、“conversationalist”(交谈人)。[①] 这印证了美国《连线》杂志对新媒体所下的定义：“所有人对所有人的传播。”

3.从线性传播到多种传播类型汇聚交融，形成新的复合传播模式

(1)无边界的传播

从传播范围来看，新媒体的特点是无边界传播。传统大众媒体是区域性传播，其中平面媒体需要运输，电波媒体需要落地。而在新媒体平台上，所发布的内容理论上都是可以面对全球所有的网络使用者的，这种传播为媒介融合提供了解决方案。

(2)时间固化的传播

从储存方式上看，传统大众媒体可以分为电波媒体和平面媒体。在电波媒体中，信息可以以时间性分布的形式存在，但在同一个时间点上，受众只能接收某一媒体所发布的单一的特定信息，受众并没有太多的选择权利，控制权更多地被掌握在媒体手中。新媒体从理论上消除了大众传播中信息组织方式的时间限制，所有的信息都被固

① 麦奎尔.受众分析[M].刘燕南，等译.北京：中国人民大学出版社，2006:158.

化在新媒体平台上,提升了传统媒体信息的“长尾”价值,为信息的延时销售开辟了一片新天地。

(3)复合型传播

从传播形态看,新传播技术的明显优势是能够在新的平台上把各种传统大众媒体综合起来,实现报纸、广播、电视等媒体的全面数字化,形成报刊网站、手机报、数字电视、手机电视等新媒体,供受众在自己方便的时间使用。新媒体是多种传播形式复合的媒体,大众媒体界限分明的类型化区分,在新媒体时代将不再具有意义。

(三)新媒体的经济学价值

1.分众传播模式形成了新媒体的细分市场

新媒体受众所具有的多元化和个性化本质,促进了以分众为中心的碎片化细分市场的形成。这种碎片化需求,主要体现在受众接收媒介信息的时间和空间的自由和多元化上。当代受众使用媒介的范围越发广泛,但在单个媒介上花费的时间却越来越短,也越来越分散。随着生活节奏的加快,对于需要耗费较长时间和精力参与其中的媒介,人们往往无暇顾及或者力不从心。可以发现,受众在自主选择新媒体形式的过程中,由于生活方式和行为方式的不同,形成了明显的、具有某种规律性的分众化。对分众化受众注意力的收集、整理与满足,便形成了新媒体的细分市场。

2.“微内容”模式为新媒体产业数字化内容的大规模生产提供了产品基础

区别于传统媒体新闻信息的泛媒体化,新媒体的数字内容体现出产品化的特征。基于产品化的技术,数字内容可以在不同类型的新媒体中以不同的方式体现,实现内容的数字化生产和大规模的复制传播。同时,光纤技术、卫星技术使数据传输得到了飞速发展,以千兆网和以太网为核心的信息高速公路纷纷建立,为大规模的内容传输搭建了平台,为新媒体产业数字化内容的大规模生产提供了产品基础。

3.复合传播模式实现了渠道价值链的开放与多赢

作为当下的新媒体产品运营,其所牵涉的环节主要有广告主、技术提供商、服务提供商和设备供应商,甚至还有投资商等。新媒体是商业利益驱动下的产物,是产业链各环节“市场共谋”的结果。

复合传播模式是指多种传播类型汇聚交融的传播模式,它打破了单一传播方式的局限,整合了多种媒介资源和传播手段。在复合传播模式下,内容生产不再局限于专业媒体机构,普通用户也可以通过自媒体参与内容创作。比如在微博、抖音平台上,每天都有大量用户生成内容(UGC),这些内容丰富了信息来源,为渠道价值链注入活力。通过复合传播模式,媒体机构、广告商、用户、社会共同创造价值,促进信息的流动,有利于社会的进步和发展。

第二节　互联网新媒体的营利模式

一、营利模式的构成要素

营利模式的构成要素见表 3-1。

表 3-1　营利模式的构成要素

营利模式构成	核心要素	关键支持
利润点	客户价值	客户是否必须或愿意通过你的网站实现自己的价值
利润对象	目标客户	客户细分、定位、对其收入和消费能力的把握
利润源	收入和利润来源	能给网站带来合理的收入的方式和环节
利润杠杆	模式和价值的匹配	保证物流和现金流的安全便捷
利润屏障	影响网站盈利的阻碍	寻找产业阻碍的原因并克服

(一)利润点

利润点的核心是从客户价值的角度来定义的,即企业价值与客户价值同时最大化的那个点。如果用户愿意支付的价值超过企业提供产品或服务所需的成本,那么企业的产品与服务就具有盈利能力。

(二)利润对象

利润对象的核心是从目标客户的角度来定义的,即企业提供的商品和服务所针对的目标客户群。由于新媒体接受方式的分众化,目标受众存在错综复杂的需求与爱好,因此往往受到地域差别、年龄差异、文化因素、心理因素等多因素的影响而呈现出多样化细分。

细分客户范围的目的是帮助企业确定哪些客户能带来利润,即哪些是最有价值的客户——一些客户使企业盈利增长,而另一些客户则在吞噬着企业的利润。“80/20定律”(也称“二八定律”)就指出,企业 20%的客户能创造 80%的收入,而剩余 80%的客户仅为企业带来20%的利润,甚至部分客户会导致企业严重亏损。

(三)利润源

利润源是从企业收入的角度来定义的,即企业从哪些渠道获得收入和利润。利润源是企业营利模式中非常重要的一部分,它解决了收入来源有哪些的问题。在传统商业模式中,企业往往从直接销售的产品或相关服务中获取利润。相比传统商业以销售前后的差价形成利润,提供的后续服务获取利润等方式,新媒体主要依靠网络技术盈利,其营利模式更加灵活、多样,也更加复杂,如广告、电子商务、分成和中介盈利等。

(四)利润杠杆

利润杠杆是从模式和价值匹配的角度来定义的。不同类型的价值结构决定了企业不同的营利模式,每种价值结构都有其对应的价值链,这些相关的价值链必须与价值结构相对应。企业所建立的增值能力如果能够和正确的价值结构相匹配,则可以促使企业创造持续的利润并保持竞争优势。因特网的出现,对价值链最重要的影响是通过信息的沟通"减少中介",即通过网上订单,制造商可以直接或通过少量的批发商将产品送达终端客户。

(五)利润屏障

利润屏障是从影响网站盈利的阻碍角度来定义的,即企业为了保护自己的利润而采取的一系列遏制竞争对手的竞争规则。利润屏障主要包括四个方面:其一,保护企业利润源不被竞争者所侵蚀,利润点不遭淘汰,利润杠杆不易被模仿。牢固的利润屏障是建立在领先的技术团队对产品或服务的不断创新、清晰准确的品牌定位以及鲜明的企业文化基础上的。其二,整合能力,即企业整合各类资源并将其转化为客户价值的能力。其三,竞争力,即相对于其他竞争者的核心竞争力,能够给客户提供无法替代的优势价值。其四,持久性。商业网站应切实采取措施来长久保持竞争优势,避免竞争对手赶上甚至超越。竞争优势的持久性可以通过联合、收购、兼并等策略来完成。

二、互联网的营利模式

互联网实验室认为,我国互联网新媒体行业的主要营利模式有广告模式、物品交易模式、分成模式和中介模式四种。四大营利模式又可以分为品牌广告模式、关键词广告模式、传统差价模式、软件销售模式、道具收费模式、佣金模式、微支付模式、电信分成模式、信息中介模式和交易中介模式十个子模式。

(一)广告模式

广告是传统媒体的主要营利模式。互联网新媒体对广告的依赖程度虽然不如传统媒体,但广告依然是其重要的利润源。以网站为例,从 1997 年中国出现第一则商业性网络广告以来,至今已经走过了 20 多年的历程。这期间,中国的网络广告以年 50%以上的速度增长,成为中国互联网产业的支柱性商业模式。①

以新浪、搜狐为代表的门户网站在得到国家有关部门批准登载新闻之后,不断做强新闻内容,以在线媒体的身份活跃在互联网上,并且积累了大量的人气,广告客户纷至沓来。

百度采用最多的一种营利方式就是关键词广告。用户在搜索引擎中输入需要查询的关键词后,除了会得到这些关键词的链接以外,与这些关键词相关的广告也都会出现在页面上。这种区别于传统广告的营销方式有很好的效果,厂商可以将广告准确地送到期待的目标客户群,搜索引擎公司则按照事先约定好的价格收取费用。

(二)物品交易模式

中国电子商务正处于高速发展期,市场交易额持续快速增长,物品交易成为很多电商的主要营利模式。根据服务对象的不同,电子商务服务一般分为 B2B、B2C、C2C 三大类。B2B 是企业对企业的电子商务,B2C 是企业对消费者的电子商务,C2C 是消费者对消费者的电子商务。

以京东商城为例,京东商城在线销售的商品包括家用电器、汽车用品、手机数码、电脑软件、办公设备、家具家装、服饰鞋帽、个护化妆、钟表首饰、礼品箱包和食品饮料等逾 10 万种。其中,家用电器、手机数码、电脑商品及日用百货超过了 3.6 万种。京东商城的营利模式主要在于靠直接销售以赚取差价,京东依靠赚取采购价和销售价之间的差价的在线销售产品种类超过 3 万种。

物品交易模式还包括售卖专业软件。以金融界网站为例,该网站创建于 1999 年 8 月,由美国 IDG(International Data Group,美国国际数据集团)、新加坡 VERTEX(祥峰投资)等共同投资兴建,是中国领先的金融和财经信息提供商以及全球最大的中

① 高丽华.新媒体经营[M].北京:机械工业出版社,2009:35.

文财经网站之一。金融界网站为用户提供下载版和 web 版两种证券分析工具,这些产品都需要收费。

新媒体内容付费也是物品交易模式的一种重要形式。不同的是,这里的物品是新媒体内容产品。2023 年 11 月 16 日,抖音开始测试短视频内容付费的服务,即用户在观看视频时,需要付费才能够解锁全部内容,用户可按单条内容付费。视频内容付费服务可由创作者自行开通,创作者在网页版抖音创作者中心上传视频后即可进行相关设定,平台将收取 30%的技术服务费。目前,许多行业都开始了对内容付费的尝试。①

(三)分成模式

分成模式主要有佣金模式、微支付模式和电信分成模式。

以携程为例,携程主要采用佣金模式来盈利,具体概括为:以商务客户为主要利润源,以市场营销为主要利润杠杆,以掌握客源为主要利润屏障,专注于提供以酒店预订、机票预订和"酒店+机票"为主要利润点的旅游与度假服务。酒店预订是携程的业务之首,也是携程运作和发展的基础。酒店预订代理费是携程最主要的利润来源。虽然携程也明确了网络支付与前台支付的区别,但大多数客户仍采取到目的地酒店后再在前台支付房费的方法,因此,其酒店代理费基本上从目的地酒店的盈利折扣返还中获取。机票预订是携程最近几年迅速发展起来的一项业务,目前它与国内外各大航空公司开展合作,覆盖国内外绝大多数航线,会员可以在携程网上查询丰富、实时的机票资讯。

微支付模式存在于广大的文学中文网中。以起点中文网为例,一部作品,前半部分免费阅读,后半部分付费阅读,每千字两分钱,把用户所付总费用的 50%—70%付给作者作为稿酬,上不封顶。

另外,新媒体业务发展离不开产业价值链的分工与合作。内容服务产生了一条新的价值链,内容提供商、电信运营商都发挥着各自的作用。电信运营商提供了内容的增值渠道,在运营商搭建的网络上,内容在内容提供商与消费者之间流通。SP(service provider,服务提供商)在运营商的网络平台之上提供服务,用户通过 SP 消费内容产品。运营商提供传输通道和收费通道,SP 提供服务,CP(content provider,内容提供商)提供内容产品。运营商和 SP 进行分成。其中,SP 所得的部分再与 CP 进行分成。作为运营商来说,其主要提供通信功能的优化和内容信息的整合;作为 SP/

---

① 肖芳. 抖音测试付费短视频:内容涉及全品类,平台将抽取三成技术服务费界[EB/OL].(2023-11-16)[2024-07-28]. https://m.cls.cn/detail/1518627.

CP 来说，主要服务于新功能的设计，包括用户的开发，提供个性化、定制化和互动化的信息。

（四）中介模式

中介营利模式广泛存在于各大招聘网站中。如人才招聘网站利用免费方式获取大量求职用户，吸引招聘企业发布招聘信息，网站从中收取中介费。企业会员发布招聘广告网站也会收取费用，如前程无忧、中华英才网、智联招聘等。

另外，还有一些网站为企业提供网上交易平台，从中收取“摊位费”来实现盈利。以阿里巴巴为例，阿里巴巴被称为“网上世贸中心”，和其他早期互联网公司不同，它从创建之初，就有明确的商业模式——收取会员费。阿里巴巴的会员分为两类：“中国供应商”和“诚信通”会员。“中国供应商”主要面对的是出口型企业，依托网上贸易社区，向国际上通过电子商务进行采购的客商推荐中国的出口供应商，从而帮助出口供应商获得国际订单。“诚信通”会员针对的是国内贸易，通过向注册会员出示第三方对其的评估，以及在阿里巴巴网站上的诚信交易记录，帮助“诚信通”会员获得采购方的信任。“中国供应商”和“诚信通”会员除了容易获得买家的信任外，还拥有企业信息的优先发布权，以便客户更快地找到企业。除了付费的这两类会员外，阿里巴巴上面还活跃着数千万家免费的中国商户和海外商户。

三、新媒体营利模式的不确定性

新媒体产业的发展历程并非一帆风顺。尽管每个企业都懂得“客户创造价值”的道理，并竭力锁定自己的目标市场，苦心经营营利模式，然而，互联网企业的朝生夕死、大起大落、兼并收购，其竞争的惨烈是以往传统产业未曾经历过的。而这一切，主要源于其营利模式的不确定性。

（一）新媒体营利模式的理论质疑

1.定律自身的缺陷

梅特卡夫定律认为，通信网络的价值与用户数量的平方成正比，而成本至多以线性增长。通信网络技术的发展却证实了这种量化定律的缺失之处：为所有链接者或者网络赋予了同样价值。这种偏颇的理念导致了科技投资的冒进和泡沫。[①]

① 通信网络价值的魔鬼　梅特卡夫定律错在何处？[EB/OL].(2006-08-01)[2025-02-03].https://tech.sina.com.cn/t/2006-08-01/11211064753.shtml.

梅特卡夫定律把网络价值仅归结为用户的人数,忽视了影响网络价值的另一个重要因素,用户对网络价值的贡献不同。实际上,网络的价值不仅与用户人数有关,还与用户之间交互作用的强度有关。用户之间的交互性越强,用户获得的效用越大,越促进用户支付相关费用,其对网络价值的贡献也就越大,用户之间的交互效用具有"滚雪球"的趋势。显然,面对这样的用户价值现状,梅特卡夫定律已无法解释。

通过考察网站的网络价值,不难发现,门户网站的网络价值在一定程度上被高估了,因为门户网站的用户并没有同样地以二次方的方式为网络价值做出贡献。以在门户网站单纯浏览新闻或购买产品的用户为例,这些用户之间并没有形成一个点对点的通信网络。事实上,这些用户甚至不构成一个"网络":两个单独在网上浏览新闻或购买商品的用户并没有给对方带来任何效用,其对门户网站网络价值的贡献微乎其微。当然,这些用户对门户网站也有价值,但这种价值仅限于其"注意力"对广告商的价值,与我们讨论的网络价值关系不大。

有的网络公司确实利用网络的强大功能,提供了能带来可观利润的服务。但"如果我们把目光偏离这一小批成功者,就会发现,总体来看,信奉该定律的公司日子都不好过。每造就一个雅虎或者 Google,就会出现几十家甚至几百家 Pets、com、EToy 和 Excite@Home 这样的网络公司。它们都致力于增加用户数量而不是提高利润,一直在没有收入情况下增加开支"①。

2.定律规制滥用

IT 产业观察人士刘兴亮在接受《第一财经日报》记者采访时说,梅特卡夫定律作为一种发展模式现在确实到了必须变革的关键时刻,不能总是依赖单一的规模,因为用户增长早晚会出现边际效益递减,所以还是要更多关注内在本质。

在中国,梅特卡夫定律效应的延续,催生了初期本土互联网的注意力经济。早期的新浪、搜狐、网易等门户网站,大都以免费电邮、新闻组、同学录、游戏等服务拉拢用户,提高流量。直到 2004 年,搜索引擎百度为了增加流量、增强入口经济,重金收购了 hao123,这一业务创造的流量至今占其总流量的近 15%。这种追求流量、用户数的举动,几乎覆盖了所有细分领域,包括已成大气候的电子商务。阿里巴巴、淘宝、京东等,至今仍将会员数量和流量当作最核心的财务数据。

但是,市场不是一个纯粹、完美的世界,企业肯定要追求商业利益。那些原本领先的巨头,一旦面临市场份额被蚕食的危险,就很容易突破商业伦理,甚至不惜违反法

① 通信网络价值的魔鬼 梅特卡夫定律错在何处?[EB/OL].(2006-08-01)[2025-02-03].https://tech.sina.com.cn/t/2006-08-01/11211064753.shtml.

律，依靠商业手段来打击对手，从而形成垄断。

（二）新媒体营利模式面临的多样性困惑

新媒体营利模式的多样性，恰恰突出了网络媒体营利模式面临的困难。按照麦克卢汉对于媒体的分析，媒体发展到电子媒介后会重新回到整合的阶段，一方面，是个人需要的所有知识的整合，另一方面是特定知识的纵向整合，这种整合要求传统媒体在横向上进行扩展，在纵向上进行延伸，因此，任何一种营利模式都难以独当一面。

目前最突出的问题就是模式归纳的不足。所有理论总结、构建出来的营利模式都是一个抽象的概念，它必然存在以下一系列问题：第一，对企业来说，模式体现的是共性，在具体细节上未必适合自己；第二，模式所有人都可见，如何利用现有模式构建竞争优势是各个企业需要认真思考的；第三，从某种角度来说，已有的就是落后的，尤其对于互联网这样的技术、市场变化都很快的行业来说，模式所依赖的条件可能很快就不存在了。所以，构建一个抽象的模式只是基础，对企业来说，模式的创新或改造才是最重要的任务。可以认为，新媒体营利模式的创新是一个永恒的主题。[①]

创新途径主要是对理论要素形态进行重新组合或引入新的实践要素、形态而产生新的行之有效的模式，这种模式是动态的，随时随地都可能发生改变。

（三）“免费模式”的困惑

根据赛迪网的IT技术报道，互联网上共发生了三次收费与免费的“战争”。这三次“战争”分别发生在电子邮箱、电子商务和互联网安全领域，并且都以免费胜利而告终，与此同时还出现了更好的产品、服务以及商业模式。

关于免费用户的商业价值，一个公式或许能够说明：

免费用户基数×商业模式＝收入

对于任何一家互联网公司来说，商业模式不是想出来的，而是做出来的。要找出一个合理的商业模式，首先要把免费用户的基数做大，否则谈论商业模式没有任何意义。互联网公司最根本的任务，就是把产品做好，努力提高用户体验，这也是做大免费用户数据的基础。

在网络经济中，广大用户逐渐习惯于使用免费的产品和服务。产品和服务的免费现象普遍存在于各类细分市场当中，免费的邮箱、聊天软件和网络游戏等充斥着用户的视线。网络公司频繁地使用“免费”攻势，使网民理所当然地认为互联网服务应该免费。

---

① 石本秀，蔡郎与.新媒体经营管理[M].北京：中国传媒大学出版社，2012：20-31.

在我国的网络公司中,由“免费”产生的盈利危机主要体现在以下几个方面:

首先,某些网络公司为了抢占市场,在不考虑自己的资金流转以及产品和服务的性质是否适合的情况下,大规模、长时间地推出免费试用的策略。产品和服务的边际成本和渠道成本不够低,会给企业在实行免费期间带来非常大的亏损,即使今后能够盈利,也需要相当长的时间才能扭亏为盈,对企业的后续发展非常不利。若再加上自身流动资金不足,那企业很有可能撑不到真正盈利的时候就已经破产了。

其次,当网络公司结束免费期开始收费时,却遇到了用户大量流失的局面。面对这样的情况,网络公司可能会采取差异化的服务来获取利润,比如网上银行采取大众版服务和专业版服务的形式,但是这类差异化的服务是否真正具有值得用户付费的价值,直接决定了专业版服务所赚取的利润是否能够补偿免费大众版所产生的净成本,这些都是网络公司需要考虑的问题。

最后,相当一部分网络公司是通过提供免费的服务来交换用户的注意力或者劳务以作为可以转换为实际利润的稀缺资源和可供利用价值的,可是这些稀缺资源只是一种潜在的价值形式,如果不能设计合理、有效的转换机制,那么一切都是徒劳的。

由此可见,互联网的产品和服务虽然免费,却能基于这种模式开创出一个全新的、繁荣的行业。百度和腾讯的免费模式告诉我们,新媒体的收费对象不是内容,而是增值服务的方式。免费只是为了吸引用户,然后通过增值的方式实现服务,将部分免费用户转化为收费用户,这就是所谓的免费增值模式(freemium)。

“免费的背后是促进信息流转,信息流转可以产生新的价值,这是免费的精神。”布丁网创始人徐磊在其微博中如此解释。但是,问题不可避免地出现了:免费服务和增值服务两者的界限在哪里?《互联网安全免费白皮书》认为:免费服务和增值服务必须界定清楚,否则就难以建立免费的商业模式。[①]

免费服务和增值服务一定不能同质化,也就是说,不能简单地将一种服务分成低端和高端,然后低端服务免费,高端服务收费。现在有部分国外的杀毒软件,初级功能版本的产品免费提供给用户使用,高级版本的产品则采取收费的模式。这种模式在互联网上不可持续。如果厂商把免费服务的品质做得太好了,那么它的增值服务就不会有很多人用。如果厂商想推动用户购买高端增值服务,那它就不得不降低免费服务的品质。但是,降低免费服务的品质,其后果并不是卖出更多的收费服务,而是降低了用户忠诚度,用户就会“用脚投票,选择走人”。

---

① 360《免费白皮书》:揭秘免费杀毒盈利模式[EB/OL].(2017-10-07)[2025-02-03].https://zhuan/an.zhihu.com/p/29910914.

第三节　互联网时代传统媒体与新媒体的融合

一、媒介融合理论的兴起

20 世纪 80 年代早期，媒介融合伴随着公司合并以及参股、控股的浪潮而逐渐成为一种趋势。数字技术的出现为媒介融合提供了重要的技术保证，不同传播网络之间的差异随之逐渐消失。随着美国《1996 年电信法案》的通过、1997 年欧盟《电信、广播与信息技术融合》绿皮书的发布，以及其他许多国家宣布废除对媒介或科技融合方面起限制作用的一系列法律法规，世界范围内媒介融合的步伐更加快了。

"媒介融合"(media convergence)这个概念最早由美国马萨诸塞州理工大学的普尔教授提出，其本意是各种媒介呈现出多功能一体化的趋势。当时，人们关于媒介融合的想象更多是将报纸、电视等传统媒介融合在一起。但此后，数字技术的发展使得媒介形式逐渐向数字媒介转变，所有的传播技术都快速地转化成数字形式，互联网与报纸、广播、电视等传统大众媒介陆续实现融合。

1978 年，美国麻省理工学院媒体实验室的创始人尼古拉斯·尼葛洛庞帝是这样描绘"媒介融合"的：他用一个图例演示了三个相互交叉的圆环趋于重叠的聚合过程，这三个圆环分别代表了计算机工业、出版印刷工业和广播电影工业。他预言，这三个圆环的交叉处将会成为成长最快、创新最多的领域。他认为，媒介融合是在计算机技术和网络技术二者融合的基础上，用一种终端和网络来传输数字形态的信息，由此带来不同媒体之间的互换和互联。

目前，不同的学者对"媒介融合"的定义也有所不同。有的人认为媒介融合是在数字技术和网络技术背景下，以信息消费终端的需求为指向，由内容融合、网络融合和终端融合所构成的媒介形态的演化过程。也有人认为，媒介融合是传统的印刷、音频和视频与新兴的互动性数字媒体组织之间的产业联盟与战略合作体。例如，王菲在《媒介大融合：数字新媒体时代下的媒介融合论》[①]中，围绕"任何人在任何地点和任何时候获得任何想要的东西"这一数字媒体发展的内在驱动力和终极目标，对媒介融合中的媒介产业、电信产业、互联网产业、IT 产业、电子产业等领域内所发生的生产形态的融合、行业的融合、政策的融合、组织的融合、管理的融合和技术的融合等，进行了从具

---

① 王菲.媒介大融合：数字新媒体时代下的媒介融合论[M].广州：南方日报出版社，2007.

体状态呈现到终极哲学意义的全景式探讨。她认为,媒介融合在技术、经济和市场这三个诱因的共同作用下有了可能性和必然性,并从媒介产业链构成的角度切入,对内容融合、网络融合和终端融合等进行了系统探讨。

蔡雯引用美国新闻学会媒介研究中心主任安德鲁·纳齐森对于媒介融合的定义:"印刷的、音频的、视频的、互动性数字媒体组织之间的战略的、操作的、文化的联盟"。"融合媒介"最值得关注的不是集中了各种媒介的操作平台,而是媒介间的合作模式。她列举了三种媒介融合模式:协商模式、合作分类模式、合作操作模式。在对美国融合媒介现状进行介绍后,她认为这"导致新闻传播业务变革的必然结果是'融合新闻'"①。

媒介融合首先是一种发展趋势,当出现两种以上的媒介时,它就开始发挥作用,直到媒介间的区别消失。媒介融合是人类信息科技水平发展到较高阶段后的突变过程。互联网的出现提供了一种可能性:在统一的信息平台上,视频、音频、文字等各类信息可以汇聚一体,终端、传输网、信息编码方式等纷纷趋同。

彭兰指出"媒介融合"可以分为几个阶段:第一,业务形态融合:多媒体日益兴起;第二,市场融合:产品相互嵌入、多元组合;第三,载体融合:发行渠道的"合"与接收终端的"分";第四,机构融合;更高层次的分工。经过这几个阶段,媒介形态、功能、传播手段、所有权和组织结构等要素都在结合、汇聚直到融合,这是一个连续统一的过程。此后,媒介间边界消失,彼此实现融合,这时就进入了媒介融合时代。②

二、媒介融合分类

美国新闻学会媒介研究中心主任安德鲁·纳奇森将媒介融合定义为"印刷的、音频的、视频的、互动性数字组织之间的战略的、操作的、文化的联盟",他强调的"媒介融合"更多是指各个媒介之间的合作和联盟。在西方新闻学界,关于"媒介融合",经常用 journalism 代替 media,其实两者的意思差别并不大,因为在西方,journalism 指整个"新闻业",因此"媒介融合"和"新闻业融合"是两个可以互换的概念。结合新闻传播学理论和实践,许多学者提出了要对"媒介融合"进行分类。

(一)戈登对媒介融合的分类

2003 年,美国西北大学教授戈登归纳了美国当时存在的五种"媒介融合"类型:

① 蔡雯.媒介融合背景下的新闻传播变革[J].国际新闻界,2006(5):31-35.

② 杨溟.媒介融合导论[M].北京:北京大学出版社,2013:39-44.

1.所有权融合(ownership convergence)

大型的传媒集团拥有不同类型的媒介,因此能够实现媒介间内容的相互推销和资源共享,如美国佛罗里达州坦帕市的媒介总公司和美国俄亥俄州的新闻电信集团,都是将各自在同一地区所有的报纸、广播电台、电视台和网站进行了融合。

2.策略性融合(tactical convergence)

指所有权不同的媒介之间在内容上共享,如分属不同媒介集团的报社与电视台之间进行合作,相互推介内容,共享新闻资源。

3.结构性融合(structural convergence)

这种融合与新闻的采集和分配方式有关,如美国《奥兰多哨兵报》决定雇用一个团队做多媒体的新闻产品,使报纸新闻能够在加工打包后出售给电视台。在这种合作模式中,报纸的记者和编辑可能作为专家到合作方电视台去做节目,对新闻进行深入报道与解释。

4.信息采集融合(information-gathering convergence)

这主要指在新闻报道层面上,一部分新闻从业者需要用多媒体融合的新闻技能完成新闻信息采集。2021 年“两会”期间,人民网就在报道过程中引入了“AI+大数据”的核心技术,创造了人机协同工作的模式。[①]

5.新闻表达融合(storytelling or presentation convergence)

这主要指记者和编辑需要综合运用多媒体的、与公众互动的工具与技能,完成对新闻事实的表述。2022 年 3 月 4 日,全国政协十三届五次会议开幕。新华社同时在客户端、网站、微信公众号、微博、抖音、快手、今日头条等平台发布消息,并针对不同平台特点进行差异化传播。如新华社微信公众号推出《重磅预告》《这些细节,很有深意》《收藏! 议程来了!》《开幕!》等多篇文章,通过巧妙设置标题吸引用户点击查看。新华社微博平台主要以短平快的消息为主,通过设置话题强调“两会”重点,如#政协大会今天开幕#、#全国人大会议议程来了#、#全国政协十三届五次会议在京开幕#等。新华社在抖音则推出多个短视频,将静态报道动态化,快速吸引用户注意力。不同平台之间相互借力、引流,助推全国“两会”报道的传播力和覆盖面最大化。[②]

以上划分方式基于美国现存的情况,因此这种划分的标准并不一致,前三种是对

---

① 陈萍.全媒体时代“两会”报道的融合与创新[J].新闻文化建设,2023(14):148-150.

② 李珂.深融语境下时政报道的创新探索:以三大央媒 2022 年全国两会报道为例[J].视听,2022(10):160-162.

“媒介组织行为”的划分,后两种则是以从业人员角度进行划分的。

(二)戴默对媒介融合的分类

戴默等几位学者在题目为《融合连续统一体:媒介新闻编辑部合作研究的一种模式》的论文中,提出了“融合连续统一体”这个新概念。他们根据自己所掌握的美国及其他国家媒介当时的实际情况,界定了“融合新闻”的几种模式:

1.交互推广(cross promotion)

指作为合作伙伴的媒介相互利用对方推广自己的内容,如电视介绍报纸的内容等。

2.克隆(cloning)

指作为合作伙伴的媒介不加改动地刊播对方的内容。

3.竞合(competing and cooperating)

指作为合作伙伴的媒介之间既有合作,也有竞争。如一家报社的记者、编辑在某电视台的节目中对新闻进行解释和评论,某一媒介为自己的合作伙伴提供部分新闻内容等。合作的媒介之间依然存在着相互戒备的情况,在电视上露面的报纸记者不愿意透露哪些构成报纸独家新闻报道的关键信息。

4.内容分享(content sharing)

指作为合作伙伴的媒介定期相互交换线索和新闻信息,并在一些报道领域中进行合作,如选举报道、调查性报道等,彼此分享信息资源,甚至共同设计报道方案,但各媒介的新闻产品依然由各自的采编人员独立制作。

5.融合(fusion)

指作为合作伙伴的媒介在新闻的采集和播发两个方面进行全方位的合作,他们的共同目标是利用不同媒介的优势最有效地报道新闻。多个媒介的记者和编辑组成一个共同的报道小组,策划新闻报道并完成采访与编辑制作,并且决定哪部分内容最适合在哪个媒介上播发。

其实,“媒介融合”的分类方法并不固定,关键看分类标准。广义的“媒介融合”包括一切媒介及其有关要素的结合、汇聚甚至融合,其中不仅包括媒介形态的融合,还包括媒介功能、传播手段、所有权、组织结构等要素的融合。另外,媒介融合是一个不断发展的过程，所以需要在相关要素的基础上，按照媒介融合发展的过程进行分类。①

从微观层面，即技术融合方面来讲，以新闻媒体为例，传统新闻媒体在数字媒介迅速发展之际面临着“报纸消亡”的危机，印刷媒介要经过如审查、编排文字、运送到印刷厂出版等重重工序才能展现在读者眼前，时效性被大大削弱，纸质媒介的成本以及阅读的不便利性更使其处于弱势地位。阅读报纸的人群转向网站新闻、客户端新闻进行免费而快速的阅读，印刷媒介从而失去了大量的市场。基于外部环境的危机，传统媒体紧紧抓住其内容优势，经过对市场环境的考察，转型成为新媒体平台。如《成都商报》打造了“红星新闻”作为其供稿的新媒体平台。借助移动端的主流新兴媒体，依赖自身专业的团队，专注内容生产，以高质量的报道吸引大量受众。这是一种典型的传播媒介的技术融合，在这种情况下，新媒体获得了传统媒体优质的新闻内容，而传统媒体则借助新媒体的平台获取渠道，两者从而实现了吸引受众，获得市场占有率的共同目标。《成都商报》和“红星新闻”在信息采集、制作与发布、传送等各个环节的技术上进行融合，成为一个新闻融合的统一体。

《人民日报》在 2020 年“两会”期间第一次推出“AI 编辑部”实现云端编辑、智能审核、智能海报生成、一键特写等功能。2023 年全国“两会”前夕，“AI 编辑部”升级推出 4.0 版本。“AI 编辑部”可以让生成式人工智能技术助力融合报道，可以打通新闻编辑、审核、制作等多个环节，可以打造智能助理功能，可以高效查询相关报道，能够根据文本生成符合要求的图像。在此次“两会”报道中，《人民日报》就采用这种技术制作出《最炫中国风！这支双语宣传片是懂中国的》视频，成为 2023 年“两会”宣传的爆款产品。②

从宏观层面，即产业融合方面来讲，《成都商报》隶属的成都传媒集团，目前拥有 6 家报纸、4 家期刊、1 个出版公司、1 个地铁电视系统、1 家新闻门户网站以及 14 家文化投资公司，其中包括 2007 年成立的成都传媒集团先锋影视有限公司。该集团在以报刊出版业为主体的基础上，开展多元化产业运营，不仅使各类媒介在集团同一目标的指导下协同运作，最大限度地实现信息资源的开发、整合和共享，还可以在全球新的技术大环境下实现集团产业结构的优化转型，反哺主业，适应新兴媒介发展的趋势。这是一种典型的传播媒介的产业融合。传媒集团受到市场利润和资本的驱动，在一定的企业规则和政策鼓励下，进行产业开发、并购以实现传媒结构从一元到多元的转化。跨媒介之后的媒介集团犹如各类媒介的“集大成者”，具有丰厚的内容资源、多种传播

① 宋建武.新闻媒介管理[M].北京：高等教育出版社，2013：93-95.

② 郝冠南，刘星宏，李璨. 生成式人工智能技术助推全媒体报道模式“智变”升级：AI 编辑部 4.0 为人民日报社两会宣传报道提质增效[J]. 中国传媒科技，2023(4)：7-11.

形式、密集的受众网络，并且在集团统一的目标政策引领下，各种媒介形成相互协作、互补共赢的合作关系，最终集聚成强大而稳定的向心力，朝着明确的目标大步前进。

在媒介技术迅速发展的今天，紧跟时代潮流并把握新媒体平台是大势所趋，但是在认识新媒体发展规律的基础上，如何加快各媒介之间的融合成为传播产业面临的更重要的问题。微观层面上的传播媒介的技术融合，为宏观层面的产业融合奠定了基础。各类媒介技术之间的跨越创新、趋利避害、各取所长，为整个组织提供了源源不断的创新和产业发展动力。在以资本全球化为手段和目标的跨国公司的主导下，传媒集团加快兼并、联合、收购和重组的步伐，全球媒介体系迅速地构建起来。

(三)媒介融合对大众传播媒介的影响

1.媒介间差异消失、形态消亡

媒介机构曾经有报社、电视台、广播电台等，但此时都失去了实际意义。在互联网时代，它们大部分将发展为专业的内容生产者，与今天的节目制作公司、通讯社等具有同等性质，决定其竞争地位的是内容生产能力的高下。另一部分将与今天的网站合流，成为内容组织者，决定其竞争地位的是内容的集成能力和用户的使用体验。通过渠道垄断等产生的媒介权威将被消解。

2.终端和传输网走向实质上的统一

实现了融合的全能终端将成为主流，而手机、笔记本电脑等多种形状、不同大小的终端，以无线或有线联结的方式遍布生活的每一个角落，遵循同样的信号发送、接收和处理机制，具有信息接收、发送、处理、存储等多种功能，融通信工具、报纸、收音机、电视机、电脑、书籍等的各种功能为一体。

无论传输网的具体组成部分在物理介质和通信协议上存在何种不同，是有线还是无线，是通过电源线、有线电视线、电话线、红外线还是蓝牙传送信号，传输网中传输的都是无差别的比特流。如今正在加紧推行的“三网合一”，在媒介融合时代下将更加凸显“万网合一”的意义。

3.用户获得前所未有的信息自由

人类的信息传受行为始终受到各种客观条件的制约，但随着媒介融合的发展，这些制约将不复存在。所有的信息都能够以最佳的表现形式来呈现，用户也可以选择最适合自己的信息内容表现方式。用户既可以选择信息的被动“推送”，也可以选择主动“拉送”；既可以保持沉默，也可以发表自己的见解；既可以始终做一个信息内容的接收者，也可以成为信息生产者和发布者。总的来说，用户最早获得的是自由。这里指的是用户不是通常意义上的“受众”，因为角色从被动向主动发生了转换。当然，这里的“自由”更多地指信息传受过程，而不是传播内容，因为后者属于意识形态领域。

4.实现全面融合

媒介间技术、形态、功能上的差异消失了，自然地，媒介所有权、组织结构、新闻生产和信息表达等方面的差异也失去了实际意义，媒介结构行为层面和业务层面的融合也就水到渠成了。媒介融合时代的新闻工作者，信息采集、编辑活动采用的是“融合”方式，发布的是“融合新闻”。虽然个体之间可能存在能力上的差别，但就总体而言，他们都是多媒体全能型的记者、编辑。

第四节　媒介融合时代下传统媒体的转型发展

2014年，中央出台《关于推动传统媒体和新兴媒体融合发展的指导意见》，各级传统媒体积极响应。经过两年多的尝试，媒体融合的实践逐渐聚集到“中央厨房”，包括中央级（如《人民日报》）、省级（大象融媒）、地市级（如《荆州日报》）等。“中央厨房”延续了“全媒体”“节目素材库”所强调的“一次采集、多种生成、多元传播”的业务流程特征。在2018年的全国宣传思想工作会议上，习近平总书记提出“要扎实抓好县级融媒体中心建设，更好引导群众、服务群众”，这表明县级媒体已经被纳入媒体融合的国家发展战略中。

2022年4月，中宣部、财政部、国家广电总局联合下发《关于推进地市级媒体加快深度融合发展实施方案的通知》，在强调“央省市县”四级融媒体布局重要性的基础上，对地市级媒体深度融合做出具体部署，并遴选60个市（地、州）推动开展市级融媒体中心建设试点工作。

“中央厨房”虽然已经从中央、省市级媒体扩展至县级媒体，但该新型业务流程的绩效与价值仍存在争议。有研究者认为，“中央厨房”虽然在“节约成本”“提高生产效率”“提高传播时效性”“形成舆论合力”“营造新媒体思维”等存在价值，但是，“中央厨房”仍存在“以传者为中心”“成本高昂”“同质化”等问题。①

---

① 陈国权.中国媒体“中央厨房”发展报告[J].新闻记者，2018(1)：50-62.

一、报纸的媒介融合转型

在传统的三大媒介中,日子最艰难的应该是报纸。原因很简单,电视本来就是三者中的王者,声画合一,能够给受众以视听上的巨大享受,在技术复杂性上远超报纸和广播。这些年来,报纸在到达率、广告额、受众质量等各方面都呈现不断下降的趋势,并且迄今仍未有停止的势头。就现状而言,报纸的困境在于,随着自身盈利能力的下降,能够应对媒介融合趋势的筹码变得越来越少,无法像电视业那样从容转型。

报纸的媒介融合转型更需要强调资本和产业的融合。首先,报纸在视频、音频内容上进行业务扩展的难度较大,存在一定的技术门槛;其次,报业组织的盈利能力相对不足,转型的筹码有限;最后,由于报纸被赋予了较多的宣传职能,受政策限制较多,在天然的娱乐属性上又明显弱于电视,条块分割状况远比广播电视严重。因此,报纸借力打力,合纵连横就更有必要了。

《成都商报》在这方面提供了一个比较成功的例子。早在1997年,成都商报社就投资组建了成都博瑞投资有限责任公司。1999年,该公司成功收购了上市公司——四川电器,成为后者第一大股东,并在后来将其更名为博瑞传播,从而实现了借壳上市。这一举措为《成都商报》进行产业和资本融合开辟了广阔的道路。经过多年的努力,《成都商报》发展为西部第一大报,它投资组建的成都博瑞投资有限责任公司发展成为一个总资产几十亿元,涉足传媒、地产、酒店经营、药店连锁等多个产业领域的大型企业集团。

《成都商报》的发展进程,就是媒介融合的进程,同时也是资本和产业融合的进程。通过资本和产业的融合,《成都商报》突破了自身资金和技术实力的限制,在“赢家通吃”的时代获取了先发制人的时间,也突破了媒体、行业的限制,实现了自身品牌和资源的价值最大化。当然,资本和产业融合并不都是以自身为核心的融合,对于大多数国内报社来说,将自身转化为媒介融合集团的一部分是一种常见的选择。

媒介融合时代,报业的无纸化还只是远景,前瞻性和脚踏实地才是稳健转型的保障。在当下仍然以纸张作为报纸载体的时期,也有一些基本的变革原则。报业需要强调内部改造以适应媒介融合时代所要求的内容和服务。报业需要加快利用媒介融合技术来改造传统的报业生产流程、经营管理模式以及传播手段,建设集新闻采写与编辑、组版、报纸发行、广告销售、企业管理以及公众信息服务于一体的工作及信息服务平台,构建数字化、网络化、一体化的新型报纸出版形态和运营环境。

根据中国新闻出版研究院的研究数据,近年来全国国民报纸阅读率不断下降,报纸的人均阅读量也持续减少。阅读量的持续减少是报业危机的根源所在，报纸在居民日常生活中的能见度越来越低，随之而来的就是广告主对纸媒投放兴趣的日渐消失。报纸作为媒介产品的广告价值正在不断缩水。

从报纸发行量、阅读率和广告收入等数据来看，报业无疑是身处寒冬的夕阳产业，但媒体融合、全媒体传播体系建设为传统媒体打开了转型升级的大门，报业在融合传播中仍大有可为。随着主流媒体在移动传播建设上的持续发力，党报在融合传播力建设方面进步明显，主流价值影响力版图不断扩大。CTR 检测数据显示，截至 2022 年年底，包括人民日报社、新华社、中国日报社等在内的 8 家央媒共有 18 款新增下载量过百万次的自有 App 产品，有超 1,200 个第三方平台活跃账号。[①]此外，各级党报创新表达方式，丰富报道内容，提升用户体验，将主流思想注入媒体产品中，营造了正面舆论环境。例如，《中国日报》推出国风 H5《十年刊・致祖国》，以具有中国传统美感的方式再现了过去 10 年的重要时刻和重大事件。《南京日报》使用 360 度全景航拍技术，以多媒体形式聚焦南京城市建设成果。《北京日报》发挥专家资源优势和编辑选题策划优势，推出《解码党代会》系列短视频。各级各类报纸充分发挥深度融合优势，持续打造精品内容，牢牢把握主阵地，实现了传播力、引导力、影响力和公信力的全方位提升。

技术创新正推进报纸媒介在新闻产制、产业结构、战略升级等方面全方位发生颠覆性变化。高带宽、低延时的 5G 技术打造了万物互联的传媒格局，云计算与数据中台等为媒介的云端化运营和保存提供了支撑。此外，主流报业媒介利用数字技术，延伸“新媒体＋”能力，不断立足存量资源，开发高质量 IP。例如，河南日报报业集团有限公司在 2022 年推出“《河南日报》创刊号”数字藏品，利用区块链技术实现宝贵的报纸资料在数字领域的永久保存。这充分体现了传统报业正以数字技术为抓手，借力新兴赛道，探索新商业模式，加快融合升级转型步伐。[②]

《关于加快推进媒体深度融合发展的意见》两次提及要打造新型传播平台，坚持移动优先，把握移动化趋势。报业在移动优先思维指导下，强化新闻客户端建设，通过吸引用户提升新闻效能。例如，《北京日报》客户端全面对接全市各区、各委办局以及教育、卫生、文化等系统，积极邀请北京市内各类政务机构、融媒体中心、教育单位入驻，形成多层次的内容矩阵，打造最具北京特色的自主可控新媒体综合平台。此外，各报社还积极入驻各大移动互联网平台，吸引了不少用户关注与使用。2023 年 2 月 18

① 2022 主流媒体年度网络传播力榜单及解读[EB/OL].(2022-12-30)[2024-07-18].https://mp.weixin.qq.com/s/Xh40XryjSMduQ1R6OFLOoQ.

② 崔保国，赵梅，丁迈. 中国传媒产业发展报告(2023)[M].北京：社会科学文献出版社，2023：106-110.

日，浙江日报报业集团旗下的“浙江新闻”“天目新闻”“小时新闻”三端合一为“潮新闻”，这种必要的精简和整合标志着浙江省内的媒体融合正朝着纵深方向发展。①

二、电视的媒介融合转型

媒介融合是未来的发展趋势，传统电视台也不得不加入其中。电视媒介融合的起点是什么呢？是电视台网站。但遗憾的是，尽管国内大量电视台都建立了自己的网站，但是在新媒介领域并没有实现突破，其网站的影响力有限，更谈不上进行媒介融合的转型。如果网站仅仅是一个附庸，或者仅满足于大规模的人力、物力投入，那么这家电视台的媒介融合转型也不可能真正地深入下去。

电视媒体的媒介融合转型可参见图 3-3。

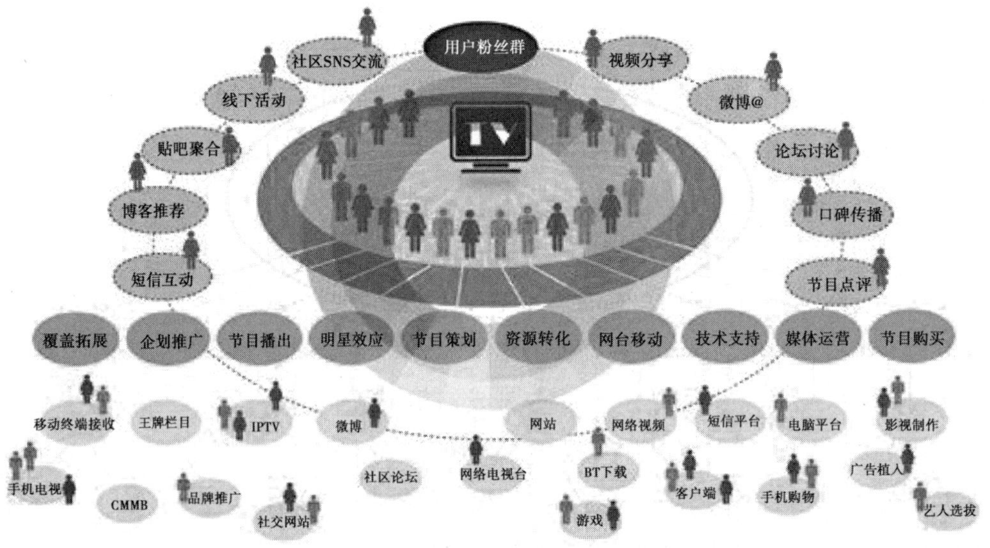

图 3-3 电视媒体的媒介融合转型

2022 年，在所有电视节目类型中，电视剧占 33.8%，新闻/时事占 15.6%，综艺占 8.1%，专题占 6.6%，生活服务占 5.0%。这五类节目的收视量占总收视量的七成多，这五类节目成为支撑直播领域的主要节目类型。随着监管部门的调控，节目制作供给的升级和观众收视需求的嬗变，电视剧、综艺和生活服务类节目收视比重有所下降，而新闻/时事和专题类节目的收视比重有所提升。

---

① 崔保国，赵梅，丁迈. 中国传媒产业发展报告(2023)[M].北京：社会科学文献出版社，2023：111-112.

2022年，广电媒体全力加码自有App建设，在主题主线报道中，设置专题页面，利用独家资源不断深化内容新引力，聚焦特定用户，打造垂直类旗舰产品，通过多方合作不断夯实自有平台的传播影响力。

随着媒体融合朝纵深方向推进，跨媒体合作、融合趋于常态化，主要表现为广电与报业加快整合、广电与互联网平台加强合作、全国与地方深化联动等。平台融合创新加速进入“大融合”阶段。不同性质、不同主体、不同层级的媒体之间相互助力、优势互补，使媒体融合呈现“创新合作、多元联动”的新局面。另外，融媒体工作室也是媒体深化融合改革的创新举措，具有资源集约、协同高效、共融共通的特点，同时可以赋予人才队伍更加广阔的发展空间，有效激励团队创新创优。例如，浙江卫视2022年上新3个工作室，专注标杆品牌建设和新媒体融合领域，积极探索MCN、KOL打造，为频道品牌建设、融合传播提供支撑；安徽台截至2022年底成立超过65个工作室，在用户规模、内容生产、项目运营和融媒体创收等方面均取得突破性增长。

数智时代，人工智能技术加速革新内容生产方式。例如，中央广播电视总台打造的“AI王冠”、北京广播电视台的“时间小妮”、浙江卫视的“谷小雨”等虚拟主持人形象，均为媒体内容生产注入了强大的“智慧生命力”。[①] 数智化综合表达了数字化和智能化两层含义，智能化同时向着智慧化升级。媒介数智化趋势持续赋能电视产业的转型与发展，互联网电视(Connected TV，CTV)成为大屏视频媒体市场主力。数智化从技术、内容和经营等层面，为媒体深度融合进程中的电视产业发展创造新机遇。机遇一是以大数据和云计算为基础的人工智能解决方案不断刷新电视大屏用户体验，促进回笼用户群体。机遇二是催生用户视频消费新需求和联动新营销投资机会，不仅驱动内容需求多元化增长，也为提升广告品效协同提供独特的大屏方案。机遇三是驱动电视经济范式丰富与升级，从单纯的收视率经济范式转变为复合的流量经济范式和平台化指数经济范式。计算广告和算法内容成为电视流量经济不断发展的动力源泉，数智化赋能电视生态持续创新，进而形成平台经济效应。[②]

在电视与新媒体深度融合的过程中，大数据对电视媒体深度融合的作用日益重要。通过数据赋能，电视媒体可以更好地把握流量，实现用户管理，开展融媒体环境下的电视运营。首先，大数据平台建设对内容生产至关重要。数据采集系统可以录入记者采集的音频、视频、图片等数据，并在后台完成数据抓取和新闻编写工作。记者只需上传资料，标注时间和地点，就可以套用成熟模板编写一些突发性短消息，让平台自动

---

① 崔保国，赵梅，丁迈. 中国传媒产业发展报告(2023)[M]. 北京：社会科学文献出版社，2023：43-48.

② 崔保国，赵梅，丁迈. 中国传媒产业发展报告(2023)[M]. 北京：社会科学文献出版社，2023：70-72.

生成融媒体新闻节目。基于大数据技术，采编平台还能分析和比较相关资料，生成更有深度的新闻稿件。其次，在融媒体环境下，电视节目创作的主要出发点在于市场需求，而大数据能够有效预测用户需求，帮助电视媒体更加便捷、高效地产出内容，满足市场需要。例如，浙江卫视《王牌对王牌》节目组悉心研究数据，分析用户属性，根据用户数据对节目进行定位和调整，优化节目内容。最后，在大数据技术支撑下，电视媒体可以充分发挥用户参与的作用。电视媒体可以在自产节目基础上，通过挖掘互动短信、网络留言、微博跟帖等数据来打造融媒体产品。电视媒体还可以通过大数据分析，勾勒出用户画像，把握用户的情绪和意见，从而激发更多用户参与到电视内容的生产互动当中。[①]

对于电视台网站来说，其先天优势是政策合法性。2007 年 12 月底，国家广播电影电视总局、信息产业部联合发布了《互联网视听节目服务管理规定》，对网络视频的发布采取准入制，要求提供互联网视听节目服务的企业必须获得广电部门颁发的许可证，获得许可证的要求之一是“具备法人资格，为国有独资或国有控股单位”。而民营视频网站再红火，也没有新闻的自主采编权，所以它们必须与拥有牌照的单位合作才具有发布新闻视频内容的资格。

借助媒体的专业化、权威性、资源多与合法性优势，电视台网站在原创节目上有着巨大优势，它们可以建设视频共享与互动平台，鼓励网友上传视频内容，冲击互联网视频等，以视频分享内容为网站的立身之本。

近年来，大量优势资源向央视和强势省台集中，“马太效应”日益凸显，城市台在过去“四级办台”体制下显现的困境更为突出：收视份额普遍萎缩，收入增长减缓甚至陷入负增长的窘境。主要原因有以下几点：

第一，覆盖问题。除了深圳、厦门等城市因特殊政策而拥有了卫视频道，其他城市台在上星问题上还未得到政策的支持。由于城市台跨区域覆盖与传播的行政限制，城市台的市场空间仅限于一城一域，地面频道覆盖的人口只有省台的几十分之一到几分之一，进而在投资回报上相差几倍甚至几十倍。

第二，节目之困。城市台的竞争已从收视市场上的竞争前移到上游对资源的垄断竞争，竞争门槛被推向新的高度。多年来城市台进行的节目创新和制作普遍只瞄准本地受众的需求，满足于各自平台的“一次性播出”，因此节目在创新、生产与市场的需求处于半脱节状态，既缺乏市场针对性，也缺乏实战经验。

第三，收支矛盾。广告依然是各城市台主要的经济来源。一方面，随着央视、省台

---

① 徐伟.大数据赋能电视媒体深度融合的创新路径[J].传媒，2023(19)：33-35.

实行从全国到地方寸土不让的经营策略，城市台的广告份额进一步被缩减，创收能力受到严峻挑战；另一方面，为了应对竞争压力，城市台的经营成本不断上升，收支难以平衡。

城市台的媒介融合转型，最容易突破的方向就是将自身打造为专注于本地细分市场的媒介融合中心，从而尽可能增加盈利，提升自己的市场价值。当然，从最终角度来看，大多数城市台及其媒介融合转型都可能根据自己的市场价值加入某一媒介融合赢家阵营，使自身得以存续。但不管怎么说，只有自身不被媒介融合的大潮抛下，在媒介融合中获得某些细分市场的优势地位，才能巩固、发展并获取更多利润，以便进一步与赢家融合。

三、广播的媒介融合转型

人们不太容易直观感受到广播电台在媒介融合浪潮中变革的必要性。这首先是因为广播具有独特的物理优势——伴随性和移动性，人们在听广播时可以“一心二用”，如一边开车一边听广播。其次，它更能适应细分化市场的需要。广播电台的建设和维护成本低廉，小规模的听众数量就可以维持一个广播电台的运转。这些特点使广播在传统媒介中具有某种特殊的天然壁垒，广播依靠这一特性逃过了来自电视的冲击，成为媒介融合时代下的一种优势。广播电台直播室互动信息平台如图 3-4 所示。

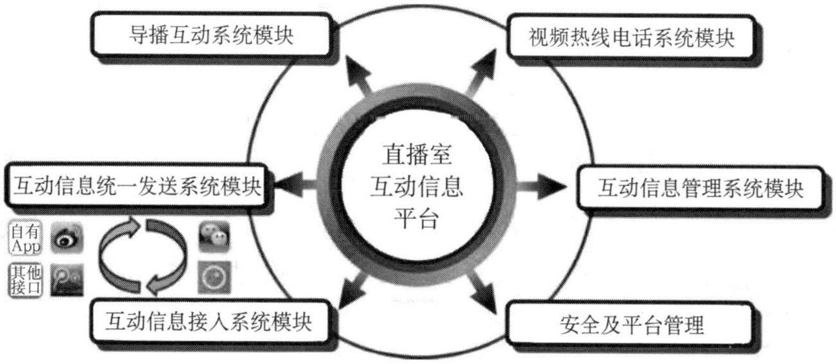

图 3-4　直播室互动信息平台

与报社、电视台相比，网站并非广播媒介融合转型中最重要的载体。事实上，目前广播电台主办的网站一般用户都不多，访问量很少，这与传统广播仍能在竞争激烈的媒介战场中占有一席之地相对应。即使有人喜欢一边上网一边听广播，但基本上也是使用能够集成各类广播流媒体地址的软件终端，不会去专门访问某个网站。

强化内容建设永远是广播发展的第一要务，广播应将音频内容作为主打项目来经营。广播的融合绝不是淡化与削弱广播的物理特性,而是让更多的听众,尤其是那些追求时尚、对新媒体有着浓厚兴趣的青少年听众,能从更多的渠道、用更多的方式来收听广播。在目前以及今后相当长的一段时间里,中国广播将会以传统广播为主,网络广播、手机广播为辅的多元并举的发展格局向前推进。流动听众和老年听众是传统广播的两大主要受众群,媒介融合所带来的变化对这两个群体的影响不大。针对他们的特定需求和收听特点,加强专业频率的内容建设和信息服务是传统广播需要继续努力的方向。

广播电台网站的访问量有限不等于不需要发展网络广播,随着移动网络终端或移动媒介融合终端的发展,网络广播的地位将不断提升。网络广播节目可在网上长久留存,便于听众选择收听和重复收听,弥补了传统广播线性传播、转瞬即逝的缺陷。网络广播的用户以年轻群体为主,他们不习惯同步被动式的"接收",而喜欢异步主动式的"选择",并希望有"在线收听"或"下载收听"等多种选项。因此,网络广播的内容设置必须契合年轻群体的生活特点和心理需求,以新闻资讯、生活服务、时尚前沿、休闲娱乐类节目为主,这样才能满足用户更加多样的信息需求和日益细分的使用需求。

这些都是广播转型过程中进行业务模式革新,提供符合媒介融合时代要求的内容、服务所要做的工作。在资本和产业融合方面,由于广播电台大多已经融入了广电集团,专门讨论广播转型的必要性有所削弱,但广播的媒介融合依然存在问题,那就是需要设法在业务流程和组织机构方面进行变革,真正实现"融合"。

广播与新媒体的融合始于加强用户连接的初衷。广播从最初的建立简单网页、实现节目在线收听,到创办网络电台、深化台网互动,再到跟进移动互联网、开发音频客户端,在技术发展的不同时期,广播紧跟互联网的步伐,进行了平台搭建、产品开发、传受互动、机制调适等的种种尝试。当前,多地电台都已经建立了涵盖网站、客户端、社交媒体、短视频平台等在内的多元传播矩阵,不同层级的广播机构发挥自身特色在互联网领域深耕,涌现出一批颇具影响力的运营主体。例如,云听、听听 FM 等互联网音频领域的影响力不断提升,用户数量也持续攀升。在微信平台上,浙江交通之声 1 个月的阅读量达 2,120 万。在抖音上,楚天交通广播的粉丝数超过 2,500 万。广播媒体的独家报道、即时资讯、节目话题、品牌活动等借助图文、视频实现多元化、立体化传播。

云计算、大数据和人工智能等技术在广播媒体融合创新发展的各个方面也得到了广泛而深入的应用。智能技术以语音交互、AI 合成主播等系列应用实现对广播媒体内容生产的重大赋能,有效解放了内容生产劳动力,提高了内容生产效率,提升了内容产品质量。例如，云听打造的“云听 AI 广播”将智能化的广播播出系统与高品质的音频内容产品结合，通过智能抓取、播报、编排和主持等，一键生成 24 小时广播节目，实现区域化个性推送。

云听 App 是中央广播电视总台主力打造的国家主流声音新媒体平台。2020 年 3 月上线后，依托总台海量精品音频资源，精心策划与重新包装总台的音频产品，利用新媒体经营理念进行精准分发，打破音频线性传播的限制，实现音频产品 N 次传播。2022 年，云听 App 月均下载量超过 600 万次，[①]成为下载量最大的广播媒体自办 App。

2018 年以来，我国广播电台和电视台的合并陆续收尾。在广电一体化发展进程中，资源整合效应不断彰显。“听电视”功能陆续在音频客户端上线，云听和听听 FM 等相继开发电视的“伴听”功能，引入电视直播流，并充分挖掘电视栏目、纪录片、电视剧的衍生价值，推出优质视频内容的音频专辑。广播项目反向输出到电视荧屏的案例也已出现。例如，上海广播的衍生节目《东方风云榜・闪电咖啡馆》以视频录制形式，在东方卫视、百视 TV 同步播出。广播与电视、新媒体端与广电端的联合工作机制逐步建立，大型报道、常规栏目、重要活动的同步协力，人才资源和宣传资源的双向联动有效提高了广播媒体的传播力和影响力。然而，广播电视的市场资源开发和经营效能提升缺乏来自机构顶层的整体设计，系统性优势尚未发挥，规模效益的形成还需要时间。媒体融合迫切需要完成产业经营层面流程再造，构建融合经营新格局，才能从自我造血功能乏力矛盾中化解出来。[②]

四、深度融合下主流媒体的数字化转型

当下，媒体融合处于纵深发展的复杂阶段。一方面，主流媒体持续加强资源整合，中央媒体、省级媒体、地市级媒体与县级融媒体在媒介技术、媒介组织机构等层面加速融合步伐。另一方面，为了实现与受众的更好连接，主流媒体在内容生产、传播渠道和经营模式上呈现出了“全面数字化”特征。

在内容生产层面，2022 年党的二十大系列报道、北京冬奥会报道、卡塔尔世界杯报道中都有主流媒体对各类技术的应用，即“未来媒体”落地实践的生动案例。以北京冬奥会报道为例，北京冬奥会期间，基于 AIGC 技术的百度百家号 TTV(图文转视频)技术为《人民日报》客户端、新华社新闻信息中心、央视新闻、人民网、新华网等近 70 家

---

① 崔保国，赵梅，丁迈．中国传媒产业发展报告(2023)[M]．北京：社会科学文献出版社，2023：253．

② 王春美，邢丹蕊，蔡钜丞．媒体融合进程中广播经营革新与价值重构[J]．中国广播电视学刊，2023(8)：29-32．

媒体提供奥运相关报道。

在传播渠道层面,IPv6+技术构建了北京冬奥会统一的承载网络,提供“共享互联网”“媒体+互联网专线”等多种通信业务,以确保用户获得最优的通信服务体验。北京冬奥会首次实现5G技术在奥运会赛事中大规模商用。5G+AR和5G+4K/8K技术应用于北京冬奥会赛事直播、转播,以使用户获得零延时、无卡顿、超高清、强互动的观看体验。此外,主流媒体构建多平台传播矩阵,短视频渠道成为主流媒体提升网络传播力的重要赛道。

在经营模式层面,主流媒体强化互联网思维,融合平台营销特点,开拓经营模式,强化“自我造血”能力。主流媒体既将广告经营与版权运营相结合,又依托多渠道资源创新内容商业化模式。例如,双奥赛事期间,中央广播电视总台先后与中国移动、快手、腾讯签订版权合作协议,版权收入大幅增长。基于互联网内容生产运营、微综微剧内容创作、MCN孵化IP账号等多元创收渠道,四川广播电视台旗下“四川观察”2022年营收同比增长55.29%,河南广播电视台旗下“大象新闻”2022年营收1.9亿元。①

【本章小结】

1.互联网经济是指以互联网为主要载体,进行信息传送和交易处理等经济活动,并以知识和信息为核心,通过影响信息流、资金流、物流的流动,来影响整个经济发展的一种全新的经济形态。由于互联网经济主要依靠信息技术为工具进行经济活动,所以也被称为数字经济。

2.利润点的核心是从客户价值的角度来定义的,即企业价值与客户价值同时最大化的那个点。如果用户愿意支付的价值超过企业提供产品或服务所需的成本,那么企业的产品与服务就具有盈利能力。

3.利润屏障是从影响网站盈利的阻碍角度来定义的,即企业为了保护自己的利润而采取的一系列遏制竞争对手的竞争规则。

【思考与研讨题】

1.请举例分析互联网的营利模式有哪些。

2.什么是媒介融合?媒介融合的过程中存在哪些问题?

3.请结合实际分析媒介融合进程中传统媒体如何转型。

4.请举例说明互联网传媒的价值体现在哪些方面。

---

① 崔保国,赵梅、丁迈.中国传媒产业发展报告(2023)[M].北京:社会科学文献出版社,2023:18-49.

5.请举例说明新媒体的传播学价值体现在哪些方面。

6.请举例说明营利模式的构成要素包括哪些。

7.如何理解新媒体营利模式的不确定性。

8.请结合实际,举例说明深度融合下主流媒体的数字化转型。

第四章　媒介的领导体制与组织架构

【章节大纲】

1.媒介的领导体制；

2.媒体的组织架构；

3.数字经济下媒介组织的平台化转型。

【章节内容】

本章介绍了媒介领导体制的含义和作用、我国媒介制度的产生与发展、我国媒介领导体制的基本形态、我国媒介传统领导体制的基本原则、媒介组织部门化的基本原则、媒介组织结构的基本类型和主要形式、媒介组织架构的发展趋势等。

第一节　媒介的领导体制

媒介组织是以媒介作为生产、沟通和服务主体,并对其进行经营和管理的机构,它同时处在一定的政治、经济、文化、技术、社会、生态等国内外系统之中,并受到这些系统的制约和影响。媒介组织既有一般组织的普遍特征,也有自身的特性。与大多数社会组织一样,媒介组织嵌入社会,与其他社会系统相互联系。媒介组织的特殊性在于,其所从事的信息生产、沟通和服务活动,在满足社会信息需求,提供信息服务的同时,也对社会政治、经济、文化、思想道德等具有广泛而强大的影响力,还会影响到人们的生产和生活方式。[①] 无论从组织管理学还是从组织行为学角度看,领导体制都是一种能够影响员工工作质量和企业整体运转效率的重要因素,对组织形态形成具有重要作用。

① 周蔚华.媒介经营与管理[M].北京:中国人民大学出版社,2023:98.

一、媒介领导体制的含义

媒介领导体制是指在媒介组织中，为规范领导活动的范围和方式而制定的媒介领导权限及相应组织机构设置的制度体系。媒介领导体制是媒介领导活动的载体，是具有特定含义的媒介管理制度体系，它是媒介内部的权限划分机制和划分安排。

（一）媒介领导体制是媒介内部的权限划分机制

媒介领导体制就是决定如何划分媒介的领导权，媒介领导权的划分必须遵循责权一致的原则。如果权责不一致，就会出现领导者滥用权力和权力不足以领导两种局面。实现权责一致的前提是明确权责关系，这样既能避免领导权力真空和权力重叠，又能防止领导者因责任不明确而导致无人管理的情况出现。

目前，国外媒介组织大都能实现权责一致。国外私营媒介在领导层上实行股东所有权、董事会法人产权、总经理经营权“三权分立”；公营媒介通常以理事会为最高决策机构，以经营管理委员会为执行机构，由总经理来负责日常工作。它们各司其职，各负其责，从而实现权责统一。

（二）媒介领导体制是媒介内部的制度安排

媒介领导体制是媒介组织中媒介领导职能制度化的表现形式，是以媒介领导权为中心内容，以实现媒介组织的管理目标为主要职能的一系列制度安排和制度设置。媒介领导体制采取何种组织结构形态，在很大程度上取决于它所属国家的社会形态和媒介组织结构形态。中国共产党百余年来坚持“党管媒体”不变的原则，依次发展了管办融合型、管办分工型、管办分立型、管办共治型四种治理模式。①

二、我国媒体制度的产生与发展

随着我国社会主义制度的建立，我国媒介体制也相应确立。在这个阶段，我国媒介主要承担了喉舌功能，在意识形态上由党统一领导；在行政管理上，由各主要媒介管理部门确立。新中国成立时，领导与管理全国各类媒体和新闻工作的归属单位是新闻总署。

我国媒介制度的初始形态与苏联的相应制度具有高度一致性。一方面，新中国与

---

① 姚贱苟，石周波. 中国共产党“党管媒体”治理模式的演进与启示[J]. 行政科学论坛，2023(9)：25-32.

苏联在政治、经济和社会制度上有同构性;另一方面,这也是我国在这一领域主动全面学习、移植苏联制度的结果。1954 年,我国新闻界掀起了"对口"学习苏联相应机构的热潮,各主要新闻机构如人民日报社、新华社和中央广播事业局等,都曾分别派团赴苏联学习,归国后出版了《学习〈真理报〉的经验》《苏联广播工作经验》和《塔斯社工作经验》等图书。其结果是,所学来的经验不仅"在很大程度上用以指导建成了我国新闻事业的基本体制",导致了我国媒体的基本布局、结构、功能分工和管理制度都与苏联高度相似,而且各新闻单位"全面学习借鉴了苏联新闻工作的业务经验,包括新闻的编辑、采访、写作以及经营、管理和发行等方面的经验",使这些单位的内设机构、工作流程以及工作标准,都有"舶来品"的痕迹。

按照社会主义媒介制度的基本逻辑,在这一制度的初始状态下,传媒业本来不是一个营利性的产业,只是一种社会政治表达工具和教育引导工具,是非营利事业。传媒业的资产均应属于国家所有,社会主义国家可以根据执政党各级组织、各级政府及其各部门、各社会主义政党、各人民团体和其他公民团体在社会主义建设中的作用与影响,按照需要给予分配。传媒机构和传媒资产的实际控制者之所以得以使用传媒,是因为它们"保障劳动者表达自己意见的实际自由"。

在我国,所谓媒介资产的使用者,一般是指各媒介机构的主管、主办单位。按照这一制度的设计初衷可以引申出来的结论是,媒介机构的主管、主办单位作为媒介资产的使用者和媒介机构的实际控制者,只拥有这部分资产的管理权和使用权,而没有获益权。如果媒介资产的运营产生经济利益的话,按照产权制度,这一利益也应该属于国家(以各级财政为受益方代表)而不是媒介机构的主管、主办单位。

具体来说,我国各报纸出版机构的正式登记资料均显示,它们是"全民所有制"的"事业单位"(20 世纪 90 年代中期以后,部分报纸出版机构有双重登记,除登记为"全民所有制"的"事业单位"之外,还同时登记为"全民所有制"的企业)。我国报纸出版机构在产权关系上,基本上都是单一投资主体的"全民所有制"。

另外,我国报纸出版机构的主管、主办单位,只拥有对报纸资产的管理权和使用权,而没有获益权。其中一个比较典型的例子,就是《北京青年报》的主管、主办单位中国共产主义青年团北京市委,按照正式的财务安排,它丝毫无法分享这家报社的利润。在资产与财务关系上,北京青年报社接受北京市财政局和国有资产管理部门的监督。根据 2003 年的《中共中央办公厅、国务院办公厅关于进一步治理党政部门报刊散滥和利用职权发行,减轻基层和农民负担的通知》(中办发[2003]19 号)的要求,"中央党政部门与所办报刊实行管办分离,即报刊人员不与党政部门公务员混岗,财务上自主经营、独立核算"。

三、我国媒介传统领导体制的基本原则

我国媒介领导体制的治理规则是集体负责、议(决策)政(执行)合一、一元化领导。毛泽东在《工作方法六十条(草案)》中概括了这些规则,即“大权独揽,小权分散;党委决定,各方去办;办也有决,不离原则;工作检查,党委有责”[①]。

(一)把“领导班子”作为集体受托人

按照传统,党报是由一批经由党的代表大会选举产生的由党的活动家组成的编辑委员会或党报委员会领导的,或者是由“同级党委任命并经上一级党委批准(中央一级由中央直接任命)”的,由总编辑、副总编辑和编委组成的编委会领导的。在改革开放前我国传媒业的实践中,这个叫编委会的机构实际上成为报社决策各种事务的机构,通常被称为“领导班子”。按照党的传统,编委会内部成员之间的地位、责任和权力是平等的,实行集体领导。从法人治理结构上看,这是一种由委员会成员集体接受上级党组织委托的治理结构安排。

(二)“领导班子”内部实行“议政合一”

《中国共产党章程》第十条第五款规定:“党的各级委员会实行集体领导和个人分工负责相结合的制度。凡属重大问题都要按照集体领导、民主集中、个别酝酿、会议决定的原则,由党的委员会集体讨论,作出决定;委员会成员要根据集体的决定和分工,切实履行自己的职责。”在此背景下,我国媒介业的领导体制实行“议政合一”原则,由“领导班子”履行决策、执行和监督三大职能。

(三)“领导班子”的“内部分工”代替“分级授权”

目前我国的实际情况是,在各级、各类组织中,几乎所有“体制内单位”的领导机构内部均实行上述集决策、执行、监督于一体,按照民主集中制原则来运作,以集体领导、集体负责为特征,以委员会为基本组织形态的“议政合一”的领导体制,主体部分属于“体制内单位”的传媒机构概莫能外。在这种体制内,由于领导机构集决策、执行、监督权于一体,且领导机构的成员从理论上说地位是平等的,因此,就出现了领导机构成员的职权分工。在这里,“领导班子”的“内部分工”就代替了“分级授权”。

---

① 毛泽东.工作方法六十条(草案)[M]//毛泽东.毛泽东文集:第7卷.北京:人民出版社,1999:351.

四、我国媒介领导体制的变迁

与西方媒介组织相比,中国媒介组织结构更为复杂。在中国媒介体制下,作为事业单位的媒介,其受到法规政策和上级主管单位的影响比较大。

新中国成立以来,中国媒介事业经历几次改革,中国媒介治理结构也随之发生了一定变迁。这个变迁主要分为三个阶段:

第一阶段是行政型媒介治理结构。1956 年,社会主义三大改造完成后,媒介组织全部变为国有,党组织基于政治斗争需要和意识形态需要,统管全国各类新闻媒介,并建立“党媒体制”。媒介组织作为单位,为国家所有,同行政机构一样,有中央级、省级、市级和县级的行政级别划分,组织结构也基本沿用党政部门的组织模式,具有鲜明的、自上而下“命令控制式”科层制特点。媒介单位没有经营权,采编权根据党和行政管理部门要求行使,其所有权和控制权高度统一于党和政府的管理部门。

第二阶段是“双轨制”治理结构。1978 年,改革开放后,媒介单位开始实行“事业单位企业化管理”,政府不再承担媒介单位运作的全部经费,只提供部分补贴。媒介组织按照企业治理结构进行经营和管理,媒介需要为自身生存与发展进行营利性活动,其营利来源主要靠广告和媒介营销。20 世纪 80 年代中后期,媒介组织开始探索各种形式的领导体制。例如,《羊城晚报》率先实行社长领导下的总编辑、总经理分工负责制,采编与经营分开,实行“双轨制”,被众多报社模仿。但是,在“事业单位企业化管理”媒介政策框架下,媒介组织仍为事业单位,无法真正成为市场主体参与媒介市场竞争。

第三阶段是媒介单位“转企改制”。党的十六大后,媒介单位进行文化体制改革。时政类和承担公益性质媒介,保留事业单位性质,按照事业单位进行管理。经营性媒介组织,开始转企改制,按照现代企业治理结构进行管理,但不能脱离“党委领导与法人治理结构相结合”这一原则性框架。媒介党委会拥有重大事项的决策权、宣传业务的审核权、主要领导干部的任免权;董事会负责媒介企业重大问题的决策与经营;经理层(编委会、经委会)负责具体执行;监事会履行监督职能。媒介领导采用“双向进入、交叉任职”方式:党委书记与董事长往往由一人兼任,以保证控制权始终掌握在党委会手里;未设立董事会的媒介企业,实行党委书记兼任副总经理、总经理兼任党委副书记的交叉任职模式;在个别情况下,党委书记与总经理也可由一人兼任。当前,我国以传统媒介为代表的媒介组织普遍实行党委领导与法人治理结构相结合的治理结构,但仍处于探索阶段,不少仍具有明显的行政色彩,媒介体制机制需要进一步创新。

对于保留事业单位的媒介组织，一般采取两种形式的媒介治理结构：一种是把它作为一级事业单位管理，主要负责人（党委书记、社长或台长、总编辑、总经理等）由上级组织部门任命，实行党委领导下的党委书记负责制、党委领导下的社（台）负责制、社（台）委会领导下的社（台）长负责制、编委会领导下的社长负责制、编委会领导下的总编辑负责制等形式。另一种就是通过建立理事会来进行重大事项决策，社委会和编委会负责执行，党委负责监督保障。理事会成员包括主管部门领导、资产管理部门领导、媒介机构的主要负责人等。

对于互联网媒介而言，多数互联网媒介都采用了较为规范的公司治理结构框架。互联网新媒体主要有两大类：一类是传统媒体在媒介融合过程中转型过来的新媒体，例如，澎湃新闻、人民网、界面新闻等传统媒介转型创办的新媒体；另一类是为社会提供互联网信息服务，从而具备媒介属性的互联网科技公司，从新浪、搜狐等综合资讯门户网站，到36氪、钛媒体等垂直领域商业媒体，到腾讯视频、爱奇艺、优酷、哔哩哔哩等视频网站，再到知乎、今日头条、抖音、快手等短视频平台和直播平台等，这些互联网新媒体都是在市场化环境下，快速成长起来的民营企业，基本采取了股份公司制，按照现代企业制度进行管理。

第二节　媒体的组织结构

组织结构是指组织成员为实现组织目标，在管理工作中进行分工协作，在职务范围、责任、权利等方面所形成的结构体系。它是用以表明组织各部分排列顺序、空间位置、聚散状态、联系方式以及各要素之间相互关系的一种模式，是整个管理系统的框架。

一、媒介组织部门化的基本原则

部门化是指对新闻媒介的工作进行分类，依据分类后的工作对人员进行部门划分，使人员和部门相结合，并在此基础上建立明确的任务和职责。一般来说，职能、产品和区域是部门化的三个主要基本原则。

（一）按职能划分部门

按职能划分部门是被广泛采用的一种方法。它是指按照生产专业化分工的原则，把性质、作用相似的工作归为一类，并以此设立部门。例如，新闻媒介依据采写、编辑、广告、发行、财务、人事等基本职能，设立各个部门。由此原则产生的组织结构类型为直线职能制结构。按职能划分部门的优点在于体现了专业化分工的原则，易于提高工作效率。但这种方法的缺点也比较明显，其一，部门之间沟通不足，缺乏对组织目标全面而深入的认知；其二，对于需要各部门合作完成的工作，在个别时候比较难分清各职能部门的责任和业绩；其三，不能及时、有效地应对外部环境的变化。

(二)按产品划分部门

按产品划分部门是以产品或者产品系列为中心，对业务工作进行分类，以此来设立部门的一种方法。例如，为时政新闻版面工作的记者和编辑被安排在时事新闻组，为文体新闻版面工作的记者和编辑则被安排在文体新闻组。由这一原则产生的组织结构类型为事业部制结构。按产品划分部门的优点在于关于媒介产品的决策和执行效率较高，有利于新闻媒介在市场中的竞争。缺点是各产品部门之间具有较强的独立性，不仅需要更多具备全面管理才能的管理人员，还增加了高层管理者的控制难度和管理成本，且各部门容易将自身的利益置于媒介总体利益之上。

(三)按区域划分部门

依据区域划分新闻媒介的部门是指将同一个地域的媒介工作人员安排在一个部门，例如都市报一般会在某个区县设置一个记者站。按地域划分部门的优点是能够保证新闻媒介有一定的人力去采集各地域新闻信息，并有专门的物力与财力支持，可以在该地域获取一定的市场竞争力。缺点是总部不容易统一管理，各地域部门难以沟通和协调。

目前，新闻媒介并不单一依据职能、产品或地域来划分部门，而是将三者中的两个或三个结合起来组成部门。在通常情况下，大的管理部门划分采用职能原则的较多，在具体工作的部门划分上往往采用产品原则。我国新闻媒介现行部门划分包括三大系统，即编辑（业务）部门、经营（管理）部门和行政部门。其中，编辑（业务）部门内的划分基本遵循按产品原则划分，主要有总编室、评论部、群工部、国际部、记者部、经济部（工商部、财贸部）、政法部、教科文部、理论部、文艺部、体育部、农村部、摄影部等。经营（管理）部门按照职能原则划分，主要包括印刷厂、广告部、发行部、技术部、财务部等。行政部门也按照职能原则划分，主要包括办公室、人事部、总务处、保卫处等。

二、媒介组织结构的基本类型

媒介的组织结构主要分为直线职能制结构、控股公司制结构和事业部制结构。

(一)直线职能制结构

直线职能制结构也称 U 型结构(unitary structure)或直线参谋制,是按照职能原则划分组织单位,并由最高经营者直接指挥职能部门,以权力集中于组织高层为特征的一种管理体制模式。组织的生产经营活动按照功能可分为若干个垂直管理系统,每个系统直接受组织最高领导指挥。媒介财务实行集中管理,媒介各职能部门不是自负盈亏的经济实体,整个组织为一个利润核算单位。如图 4-1 所示。

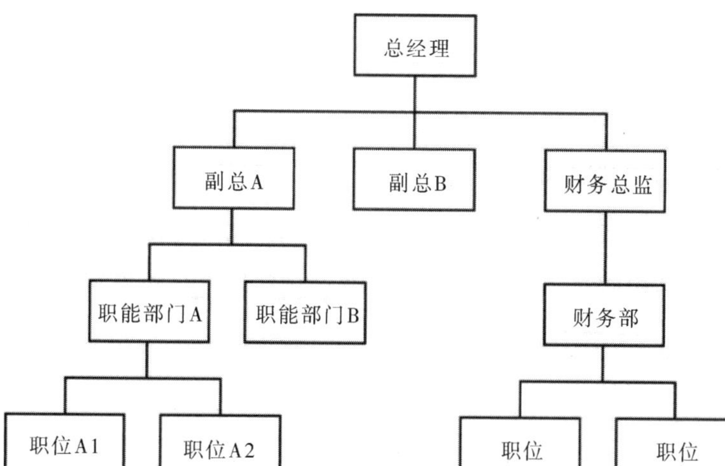

图 4-1　直线职能制结构图

资料来源:杨少杰.进化:组织形态管理[M].北京:中国发展出版社,2014.

(二)控股公司制结构

控股公司制结构也称 H 型结构(holding structure),是一种相对松散、扁平的管理体制模式,它不是按照责权的关系来设计组织结构,而是依靠拥有其他公司达到决定性表决权的股份来实施公司管理。控股公司制是一种典型的分权式管理体制。

实行 H 型结构的通常是集团公司。由集团主要股东组成的董事会是集团的核心,董事长(主席或总裁)是集团的法定代表人,聘任高级职员(如总经理)行使行政管理权。集团控股的子公司由集团派出或聘任高级职员管理经营,集团参股公司则视股权的多少来承担相应的责任或义务。本质上说,控股公司制也是实行内部分权的一种组织形式。如图 4-2 所示。

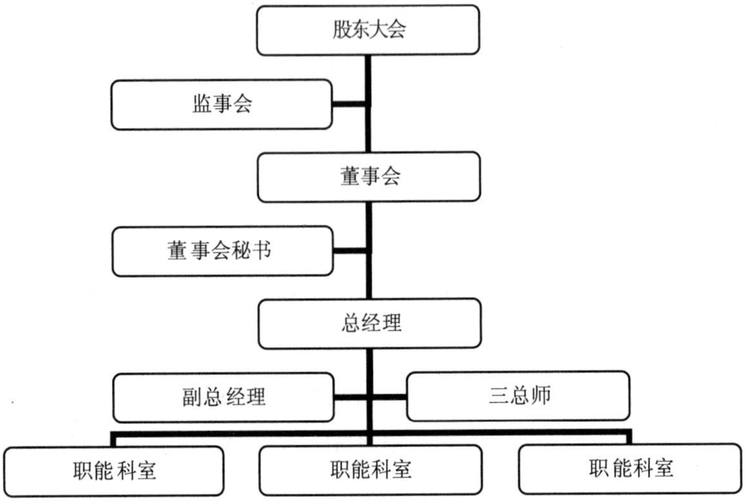

图 4-2 控股公司制结构图

资料来源:杨少杰.进化:组织形态管理[M].北京:中国发展出版社,2014.

(三)事业部制结构

事业部制结构也称 M 型结构(multidivisional structure),是指以某个产品、地区或顾客为依据,将与研究相关的开发、采购、生产、销售等部门组合成一个相对独立的单位的一种组织结构形式,每个事业部在内部建立自己的 U 型结构。如图 4-3 所示。

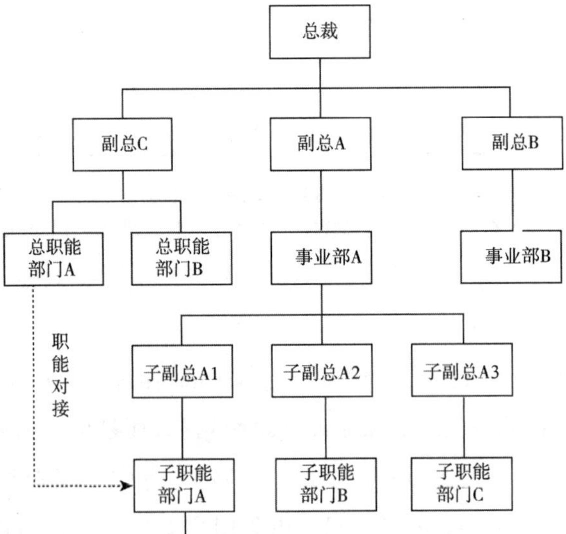

图 4-3 事业部制结构图

资料来源:杨少杰.进化:组织形态管理[M].北京:中国发展出版社,2014.

实质上，事业部制是直线职能制的复合体，是一种分权式的管理体制。一般而言，组织的决策分为战略决策和运营决策两个层次，分别由总部和各利润中心指挥。总部主要关心与组织长远发展有关的战略问题以及利润中心人员的配备与监督；事业部虽然不具有独立法人地位，但拥有较大的经营自主权，可以独立核算，自负盈亏。每一个事业部作为利润中心都可以在总部统一发展策略的框架内寻求自我发展。

总体来看，U型结构主要采用行政命令的方式来组织和协调成员与组织之间的关系和行为；H型结构是最大限度地引入了市场机制的科层制，主要用市场手段来组织和管理下属成员；M型结构则是上述两种结构的综合。①

表4-1　U型、M型和H型组织架构的主要特征差异

主要差异	U型	M型	H型
集权/分权	集权	分权	分权
运营单位	职能部门	营业分部	子公司
总部功能定位	决策权高度集中	决策权分层	协调功能
机会主义倾向	高(部门利益)	低	高
产品或者服务(或客户)	单一产品或者服务	多样化产品	多样化产品
适用范围	中小企业	大中型公司	大中型公司

三、我国媒介组织结构的主要形式

一般来说，媒介的组织结构一般由新闻部门和经营管理部门构成，前者是媒介组织的核心部门，也是组织的基础部门，主要负责新闻的采编；后者是在新闻部门基础上，通过对内外部资源的管理和运营，来使媒介组织获得经济利益，主要负责财务管理、发行、营销、节目播出和资本运营等。1949年新中国成立前，中国的媒介组织绝大多数是私人创办的独资公司或者股份有限公司，也有个别官办或政党办的媒介组织，例如，清代的四库全书馆、民国时期国民党创办的“中央通讯社”，中国共产党创办的党的新闻机构新华社、解放日报社和新华日报社等。

1949—1956年，中国私营新闻事业完成社会主义改造。1956年到20世纪80年代初，国家以行政手段建立了高度集中、统一的国有新闻事业，媒介结构按照行政等级分为中央、省、地(市)四级办报、办台，接受党政机关的领导。新闻媒介虽然名义上有事业、企业单位之分，但都是按照事业单位进行管理的，主要以宣传和贯彻党的政策、方针为主要目的，不需要从事经济活动，也不存在市场竞争。媒介组织结构主要是编

① 宋建武.新闻媒介管理[M].北京：高等教育出版社，2013：35-38.

委会集体领导下的总编辑负责制。编委会作为最高决策机构,全面领导和监督媒体工作;总编辑作为法人代表,充当召集人角色,只对上级宣传主管部门负责。

1978 年,改革开放后,随着中国经济体制改革的逐渐深化,媒介组织开始有了市场意识,媒介的经济属性逐步被社会认可。1978 年,以《人民日报》为首的 8 家首都报社联名向财政部提交关于中国媒介机构"事业单位企业化管理"的报告。自此,中国媒介组织开始走向市场,开始采取"事业单位企业化管理"的管理模式,市场也开始出现了竞争局面,媒介组织内部的编辑业务开始与经营业务分离,媒介单位开始设置经营部门,并设置总经理岗位。媒介组织结构也形成了社长领导下的总编辑、总经理双轨负责制。例如,1981 年,《无锡日报》开始实行编辑部、经理部分工合作制度,报社把整个经营管理工作委托给经理部统管;1989 年,《北京日报》开始将各种职能机构分为编辑部门、经营部门和行政部门三个系统。国家新闻出版署在 1994 年 6 月召开的"全国首次报业集团问题研讨会"上,拟定了组建报业集团的必备条件,开始了以党报组建报业集团的试点工作。1996 年 5 月 29 日,广州日报报业集团正式挂牌运行,并提出了"以报为本、依托集团、优势互补、多元发展"的思想。在集团化道路上,广州日报报业集团一马当先,组建了中国第一家报业集团,走在全国报业的前列,并取得了辉煌的战绩。①

20 世纪 90 年代以来,中国互联网产业发展迅速,互联网媒介组织趋于多元化。早期的 PC 互联网时代,典型的网络媒体就是各类新闻门户网站。例如,新浪、搜狐、网易、腾讯等较早出现的商业性门户网站。这些商业门户网站将传统媒体信息资源聚合起来进行"批发",凭借其运营机制和资源整合能力获得一定影响力。在此背景下,传统媒体开始举办网站。例如,1997 年 1 月,《人民日报》网络版创刊,揭开国内媒体进入互联网的序幕。2000 年后,媒体网站进一步发展,从媒体附属品走向独立网站,内容也不再局限于新闻,成为综合性信息服务商。

随着互联网技术的不断进步,移动互联网迅速发展,并很快成为互联网的主力。传统媒体也开始向移动化转型,纷纷推出移动客户端(App)。例如,人民日报社推出的"《人民日报》客户端",上海报业集团推出的"澎湃新闻"等。同时,在非传统媒体领域,出现了提供个性化信息服务的移动客户端。2012 年,"今日头条"上线,其以个性化信息推荐为主要卖点,并利用算法为用户提供个性化信息推送。还有一些新媒体客户端探索"新闻+服务""新闻+社交+服务"模式,出现了一批深耕垂直内容领域的具有更强用户黏性的媒介,例如,抖音、快手等短视频 App,喜马拉雅、得到 App 等付费

① 冉华.中国传媒产业发展与制度演进研究[M].北京:学习出版社,2019:57,94.

音频平台。[①]

（一）报社

在改革前，我国报社所出版的报纸种类较少，部门之间的沟通也不多，此时常采用直线职能制的组织结构。对于后来的报业传媒集团来说，它们大多沿用直线职能制的组织结构，这种结构由主要职能部门和各子报刊组成。职能部门主要包括党群办公室、总编室、社委办、人事处、财务处、信息处和研究所等。此外，还包括各子报和印刷厂、发行部和广告部等。

1997 年《人民日报》网络版的建立，真正掀开了媒体上网的浪潮，不少媒体开设自己的网站或者联合创办网站，并在组织内部增设网络媒体部门或新媒体部门。但此时报纸编辑部门和网站编辑部门是截然分开的。这种分裂的组织形式，完全不能适应互联网发展的客观要求。目前，新媒体市场占有率的持续提升与传统纸媒广告收入的缩水，正在倒逼传统媒体进行转型。从报网互动、报网融合到过渡性部门的设置，再到全媒体生产平台的建构，报纸媒体的组织结构也在随之调整。

随着新媒体的发展，不少报社启用了全媒体战略，不仅部署了网站、手机客户端、微博、微信、抖音等新媒体矩阵，同时也经营着多元的新媒体产品或业务，因而也会采取事业部制的形式。各类新媒体产品逐渐部门化，成为相对独立的事业部，事业部往往更具活力，能与外部其他新媒体产品竞争。

2003 年，文化体制改革开启。在转企改制过程中，报业集团大多通过建立“有限公司”来实现两分开。集团有限公司下面设立具有独立法人资格的子公司，按照产权关系领导和管理子公司。由此，在报业集团内部，形成混合式组织结构。

采编业务上，以“集团—集团编委会（总编辑）—各媒体采编部门”的链条，由上到下控制协调，集团编委会总体把握舆论导向，对子媒体的采编活动进行指导。下属各媒体主要以事业部形式相对独立运作，其采编部门以媒体产品为中心设置，负责媒体采编业务，无独立法人资格，也不插手经营活动，内部组织结构上主要采用直线职能制结构。各媒体与集团的关系类似于公司和分公司的关系。经营业务上，集团有限公司基于产权关系，对具有独立企业法人资格的子公司进行指挥和协调。集团有限公司与子公司之间是比较规范的母子公司关系，主要依照控股型组织结构模式，通过人事任命、财务监控和资源配置等方式对子公司进行监管。各个子公司与集团内对应媒体之间按照市场交易原则，确立契约关系，全面代理其经营业务，但子公司不能插手媒体的

① 周蔚华.媒介经营与管理[M].北京：中国人民大学出版社，2023：104.

采编业务。[①]

(二)广播

我国的广播电台组织结构通常是在台长下设宣传系统、技术系统、党务人事系统和行政后勤系统。以原中央人民广播电台为例,宣传系统下设总编室、评论室、新闻中心等,技术系统中主要有技术处、录制部等,党务人事系统包括人事处、记者部等。

(三)电视

在专业化频道出现之前,我国的电视台大多仅拥有一两个无线频道的播出资源,基本上采取的是职能制组织结构中的节目部制。各部门独立性很小,层级多,台里实行集中控制和统一指挥。直到现在,频道资源较少的地市级电视台还在采用这种方式的组织结构。随着电视传输技术的发展,有线电视和卫星电视得到了发展,地方电视媒体拥有的电视频道资源大量增加之后,其组织结构也转而采取事业部制,即专业频道制。

所谓频道制,指在电视台或集团一级管理层下,再设置以频道为单位的综合管理层,频道内再分设栏目、编排、制作、广告经营等一整套频道运作所需的完整机构的管理模式,形成"总台—频道—栏目"的三级管理结构。它通过分权的方式调配各方资源,打破内部各栏目部门的界限,让各频道成为自主经营管理的事业部主体,各频道不再仅仅是播出平台,还可以直接管理栏目,促使频道内所有节目与频道品质契合,形成品牌合力。频道建设由频道总监总负责,栏目制片人直接向频道总监负责,而电视台(总台)只对频道的市场份额和广告经营等指标进行考核。由此,管理层级减少了,提高了节目制作的效率。例如,中央电视台 2010 年进行专业频道制改革,除了大新闻中心外,其他节目中心一律撤销,改为频道制。频道直接管理节目组,原有的部门一级建制全部取消。"中央一套"原来在央视的架构下仅仅是一个播出平台,全台各频道的优秀节目皆放在一套播出。此次改革后,中央一套首次设立了自己的节目创作队伍。[②]

广电系统"制播分离"的改革,也直接关系到广电内部机构的剥离和重组。2009年,上海广电制播分离改革启动,上海文广新闻传播集团一分为二。原上海文广新闻传播集团播出资源和涉及"新闻制作"的部门置入新成立的上海广播电视台,实行事业体制;将允许制播分离的节目制作业务和广告经营业务从事业体制中剥离转企。上海

① 周蔚华. 媒介经营与管理[M]. 北京:中国人民大学出版社,2023:125-133.

② 王志安. CCTV,一场静悄悄的变革正在发生[J]. 青年记者,2010(23):87.

广播电视台出资成立上海东方传媒(集团)有限责任公司。

随后,我国广电传媒集团成立了。它是由多个以资金为纽带的广播电视机构组成的联合体,所以其组织结构比较复杂,包含了更多的经营实体和管理机构,如图 4-4 所示。以湖南电广传媒股份有限公司为例,其经营范围包括广告发布、代理、策划、制作、影视节目制作发行和有线电视网信息的传输服务等主营业务,还兼营房地产、旅游和会展等,在湖南省内外拥有 40 多家控股、参股公司,其组织结构比较复杂。因此,我国广播电视机构的组织结构多以事业部制、控股型为主,并根据自身实际情况进行组织结构设计。

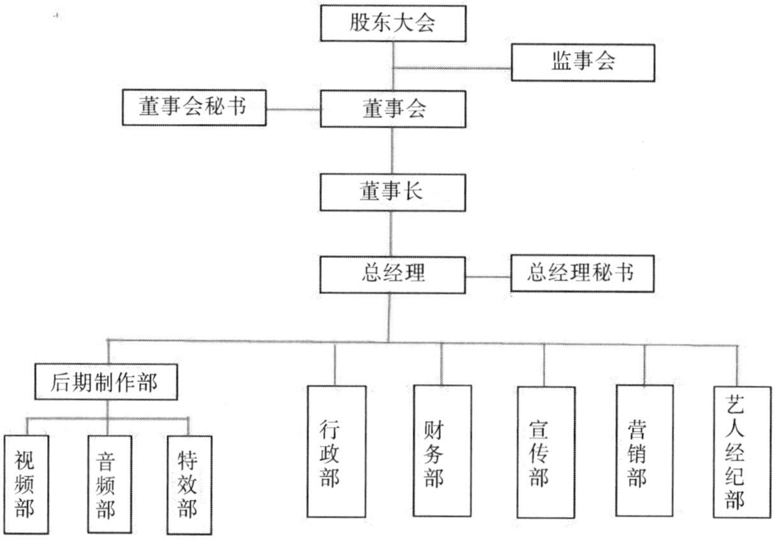

图 4-4　广电传媒集团组织结构图

(四)出版社

目前我国出版社的主要组织结构有三种形式:U 型、M 型和 UM 混合型。U 型出版企业是根据整个出版运营流程,按照不同的专业职能而设立相应组织层级结构的出版企业。每个部门都是出版企业的一个专业职能单位,如总编办公室、编辑部、出版部、市场营销部、物流配送中心、社区办公室、人力资源部、财务部、后勤管理部等,它们构成了出版企业的价值链;出版企业最高领导层为企业的决策领导机构,经理(社长)为出版企业最高领导层的主要负责人,各职能部门的负责人直接受企业最高领导层的领导,负责组织本部门员工在相关职能工作范围内履行职责。

M 型出版企业按照分权的原则,在总部集中领导下设立多个相对独立的业务运营部门(出版企业),出版企业(集团)总部主要进行企业战略规划,控制各运营部门,对企业的总体进行协调,总经理(社长)为总部的主要负责人。企业的运营业务都具有编辑、出版、营销等系统生产、经营的功能,是相对独立的经营个体或利润中心;出版集团的人力资源部、财务部、总编辑办公室等属于服务部门,既服务于总部领导层,也服务于各个相对独立的业务运营部门,归总部直接领导。

此外,还有一些出版社的组织结构是U型和M型的混合,在这类出版企业中,由于有些部门职能单一,只有通过与其他部门的联合才能形成完整的运营系统。例如,如果几个出版分社的出版物全部为纸质产品,集团为了降低成本,就会设置一个生产印制部门和一个物流配送服务中心,集中为这些分社提供印制和发货服务;而对于那些经营相对独立的部门,比如出版企业的音像出版、电子出版等来说,则可以让它们相对独立运作。

(五)互联网

互联网生态中的媒体主要包括两大类:一类是传统媒体在媒体融合浪潮中转型发展起来的新媒体,一类是通过提供互联网信息服务,也具备了媒体属性的互联网科技公司。此处的互联网媒介组织结构主要是互联网科技公司的组织结构。

根据我国互联网管理的有关法规要求,通过网站、应用程序、论坛、微博、公众号、即时通信工具、网络直播等形式向公众提供互联网新闻信息服务的组织必须具有相关的资质或许可。除了由传统媒体转型或衍生而来的新媒介外,上述互联网媒介公司大多有民营资本(有的甚至是外资)参与,而非国有资本不得从事新闻采编播发业务,也不得进入内容的编辑出版环节。因此,互联网媒介企业没有新闻信息的采编播发资质,内部组织结构中往往不设立专门的采编部门,更多以运营部门代替,将内容以产品形式来运营。此外,这类公司提供的内容业务往往靠技术驱动,因而技术部门在组织结构中占据更为重要的位置。例如,字节跳动就是一家以人工智能为核心驱动的公司,早期上线的今日头条便是用“大数据抓取+人工智能算法推送内容”的方式,实现“千人千面”的内容分发,极大地提高了用户的黏性,快速跻身新闻资讯客户端第一阵营;字节跳动的旗舰产品抖音也依靠计算机视觉、人机交互技术,实现各种贴纸特效和互动效果,在短视频领域优势突出。①

以上简单介绍了我国媒介的组织结构形式。目前,由于我国媒介组织大都正在进行改革、重组等,所以其组织结构也在不断地变化中。

---

① 周蔚华. 媒介经营与管理[M]. 北京:中国人民大学出版社,2023:127-134.

四、我国媒介组织结构中存在的问题

目前我国大部分媒介集团采用的是一种近似直线职能型的组织结构模式，表面上这种组织结构科学、合理，但它存在许多缺陷和弊端，主要表现在以下几个方面：

第一，部分组织单元定位不清，管理层级不明确。例如，目前我国媒介集团都设置了总经理办公室及公共事务部等组织单元，但它们没有一个明确的工作目标和工作任务，因而也就没有明确相应的工作职责和职权。

第二，总部的部门设置未能充分体现专业化和制衡的原则。尽管总部一般设置许多职能部门，但这些职能部门没有很好地体现专业化，如总经理办公室、地域管理总部等，它们并不是专门的业务部门；而有些部门，又缺少必要的制衡机构，例如，财务部门并没有在其组织结构中设置专门的财务检查监管机构。

第三，职能部门职责分工不清以及错位，并伴有职责缺失现象。从总部的职能部门来看，多个部门之间存在职责分工不清、错位的问题。如一些集团的国际业务部、公共事务部和地域管理总部都是与集团的人力资源部、财务部、投资管理部以及战略研发中心等部门并行的，但这些部门中的人力资源管理、财务管理及投资管理等业务的管理归属不清晰。

第四，部门权责利不统一，决策权高度集中，现行组织分权程度较低。层级越低，授权越不充分，这在一定程度上打击了部门工作的积极性。媒介集团现行的组织架构尽管不是典型的直线组织结构模式，但董事会、总经理权限过于集中，对业务单元的管理幅度偏大，这使得组织运行效率和管理效率降低，公司的决策和制度不能得到有效落实。

第五，组织标准化程度不高，没有建立一套科学、高效的决策程序。虽然大部分媒介组织都有明确的业务流程和工作标准，但都不完善。集团现行的组织沟通渠道不通畅，内部信息透明度存在较为突出的问题。同时，层次越低的职员在组织内部沟通中存在障碍的问题就越明显。

目前我国媒介集团在组织结构上所存在的缺陷和弊端，使得组织结构不能有力地支撑媒介集团未来的发展，特别是在竞争更加激烈、环境变化更为迅猛的媒介市场中，这种信息流通不畅、管理效率不高、权责不对等的组织结构，更是无法保证媒介集团的高效运行。

五、媒介组织结构的发展趋势

(一) 媒介企业的组织结构趋向扁平化

扁平化结构就是指内部管理的“扁平化”,即合理缩减管理层级,将原来仅在垂直通道内流动的信息与知识尽可能地扩散到水平层次上,并通过内部网络实现信息与知识的快速传播。世界媒介市场变幻莫测,抓住机会就成功了一半。媒介产品作为信息产品,快速更新更是取胜之道。但要具备快速更新的能力,就必须有一个快速应对市场信息的媒介组织,因此扁平化组织结构应运而生。不同于传统的层级式组织,扁平化组织能使信息快速传递和沟通,从而加快媒介组织对市场的反应。在扁平化媒介组织结构中,知识权威取代职位权威,管理幅度增加,管理层级减少,决策的集中化让位于分权化。

(二) 虚拟企业成为媒介组织结构的一种普遍形式

虚拟企业是指为了完成那些仅靠自身资源优势难以向市场提供商品和服务等任务,而由众多在各自领域内拥有相对不同竞争优势的企业相互联合形成的一种合作组织。虚拟组织的内核规模很小,它以合同为基础,依靠其他商业职能组织进行制造、分销、营销或其他关键业务的经营活动。虚拟企业对于媒介组织来说具有一定的可行性。在虚拟企业中,媒介组织的核心是一小群管理人员,这群管理人员直接监督公司内部的经营管理活动,协调本公司与各合作组织之间的关系。

目前,国外媒介组织以及部分中国媒介组织已经将内部事务划分为“核心业务”和“内部服务”两类,利用“外包”将“内部服务”转移出去,由专门的公司处理,自己则将主要精力专注于“核心业务”。如传媒组织将节目制作外包给节目制作公司,将广告制作外包给广告公司,将发行业务外包给发行公司等。但与真正的虚拟企业相比,这只是初始阶段。事实上,目前的媒介组织依旧规模庞大,国外大型媒介集团更是如此。虚拟企业能提高媒介组织生产效率,减少组织内部存在的无效沟通,并缩小组织规模。虚拟企业的灵活性能使它成为媒介组织结构未来的主要构成方式。

(三) 无边界组织或网络型组织

无边界组织实际上是虚拟企业和组织结构扁平化的体现。无边界组织实现的途径首先是通过取消组织垂直界限,使得组织扁平化,并将等级秩序的作用降到最低。其次是消除因职能部门的存在而形成的组织水平界限,以多功能团队取代职能部门,围绕公司的工作流程来组织活动。最后是打破组织与客户之间的外在界限以及地理障碍，实行经营全球化的战略以及公司间的战略联盟，建立顾客与组织之间的固定联系。

无边界组织在一定程度上可以被称为网络型组织，核心企业是这个网络的中心，在满足媒介不同项目的要求方面，它与网络中的其他企业紧密合作，组成项目团队。项目团队是通过围绕工作流程或过程而不是部门职能来建立的，因此在项目完成时，团队即告解散。这种小型网络化的媒介组织和媒介间组织在娱乐性电子媒介中的运用最为成功，比如美国好莱坞的各种专业公司。媒介企业必须减少管理层级，打破部门界限，并与位于媒介产业价值链不同环节的其他企业共同组成企业间网络型组织，才能建立无边界的、自由而高效的组织结构。

(四)平台型组织

平台型组织是指企业为了应对高度复杂的市场需求、不稳定的竞争和知识型员工日益增长的自主管理需要，充分利用高度透明的数据化治理技术，将大公司专业资源集聚的规模优势与小企业高度敏捷应变的灵活优势进行集成的开放型组织模式。组织理论认为，任何有组织的活动都需要将劳动分解为可执行的任务和协调这些任务完成的步骤，组织的本质就是为这种分解和协调提供一个社会载体。传统媒介组织存在机构臃肿、沟通不畅、组织反应迟缓、管理效率低下、客户响应滞后、成本高昂等问题，导致传统媒介组织难以适应移动互联网技术对其经营模式的冲击。

数字经济下的平台型组织提供平等协作、价值共享、资源互补、集成创新等理念，淡化等级制度，减少纵向分工，增强横向联系，促进智能协同，从而提升组织效能。①数字技术的跨时空和模块化特征催生了平台型组织这一组织形态。②

随着媒介环境的动态变化和媒介市场细分需求的不断迭代升级，平台型媒介组织可以简化媒介组织层级，提供媒介组织新的新闻生产方式，改变媒介资源配置方式和生产流程，改进媒介信息分享方式和互动方式，进而满足用户信息需求。从生产经营模式看，平台型媒介组织可以突破传统媒介组织在时间、地点、信息和渠道方面的瓶颈，提升了用户媒介产品消费的便捷性和时效性。另外，平台型媒介组织还具有开放性和柔性特征，能够适应快速、复杂和模糊的媒介动态环境，提升媒介资源配置效率和媒介组织效能，更好地为用户创造价值。③

---

① 朱祖平，曾国镇，朱睿剑. 数字经济下平台型组织变革对员工创造力的影响研究[J]. 东南学术，2022(4)：188-197.

② 杨忠，花磊. 平台型组织创新：概念、特征与优势[J]. 阅江学刊，2024(1)：126-138.

③ 杨勇. 新型媒体组织的构建方向研究[J]. 青年记者，2018(27)：29-30.

第三节　数字经济下媒介组织的平台化转型

2019年1月,习近平总书记指出:“要抓紧做好顶层设计,打造新型传播平台,建成新型主流媒体,扩大主流价值影响力版图。”新型传播平台主要是以研发、生产和分发内容为主体的网络信息服务平台。新型传播平台包括新闻门户网站、搜索引擎、用户生产内容平台(UGC)、视听资讯平台和新闻机构等。新型传播平台是网络内容的源头,可以对网络内容进行生产、分发和推送,也是网络内容和话题的把关人和控制者。《网络信息内容生态治理规定》要求网络信息内容服务平台“坚持主流价值导向”并“履行信息内容管理主体责任”。新型传播平台需要以主流媒体为主体,推动媒体平台化发展。①

一、平台型媒体与媒体平台化

(一)平台型媒体

2014年2月,乔纳森·格里克(Jonathan Glick)在《平台型媒体的崛起》一文中创造了“Platisher”一词来描述媒体融合的新形式。Platisher一词由Platform(平台商)和Publisher(出版商)两个词缩略而成,该词后来被翻译成“平台型媒体”。之后,杰罗姆为“平台型媒体”进行了深入的定义:平台型媒体是指“既拥有媒体的专业编辑权威性,又拥有面向用户平台所特有开放性的数字内容实体。”②平台型媒体的内容生产和传播,不是靠媒介自身单打独斗,而是打造一个平台。平台服务商可以制定各种规则,内容生产者、内容消费者和内容传播者都可以通过平台实现各自的价值,并且通过规则相互制约达到均衡状态。平台型媒体既具有平台的功能,也具有“把关人”的功能。③ 平台型媒体的核心关键词可以概括为“开放、激活、整合和服务”。也就是说,平台型媒体的典型特征是传统平台开放、传播内容共享、传播主体多样化和专业的把关能力等。④ 例如,脸书作为平台型媒体,自身并不生产新闻,而是把内容产品外包给专

① 詹新惠.新型传播平台与主流媒体平台化之路[J].青年记者,2023(7):9-11.

② 杰罗姆.平台型新媒体(Platisher)是有效的商业模式吗?[J].钛媒体,译.中国传媒科技,2014(Z1):71-75.

③ 喻国明,焦建,张鑫.“平台型媒体”的缘起、理论与操作关键[J].中国人民大学学报,2015(6):120-127.

④ 王静.主流媒体平台化运营如何创新?——浙江日报报业集团天目新闻客户端探索分析[J].南方传媒研究,2022(5):21-25.

业化的内容提供商，从而实现合作共赢。

平台型媒体的主要特征和分类包括：第一，资源整合型平台。平台型媒体主要是为了满足参与者多样化的需求。从总体看，平台型媒体以“信息超市”特征满足了所有用户的信息需求；从单个人来看，它满足了每个用户在其社交范围内的私人定制型信息需求。因此，平台型媒体必须整合多种资源，融汇多种传播渠道。第二，功能型平台。平台型媒体既是服务参与者交互的媒介，同时还具有服务资源配置与服务运营管理的功能。在平台上，信息传播者、接收者、传播渠道、效果反馈以及信息本身都是海量的。因此，平台需要通过平台运行规则进行管理，形成平台服务的商业生态。第三，生态型平台。平台型媒体不仅吸引大量用户，还注重用户体验，打通传播的“最后一公里”。引入了社交关系后，单向传播向交互式传播转变，以人的社会关系和社会关联作为半径来构造传播的生态型平台。[①]

（二）媒体平台化

媒体深度融合已经成为传统媒体在市场竞争中突破自我、实现二次跨越的重要途径。媒体平台化是媒体深度融合的发展路径，自主可控的传播平台是媒体深度融合建设的目标。[②] 媒体平台化主要有两种路径：一种是传统媒体嵌入商业平台，并通过社交关系为商业平台生产内容，借助商业平台实现舆论引导，并实现经济效益。商业平台技术成熟，用户数量庞大，且具有强连接属性。商业平台利用用户数据优势，遵循“渠道为王”思路。另一种方式就是媒体自建平台实现平台化。媒体自建平台，则面临技术接入不足，用户数据不足，资金投入不够、变现能力不足和竞争激烈等问题。无论是传统媒体嵌入商业平台，还是媒体自建平台，都是媒体平台化方式。[③]

媒体平台化的过程倒逼媒体采用符合互联网平台传播规律的思维方式和组织方式，以实现新闻、社交、资讯、服务和产业的有机融合。例如，云听是中央广播电视总台推出的在线数字音频平台，于 2020 年 3 月 4 日上线。云听依托人工智能、5G、5G＋4K/8K＋AI 等新技术，旨在为中央广播电视总台传统广播向移动音频平台转型提供技术和平台支持。云听整合总台旗下各广播、电视优质内容，凭借自身强大的专业生产能力和独家资源库打造“PGC＋PUGC”的内容生产模式。[④]

---

① 喻国明，何健，叶子．平台型媒体的生成路径与发展战略：基于 Web3.0 逻辑视角的分析与考察[J]．新闻与写作，2016(4)：19-23.

② 郭全中，张金熠．自主平台建设：地市级媒体深度融合的关键点研究[J]．南方传媒研究，2022(6)：47-53.

③ 代羽．新型主流媒体平台化转型研究述评[J]．传媒，2023(17)：26-28，30.

④ 周鹍鹏，赵洁．区块链技术背景下数字音频商业模式变革的逻辑：基于云听、喜马拉雅 FM 和 CastBox 的对比分析[J]．传媒，2022(13)：56-58.

二、媒体平台化的三个阶段

(一)创建"两微一端"媒体矩阵

随着移动互联网的迅猛发展,微博、微信和新闻客户端改变了传媒业的舆论格局,成为沟通对话的新渠道。"两微一端"逐渐成为传统媒体适应移动互联网发展,向新媒体进军实现媒体融合的主要手段。"两微一端"媒体矩阵建设有三重逻辑:第一,政治逻辑。媒体融合不但要解决自身的生存与发展问题,而且还要"防范社会风险,稳定社会秩序,重建社会规范,化解社会矛盾"。第二,技术逻辑。媒介融合依赖技术基础设施,通过技术应用拓展多元化渠道,呈现多样化融媒体产品。第三,实践逻辑。新媒体环境下,信息无处不在,媒介格局、舆论生态和传播方式都发生了深刻变化。但是,"两微一端"是一种寄生式的第三方平台,没有自我发展空间,从而难以形成自主平台。[①]

(二)建设平台型媒体

由于"两微一端"新媒体矩阵的局限性,主流媒体开始打造"平台型媒体"。例如,在客户端中接入各种互联网互动应用,同时留下用户登录痕迹。还有一些省级广电媒体,还将新媒体与有线电视、IPTV、有声广播和互联网电视等相互融合,形成地方入口平台。但平台型媒体仍然是媒体,即使加入游戏、电商、搜索、订阅和直播等互联网应用,其思维方式仍然难以遵循用户思维和互联网思维。另外,很多互联网平台也逐渐开始媒体化。例如,2013 年 9 月,新浪就提出建设"全媒体覆盖型解决方案",要建设"丰富、立体、开放"的媒体平台。这一方案体现了其平台思维理念,即以平台为中介、以技术为依托实现全方位连接,在连接中创造价值,并让内容创作者获益。这一平台思维理念逐渐被复制到头条号、微信订阅号、抖音、快手等第三方平台,从而形成各类信息资讯平台。平台型媒体可以打破传统媒体单一的内容生产和传播逻辑。用户可以向平台型媒体提供大量鲜活内容,平台型媒体也允许用户参与内容发表,从而实现双向赋能。

(三)媒体平台化发展

2020 年 9 月,《关于加快推进媒体深度融合发展的意见》指出,"做大做强网络平台""以开放平台吸引广大用户参与信息生产传播"。自主可控的媒体平台化发展成为

---

① 詹新惠. 新型传播平台与主流媒体平台化之路[J]. 青年记者,2023(7):9-11.

媒体深度融合的发展方向。例如，新华社提出，要形成“自主技术、自主权力、自主内容、自主分发”的媒介生态闭环，达成意识形态主引领、凝聚共识主声道、舆论工作主平台。开放和共享仍然是平台的核心，但是媒体平台化要求主动权、主导权和话语权掌握在媒体自己手中。① 媒体平台化成功的关键是，“自上而下”的科层制指令与“自下而上”的信息传递之间的有效平衡。对于主流媒体而言，可以通过自建媒体平台，实现传播权力的有序流动。例如，湖南广电不但有长视频平台芒果 TV 和电商平台小芒，还自建了短视频风芒平台。②

三、数字经济下媒介组织的平台化路径

媒介组织要根据平台逻辑匹配媒介产品价值和用户需求，从而实现转型升级。媒介组织不仅要在社交平台扩大自身影响力，还要通过移动互联网，建设自主可控的传播平台。

（一）主体层面

主流媒介组织为了扩大影响力，与商业平台合作，将自己生产的优质内容通过第三方渠道传播，但内容生产者品牌被忽略。然而，第三方渠道掌握了传播数据，内容生产者难以形成“生产—传播—反馈—优化”的迭代闭环。出于国家安全和社会治理需要，生产与传播融合是自主可控传播平台的建设目标之一。③ 在媒介平台化过程中，媒介组织要整合媒介、政府、平台和用户等多元主体，通过各利益主体连接交互和资源互补，形成多元主体共同参与的内容生产机制。

（二）内容层面

媒介组织平台化过程中，需要创新媒介内容生产机制，形成“新闻＋政务＋服务＋商务”的内容生产体系，即媒介平台可以提供新闻资讯、政务服务、公共服务和电子商务等内容。例如，从新闻资讯内容生产来看，可以形成以“中央厨房”为枢纽的融媒体内容生产模式，实现新闻资讯生产业务流程再造、多端推送等。另外，各类垂直应用可以入驻媒介平台，满足各类专业化需求。媒介平台可以综合利用 PGC（专业生产内

---

① 詹新惠．新型传播平台与主流媒体平台化之路[J]．青年记者，2023(7)：9-11．

② 岳晓华，武学怡．融媒时代新型主流媒体平台化发展的进路：以湖南广电风芒客户端为例[J]．青年记者，2023(21)：83-85．

③ 蔡雯，汪惠怡．主流媒体平台建设的优势与短板：从三大央媒的平台实践看深化媒体融合[J]．编辑之友，2021(5)：26-31．

容)、UGC(用户生产内容)和AIGC(人工智能生产内容)等,设计内容生产激励机制,鼓励内容生产主体参与和互动。例如,“人民号1000+”计划通过账号成长体系,鼓励用户原创内容,并通过议程设置鼓励用户共同生产。在平台内容把关上,媒介平台要传递主流价值观,并为用户提供全方位的优质信息资源。在平台内容功能上,媒介平台可以从单一的内容提供者转变为公共服务提供平台和电子商务平台,实现平台内容和服务与用户的有效衔接。

(三)分发层面

基于大数据的算法推荐提升了媒介平台内容分发效率。大数据背景下,信息分发方式发生了根本改变。媒介平台利用算法对互联网资源进行大数据挖掘,进而对平台数据予以自动匹配与精准分发。通过优化算法技术,强化个性化智能推荐,“人找信息”开始转变为“信息找人”。算法推荐缩短了媒介产品流通时间,降低了决策成本和交易成本,提高了价值共创效率,也减少了价值损耗。媒介平台还可以利用高精度标签和大数据定量指标算法,对平台价值观和申请者信息进行匹配,同时为不符合平台价值定位的用户提供算法筛选出的相关账号信息,供其参考并调整定位。例如,“人民号”通过优化算法推荐,除了传统的基于时间、地域和兴趣算法外,还有主流价值以及社会责任等权重,确保媒介平台能够提供优质、精准和个性化场景服务。

(四)社交层面

媒介组织平台的典型特征是开放连接,连接后的互动是媒介平台保持生机的关键。媒介平台在设计和搭建底层技术架构时,首先考虑的是连接、互动等社交关系。不管是生产型用户,还是消费型用户,无论用户在平台上是什么角色,都必须纳入平台,并且在平台上实现用户之间的有效连接和互动。[①] 媒介平台在价值创造过程中的连接和互动,都离不开社交体验。媒介用户通过社交体验,进行分享互动,同时完成信息生产。这种信息生产是分布式和协作式的,是碎片化和非持续性的。媒介平台通过社交互动,提升了用户黏性和价值体验。媒介平台聚集的海量用户是平台持续发展的关键。但是,这些海量用户要通过社交场景构建和用户深度参与,实现多元价值共享。如果媒介平台用户缺乏社交互动,则有可能成为“僵尸用户”。媒介用户可以通过参与、连接、互动、分享等行为实现价值传递,并通过点赞、收藏、评论和转发等促进价值传递。[②]

---

① 刘念,李亢.主流媒体平台化建设的现实困境与优化路径[J].青年记者,2021(11):61-62.

② 肖叶飞.价值共创视角下主流媒体平台化:机制、指标与路径[J].中国编辑,2023(8):39-43.

【本章小结】

1.媒介领导体制是指在媒介组织中,为规范领导的活动范围和方式而制定的媒介领导权限及相应组织机构设置的制度体系。媒介领导体制是媒介领导活动的载体,是具有特定含义的媒介管理制度体系,它是媒介内部的权限划分机制和划分安排。

2.媒介组织部门化是指对新闻媒介的工作内容进行分类,依据分类后的工作对人员进行部门划分,使人员和部门相结合,并在此基础上建立明确的任务和职责。一般来说,职能、产品和区域是媒介组织部门化的三个主要基本原则。

3.无边界组织在一定程度上可以被称为网络型组织,核心企业是这个网络的中心,在满足媒介不同项目的要求方面,它与网络中的其他企业紧密合作,组成项目团队。项目团队是围绕工作流程或过程而不是部门职能来建立的,因此在项目完成时,团队即告解散。

【思考与研讨题】

1.媒介领导体制对媒介经营与管理有什么影响?

2.媒介组织结构的基本类型有哪些?

3.请结合实际,分析我国媒介领导体制的变迁。

4.请结合实际,举例分析媒介组织结构的发展趋势。

5.请结合实际,举例说明平台型媒体与媒体平台化。

6.请举例分析数字经济下媒介组织的平台化路径。

第五章　媒介融合时代的用户

【章节大纲】

1.媒介受众的相关知识点；

2.从媒介受众到媒介用户的转向；

3.互联网时代媒介用户的特征；

4.互联网时代媒介用户价值的挖掘。

【章节内容】

本章介绍了媒介受众的概念、特征和需求特征、媒介用户的结构性特征、行为特征和社会文化特征、媒介用户测量及常见误区、媒介用户生产内容的利用策略等。

第一节　媒介受众

受众是具有特定信息需求的群体，既是媒介信息的接收者，也是媒介产品的消费者。受众群体及其各种信息需求构成媒介受众市场。受众是大众媒介组织生存和发展的基础。

在媒介发展的早期，人们普遍认为受众是高度被动的。典型的观点有所谓的“子弹论”或者“皮下注射论”。这些观点认为，媒介的影响立竿见影，一旦它们向受众提供了信息，不管这里的受众是读者、听众还是观众，他们立即就会像被子弹击中，或者像病人被注射了药剂一样，立刻服从于媒介意志。例如，第二次世界大战前的德国，希特勒及其党徒进行了大规模宣传，向女导演莱尼·雷芬斯塔尔提供了几乎无限的资金拍摄了纪录片《意志的胜利》。无所不在的宣传引发了空前的国民狂热，帮助纳粹获得了独裁权力。同样，苏联十月革命的胜利在西方人看来也是宣传的胜利，是媒介对高度被动、完全缺乏抵抗力的受众的胜利。

20世纪二三十年代，“子弹论”等传播强效果理论占据了主流，受众被看作纯粹被动的信息接收者，这在一定程度上反映出当时大众传播媒介在信息传播中占据的绝对优势地位。随着传播学研究的逐步发展和传媒环境的不断变化，尤其是进入信息时代之后，受众已经不再是被动的信息接收者，更多成为信息的提供者和传播活动的积极参与者。受众不再只作为信息传播过程的终端存在，而是在日益复杂的传播链条中扮演着多重角色。

一、媒介受众的概念和特征

受众，英语单词为audience，其词根为audie，最初所代表的意思是倾听。美国学者布茨的《美国受众成长记》一书在为美国受众写史时，便是从戏剧院开始着笔的。古希腊的亚里士多德最先指出，听和看是两种不同的状态：看时，你可以通过将目光转向另一个方向从而看不见该事物；但听则不同，无论你是否愿意，你总会听见。由此，受众一词自诞生起，就被打上了“被”的烙印。人们认为，受众总是处于被动的地位，被动地接收信息，你登我看，你播我听。

根据《中国大百科全书》的定义，受众是指接收信息传播的群众。报纸、图书的读者，广播的听众，电影电视的观众等，都在受众的范畴之内。本书提到的受众，特指大众传播活动中的信息接收者群体，包括报纸、图书的读者，广播的听众，电影电视的观众等。

大众传播活动中所谓的受众是指公众，而从其他不同的研究视角观察，受众也具有不同的外在特征。早期大众社会理论视角下的“受众”是庞大、无序的社会成员群体，这一视角下的受众没有选择性和主动性，是传播活动中完全被动的一极，是极易被信息子弹击中的“靶子”；社会学理论视角下的“受众”是社会群体的成员，在信息接收过程中因为具有不同的社会背景而有选择地接触那些与自己的观点、思想相一致或接近的信息，这一观点已经被美国社会学家拉扎斯菲尔德等人在1940年著名的“伊里调查”中证实。

开始于20世纪40年代，发展于20世纪60至70年代的“使用与满足”理论，强调了受众的选择能力，认为受众通过对媒介的积极作用来满足各自的需要；经济学理论视角下的“受众”是信息产品的消费者，他们作为电视观众、广播听众和报刊读者，在使用媒介产品时支付了自己的金钱或时间，并从中获得了所需要的知识或消遣，媒介组织与受众之间的关系是产品提供者和消费者之间的商品交换关系；政治学理论视角下的“受众”是拥有各种传播权利的权利主体。

哥伦比亚大学的拉扎斯菲尔德及其学生通过调查统计发现,受众会选择性地使用自己喜欢的媒介,选择性地理解媒介上的内容并选择性地记忆,媒介在大部分情况下不能改变受众的观点,只会强化人们已有的观点。

这些研究虽然基本上否定了受众完全受制于媒介的说法,但仍然只能说是一种修正。因为不管怎么说,它们也只是强调了受众具有高度的不自主性,不会轻易被传播支配,却没有提及受众可能也会反过来支配媒介,甚至受众自己也是媒介。①

综上所述,受众是一个具有多重含义的概念,他们是大众传播过程中的信息接收者,广泛地存在于特定的社会结构当中,具有法律所赋予的信息接收与表达的权利,同时也是大众媒介所生产的信息这种特殊商品的消费者。

应该注意的是,虽然媒介经营研究中强调受众作为消费者的特征,但是,受众的其他特征也应该被全面考虑,因为媒介经营活动也处于社会系统之中,受到政治、文化和社会多重因素的影响。

二、媒介受众需求

受众是高度聚集和高度分散的统一。国内外传媒专家在研究当今受众市场变化时,发现了受众媒介接触的两种倾向。

第一种倾向是媒介受众聚集,指大量观众同时关注少数几个节目。尽管受众的年龄、性别、文化程度、兴趣爱好等不尽相同,但都不约而同地被少数几个电影、电视节目、图书或音乐制品所吸引。

第二种倾向是媒介受众分散,指越来越多兴趣爱好相近的人士形成众多相对固定的受众群,一起分享他们共同感兴趣的东西。

对于第一种倾向,原则上是大型媒介努力追求的目标。在媒介高度发达的今天,形成受众的高度聚集对于媒介的综合实力有极高的要求。第二种倾向则反映了越来越多追求个性的受众的收视偏好。在当下,对于大多数媒介来说,牢牢吸引住“分散”的受众群,为他们量身定做特别的内容,是现实而理性的选择。

(一)受众需求的层次与类别

英国学者丹尼斯·麦奎尔认为,受众的行为,在很大程度上由个人的需求和兴趣来加以解释。② 任何人接触媒介,都是基于个人的需要或怀有某种动机的,即主动通

---

① 杨溟.媒介融合导论[M].北京:北京大学出版社,2013:168-169.

② 麦奎尔,温德尔.大众传播模式论[M].祝建华,武伟,译.上海:上海译文出版社,1987:102.

过媒介内容来满足自己的需要，实现自己的目的。在这里，我们可以把受众的信息需要简单地分成三类：一般资讯需要、社会化需要和情绪调节需要。

一般资讯需要是受众最基本的信息需要。在受众的信息需求系统中，资讯需要占据主导地位。人类要生存和发展，就必须获得关于周围环境的信息，比如天气、物价等，并根据这些信息采取行动。当人们所面对的环境极其复杂，几乎不可能靠自身去获得有关环境的全部信息时，大众媒介就成为一个很好的信息提供者。

人在社会化过程中，一是使自己知道社会和他人对自己有哪些期待，二是使自己具备实现这些期待的能力，以便更好地扮演自己的社会角色。家庭、学校和社会组织在人的社会化过程中都起着重要的作用。在现代社会中，人们经常通过电视等大众媒介了解社会和时代的需求，并通过电视学习专业知识，逐渐适应社会的需要。众多调查发现，信息时代的儿童受到媒介的影响最大，他们从电视中初步接触社会的规则、角色关系和道德标准，并在随后的生活中将这些经验运用其中。

情绪调节需要指的是，现代人的生活压力大，大众媒介提供的节目(尤其是一些娱乐、综艺、体育类内容)往往能使受众的情绪得以调节，在宣泄、刺激和兴奋中释放心理压力，从而获得轻松感，比如近些年"娱乐至死"现象的出现。用户在抖音上发布短视频时，往往会通过夸张的表情或姿态予以表达，是对于平日"客我"的一种舍弃，对"自我"的一种表达和发泄。在这一过程中，用户能够从生活的压力中暂时解脱，产生心理愉悦感；同时作为音乐短视频受传者，在使用抖音 App 时，也在一定程度上满足了自我的窥私欲，窥探其他用户在镜头面前的表现或明星在台下的形象，从而得到注意力的转移和心绪上的一种转换。①

除此之外，受众可能由于某些特殊心理的需要而使用媒介，如从媒介内容中寻找生活的结合点，寻找认同感；也可能通过媒介了解信息，从而增加人际交流中的共同语言等。受众使用媒介并不都是被单一需求驱使的，一般以某种动机为主，但也不排除其他动机的存在。

(二)影响受众需求的因素

受众需求是媒介生存的基础。一方面，在媒介市场化、媒介竞争日趋激烈的背景下，媒介所提供的节目、资讯等各种产品在市场价格、供求关系和竞争机制的作用下，接受受众的选择；另一方面，随着信息技术的发展，媒介市场中媒介的种类和数量日益增多，信息多元化、传播渠道过剩的时代已经来临。受众更加主动，选择范围更广。尽

① 吴佳妮. 音乐社交短视频软件何以走红：以抖音 App 为例[J]. 新媒体研究，2017(18)：88-89.

管不能说媒介所提供的节目、资讯等完全取决于受众需求,但受众需求在很大程度上影响媒介供给已是不争的事实。影响受众需求的因素很多,一般包括以下几个方面。

1.受众的经济收入

一般而言,在其他条件不变的情况下,受众的收入与其对媒介产品的需求成正比。这一点可以用马斯洛需求法则解释。

2.受众的受教育程度

受众的受教育程度直接影响了受众的文化水平与知识结构,从而最终决定了受众的消费能力和媒介产品的消费结构。媒介产品本质上是一种知识产品与信息产品,有一定文化水平的受众才能消费,从未接受过教育或教育程度非常低的受众往往很难形成对该产品的需求。例如,报纸、杂志、专业图书等媒介产品的需求明显地受消费者受教育程度的影响;而对电视的需求则不像报纸、杂志、图书等媒介产品那样依附于受众的受教育程度。

3.媒介产品的定价

受众的需求与定价一般成反比,即产品定价越高,受众需求越低。

4.相关媒介产品的价格

相关媒介产品可以分为替代性媒介产品和互补性媒介产品。替代性媒介产品指两种不同的产品在使用价值上可以互相替代来满足人们的某种需要,这样两种产品的关系就是替代性关系。在媒介市场中,平面报纸与网络报纸、纸质图书与电子读物等在消费过程中有时可以相互替代。互补性产品是指两种产品在功能上是相互补充的,缺少了其中一方,另一方的功能也将无法正常发挥,这种相互促进的产品关系被称为互补性关系。在媒介市场中,一些媒介产品,比如纸张与报纸、VCD与光碟等,在消费过程中是相互补充的,因而可以被称为互补品。在互为替代品的媒介产品中,一种产品的价格上升(下降),会引起另一种产品需求量的增加(减少)。在互补产品中,一种产品价格上升(下降),会引起另一种产品的需求减少(上升)。即受众对于相关信息产品的需求,在价格既定的情况下,与替代性产品的价格成正比,与互补性产品的价格成反比。

5.受众的偏好

受众偏好在很大程度上受到受众个体生理和心理的影响,具有明显的个性化特征。如果媒介产品能满足特定受众的特定要求,则他们对该产品的需求越迫切,就越愿为之付出更高的价格。此外，特定的偏好还会导致重复性行为发生。多数情况下，媒介产品能形成稳定的受众群都源于受众的偏好。

6.受众可支配的时间结构

如果受众的工作时间增加，而休闲时间减少，则会减少对休闲商品的需求；如果受众的休闲时间增加，工作时间减少，则会增加对休闲商品的需求。媒介商品的消费是要以消费受众的时间为代价的，因而个人可支配的休闲时间的长短在很大程度上决定了受众对媒介商品的需求量。

今天，社会环境的复杂性使得影响受众需求的因素越来越多，在这样的条件下，要使媒介组织生产出满足所有受众需求的产品并不现实，相反，为了更好地生存，根据自身实力和规模，媒介组织越来越倾向于将产品定位于某一类受众的某一部分需求进行有针对性的生产。①

第二节　从受众到用户的时代转向

随着我国“互联网＋”战略的逐步推进，受众这个词逐渐失去了它的准确性和意义，因为它已经完全没有能力概括网络使用者的一系列变化了。在互联网冲击下，媒介使用者逐渐摆脱了曾经的被动局面，日益拥有了更多的传播自主权。这种主动性体现在由浅入深的过程中：在获得信息时，媒介使用者具有更强的主动性去参与媒介的生产或自身成为媒介。

无论是传统媒介还是新媒介，获取信息是人们使用媒介最直接的目的。互联网颠覆了传统的信息接收模式。例如，报纸需要按日或按周购买；广播和电视的播放模式是线性的，受众只能被动地等待自己喜欢的内容。当前，理论上人们可以按照自己的意愿来决定何时何地收看或收听节目，关键的限制性因素变成了是否可以找到网络终端、连入宽带。而随着网络终端的日益便捷和无线网络宽带的发展，这样的限制性因素越来越不是问题。

传统媒介对受众的时空限制在一定程度上带来了规律的作息时间和更多的社会交流，而新媒体的使用者不受时间和空间的限制，再加上社会进步和商业文明等因素带来的影响，很多作息时间多样化的群体开始陆续出现。传统媒介的时段性特征，特别是电视节目的播出遭遇受众群体生活节奏的无序状态，导致了“媒体消费时间偏差”现象的产

---

① 谢新洲.媒介经营与管理[M].北京：北京大学出版社，2011：120-127.

生，使实现“媒体到达”或发挥“媒体影响”变得十分艰难，传统媒介的受众开始减少。

一、人们在获得信息过程中具有更强的主动性

在新媒体时代，人们具有几近无限的信息来源，相比之下，传统媒介引以为傲的诸如几十个频道、覆盖全国等成果显得黯淡无光。随着超链接、超文本、搜索引擎等技术的发展，人们可以随时随地从无穷无尽的信息海洋中获取自己想要的信息，跨越地理和信息形态的限制，根据自己的需要选择文字、图片、音频、视频以及时段和终端，或者为了节省精力直接定制自己所需要的服务。最终，只有人们真正感兴趣的内容才会被接受，传统媒介再也无法利用渠道垄断来强迫人们去听、去看。太多的选择让主动权易手，信息消费者成了真正的“上帝”。当然，广告和受众的博弈也在新媒体领域延续。

与传统媒介一样，新媒体也遵循二次售卖规则：形形色色的网络内容提供者努力吸引内容消费者的眼球，然后再将这些注意力出售给广告主。诸如旗帜广告、链接式纽扣广告等一度在电脑屏幕上满天飞，甚至一则广告可以“顶天立地”占领整个屏幕。但是在一般情况下，电脑前的人会迅速关掉广告，或者启用广告过滤软件，在忍无可忍的情况下可能会选择抛弃这个网站。信息消费者在面对广告时具备了远超过去的主导权。这一切导致网络广告日益“人性化”，例如，谷歌搜索引擎根据人们搜索的内容，在搜索页面两侧空白处提供具有相关性的广告，这一做法取得了良好的效果，用一句俗话来说就是“不碍眼”。

传统意义上的受众在新时代具有无限多的信息来源，因此难以忠于某一媒介、某一频道、某一主持人，他们的注意力分散在信息海洋中，在吸收到远超过去的信息的同时，时间也被彻底分割并碎片化。他们的媒介接触行为是冲浪式的，迅速到来也迅速退去，随着个人的兴趣变化而转移。他们的信息消费是高度个体化的，时间和空间安排都具有高度的自主性，很难再用一个笼统的“众”字来形容。他们被迅速细化、分化，开始从大众走向“分众”。

二、人们对媒介的参与程度提升

在传统媒体时代，受众对媒介生产的影响相当有限，即使有一些参与，也只能用数量少、形式简单来概括，并且大多数情况下是受媒介邀请而被动参与，常见的参与形式有以下几种：

- 受访，即个别受众以接受媒介采访的形式参与媒介新闻生产；
- 爆料，即当受众遇到新闻事件时，主动告知报社、电台、电视台等；

- 发表观点，即在电视台和广播节目进行时，有时会插播受众来电或短信，让受众表达观点、看法；
- 投稿，即受众可以独立写作评论、散文等向媒介机构投稿，由媒介机构选择；
- 嘉宾，即受众受到广播电视节目组的邀请作为节目的参与者来到现场，按照主持人的意图发表看法、参与节目。

很明显，在这些媒介参与中，媒介机构处于主导地位，受众基本上是被媒介工作者操控的对象。但是，在互联网新媒体时代，一切都发生了改变，人们有了更多、更积极的方式来参与媒介生产。

首先，当人们欣赏完新闻、视频或其他内容时，可以点击相应的“发表观点”链接进行实时评论，表达自己的态度和观点，也可以参与投票或打分。

其次，通过 SNS 社区、论坛、聊天室、新闻组、QQ 群、微信群等服务，人们可以就自己关心的话题进行交流和辩论，形成观点的自由市场，最终形成网络民意。

最后，新媒体提供了更加丰富和便捷的方式，让人们可以直接与媒介工作者进行交流，如娱乐节目《非诚勿扰》，同时提供了官方 BBS、主持人博客、栏目电子邮箱等渠道，大幅度减少了传者和受者之间的沟通障碍。

通过上述各种方式，内容消费者的态度、观点、故事等，能以前所未有的速度和威力传达给生产者，而且也迫使生产者及时反应并对自己的内容生产活动进行调整，不然就会付出声誉下降、用户流失、输给竞争者等代价。可以说，互联网时代的内容生产是生产者和消费者不断互动、共同进行的生产。

三、人们自身成为媒介

给“受众”这个概念以最沉重打击的是这样的事实：每个人都可以成为媒介。这一现象在互联网兴起之后不久就显现出来，在社会化媒体兴盛之后更加明显。

你向一个人发送邮件，这是人际传播；你向所有的同事或同学发送邮件，这是组织传播；当你向 100 万个地址发送邮件，你在进行大众传播，虽然是最不受欢迎的那种，但这时你已经是大众传播媒介了。因此，我们可以很容易地发现，新媒介其实本身就是融合的——它是人际传播、组织传播、大众传播等所有传播层次的融合，是传者和受者身份的融合。例如，李子柒在抖音收获粉丝 6,000 万，在 B 站收获粉丝 1,000 万……李子染们发表的内容既是私人的，又是公共的。他们本身是个人成为媒介的时代的象征。

在今天，你的微博可能有几十、几百，或者成千上万的粉丝，你很可能同时在进行人际、组织和大众传播,发挥着自己作为媒介的影响力。在视频分享网站和网络文学网站上,可能既有你的作品,也有我的作品,也可能我们都欣赏过对方的作品。

麦奎尔指出:“所谓被动的收听者、消费者、接收者或目标对象,这些典型的受众角色将会终止,取而代之的将是下列各种角色中的任何一个:搜寻者(seeker)、咨询者(consultant)、浏览者(browser)、反馈者(respondent)、对话者(interlocutor)、交谈者(conversationalist)。”①这也就是传统的受众概念逐渐消失的原因,“受众”这个词已经无法准确地形容当下发生的一切了。在新旧媒介概念并立、媒介融合的前景还比较模糊时,我们尚可勉强使用“受众”一词,但随着媒介融合的前景变得清晰,这些勉强的理由也无法成立了。于是,受众走了,用户来了。

第三节 用户的特征

从“受众”到“用户”的变化,是人们精神交往方式的必然进化。人们天然地拥有对传播自由的渴望,但是由于技术形态的限制,这样的境界在旧媒介时代是一种幻想,而“用户”这个称呼本身就意味着人们在走向传播自由的道路上前进了一大步。所以,当我们在讨论媒介融合时代用户的特征以及更重要的用户价值实现时,首先需要清楚的是,我们并没有为用户创造任何需求,只是满足了人们早就有的,但由于技术限制而被压抑了的需求。

麦奎尔在《受众分析》中以研究目的和受众观为标准,将受众研究划分为三大传统研究门类,即结构性受众研究、行为性受众研究和社会文化性受众研究。结构性受众研究侧重于受众规模、媒介接触、到达率、流动情况等方面的量化分析,主要用于媒介产业实践;行为性受众研究侧重于改进和强化媒介传播效果,主要将传统理论用于对受众及相关问题的探讨;社会文化性受众研究强调受众具有主观能动性和选择性,受众的媒介使用是对特定社会文化环境的一种反映,也是一种赋予文化产品和文化经验以意义的过程。

在讨论媒介融合时代的用户时,我们可以借鉴同样的分类方法。

一、用户的结构特征

在互联网发展的早期,由于终端设备和网络接入服务的价格高昂,也由于上网本

---

① 麦奎尔.受众分析[M].刘燕南,等译.北京:中国人民大学出版社,2006:158.

身需要一定的专业技术水平，因此最早的一批网络用户都具有非常高的文化水平和较强的经济实力。随后几年，网民的平均文化水平慢慢降低到本科、专科层次。如果说在这一阶段网民还算中国社会的精英群体的话，那么最近几年网民则彻底普通人化，网民数量呈爆炸性增长态势。到了今天，用户数量迅猛扩张的阶段已经基本结束，大量的老人以及文化水平很低的人让网络的渗透率增长变得相当缓慢。

这提示我们，当对比传统媒介的受众和媒介融合时代的用户时，有相当一部分所谓的差异并不是真正的差异，而是在新技术、新观念扩散过程中出现的阶段性现象。以最早的网络社区为例，那里的语言非常“干净”，讨论氛围平和、理性，帖子的内容一般都是深思熟虑后的结果。但随着网民群体的扩大，网络语言日渐粗俗，社区的讨论也日渐肤浅。如果在这两个阶段对网民进行研究，会发现其特征有很大不同。由此可见，过去种种对网络用户特征的研究，在很多情况下是没有意义的。

那么，应该如何描绘当今网络用户的总体结构特征呢？在静态层面上，现在已经告别了量的扩张期，进入了用户渗透不断深入和参与程度不断提升的以“质”为主的时代，其中主导性的变化之一就是媒介融合的发展。当网络用户覆盖了中国社会所有的主流人群，告别了以青少年为主的时代时，它的功能就不再仅局限于网络娱乐应用；当网络提供的功能和服务日益增多，对真实世界进行日益深入的渗透和扩张时，网络就既具有报纸、广播和电视等传统媒介的功能，也具有购物、就餐、通信、工作、征婚等生活服务功能，娱乐应用的使用率自然会在总体上呈现下降趋势。

中国互联网络信息中心（CNNIC）第 53 次《中国互联网络发展状况统计报告》数据显示：截至 2023 年 12 月底，我国网民规模达到了 10.92 亿人，较 2022 年 12 月增长了 2,480 万人。其中，我国手机网民的规模达到了 10.91 亿人，网民中使用手机上网的比例已经达到了 99.9%。我国城镇网民规模达到了 7.66 亿人，占网民整体的70.2%；农村网民规模达 3.26 亿人，占网民整体规模的 29.8%。我国互联网普及率已经达到了 77.5%，较 2022 年 12 月底提升了 1.9 个百分点。其中，我国城镇地区互联网普及率为 83.3%，农村地区互联网普及率为 66.5%。同时，截至 2023 年 12 月，我国非网民规模仍有 3.17 亿人。从地区来看，我国非网民仍以农村地区常住人口为主。从年龄来看，60 岁及以上老年群体是非网民的主要群体。使用技能缺乏、文化程度限制、年龄因素和设备不足是非网民不上网的主要原因。

网民结构中，20—29 岁、30—39 岁和 40—49 岁网民的占比分别为 13.9%、19.2% 和 16.0%，50 岁及以上网民群体比例占 32.5%，互联网进一步向中老年群体渗透。在网民数字素养与技能发展方面，至少熟练掌握一种数字素养与技能的网民占比达到 54.1%，已经达到初级水平。从年龄差异看，20—29 岁网民掌握各项数字素养与技能的比例显著高于整体网民。但网民熟练掌握文本编辑、数据分析、编写程序等中高级数字素养与技能的比例均低于30%。

在互联网应用方面，截至2023年12月底，我国即时通信用户达10.6亿人，占网民整体的97%；搜索引擎用户规模达8.27亿人，占网民整体的75.7%；线上办公用户规模达到5.37亿人，占网民整体的49.2%；网络支付用户规模达9.54亿人，占网民整体的87.3%；我国网络购物用户规模达到9.15亿人，占网民整体的83.8%；我国网上外卖用户规模达到了5.45亿人，占网民整体的49.9%；我国在线旅行预订用户规模达5.09亿人，占网民整体的46.6%；网络视频用户规模为10.67亿人，占网民整体的97.7%。以微短剧为代表的网络视频内容蓬勃发展，实现“量增质升”；我国网络直播用户规模达到8.16亿人，占网民整体的74.7%。其中，电商直播用户规模为5.97亿人，占网民整体的54.7%；我国网络音乐用户规模达7.15亿人，占网民整体的65.4%；我国网络文学用户规模达5.2亿人，占网民整体的47.6%；我国网约车用户规模达5.28亿人，占网民整体48.3%；我国互联网医疗用户规模达到4.14亿人，占网民整体的37.9%；我国在线政务用户规模达9.73亿人，占网民整体规模的89.1%。[①]

二、用户的行为特征

在媒介融合时代用户的诸多行为特征中，最重要的特征是信息传者与受者角色的互相融合，用户的其他特征都是以此为基础衍生出来的。早在互联网刚刚兴起的时候就有学者指出，在互联网时代，人人都是传播者，人人都是记者。随后，诸如人人都是电视台、人人都是广播台等类似言论频繁出现于各种场合。个人主页、个人网上广播台、个人电子杂志等也成为可以用来佐证的具体案例。

在分析用户的行为特征时，用户为什么要发言、怎样发言，即他们单纯地从受者向传者转化的动机和表现也成为有价值的问题。

媒介融合时代，用户使用媒介的行为动机有哪些呢?

(一)娱乐动机

媒介融合时代的用户最重要的动机，仍然是娱乐。1967年，威廉·斯蒂芬森在《大众传播的游戏理论》(也译作《传播的游戏论》)一书中，把传播分为工作性传播和游戏性传播两种。他认为，几乎所有的传播内容都含有游戏和娱乐的成分，即使是最严

① 第53次《中国互联网络发展状况统计报告》[EB/OL].(2024-03-22)[2024-07-18].https://www.cnnic.net.cn/n4/2024/0322/c88-10964.html.

肃的政治演讲和辩论，人们也本能地希望它们含有趣味性的内容。互联网出现后，它与生俱来的开放、匿名、共享的特性，不仅空前提升了信息的传播速度与质量，还降低了传播成本，这就为人们在传播行为中获取乐趣提供了更广阔的空间。网络恶搞就是一个例子，它颠覆传统、标新立异，用一种讽刺、幽默、游戏的视角来看待所谓的传统和经典，互联网世界中呈现出一种全民狂欢的姿态，恶搞的段子、歌曲、视频等随处可见。

（二）自我实现动机

互联网用户还普遍具有自我实现的动机。在互联网玄幻文学界曾经流传过一篇奇文，谈的是如何写一部吸引读者的玄幻小说：你的主角需要在生活中过得一塌糊涂、非常平庸，因为你的读者也非常平庸，然后这个主角经历了奇遇，于是神功盖世或飞黄腾达……为什么要这么写？据说，只有这样写，才能让读者感同身受，获得特殊的自我实现的满足感。当然，严格的心理学意义上的自我实现与之相比更复杂，但无论如何，这都说出了一个事实，那就是自我实现动机的普遍存在和重要性。

（三）情感交流和宣泄动机

在更广泛的意义上，我们也能看到大量的网络社区是以同学、同事等关系为基础来建立的。抛开其中的利益交换、工作协作等动机，情感交流和宣泄也是主要诉求之一。在媒介融合时代，还有一种危害性比较大的情感交流和宣泄方式，那就是网络谣言。可以看到，很多网络谣言是比较极端的，充满攻击性且下流低级，其出现的原因也正是社会压力导致的不良情感宣泄。总的来说，情感交流和宣泄是不可忽视的用户动机之一。

（四）个性化表达动机

实现个性化表达也是用户的主要心理动机之一。他们积极张扬自己的个性和观念，尤其是那些可能不容于主流行为方式的个性和观念，或者是表现自己的人格中不便公开的侧面，这都催生了大量的传播行为。互联网为人们提供了前所未有的自我表达空间，无论多小众的个性和观念都能在其中找到欣赏者或者批判者。

当然，还存在很多其他各种动机，这些动机激发了大量的信息生产和传播行为，推动了传者和受者角色的融合，同时也形成了无尽的市场空间。

三、用户的社会文化特征

从文化的角度来看，用户具有主动性和选择性，他们的媒介使用行为是特定社会文化环境的一种反映,也是赋予文化产品和文化经验以意义的过程。中国的社会文化环境促使用户的行为表现出两方面的特征:一是对新兴潮流的追逐,二是对所谓国际化、高尚生活方式的模仿。这两种特征同时作用于现实生活和虚拟世界。在生活中,人们过圣诞节、喝星巴克、穿白色婚纱、在教堂结婚、买宜家家具……然而,真相是,星巴克在欧美国家的定位是物美价廉的大众社交场所;中国人大部分不是基督徒,去教堂结婚、过圣诞节都不是基于这些文化习俗的本来意思;白色在中国传统文化中是悲哀的颜色;宜家是服务于欧美社会底层的廉价品牌……可以说,追逐潮流、赶时髦的社会文化环境确实对中国的网络用户产生了相当的影响,即使未必是主要影响。因此,如果一种新服务在中国一下子展现出了勃勃生机的态势,领先的服务提供者不能高兴得太早。互联网领域新事物的特点是各领风骚三五年,而中国的社会文化环境在很大程度上放大了这种效应。

媒介融合时代用户的一种主要社会文化特征,就是观展和表演。媒介影像大量进入日常生活,人们直接或间接地成为受众和表演者,内容的生产者与接收者融为一体。人们将自己呈现在他人面前,并想象他人如何看待自己。也就是说,用户主动使用媒介的行为,是为了寻找与建构自我形象。从这个角度来看,当用户在网上写日志、晒照片、传视频时,其实就是一种表演行为。通过这种自我表演,他们将一部分自己呈现在其他网民面前,再通过其他人对自己的评论,来建构自己在他人眼中的形象。如用户积极参与天涯等论坛的讨论,热情地加入豆瓣小组,热衷于更新自己的 QQ 签名和新浪微博状态等,都出于同样的原因。朋友圈也是一个使我们的个性得到更多尊重和张扬的"舞台",迎合了人们表演的欲望,塑造了我们的社会角色。①

四、媒介用户需求的本质特征

与市场需求相比,媒介用户需求更贴近复杂而多元的"人"本身。以移动互联网和社交媒体的兴起为代表的媒介用户消费个人化,正在促成媒介用户消费不断被"人"的逻辑所左右。媒介用户需求的本质特征主要有以下三方面。

(一)媒介用户消费本质上是一种精神消费

媒介用户消费不同于一般的信息消费和文化消费。它是与这些消费类型相交织但更狭窄的一个概念。相同之处在于,媒介消费、文化消费和信息消费等都有满足资讯获得、满足精神需求的功能。有学者将媒介用户需求分为四大类。

---

① 刘砚议. 微信朋友圈中的"印象管理"行为分析[J]. 新闻界,2015(3):58-61,66.

第一类需求：娱乐休闲需求，主要包括音乐、影视、游戏和小说等。

第二类需求：沟通交流需求，主要包括微信、微博、QQ、抖音、邮箱等。

第三类需求：获取信息，主要包括今日头条、搜索引擎、知乎等。

第四类需求：实用服务，主要包括电子商务、生活服务和网络辅助工具等。

本质上说，媒介用户消费是精神消费的一部分，具有精神消费的本质特征。

（二）从大众到细分：媒介用户需求的个体存在差异化

著名的"长尾理论"告诉我们："大规模市场正在转化成数不尽的小市场，而且，这种趋势愈演愈烈。但是，我们大多数人需要的不仅仅是大热门。每一个人的品位都与主流文化有些许不同之处。我们发现更多的其他选择，我们就会更多地被它们吸引。"[①]从"长尾理论"可以观察到，无论多么细小的市场，都有人对此有需求，那么囊括越长的细尾就将越多的市场需求一网打尽。总体来说，长尾的总和甚至会超越头部市场。

著名商业评论家吴晓波在一次演讲中这样解释"小众经济"：未来的商业机会是我们将失去大众品牌，大部分的中小企业所服务的只是一个特定的人群，这个特定的人群会垂直打通。你只要服务这些人，你只要在这个族群中形成你的品牌理念，你就会变成一个非常小而美丽的优秀企业。[②]

美国营销大师菲利普·科特勒在定义"利基"（niche）时说，利基市场就是那些"没有被服务好的、仍有获取利益基础的小市场"。传媒产业里的利基市场就存在于这些被激活、被看见但并未被服务好的媒介用户需求之中。

（三）媒介用户需求的新指向

《乔布斯传》中提到一个有趣的细节：乔布斯从来不做用户调研，他说如果亨利·福特在发明汽车之前去做市场调研，他得到的答案一定是消费者希望得到一辆"更快的马车"，而不是汽车。乔布斯认为，用户不会自己创造新的需求，伟大的产品可以引导甚至创造出新的需求。通过思考"更快的马车"这一说法，消费者的真实需求是"更快"，而不是"马车"，"马车"只是实现"更快"这一需求的交通解决方案。有研究者将现有的媒介产品按这样的本质需求观，划分为如下几个类型：更便宜、更快、更好玩、更多选择。媒介产品延展和创新围绕着此类本质需求而不断展开。媒介用户对于媒介其

---

① 《新周刊》.文青传[M].北京：现代出版社，2016：173.

② 吴晓波震撼演讲：大变局中如何拯救你的资产[EB/OL].（2015-08-20）[2025-02-16].https://world.haiwainet.cn/n/2015/0820/c345796-29079811-2.html.

他深层次需求,需要不断被研究和探索。[①] 例如,针对媒介用户更便宜的需求:拼多多、美团、拼车等;针对媒介用户更快的需求:微信、微博、京东、滴滴、搜索引擎、高德地图等;针对媒介用户更好玩的需求:游戏、抖音、唱吧、自拍等;针对用户更多选择的需求:视频平台、音频平台等。

第四节　互联网时代用户价值的挖掘

媒介用户通过交换注意力获取媒介产品,媒介经营者再将与媒介用户交换所得的注意力交换给投放广告的商家和企业,并从中获取收益。媒介经营者只有获取尽可能多的用户注意力,才能获取更多利润。媒介用户细分的最终目的是吸引更多高质量用户,这就要求媒介经营既要遵循媒介传播规律,同时也要遵循媒介用户消费规律,从而更大限度地挖掘用户价值。为此,进行媒介用户调查和测量就成为必不可少的一步。

一、用户测量

挖掘用户价值的首要任务,就是把握和了解用户。在传统媒介时代,成熟的媒介调查体系已经形成,具体体现为以下三方面。

(一)确立了规范化的评估指标

报纸和杂志的广告收费水平往往是根据发行量来决定的。发行量指的是印刷媒体每期实际发送到读者受众的份数(包括订阅、零售和赠阅的所有份数)。广播电视媒体主要采用视听率等指标。视听率是实际观众或者听众数目与观众或听众人口数量的比值。如果某个特定的电视节目收视率为10,则表示在受调查的人口群体中,有10%的人看过该节目。此外,还有到达率、媒介使用时长、媒介使用率等核心指标的权威性都被普遍承认。

从PC端到移动端,近几年较为流行的统计方法聚焦在“流量”的统计上。“流量”原本是物理学名词,在网络媒体的应用中,具体指一定时间内打开网站地址的人气访问量,或者是指手机移动数据。

---

① 喻国明,丁汉青,支庭荣,等.传媒经济学教程[M].2版.北京:中国人民大学出版社,2019:227-230.

数量意义上的流量统计，主要有浏览量(page view，PV)和访问次数(visit)。浏览量是页面被浏览的次数。用户每一次页面打开即被记为1次浏览量。访问次数是用户在网站上的会话次数。与浏览量不同，访问次数是从访客角度衡量的分析指标。一次会话过程中用户可能浏览多个页面，此时浏览量可能不止1次，而访问次数却为1次。

质量意义上的流量统计，包括唯一访客数(unique visitor)、新访客数、新访客比率、IP数、跳出率、平均访问时长、平均访问页数等。

唯一访客数是一天之内网站的独立访客数，一般以"cookie"为依据，一天内同一用户多次访问网站只算1个独立访客。

新访客数是一天内第一次到访网站的独立访客数。

新访客比率是一天中新访客数占总独立访客数的比例。

IP数是一天之内访问网站的不同独立IP数的总和。其中，同一IP无论访问了几个页面，其独立IP数均为1。

跳出率是只浏览一个页面便离开网站的访问次数占总访问次数的百分比。跳出率是衡量用户黏性的重要指标，它显示了用户对网站的兴趣程度。跳出率越低，说明流量质量越好，用户对网站的内容越感兴趣。

平均访问时长是平均每次访问在网站上的停留时长。平均访问时间越长，说明用户停留在网页上的时间越长。如果用户对网站内容不感兴趣，短时间内便会关闭网页，平均访问时长就短。

平均访问页数，指平均每次访问浏览的页面数量。平均访问页数同样可以说明用户对网站的兴趣。平均访问页数越多，说明用户越希望了解网站更多信息，这对媒介组织传播媒介产品、传递广告信息、形成品牌形象等均有参考价值。

考量流量转化"变现"可以考虑以下指标：

转化次数，是用户主动到达目标页面，或完成网站运营者所期望的转化行为的次数。该指标可以直接反映网站的用户行为期望的实现情况，还可以衡量以用户转化为目标的营销效果。例如，通过网站页面点击广告主提供的广告链接，或者购买网站提供的付费内容产品或服务。

转化率，即访问转化的效率，可以用转化次数与访问次数的比值来表示。该数值越高，说明越多的访次完成了网站运营者希望用户完成的操作，其营销活动效率越高。

移动客户端的统计指标还会从用户角度出发进行考察，统计"新增用户""活跃用户""留存用户""流失用户"和"转化用户"等指标。

随着媒介经营管理的精细化和精准化，用户调研指标会越来越丰富，并更多依靠大数据和人工智能技术。不同的指标适用于不同的媒体，目的就是更清楚地观察消费者对媒介产品的消费情况，以方便媒介组织和广告主进行产品生产和广告决策制定。①

(二)实力雄厚、具有代表性的媒介调查企业

如美国的尼尔森和阿比壮、法国的特恩斯、日本的 Video Research 等，中国虽然起步较晚，但也有了央视索福瑞(现名为中国广视索福瑞媒介研究有限责任公司)等公司。

(三)媒介调查方法成熟

以近年来流行的人员测量仪法为例，调查公司在样本家庭的每台电视机上安装人员测量仪，每个家庭成员在测量仪上都有相对应的按钮，当他们打开电视时，立即按下自己的按钮，测量仪就开始记录他们正在收看的节目，停止收看时，再按一下这个按钮。同时，测量仪还配有客人按钮，记录客人的收视行为。测量仪会把收看电视的所有信息以每分钟为时间段储存下来，再设定时间把数据自动发送到调查公司。

传统媒介的测量方法和指标基本上处于一个二维空间，两个维度分别为传播的"广度"和"深度"。其中，"广度"指媒介在受众群中的影响范围，即到达率、发行量、阅读率等指标；"深度"指受众接触媒介时间的长短，即收看时长、收听时长、阅读时长等指标。② 这些年来，总有人将这一套方法和指标用于用户测量，效果不出意外很糟糕。原因很简单，直接移植、生搬硬套的测量方法显然是不合适的，因为时代已经对用户测量提出了更高的要求。

首先，媒介融合时代信息流动模式的复杂性对用户测量提出了更高的要求。在传统媒介时代，媒介处于蜘蛛网的中心，信息从蜘蛛网中心流向边缘；当今的信息流动模式则高度复杂化、多样化，如在微博中呈现的网状结构，每个人都以自己为中心编织起了相应的信息网，信息传播网络密度和强度的大小则取决于个体的个人关系、努力程度和社会资本。

其次，效果评估的复杂性对用户测量提出了新的要求。传统媒介的受众测量假定信息到达受众即产生效果，缺乏对反馈和互动水平的强烈关注，而今天评判一条新闻效果如何，点击量之外的评论数、转发数和打分值可能更加重要。

---

① 谢新洲. 媒介经营与管理[M].2 版.北京：北京大学出版社，2023：176-180.

② 柯惠新，黄可.从平面化(2D)到立体化(3D)：对新媒体时代受众测量的思考[J].现代传播，2011(10)：103-106.

再次，用户传受身份合一，角色不断转换对用户测量提出了更高要求。例如，一位微博用户一开始以转发和浏览为主，后来由于心情、工作状态转变，变为以原创为主，并且拥有了几十万粉丝。对这种动态变化、传受倾向转换等都需要新的测量思路。

最后，技术进步自身也产生了内生性要求。传统媒介的受众测量往往只能大致了解部分受众的喜好，即使最精准的人员测量仪法也仅仅是抽样调查，但媒介融合时代已经形成了充足的技术改善空间。以智能手机为例，每个用户其实都处于实名状态，网络浏览、收看手机视频等每一项活动都会有后台记录，这就为用户测量和价值挖掘提供了无限可能性。

针对以上问题，用户测量需要做的工作是引入一个新的测量维度——参与度。参与度主要用来衡量信息传播过程中用户的介入程度和互动状况，以弥补过去衡量信息双向传播程度不足的缺憾。传播的广度和深度都是有限的测量维度，而参与度却是无限的测量维度，其可以涵盖态度、行为和心理等一系列指标，这些指标的测量范围没有明确的界限，这样就有了无限扩展的可能性，可以更全面地描述媒介、信息与用户之间的关系，能适应媒介融合时代信息传播类型多、变化快的特点。

例如，对于两档电视节目《非诚勿扰》和《南京零距离》来说，在用传统受众测量方法进行测量的基础上，要继续测量网络中的视频播放率、点评率、打分值以及相应的博客、微博、论坛等各项数值，从而得出综合结论。这是媒介融合时代实现用户测量科学性和精确性的必然要求。不同的电视节目在网络上的观看率、得到的评论、形成的互动等，其实都是生产流程的一部分，是不可逆转的媒介融合进程的体现，综合这些数据得出的效果评估结果才是准确、有效的。因此，“参与”这一维度在媒介融合中的权重还会进一步提升。

需要强调的是，用户测量方法的革新并不是对传统媒介用户测量方法的抛弃，而是扩展。我们仍然不能忽视传统受众测量中广度和深度这两个维度，因为它们是信息传播中最基本的要素，是测量的基础。

总体来说，媒介融合时代媒介研究公司和服务提供商都需要在用户的测量上投入足够的精力。对前者来说，只有深刻理解服务提供商和用户的变化，不断开发和使用更先进的测量工具和手段，才能在媒介融合时代的竞争中脱颖而出；而服务商在生产经营的全过程中，都应尽可能获取准确、全面、及时的用户数据，作为自己的决策依据。①

---

① 杨溟.媒介融合导论[M].北京：北京大学出版社，2013：176-190.

二、用户测量的常见误区

新媒体和媒介融合的发展,为用户测量提供了极其有利的条件,因为即使没有专业调查机构的介入,用户的使用过程也会自然地留下大量数据。内容提供商虽然根据分析结果能提供更好的内容产品,并进一步挖掘用户的经济价值,但一些问题也随之产生。

(一)过度的数据库营销

数据库营销不是一个新概念,比较公认的定义是:数据库营销是企业通过收集和积累消费者信息,经过分析、筛选后有针对性地使用电子邮件、短信、电话、信件等方式进行客户深度挖掘与关系维护的一种营销方式。一般认为,数据库营销效果可测性好,成本低,能够有效增强用户黏性。媒介融合时代的内容提供商为了推广自己的业务,或者为了满足广告客户的需求,都有着强烈的挖掘已有用户的数据、深入进行数据库营销的动力。从企业经营的角度看无可厚非,但营销过度就成了问题。一些内容提供商高频率的数据轰炸行为使用户非常反感。

(二)隐私保护问题

虽然内容提供商在搜集手机号码、电子邮箱等过程中,往往会强调保护用户隐私,但在实际操作中,用户的隐私被侵犯的情况屡见不鲜。以某红酒网站为例,用户在初次购买红酒并留下有效联系方式后,不久就会接到来自其几个竞争对手的推销邮件和电话,营销人员的“锲而不舍”令用户不胜其扰;又如,天涯社区曾发生过所有注册账号密码泄露的事故。这给我们敲响了警钟——经过数据挖掘认真整理出的用户信息一旦泄露,造成的后果不堪设想。例如,2023 年 2 月 12 日,即时通信软件 Telegram 某机器人泄露了中国 45 亿条个人信息,数据主要来自各快递平台及购物网站,包含用户姓名、电话、住址等,数据高达 435GB。①

(三)过度的赢利欲求破坏用户体验

以淘宝为例,为了获取更多赢利,淘宝网基于对用户的数据挖掘提供了大量的收费营销工具,直接后果是卖家的经营成本直线上升,因为卖家如果不采用这些营销工

---

① 林梦雪. 疑似 45 亿条个人信息泄露,电商物流行业数据安全警铃再响[EB/OL].(2023-02-23)[2024-03-20]. https://new.qq.com/rain/a/20230223A05G1H00.

具，生意就几乎没有成交的可能；后使用营销工具的卖家被先使用的卖家绑架，或者更精确地说是相互绑架。而买家对商品的自主选择权日益被产品信息所谓的“定向”和“精准”投放所控制，在用户体验明显变差的同时也对淘宝发展的原始基础构成威胁。

（四）忽视道德和社会影响因素

有这样一个故事：一位网友很好奇地发帖称“百度竟然大做一夜情广告”。他贴出了一张截图——在百度搜索结果中，一则一夜情广告赫然在目。随后这位网友受到其他人的嘲笑，原来百度是根据用户搜索某类词语的频率才推送了相应类型的广告。一夜情广告的出现本质上应该是系统自动运行的结果，但这表明了某种隐藏的危险性。再如，某些内容提供商推出了封闭社群功能，用户可以根据自身兴趣加入各种社群，但其中蕴藏着巨大的道德风险，诸如一些反人类、反社会的主题都可能隐匿其中。

还有其他各种各样的问题，难以一一列举。防止出现这些问题的关键是始终把用户体验放在首位，积极增强用户黏性，避免为了短期的利益冲动而抛弃互联网自诞生时就有的自由、开放和共享的基因。互联网的原始基因是非营利性的，过于直接的利益诉求很难取得好的效果。曾经的博客、今天的微博都没有为这些服务的提供者带来多少具体的赢利。内容恶化的服务提供商如果没有“公益付出”，就会失去对用户的吸引力，其必然会逐步走向消亡，更谈不上营利模式的开发。

三、激励媒介用户生产内容的策略

随着移动互联网和社会化媒体的快速发展，内容生产的门槛逐渐降低，媒介话语权逐渐下移，互联网呈现出所谓“人人皆媒”的社会化传播格局。用户或出于兴趣、好奇，或出于经济回报、效能感提升，抑或出于社交需求、社会规范等考虑，积极主动投入媒体内容生产，用户生产内容大量涌现。用户生产内容（user-generated content，简称UGC），泛指以任何形式在网络上发表的由用户创作的文字、图片、音频、视频等内容，是Web2.0环境下一种新兴的网络信息资源创作与组织模式。[①] 用户生产内容的三个基本特征是：互联网上公开可用的内容，内容具有一定程度的创新性，非专业人员或权威人士创作。

在传统的新闻生产与传播方面，用户越来越广泛且深入地参与其中。例如，用户利用手机等移动终端采集并向媒体组织提供多媒体形式的新闻线索，以留言、评论、接受采访和自制内容等方式针对新闻事件发表言论或分享亲身经历等。

---

① 赵宇翔，范哲，朱庆华．用户生成内容（UGC）概念解析及研究进展[J]．中国图书馆学报，2012(5)：68-81．

除了传统意义上的新闻生产与传播,用户生产内容伴随社会化媒体的快速发展,逐渐深入网络社交、网络政治参与、电子商务、网络娱乐、网络文化、网络公共服务等诸多领域,成为用户网络参与的主要表征和网络内容生态的核心组成部分。特别是在大数据、人工智能技术日新月异的发展态势下,利用用户数据优化媒介经营方式,实现精准传播显得尤为关键且必要,用户生产内容成为媒介组织与用户的连接点。如何激励用户更好地生产内容呢?可以从以下几个方面入手:

(一)做好内容资源建设

服务商需要提供用户所需要的信息,这些内容资源可以是服务商提供的,也可以是用户自己生产的,但都必须具有独特的吸引力。互联网是共享的,正因为如此,独特性成为举足轻重的因素。无论用户怎样来到这里,是通过搜索引擎还是人际网络,要让他们沉淀下来,就必须有独特的吸引他们的内容资源。①

(二)对用户生产内容进行编辑

当前我国部分媒介机构在进行媒介融合时缺乏对内容的编辑,造成大量垃圾内容泛滥、谣言盛行等不良问题,如新浪 NBA 版块评论区长期被球迷的恶意谩骂占领,导致网站损失大量专业性较强的用户。在不损害评论、发表等正当行为自由的前提下,对经典、精华用户生产的内容进行编辑编排,进行有效的筛选和细分归类,能使用户生产内容更加有条理、更符合大众阅读逻辑。以网易为例,其多年来以层出不穷的经典评论而著称,其中一个主要原因是“楼中楼”形式的跟帖评论机制。实质上这一机制正是一种对用户兴趣的聚合,这种聚合离不开编辑对其中一些经典的、有创意的网友评论加以置顶、推动,以及对一些无意义的评论进行删楼操作,“无跟帖,不新闻”已成为网易新闻客户端的推广口号。

(三)激励用户生产高质量内容

要从用户体验出发,努力营造良好的用户内容生产氛围,从而形成“媒体—用户”之间良性的互动机制,既为媒体自身提供内容,又能很好地吸纳用户。例如,对新闻客户端设置美观、易用的评论功能,视频类网站开辟专门的原创内容频道与上传通道,不定期举办专门的用户生产内容线下活动,建立用户激励机制等。在这一点上,起点中文网的激励机制堪称典范,它早在 2004 年就于上海举办了线下的网络文学年会,并于

---

① 杨溟.媒介融合导论[M].北京:北京大学出版社,2013:194-196.

2005年率先推出每月评选优秀作品并给予奖励"月票"的制度。这种做法不仅推动了读者与作者之间的互动，同时还促进了作者间的良性竞争，营造出良好的用户生产内容氛围，收获了不错的传播效果。此外，优酷的广告分享计划和微博的粉丝制度、"大V"制度等都是非常有效的激励机制，通过名利来刺激用户不断更新生产内容。B站、今日头条等多个平台也推出扶植激励计划，从流量、资金等各方面对内容创作进行扶持。

（四）培养用户生产内容的能力

在用户文化兴起的环境下，媒介竞争的赢家必将是坚持联结用户的媒体。但是，用户素质参差不齐，并非每一位用户都能真正生产出高质量的文化内容。只有高质量的用户生产内容才能高效地产生传播效果、达到运营目的，而这离不开媒体本身对用户能力的培养。CNN iReports 就专门开辟了新闻业务培养栏目，为大众传授一些基本甚至进阶的新闻采、写、编、排、拍摄的技巧与信息，并提出"让大众像专业记者一样讲故事"，努力优化用户能力。在国内同样不乏远见之士，对用户上传视频依赖度极高的哔哩哔哩弹幕视频网站也开辟了"教程"版块，教授基本的音视频剪辑方法，并已经形成了"老用户制作教学视频培养新用户"的良性循环。

（五）内容的发布与用户常用平台保持高度一致

移动端的传播是利用用户生产内容的重要领域，移动媒介更可谓是媒介融合的集合体，其影响力越来越大。用户生产内容通过手机等移动媒介展现出极强的即时性、广泛性，并常常在一些突发事件中扮演关键角色。网易新闻客户端可谓其中的佼佼者之一，这一移动资讯类应用内容涵盖新闻、财经、科技、娱乐、体育等多个资讯类别，为用户提供24小时的资讯服务，并建立了跟帖、投票、"上头条"等互动功能。①

【本章小结】

1.受众是一个具有多重含义的概念，他们是大众传播过程中的信息接收者，广泛地存在于特定的社会结构当中，具有法律所赋予的信息接收与表达的权利，同时也是大众媒介所生产的信息这种特殊商品的消费者。

2.传统意义上的受众在新时代具有无限多的信息来源，因此难以忠于某一媒介、某一频道、某一主持人，他们的注意力分散在信息海洋中，在吸收到远超过去的信息的同

---

① 张小强，郭然浩.媒介传播从受众到用户模式的转变与媒介融合[J].科技与出版，2015(7)：123-128.

时,时间也被彻底分割并碎片化。他们的媒介接触行为是冲浪式的,迅速到来也迅速退去,随着个人的兴趣变化而转移。他们的信息消费是高度个体化的,时间和空间安排都具有高度的自主性,很难再用一个笼统的“众”字来形容。他们被迅速细化、分化,开始从大众走向“分众”。

3.数据库营销是企业通过收集和积累消费者信息,经过分析、筛选后有针对性地使用电子邮件、短信、电话、信件等方式进行客户深度挖掘与关系维护的一种营销方式。

4.当我们在讨论媒介融合时代用户的特征以及更重要的用户价值实现时,首先需要清楚的是,我们并没有为用户创造任何需求,只是满足了人们早就有的,但由于技术限制而被压抑了的需求。

【思考与研讨题】

1.请结合实例分析媒介如何从受众走向用户。

2.请举例分析用户测量存在的误区有哪些。

3.请举例说明激励媒介用户生产内容的策略有哪些。

4.请结合实际,举例说明影响受众需求的因素有哪些。

5.请分别举例分析受众和用户的特征有什么不同。

6.请举例说明,媒介融合时代,用户使用媒介的行为动机有哪些。

7.请举例说明,媒介用户需求的本质特征有哪些。

第六章　媒介融合时代的信息产品生产

【章节大纲】

1.传统媒体产品生产；

2.媒介融合时代的信息产品生产；

3.媒介融合下的采编流程再造；

4.媒介融合下媒介信息产品生产的基本流程；

5.人工智能时代的媒介产品生产。

【章节内容】

本章介绍了媒介产品及媒介产品类型、传统媒介产品生产者及其构成、媒介产品生产的一般流程、媒介融合时代信息产品生产的特点、新闻采集方式的变革等。

第一节　传统媒体产品生产

一、媒介产品及其类型

（一）媒介产品

媒介产品的生产是指媒介组织运用自身的资源优势，向市场提供能够满足消费者需要的媒介产品，以实现媒介的社会功能和经济功能的过程。媒介产品的生产是媒介经营与管理首要的基本环节。对于媒介的直接消费者来说，媒介产品是其接触媒介的直接动因。媒介组织要吸引受众，就必须精心打造能够满足受众需求的媒介产品。

媒介产品是由媒介组织生产的以满足人们的精神需求为主要目的的信息产品的总称。媒介生产就是媒介组织的产品生产，是以信息为主要形式的精神产品的生产，是媒介经营活动的基础。完整意义上的媒介产品包括两个层面：一是物质载体，如报纸媒介的纸张，电子媒介的胶片、磁带、光盘等；二是内容，即由信息符号(文字、声音、图像等)组合而成，构成一定意义的文本。虽然媒介产品的基本内容是信息，但信息本身并不具有商品的特性。当媒介组织对信息进行收集、选择、整理、处理，并将其复制到报纸、磁带、光盘上，以文字、声音、图像等形式向大众出售时，信息就成了商品。

媒介产品的内容，即文本，是媒介产品的核心，它是通过媒介劳动者对信息的采集、整理、加工、编辑形成的具有一定完整意义的信息或知识产品。消费者使用媒介的主要目的是获取媒介内容。虽然媒介产品也依托一定的物质形式存在，但其主要功能要通过内容实现，因此，媒介产品一般属于精神产品。

(二)媒介产品的类型

1.按媒介的不同形态划分

根据所属媒介的不同形态，我们可以将媒介产品划分为报业产品、广播电视产品、期刊图书产品、电影产品、网络产品等类型。其中，报业产品和期刊图书产品也被称为平面媒介产品，广播电视产品、电影产品、网络产品等与电子通信技术相联系的媒介产品也被称为电子媒介产品。根据媒介形态对不同媒介产品进行区分是人们最常采用的媒介产品分类方式。这种方式不仅简单、直观，也能够在一定程度上体现出不同媒介产品之间在专业性上的区别，如电视对新闻的表现方式与报纸就有很大不同，而报纸与期刊的采写和编辑方式也有很大差异。从报纸、无线电报、广播、电视、互联网到元宇宙，传播媒介形态的变迁催生出各种不同形态的媒介产品。①

2.按媒介内容的不同特性划分

根据媒介内容的特性，媒介产品可以分为新闻产品、观点产品、知识产品和娱乐产品等，这样的划分体现出不同性质的媒介产品所承担的社会功能不同。其中，新闻产品告诉我们世界新近发生的大事，帮助人们对其所生存的社会环境进行监督和观测；观点产品则通过对各种社会问题的评论来促进不同社会成员之间的相互了解和沟通；知识产品是进行文化传承的主要工具，人们通过这样的产品增进对自然界以及人类社会各方面的认知与理解，实现自身素质的提升；娱乐产品则可以为人们提供放松、消遣的材料，帮助人们实现心绪的转换。

对于大众媒介来说，以上这些不同类型的产品经常是打包在一起生产的。例如，

---

① 王馨甜. 多维的“我们”：媒介形态变迁中共同体想象的建构与发展[J]. 全媒体探索，2023(8)：132-134.

在综合性的日报、电视台、广播电台、互联网站中，不同类型的媒介内容往往是以特定的方式和结构组成一个整体，受众可以根据自己的兴趣对其进行有选择性的接触，如有的读者从来不看报纸中的新闻版面，而只阅读娱乐内容。

3.按媒介内容的不同层次进行划分

根据媒介消费群体的知识层次不同，可将媒介产品分为大众产品和精英产品。前者是以普通受众为消费对象的媒介产品，如都市类报纸、通俗类期刊、反映百姓生活的电视剧、生活服务类的广播节目等；后者是以有较高知识水平或专业知识的受众为消费对象的媒介产品，如一些理论性和专业性较强的文学批评类期刊、计算机专业期刊以及一些专业学术型杂志等。

媒介产品的分类方式有很多，不同的分类形式在本质上只是方便研究者从不同角度对媒介产品进行考察。由于受众的个人兴趣、消费偏好不同，所以虽然存在着媒介产品消费的类别差异，如老年人更爱听广播，年轻人更喜欢上网，知识层次较高的人喜欢阅读报纸杂志，文化层次较低的人喜欢看电视剧等，但实际上，受众对媒介产品的消费往往是混合消费，即可能同时关注多种媒体形式，消费多种媒体信息。

随着媒介产品定位从泛到专、从大众到小众的不断变化，媒体产品分类也越来越细化。如今，期刊市场中有专门面对都市白领的时尚类杂志、面向学生群体的学习辅导类杂志；电视节目中分化出了保健类、美食类、谈话类等各种新的节目类型；广播电台出现了生活服务类节目、消费资讯类节目、健康保健类节目、心理咨询类节目等越来越清晰的节目类型区分；报纸也逐渐分化为新闻类、财经类、文摘类、娱乐类、体育类等版块或类型。这些媒介产品的类型化方便了受众的选择，也推动着媒介产品生产进一步向集约化发展。

二、传统媒介产品生产者及其构成

媒介产品生产者是一个综合性概念，我们可以从不同的角度去界定媒介产品的生产者。如果从媒介产业构成来区分，它包括印刷媒介产品生产者、广播电视媒介产品生产者和其他媒介产品生产者等。

印刷媒介产品生产者主要包括出版社、报社和杂志社，还包括在媒介组织集团化趋势下出现的各类报业集团、出版集团和印刷集团等。如果从一个完整的媒介产品（进入市场的媒介产品）生产过程的角度来分析，印刷媒介产品的生产者包括记者、编辑、排版者、印刷者和发行者（印刷媒介产品生产中的某些环节，比如报纸发行包装等是由发行者完成的）。

广播电视媒介产品生产者包括广播节目制作者、电视节目制作者和互联网产品生产者。

广播节目的制作(生产)者大致可以分为三种,即播音录制者(包括编辑、导演、播音员、录音师等)、录音剪辑者、录音合成者。从广播节目完整的生产流程理论来分析,每一个环节都应该由专业的劳动者独立完成,但在广播节目的实际生产过程中,这些生产环节常常是由记者、编辑独立完成的,这种做法既可以节省人力,又能保证广播节目的质量。

电视节目的制作(生产)者可以从两个方面去把握,即电视台独立制播的电视节目和从市场上购买的电视节目。随着电视产业改革的深入发展,特别是实现广播电视产业转制以后,电视台只有节目的播出权和电视新闻节目的制作(生产)权,其他电视节目的制作(生产)将逐步走向市场,由独立的电视节目制作(生产)公司完成商品性电视节目的制作。这样,所谓电视节目的制作(生产)者可以被分为两类:一类是电视新闻节目制作(生产)者,主要由编辑、记者、导演、摄像师、录音师、灯光师以及其他辅助人员等组成;另一类是商品性电视节目制作(生产)者,主要是由策划人、撰稿人、导演、编辑、摄像师、音乐师、场景设计师、灯光师、道具建造者以及其他辅助人员组成。

互联网媒介产品基本上都是商品,再加上网络媒介是集网络、报刊、影视、卡通等于一身的电子媒介,是计算机技术、信息技术和通信技术相融合的产物。因此,互联网媒介产品生产者是一个相当复杂的群体,它要求其生产既具有网络媒介产品生产者的特征,也要具有传统媒介产品生产者的特征,这需要互联网媒介产品生产者提高自己的管理水平。[①]

作为一种融合了多种媒介形态的新兴媒体,以手机为代表的移动媒体正在成为当今信息时代人们日常生活中不可或缺的信息处理和传播工具。各通信营业商在通信业务之外,纷纷利用庞大的终端网络用户群(如手机用户)大举进军移动媒体业务,将渠道消费和内容消费有机结合,“移动信息时代”新的媒介经营框架日渐清晰起来。移动媒介产品的主要生产者是各大通信运营商以及与其合作的内容供应商。内容供应商提供信息咨询,通信运营商提供移动渠道并负责客户端的维护和管理,这是移动媒介产品运营过程中最常采取的模式。在媒介产品产业链上,各运营商各司其职、相互合作,不仅有利于开创新媒体时代的“多赢”局面,也推动着媒介产品形式的不断丰富。

① 周鸿铎.传媒经济学教程[M].北京:中国书籍出版社,2011:370-371.

三、媒介产品生产的一般流程

媒介产品生产这一过程是构成媒介产品生产的各要素依据特定的顺序关系组合而成的较为固定的模式，也称为“流程”。媒介产品生产要素包括劳动者、劳动资料和劳动对象。劳动者是指媒介生产过程各环节的从业者，包括采访、编辑、播出、评论人员等，也包括各类管理人员；劳动资料包括在各类媒介产品制作过程中所需要的资本、机器设备以及其他物质条件，如录音、录像、计算机信息处理设备等；劳动对象则是指媒介可以获得的用来制作媒介产品的一切原始信息材料。具体来看，媒介产品的生产要素主要包括信息资源、信息采集者、信息处理者、信息实体生产与传输设备、信息传输者等。媒介产品生产实际就是各生产要素结合的过程。媒介产品生产流程可以划分为以下几个主要环节：

（一）信息资源采集

媒介信息资源的采集是指媒介产品采集者从媒介信息资源所有者那里获取信息材料的过程。例如，记者深入社会生活，通过自身观察将有新闻价值的事件挖掘出来作为撰写新闻报道的基本材料，就是一个媒介信息资源的采集过程。随着受众对媒介产品生产参与度的不断提高，越来越多的媒介组织开始利用受众主动提供的材料进行媒介产品生产。例如，读者向报社提供新闻线索，或者将自己的经历提供给电台、电视台作为节目制作的素材等，这些都为媒介信息资源的采集提供了很大的便利，也直接影响了媒介产品内容的性质与风格。

（二）信息处理

在完成信息采集以后就进入了加工制作环节，媒介组织内编辑所做的工作大多属于这一环节，他们将记者采集的信息进行编排、增删等处理，形成媒介产品的基本内容。“内容为王”是媒介市场亘古不变的通则，而信息处理环节在很大程度上直接决定着媒介产品内容质量的优劣，因此在整个媒介产品生产流程中占有举足轻重的地位。在传统媒体向新媒体转型的过程中，高效快捷的“中央厨房”信息处理机制应运而生。该机制采用工业化、标准化与集约化的生产与分发模式，构建了能够满足多种介质特征的全媒体信息处理平台。[①]

---

① 王莹. 从“中央厨房”看媒体深度融合[J]. 新媒体研究，2017(13)：95-96.

(三)信息产品实体的生产与制作

经过信息处理之后,媒介产品生产就进入实体生产阶段,也就是将文字材料以报纸、期刊等形式进行印刷、出版,或将声音影像资料压制成磁带、光盘等产品形态的过程。需要注意的是,由于媒介产品本质上是一种精神产品,所以并非所有的媒介产品都有实物载体,并不是所有的媒介产品的生产流程都包括实体生产和制作这一环节。特别是随着数字化技术的不断发展,网络媒介、移动媒介产品更多以一种虚拟化的形态出现,产品实体生产和制作环节在这些新媒介产品形态的生产过程中与前后其他生产环节间的界限正变得越来越模糊。

(四)信息传输

媒介的信息传输者虽然不直接参与媒介产品的生产,但是他们的劳动对于整体上媒介信息产品的生成同样发挥着至关重要的作用——如果不能将媒介信息产品有效地传递到消费者手中,媒介信息产品就无法实现其价值和意义。报纸的发行、广播电视信号的发射和接收、网站信息的发布等都属于媒介产品的信息传输过程,媒介产品只有经过发行、播出等环节进入受众消费领域,才算是真正完成了整个媒介产品生产的全部过程。

以上各生产环节还可以细分为更多子环节,而媒介产品生产就是各层次、各工种、各工序的执行人员各司其职、通力合作的过程。从这个角度来看,媒介经营与管理的实质就是媒介组织者通过对生产工序的合理划分、人员的有效配置、资源的合理运用,在预定的生产周期内,以最低的成本支出生产出符合市场需要的媒介产品的活动。[①]

第二节 媒介融合时代的信息产品生产

一、信息生产主体角色的变化

在大众媒介垄断新闻传播的传统时代,为新闻媒介提供信息的主要是政府机构、社会团体和企业组织,承担采集与发布新闻信息这一任务的主要是专业传播机构的工作人员,包括记者、编辑等职业新闻工作者及作为“准新闻工作者”的新闻通讯员。媒

① 谢新洲.媒介经营与管理[M].北京:北京大学出版社,2011:63-64.

体的产品生产是单边的，也就是说，它仅仅依赖于媒体的力量。但在媒介融合时代，新闻信源结构与新闻传播主体发生变化，信息的生产者更加多元化。手机媒体、网络媒体等新媒体的出现，使普通公民获得了前所未有的参与新闻传播的能力，他们借助手机、博客、微博、微信、QQ 等平台，发布新闻、表达观点。无论是专业传播机构的工作人员，还是"业余"的用户，都能在融合媒介上发布信息或展现自己制作的内容，这些都开创了媒体产品生产的"双边"时代。在媒介融合时代，媒体面对的不再是传统意义上仅仅具有选择或不选择权利的受众，而是全新的、具有强烈参与感和积极发言权的"用户"。

媒介融合，尤其在网络媒体的冲击下，"传—受"关系变为"传—传"关系。受众潜藏的传播能力，被自由、共享、无边界的互联网最大限度地激发出来。传播对象从被动的"受众"转变为积极的"用户"和信息发布者。受众成为信息生产的主体表现在以下几个方面：

（一）通过即时反馈，与传播者、其他受众互动

新的媒介技术使传播者和受众的身份不再固定或界限分明，传播和接收信息几乎可以同时完成，每个人都是传者，每个人也都是受众。同时，在媒介融合背景下，受众所享有的媒介权利之一就是对信息的评论，他们通过评论表达对信息的不同理解。在传统媒介领域，受众对媒介所发布的信息无论是赞同还是反对，大多是不可见的，即使有反馈也要经过一定的时滞才能反映出来，处于明显的弱势地位。而在互联网时代，我们时常可以看到用户对媒体信息的质疑、否定乃至抨击。例如，2012 年发生在湖南永州的"上访妈妈被劳教"事件，在媒体及相关机构发布信息后，网友们的评论不仅表达了自己的意见，也引发了其他接收信息者新的思考，同时也促进了媒体及相关机构对事件的态度转变。也就是说，受众不再是纯粹意义上的信息接收者，他们能动地接收信息，同时传播自己的意见。

（二）通过"自媒体"发布信息

当前，媒体的传播正进入一个"自媒体"时代，任何草根平民都可以通过个人空间、微博、微信、朋友圈等平台书写日志，上传照片、音视频等。

微博是新兴的个人平台，通过 140 字即时分享、记录生活中的所见、所闻、所感。如果觉得有必要，用户可以把那些属于自己的个人化信息集中起来，编辑个人的电视频道。手机、互联网、互动电视等融合媒介不仅为公众提供了自主选择所需信息的数字化平台，更提供了一个让受众参与信息传播的公共平台。在以新的传播技术为核心的媒体中，媒体不再是垄断的产物，而是人人都可使用的手段。这些传播手段具有的

即时性、互动性、连通性等特征,不但可以使一则信息瞬间实现全球发布,而且还可以使某种民意瞬间广为人知。小红书于2013年6月成立,成立初期主要是进行海外购物经验的分享,以此消除了消费者与海外商家之间的信息差异,吸引了大批年轻人的关注,为年轻人海外购物提供了便利。后期由于口碑的积累,用户数量大量上升。截至2022年末,其月活用户超2亿。这便营造出了更多个性化的内容分享。人们可以通过文字、图片、视频笔记的分享,记录当代年轻人的美好生活。[①]

(三)通过主动提供意见影响内容的制作者

受众可以向内容制作者提供意见,让制作者按照自己的建议进行内容制作。受众的意见即使在传统媒体时代也是受到极大重视的,但从未像今天这样直接、效果如此显著。例如,在IPTV的传播中,IPTV不但能够让用户在观看节目时有更多自主的权利,而且还能让用户决定节目的内容。比如在一部电视剧中,用户看了前面的节目,如果对剧情的发展、人物的命运有自己的预期,那么,他们便可以将自己的观点告诉节目的制作者,制作者再根据用户的意见调整后期节目的制作。制作者也可以推出多种情节,让用户自己选择剧情,甚至让用户对节目进行二次编辑和加工。

(四)受众可以主动设置议题,发表对公共事务的意见

大众传播中的"沉默的螺旋"理论说明,媒介揭示或强调的即使是少数人持有的或不公正的意见,也会被人们当作"多数意见"来认知,结果就形成了"沉默的螺旋"。而互联网新媒体则打破了这一传播定律。它在网络上建立起公共交流平台,使各种意见都有表达的机会和场所。信息的全球化传播,使网民参与各种议题的空间大大拓展,网民除了可以参与对议题的讨论外,还可以主动设置议题,发表对公共事务的意见。除了公共议题外,网民还可以讨论具有贴近性、反常性或趣味性的议题,丰富和扩大了议题范围。

二、媒介从业人员角色的变化

传统媒体进入新媒体产业后,赫然发现原本封闭的内容生产、发行链条中多了新的合作者——内容集成商、网络运营商、增值服务提供商等,新媒体时代可以扮演传播者角色的机构和组织大大多于传统媒体时代。媒体的相互融合带来资源配置与内容的重整。当传统媒体实现数字化,变为多媒体集团中的一分子,并且这一集团又是以

① 常皓然.新媒体时代下小红书营销策略分析[J].商场现代化,2023(16):65-67.

媒介互动与融合为运行规则时，传播者显然已经不再是过去人们熟悉的“把关人”了。

（一）从单纯的“新闻编制者”转向全方位的“服务提供者”

在媒介融合背景下，媒介产业已经进入以终端为掌控、以数字化为平台、以提供个性化服务为目标的阶段。需要注意的是，要实现“提供个性化服务”的目标，就必须建设媒体自己的客户数据库。这个客户数据不是邮寄地址，而是对客户的描绘，如身份、爱好、消费习惯等。传统媒体很少能够拿出自己的客户数据库，但对于网络、手机、互动电视等新媒体来说，客户数据库的建设已经比较成熟了。比如，一个网站拿出某一注册用户检索信息的数据，软件就可以分析出该用户经常搜索哪一类关键词、经常关注哪一类信息、对哪一类行业甚至是哪一类产品感兴趣。有了对客户需求的深度分析，就可以有针对性地提供服务，这是媒介融合时代媒介从业人员面临的一大转变。

（二）从“新闻把关人”转向“新闻解析者”

在媒介融合时代，新闻编辑需要更多地承担对新闻进行解释和评析的任务，而不是简单地决定报什么、不报什么。技术的发展促使新闻传播方式正在从传统媒介主导的单向式转变为专业媒介机构与普通公民共同参与的分享式、互动式，大众传播与人际传播更加紧密地结合与汇流。新闻编辑的任务就是根据受众千差万别的需要，提供相对应的内容产品和信息服务。编辑要知道受众需要什么，并且知道如何从多媒体数据库中提取原始新闻素材和资料，把它们加工成“适销对路”的新闻产品，并通过最恰当的渠道发布到受众那里。在这个新闻生产过程中，记者只是原始新闻素材的采集者，编辑要负责对最终产品进行设计、加工和制作。从这个意义上说，编辑工作的重点已经从对新闻能不能发和怎样发的“把关”转向了对新闻、信息和知识等多层面内容进行嫁接和整合的“解析”。

（三）从“信息制作者”转向“社区主持人”和“推销员”

以数字化为基础的媒介融合拓展了内容传输的渠道，媒介的内容传输能力空前增强，因而对内容的海量需求成为媒介融合时代的重要特征之一。市场细分加剧，新节目形态被不断开发以满足各细分市场的多元需求。媒介融合领域又新增了网络、手机以及个人数字助理等平台。从家庭到办公场所，甚至移动状态，媒介渗透于人们生活中的所有时间和空间，受众从来没有面对过如此多的媒介选择。对受众而言，面对数量惊人、令人眼花缭乱的媒介，要想做出自己的选择也着实需要费一番精力。

在新媒介不断涌现后，新闻信源也随之发生了结构性变化，来自普通民众的新闻和言论在新闻传播中占据的比重越来越大。在这场变革中,专业新闻媒体如果不能把自己改造成公众交流的平台,就将失去受众、失去市场。因此,新闻从业者必须从幕后走到台前,成为社会公众的对话者和新闻论坛的主持人,并将公众意见纳入新闻传播内容的范畴。与此同时,商家必须找到一种能够吸引人的全新方式,把受众拉回到屏幕前——不管这个屏幕是数字或模拟的电子设备,还是个人电脑或者个人数字助理。① 这也意味着传播者必须越来越多地担负起"推销员"的职责。

三、媒介融合时代信息内容生产的特点

新闻在本质上是一种信息,提供信息是新闻媒介的首要功能。在媒介融合时代,媒介的首要功能仍然是为受众提供信息,消除受众对信息的不确定性。只不过在媒介融合时代,以互联网为代表的数字化技术领域的技术均等原则正不断削弱报纸、广播、电视等传统媒体原有的技术、资金等优势。新兴的融合媒体崛起,主要表现是信息呈现方式的"全媒体化"。

(一)内容传播的交互性

在传统媒体时代,传播者与受众的角色泾渭分明。传播者通常指媒体的记者、编辑、评论员、播音员、主持人等从业人员,传播什么信息、什么时间传播、以何种方式传播,都由他们决定,而受众作为知识信息的接收者,处于传播活动的末端。在媒介融合时代,受众不仅是信息资源的消费者,也是信息资源的生产者和提供者。互动性成为融合媒介最重要的特征之一。这种互动,一方面表现为人与机器的互动,电脑以日益人性化的界面和交流方式实现了与使用者的互动;另一方面表现为人与人的互动,用户可以与其他用户进行实时交流。例如,任何一台上网的电脑或手机,既是接收工具又是传播工具,受众既是接收者也是传播者。新媒体信息的传受两端都是媒介人,也就是说,受众已经变成了用户。

(二)形式上的全媒体性

传统纸质媒体经历了以文为主、图文并重直至读图时代的变化,但仍未突破文字和图片这两种信息传播形式。传统的报纸是一种以文字、图像来承载信息的平面印刷媒介;传统的广播和电视是以时间为轴线、通过无线电波来传送声音或图像的线性电子媒介;而以网络媒体、手机媒体和互动电视为代表的融合媒体几乎是一种"全媒体",

---

① 伊斯曼,等.媒介 COO:广播、电视、网络运营实务:第 4 版[M].李德刚,何玉,译.北京:华夏出版社,2004:2.

这种全媒体特征主要表现为两点：一是整合了文字、图片、视频、音频等多媒体信息，集文字、图片、音频、视频于一体，即同一则信息用全媒体的方式表达；二是不受时空限制，以超链接、内容聚合等手段整合信息交互传播的功能。

(三)内容发布的跨平台性

内容形式的全媒体性与内容发布的跨平台性是联系在一起的。当前，跨平台传播的情况主要有三种：其一是同一内容分别在不同的终端上发布。例如，同一个电视节目(体育赛事直播、大型晚会等)可以在传统电视、网络电视、手机电视上播出。在媒介融合初期内容尚不丰富的情况下，这种现象是比较多见的。多终端的同步播出，扩大了受众的收视规模，也使受众在收视地点和收视条件上更加自由。其二是内容制作商根据不同平台的特点对内容进行一定程度的改造、包装和对象化营销，使之以不同版本的形式在多个平台上播出。例如，将传统的电视剧改造成系列剧，投放到手机平台并以每个单元3—5分钟的形式播出。其三是在内容策划和制作的过程中充分运用多媒体联动的方法，从而实现节目的跨平台传播。内容从开始策划的那一刻起，就以多个媒体平台为载体。这些平台相互依托并彼此强化，不同媒体上的内容结合在一起构成一个完整的故事。

(四)内容生产的针对性

传统媒体时代是“大众媒体时代”，媒介把相同或类似的信息，无差别地传达给最大范围的受众，而少部分受众的个性化需求因不能产生信息生产的规模效益而被媒介有意或无意地忽视。进入媒介融合时代，伴随着新闻媒体争夺受众的竞争日趋激烈以及媒介资源的增多，受众的选择余地大大增加，“传者本位”开始让位于“受众本位”，受众不再是相互之间没有差别的整体，而会因文化传统、教育背景、经济地位、社会声望、宗教信仰等的不同而产生不同的信息需求。受众本位理念进一步推动了受众市场的细分，在此背景下，新闻媒体必须针对客户数据库进行有针对性的信息生产，制作不同的新闻信息产品。

(五)内容的个性化

媒介融合使信息生产迎来了个性化时代。媒介融合带来了多样化渠道，同时也意味着海量内容的传播成为可能。在这样的时代，同质化意味着被淹没，创新和个性成为信息存在的理由。多样化的平台、多样化的受众需要多样化的内容，信息内容的创新性和个性是受众接收信息的依据。因此，在媒介融合时代，要突出新闻报道的个性化特征。个性化特征主要指新闻作品所具有的独特风格和独特视角,这种独特性是借鉴多种艺术表现手法、融合多种文体表达方式的结果。

(六)内容生产的精益化

相对于传统媒体,新媒体更有可能实施精益化生产,这是因为载体形态的不同带来了生产方式的变革。最核心的差别是,对于生产一般性产品从而追求规模的传统媒体来说,即使有革新性的生产技术,它们想得更多的也是如何让技术支持系统以适应现有的组织运行和人员结构。而要把这种粗放式的生产模式放到个性化产品生产上则会拖垮新媒体公司,所以要让人员结构和组织运行反过来适配技术支持系统。因此,新媒体的精益生产基础是技术支持系统,根据系统结构的调整来规范人员组织、运行方式和市场供求等,使生产过程中一切无用、多余的东西被精简。①

第三节　媒介融合下的采编流程再造

媒介融合改变了新闻采写和编辑的运作环境,客观上要求传统模式转型。传统单一的媒介内容的制作、生产和传播将走向多个媒体互动、整合甚至融合。在采编流程方面,不能继续沿用以前单一报纸、单一媒介种类的方法,而应从总体上进行科学、统一的流程管理,让信息得到最大化利用,降低成本,提升效能。

一、新闻采集方式变革

在媒介融合时代,集团运作的复杂程度要超过任何单个媒体,对于记者素质与能力的要求也更高。跨媒体、全能型记者的出现是适应趋势的必然选择。有报道称,美国军队的发展趋势是强化一线单兵作战平台,尽量为单兵设计完备的武器系统、信息交换系统、生存防护系统,一个士兵就相当于一个作战平台。② 在某种程度上,一个全媒体记者就类似于单兵作战平台,能写、能拍、能摄,前往现场时不仅要带上采访本和笔,还要有照相机、摄像机、闪光灯等。当面对新闻线索或题材时,能够快速做出判断和选择,规划出用多媒体手段进行报道的方案,并迅速找到自己的位置,快速完成动态信息的采集与发布。例如,2015 年 8 月 12 日,天津市滨海新区天津港某公司危险品

① 杨溟.媒介融合导论[M].北京:北京大学出版社,2013:131-148.

② 瞿刚.写在全媒体报道实验边上[J].中国记者,2010(11):45-46.

仓库发生燃爆事故。记者当时运用无人机快速进行新闻信息采集，从而拓展了记者采集的空间维度。

二、编辑部角色变化

媒介融合编辑部在内容制作环节主要发挥两大职能：一是确保资源的共享与合理调度。媒介融合编辑部可以合理调度集团内部的设备资源与信息资源，降低生产成本，通过日常性的互动，报纸、电视、网络等媒体的记者和编辑可以分享彼此的新闻线索、思想及创意。二是发挥组织策划职能，实现信息的层级开发与差异化表达，这是媒介融合编辑部的核心职能。在这个环节上，融合编辑部需要对一个新闻主题进行全方位、多层次、多侧面的离析与整合，形成不同定位、不同个性、不同特色的新闻信息产品，满足不同读者群体的需求，从而产生多种效益的叠加，使单次信息采集能以最低成本获取最大效益。[①]

三、立足现实的采编流程优化

（一）立足现实的采编管理优化

明晰每种媒体在传播链中应有的位置，并将现状与理想进行对比，分析当前缺少什么，而哪些又发展过剩；媒介资源的地域分布是否合理，有无重复建设等。

（二）对采编版块、服务版块进行适度整合

分析哪些是个性化的、不能被其他组织所替代的（定位、表现风格和文化等），哪些是延伸性的（信息采集、新闻元素集成、服务平台等），可以共享。把能共用的环节逐步从各媒体分离出来，进行专项整合，建成为各媒体服务的平台机构。

（三）提倡内部合作，推进内容资源相互融通

集团内介质不同或地域不同的媒体，可以展开多方位的合作，使同一内容得到多次开发利用，相互借力，提高自身的传播力和影响力。

南方报业传媒集团是中国有影响力的大型媒体集团之一，拥有包括报纸、杂志、网站、客户端、社交媒体等多种介质的媒体资源，旗下有《南方日报》《南方周末》《南方都

---

① 周洋.媒介融合语境下的新闻业务流程再造[J].南京政治学院学报，2011(1)：113-115.

市报》等知名媒体品牌。南方报业传媒集团通过旗下5份报纸、8类刊物、6个移动应用App、16家网站、370多个新媒体平台账号等,对同一新闻事件进行多角度、全方位报道。例如,在重大新闻事件发生时,集团旗下的报纸、杂志、网站和客户端同时发力,从不同角度进行深度报道和解读,形成强大的舆论引导力。南方报业传媒集团不仅在广东省内有广泛的读者群体,还通过数字化转型和跨地域合作,将影响力扩展到全国乃至全球。例如,通过官方网站和社交媒体平台,其发布的内容可以覆盖到全国各地甚至海外读者。①

(四)建立总体调度机制,让信息得到更好的利用

在集团化采编流程中,一般化的信息完全可以使用通稿;重大报道选题可以总体布局、联合作战。目前,各媒体都有日常的新闻调度机制,但在集团层面总体调度还不够常规化。现在国外有些媒体已经突破了传统的办公布局,他们以总负责人为核心,向外围做环状辐射,同等职能但分属不同媒体的负责人,处在一个"平行环"上。这样做的目的不在于改变办公格局,而是明确总体新闻调度的方法与路径,随时在各层次上进行沟通和协调。在庆祝建党百年主题报道时,《人民日报》在报、网、端、微、屏联合发力,对这一盛事进行了多维呈现。《人民日报》运用融媒体叙事,提高了用户的参与度,充分展现了主流媒体的传播力、引导力、影响力,创新了主流媒体重大主题报道的模式。②

(五)建设集团的"总数据库"

媒介集团各个媒体的报道内容、版面信息、用户资料、用户反馈等,都是重要的信息,应该进入一个总的集纳地。媒介集团应该建立"总数据库",为各媒体提供资料数据。这些数据保存着大量关于某个领域、行业、企事业单位的历史信息,对此进行有针对性的深度开发,比如对某个行业发展趋势进行预测分析,或针对某一客户要求定制个性化的信息产品等,都可以实现信息价值的最大化。

(六)建立信息数据交换的规则体系

信息数据交换,应该明确规则体系。既然建立了"无形"市场,就应该遵守市场法则。在信息流的运动路径中,上下游媒介交换信息产品,不能无条件地贡献给对方,而

---

① 张文明.南方报业媒体融合转型的"南方特色"分析[J].传媒,2022(15):39-41.

② 孙葆琪.主流媒体如何做好重大主题报道:以《人民日报》庆祝中国共产党成立100周年报道为例[J].新闻论坛,2021(6):14-16.

应该明码标价，进行“市场”交易。如此，各媒体才会有产品交换的动力，也能合理配置资源，自觉避免同质化和重复劳动。对于公共发稿平台中的稿件、版面也需确立合理的评估体系，比如以采用率作为评价标准，支付相应的劳动报酬，以调动采编人员的积极性。①

第四节　媒介融合下媒介信息产品生产的基本流程

一、前期信息生产流程

（一）报道策划

前期信息的生产工作，通常是由主创型编辑完成的。在单一媒介的报道策划中，其工作目标是唯一的。例如，图书编辑的策划是针对一本新书；报纸编辑的策划要么是对阶段性报道的策划，要么是对专题性报道的策划；广播和电视编辑的策划则是针对报道任务制定最佳报道方案并付诸实践。融媒体编辑的策划就复杂多了，如要考虑内容资源是否有多媒介传播的开发潜力，形式上是否适合文、图、声、像等多种成品的制作。当然，并非所有的报道都值得进行这样的策划。

值得进行策划的报道通常是能够产生重大影响的报道。就新闻而言，只有重大事件、典型事实和代表某种发展趋势的事实报道才值得进行这样的策划。报道策划的最终目的是充分利用素材资源，发挥各种媒介的传播优势，实现社会效益和经济效益的最大化。报道策划工作的直接表现形式是一份“报道策划书”，其主要内容与印刷媒介或电子媒介的报道策划书相似。此外，报道策划工作还包括对该内容准备通过哪些媒介传播或哪一部分内容最适合在哪种媒介上播发进行详细策划。

（二）总体系统规划

“报道策划书”经审查确定后，便进入总体系统规划阶段。所谓总体系统规划，就是对报道策划的内容、形式、最终产品介质和传播渠道进行整体规划。

显然，这是对报道策划技术性的直接拓展，也决定了各种媒介能否顺利对接。这个工作步骤在单一媒介运作时期是可有可无的，但在媒介融合环境下是不可或缺的。

① 单蕴菁.基于信息传播链的采编流程管理：以报业传媒集团为例[J].青年记者，2012(6)：7-19.

做好总体规划工作,不但可以减少部门间的协调成本,避免推诿、扯皮现象的发生,而且还将极大地提高报道的管理效率。由于总体系统规划涉及各个部门的共同落实,因而应该由总策划人与策划编辑共同牵头,召集有关媒介采编人员协商。总体系统规划的表现形式,应该是一份比较规范的"报道总体系统规划书",其主要内容包括报道的基本目标、内容结构、制作平台及各种文件格式等。

(三)组织采编队伍

总体系统规划需要总策划人组织采编队伍。各个媒介的编辑应当围绕落实总体系统规划这个中心联合办公。例如,英国《每日电讯报》的布局是中心式的,在一个平台上不仅办报纸,也做网站、无线下载和视频等,目的是推行"一个内容三个介质"的联合工作模式。在工作中,还需要将规划中的各项具体任务加以分解,以便分别交付采编人员去完成。融媒体采编人员的任务通常是以集体协作为基础的,因而在组织采编队伍时,要对采编人员的业务专长、技术水平等进行综合考虑。

二、中期信息生产流程

(一)素材采集

素材采集是全体采编人员依据报道总体规划和子任务书,实际采集有关素材的过程。素材采集通常由编辑组织有关人员来完成,但在媒介融合环境中,编辑有时也需要搜集背景资料之类的相关信息。特别是在紧急情况下,没有事先策划,没有上述规划和任务书,就需要全体采编人员齐心协力,共同完成素材采集的任务。

(二)素材加工

为了适应媒介融合背景下多种媒介传播的需要,采集到的文字、图片、音视频等各种信息元素都必须经过数字化处理。具体来说,文字内容需要录入并制成所需格式的文稿文件;图片内容需要使用专业设备转化成图片文件,然后保存为所需格式的图片文件;音视频内容则需要使用数字化录音设备和视频采集设备录制成所需的声音文件和数字化视频文件等。素材加工工作还包括对素材进行剪辑、排版等。对于传统印刷出版物来说,编辑所能接触到的编辑元素只有文字和图形,编辑也不参加实际的排版活动,但是在媒介融合环境中,编辑的素材加工工作变得复杂了,通常还要参加剪辑和排版活动。

(三)成品制作

融媒体产品不再是以往不同媒介之间的合作和联动报道,而是根据不同媒介的需要,将同一内容的素材制成不同的媒介产品。假如采集的第一批素材是简单的文字、录音和图片,编辑就可以把其制作成用于报纸传播的简讯和图片,或者是广播的口播新闻;假如紧接着采集到的素材包含视频,编辑就可以把其制作成能够完整地表现事件现场的电视节目;假如最后采集到的素材是内容比较全面的文字、图片和音视频,编辑就可以把其制作成能通过任何媒介传播的既有更多文字信息,又有相关背景资料介绍的深度报道。

(四)成品审定

对成品内容与效果方面进行审查,是保证融媒体产品质量的关键措施之一。审定任务通常由总策划人与各媒介的编辑共同完成,而子任务项目成品可由有关编辑来审定。与传统媒介的成品审定一样,首先应对内容是否符合规范进行审查,如是否符合政治导向,是否遵守法律与道德规范等。此外,还要对不同媒介的成品效果进行严格把关。如果成品是多媒体电子出版物,则应审查图像的质量(色彩、亮度和清晰度等),音频、视频和动画的效果等。

三、后期信息生产流程

(一)多媒体发布

数字化技术为同一内容的多媒体发布提供了技术基础。在这种背景下,融媒体编辑就必须承担"一次内容生产,多种媒介发布"的任务。融媒体编辑应按照"子任务书",在指定的媒介上发布经过审定的成品。在这个阶段,融媒体产品的播出与发行不应当是"马路警察——各管一段",而应实行媒介联动的发布模式,即各种媒介的编辑联合行动,共同做好发布和宣传工作。例如,网络编辑可以在网站发布与本次策划内容有关的报刊摘要,甚至可以链接图书的精彩片段,以吸引更多的受众。2022 年全国"两会"报道中,人民日报社打通主报子报、网上网下、大屏小屏,完善"一次采集、多种生成、多元传播"的传播格局,推动内容与技术的深度融合,打造出大批优秀经典的融媒体作品。①

① 孙葆琪. 主流媒体如何做好重大主题报道:以《人民日报》庆祝中国共产党成立 100 周年报道为例[J]. 新闻论坛,2021(6):14-16.

(二)效果监控

媒介融合的出发点和归宿,是取得最佳的信息传播效果。传统媒介之所以与新媒体融合,目的就是要改变传播效果衰减的状况。有研究者认为,传统的媒介传播效果衰减的根本原因在于当代发生的技术变迁及其所引起的社会变迁。利用现代技术,可以使各种媒介的传播效果达到理想境界。我们可以根据素材特点选择传播方式,以达到最佳的传播效果,并利用多媒体的呈现方式增强传播效果。媒介融合后,编辑完全可以凭借自身的力量开展受众调查,利用网络和手机等新媒介随时监控并掌握传播效果。①

四、媒介内容生产方式的协作演进

在传统媒体到融媒体平台内容生产方式的演进过程中,媒介内容生产主体从被动到主动,媒介内容生产的组织从封闭到开放,媒介组织由传统科层制小规模协作转向大规模协作的平台型媒体转变。

(一)内容生产主体从受众转向"产消者"

Web1.0 时代,网络只是承载和传输信息的载体,信息只是从线下简单搬运到互联网,消费者被称为"受众"。受众只能浏览网络信息内容,但不能对这些内容进行修改,也不能及时有效进行互动,更不能直接生产内容,媒介内容仅限于"可听、可读、可看"。但是在 Web2.0 时代,互联网形成了信息内容大规模协作生产的平台。内容生产工具平民化,降低了协作生产成本,汇聚了网络海量内容信息,并且这些信息内容不断更新变化。同时,用户主动选择权利觉醒,年轻人通过掌握协作生产与价值共创的工具,成为内容社区活跃的产消者。以维基百科为例,用户基于兴趣爱好,自由发表意见,或者对共同关注的主题进行探讨,使得内容总是处于添加、修改和纠错中。

(二)内容生产组织从封闭走向开放

科层制媒介组织遵循封闭式组织架构和思维方式,往往用总编辑负责制,或者总编辑、总经理分工合作制,或者总经理负责制等,自上而下给不同部门布置任务,再由内部专业记者、编辑按照上级指示进行具体分工协作。与层级制媒介相比,平台型媒介形成了扁平化组织,去除了中间层,横跨在组织间的边界被打破,内容生产组织可以

---

① 杨溟.媒介融合导论[M].北京:北京大学出版社,2013:154-158.

更加开放地整合内外部资源，平台与平台之间也可以通过开放应用接口进行连接，进而不断拓展组织边界，扩大协作范围。

（三）媒介内容生产从小范围转向大规模

科层制的传统媒介熟练掌握内容生产工具，内容生产协作主要发生在组织内部。但是，这种协作规模较小。平台型媒介内容生产，将少数社会精英的专业化媒介内容生产行为，转变为泛社会的全民性行为。平台型媒介通过开放式匿名编辑和规范的平台管理规则，将分散的“知识盈余”内容生产者聚集起来，为媒介提供海量内容信息。虽然传统媒介汇聚了专业领域的大部分人力资源，但在规模上，很难与平台型媒体的内容生产组织方式相比。但是，不论是传统媒体的科层制媒介，还是维基百科式的平台型组织，本质上都是中心化协作架构。①

第五节　人工智能时代的媒介产品生产

《华尔街日报》和《福布斯》将 2017 年称为人工智能元年。人工智能系统四要素包括大数据、算法、算力和场景。在这四要素中，形式多样的数据是人工智能得以成长的物质基础，是新型生产资料，是人工智能的“血液”。算法即编码程序，它能依据特定的计算模型将数据转化为预期结果。算法构建了智能传播的供给关系、分配关系，也可以视为人工智能传播的“中枢神经系统”。算力指的是处理海量数据的能力，由基础设施硬件和网络、应用平台、系统软件等自下而上的服务能力组成，是实现人工智能的生产力，可视为人工智能的躯体系统。长期、迭代的训练和推理需要基础算力、平台算力和服务算力等多层次的算力做保证。数据、算力和算法通过场景发挥智能传播的最大价值。智能传播场景主要包括新闻生成、内容分发、精准推送和供求达成等。② 其中，人工智能的核心是算法。算法让机器/系统具有“类人”的信息加工处理能力、交流能力甚至是艺术创作能力等。

---

① 王佳莹，周鹍鹏．媒介内容生产协作的演进与转向[J]．青年记者，2023(16)：74-76.

② 兰帅辉，尹素伟．数据、算力和算法：智能传播的多维特征、问题表征及应对[J]．当代传播，2022(5)：93-96，101.

一、从 PGC、UGC 到 AIGC

(一)PGC

PGC(professional generated content,PGC)指的是专业生产内容,其生产者一般具有较高的专业素养和掌握使用高端设备的能力。不论是选题、内容构思、制作手段、后期包装,还是平台的选择等方面,都体现了缜密的生产过程和完善的传播机制。从本质上看,PGC 内容生产逻辑和产销关系依然延续着大众媒介的特征,即内容需要由专业人士制作把关。

专业生产内容的重要价值主要体现在以下几个方面:第一,专业分工带来专业化程度和效率提升。由于"学习效应"存在,专业的记者、编辑和其他媒介劳动者在持续不断地从事某一专门性劳动过程中,熟能生巧,专业化水平和效率大幅提升。第二,专业化生产内容过程中,每个参与人员都要对各自承担的工作部分负责,管理人员可以通过流程管理,确保媒介在截止日期前生产出质量标准的内容产品。第三,在专业生产内容流程中,每个人各司其职,从事一项相对简单的操作,媒介组织不必雇佣能够胜任多个工种的复合型人才。①

(二)UGC

UGC(user generated content,UGC)指的是用户生产内容,泛指在网络上发表的由用户创作的文字、图片、音频和视频等内容,是一种网络信息资源创作和组织模式。② 与 PGC 相比,虽没有大资金的支持和更专业的制作团队配置,但由于 UGC 准入门槛低、成本投入小、创作过程简单,且其拥有创作内容自主权。因此,具有参与人数众多、类型多样、题材广泛以及更新速度快等特点。早在 2012 年,爱奇艺就搭建了 UGC 平台,并宣布内容制作者和供应商/提供者可以在网站上开设独立频道,参与内容营销。爱奇艺在发展过程中,注重对优质内容、差异化内容的挖掘和关注,利用大数据进行分析,将粗制滥造的 UGC 以流量手段排除在外,使用户享受轻奢主义视频体验。随着一些 UGC 作品的走红,为保证其持续不断生产能力及源源不断的创意性内容,UGC 逐渐向 PGC 借力,出现了 UGC 提供内容及创意,PGC 提供技术支持,从而

---

① 喻国明,丁汉青,支庭荣,等. 传媒经济学教程[M].2 版.北京:中国人民大学出版社,2019:87.

② 曾祥敏,曹楚. 专业媒体新闻内容生产创新实践:用户生产与专业生产深度融合的路径研究[J]. 现代传播(中国传媒大学学报),2015(11):34-41.

形成新的创作模式。① UGC 平台上大多数内容由业余爱好者创作，其内容创作的初衷是个体表达、自我暴露、展示爱好，甚至是戏谑嘲讽等，他们并不在意自己的内容是否为所在平台创造了一个友好的环境。②

(三)AIGC

AIGC(AI generated content，简称 AIGC)，即人工智能生成内容，也被称作生成式人工智能。AIGC 可被定义为“通过人工智能技术自动生成数字内容的新型内容生产方式，具有与人工制作生成内容不同的特点与属性”。2022 年 11 月 30 日，美国人工智能组织 OpenAI 发布了对话型智能机器人 ChatGPT(Chat Generative Pre-training Transformer)，因其高度智能化的对话生成方式立即引起了社会各界的广泛关注。ChatGPT 的出现，将人工智能生成内容引入了公众视野，社会各个领域用户都将 AIGC 用于自己的决策参考中。另外，各大互联网公司不断推陈出新，推出更加贴近用户需求的 AIGC 产品。例如，美国微软公司将 ChatGPT 升级版本 GPT-4 整合到其旗下搜索引擎 Bing，以提升其人机交互能力；我国百度公司也推出了“文心一言”等生成类 AIGC 产品，以增强其数据处理效能，并促进人工智能在中国的本土化应用。因此，AIGC 在人工智能时代塑造人机交互新范式，提升信息处理效率等方面具有很大发展前景。③

AIGC 为从事内容创作的组织和专业人士创造了一系列新的机会：第一，AIGC 可以自动化内容生成。大型语言和图像模型可以用于自动生成内容，对于定期创建内容的专业人士来说，可以节省大量宝贵时间。第二，AIGC 可以提高内容质量。人工智能可以利用大数据学习，且能识别人类无法看到的模式，并通过不断优化改进，产出更准确并且信息量更大的内容。第三，AIGC 可以增加内容的多样性。人工智能模型可以生成各种类型的内容，包括 AI 文本、AI 图像、AI 语音、AI 视频等，也包括大量跨模态的 AIGC 样态，从而使生成的内容多样化，并能吸引更多人的兴趣。第四，AIGC 可以生成个性化内容。人工智能模型可以根据用户个人兴趣爱好，生成个性化内容。④

AIGC 在文学艺术诸多领域，例如，诗歌、小说、影视创作领域都发挥了重要作用。在视觉效果和故事性匹配方面，AI 视频生成引起了业界的广泛关注。2019 年，AI 换

① 赵国华. 大数据时代短视频制作及传播机制研究[J].传媒，2021(13)：50-52.

② 胡泳，刘纯懿. UGC 未竟，AIGC 已来："内容"的重溯、重思与重构[J]. 当代传播，2023(5)：4-14.

③ 毛太田，汤淦，马家伟，等. 人工智能生成内容(AIGC)用户采纳意愿影响因素识别研究：以 ChatGPT 为例[J]. 情报科学，2024(7)：126-136.

④ 胡泳，刘纯懿. UGC 未竟，AIGC 已来："内容"的重溯、重思与重构[J]. 当代传播，2023(5)：4-14.

脸软件 ZAO 引发网民换脸热潮，虽因侵犯隐私和信息安全问题而被下架，但引发了 AI 换脸软件更新迭代热潮。对主流媒体而言，AI 主播是 AIGC 内容呈现的亮点。例如，新华社"新小微""新小萌""新小浩"等 AI 合成虚拟主播惊艳亮相；2022 年全国"两会"期间，中央广播电视总台 AI 主播"AI 王冠"主持的《"冠"察两会》、央视网 AI 小编"小 C"主持的《两会 C+时刻》等在融媒产品拔得头筹，展示了央级媒体在传媒科技领域的超强能力。[①]

二、人工智能在新闻生产的应用

(一)发现新闻线索

传统的新闻线索采集，主要通过固定的媒体记者或者记者热线、固定"爆料人"提供的线索、新闻选题策划和相关报道的深度挖掘等。人工智能的出现，让新闻线索的获得渠道多样化。通过人工智能，新闻线索可以实现从用户中来，并到用户中去。人工智能探索，为快速搜集和梳理社交媒体上的可靠信息源和素材提供了有效途径，其技术基础是有监督和无监督的机器学习。2016 年 11 月，路透社公布了其利用人工智能技术开发的新产品"路透新闻追踪器"。在此之前，新闻工作者对社交媒体的使用过程通常是：新闻事件发生后，在社交媒体上寻找和追踪该事件的当事人或在该领域有影响力的意见领袖，并对相关热门网帖进行梳理和总结。但是，新闻追踪器能够实时对社交媒体上的海量信息进行监控，及时发现有可能成为重大新闻的线索，并将这些线索进行整合，最终形成有效信息。在发现新闻线索的同时，新闻追踪器还能进行人工智能判断，这些线索是陈述事实，还是评论，并判断这些新闻线索所对应的新闻事件是否具有真实性，是否有新闻价值，是否吸引用户注意力等。[②]

(二)机器新闻写作

机器新闻写作(robot journalism)也被称作"自动化新闻"(automatic journalism)，指的是运用算法，将数据进行加工处理并转化为叙事体新闻文本的方式。机器新闻写作的技术基础是自然语言生成和处理。2014 年 3 月，在洛杉矶地震中，美国洛杉矶时报网上发布的第一则地震报道，是由一个机器人写成的。[③] 另外还有 2014 年美联社开

---

① 叶妮，喻国明.基于 AIGC 延展的创新性内容生产：场景、用户与核心要素[J]. 社会科学战线，2023(10)：58-65.

② 黄雅兰. 从大众媒体到个性化媒体：人工智能技术对新闻生产的影响[J]. 中国出版，2017(24)：9-12.

③ 陈昌凤，霍婕. 以人为本：人工智能技术在新闻传播领域的应用[J]. 新闻与写作，2018(8)：54-59.

始用来生产财经新闻的 Wordsmith、2015 年 9 月腾讯财经推出的 Dreamwriter、2015 年新华社推出的自动新闻协作工具“快笔小新”、2016 年阿里巴巴与第一财经联合推出的“DT 稿王”及今日头条在 2016 年里约奥运会期间推出的机器写作工具 Xiaomingbot 等。但是，机器新闻写作的原理是基于大数据驱动，通过数据检索、数据分析、自然语言处理等算法，将所需要的信息填入人工设计的模板，不能完成真正意义上有逻辑、有态度、有观点的文本。

（三）事实核查

事实核查（fact-checking）指的是对报道对象的事实性核实、确认的行为，包括事前核查和事后核查。事前核查指的是新闻业对于真实性和客观性的追求，在新闻报道发表前，由新闻记者对所报道事实的真实性进行确认与把关的行为，是传统媒介进行新闻报道的必要环节。事后核查是对已经出现的、真实性存疑或有争议性的信息，通过多方取证、交叉核实并将核实后的信息向公众公开的行为。① 人工智能时代，越来越多的虚假信息严重破坏了媒介生态，其负面影响催生了对于事实核查更大的需求。人工智能在极大提升信息生产和传播效率的同时，也要识别、筛选和过滤不良信息。AIGC 的出现，在内容生产主体、技术和核查对象层面，都为事实核查带来新的挑战，也暗藏着事实核查的新机遇。

早在 2012 年，《华盛顿邮报》就开发出了新闻核查机器人 Truth Teller。除了专业新闻媒介外，各大互联网公司也开始用人工智能技术识别假新闻并阻断其传播。例如，脸书公司 2017 年开始，利用人工智能每天核查上百万个链接，识别出可疑信息，并发送给事实核查人员。当事实核查人员确认该信息是虚假信息，脸书公司将对可疑信息添加“警告”标签，并对“有争议”信息加上第三方事实核查网站的链接。谷歌新闻（Google News）在 2017 年也引入了事实核查标签，推出了“猫头鹰项目”（Project Owl）。2018 年 4 月以来，谷歌彻底调整了搜索引擎背后的算法，把有误导性和虚假性的文章进行了降级。②

三、算法推荐

算法推荐指的是利用算法技术，基于每个用户的行为数据、个体属性数据与社交关系数据进行大数据计算与分析，实现精准的用户“画像”，进而推送“懂你”的信息。

---

① 林嘉琳，师文. 主流媒体事实核查应对 AIGC 的问题分析与路径探索[J]. 青年记者，2023(23)：19-22.

② 喻国明，丁汉青，支庭荣，等. 传媒经济学教程[M]. 2 版. 北京：中国人民大学出版社，2019：102-104.

其中,用户行为数据包括用户在互联网应用程序上的浏览、点击、停留时长、转发、评论、订阅和搜索等;个体属性数据包括用户性别、年龄、手机型号等;社交关系数据包括用户社交媒体所关注的对象、所参与的话题以及发表的内容等。除了精准捕捉和识别用户个性需求外,算法也经常会进一步洞察与用户类似的社群特征和需求,通过“模型泛化”进一步加强算法推荐效率。算法推荐的技术基础是基于人工智能的机器推荐,可以解决社交过滤不足等问题。算法推荐让编辑筛选模式下的“人找信息”变为“信息找人”,用户成为算法架构或程序编码的价值落点。算法推荐的价值判断机制从编辑判断转变为由机器程序来决定,由此把新闻内容的推送赋予了“算法把关”。

随着移动互联网的发展,信息呈指数增长态势。海量信息让用户面临“沉溺大海,无以为渡”的困境。算法推荐被认为是可以帮助用户快速获取信息的有效工具之一。从根本上说,算法推荐是让计算机系统帮助用户评估他从未看过的信息或者内容产品,再从海量信息中过滤出对用户最有价值的那些信息,并将其呈现给用户。依托算法推荐,今日头条、一点资讯等聚合型媒介通过精准匹配用户兴趣,并对用户进行个性化精准分发,使其在资讯分发市场具有领先优势。后来,微博、微信等社交媒介也开始利用算法推荐,例如,微博上线的“头条文章”,给予其全站最高信息流权重,还加入了兴趣内容分发功能。微信上线“朋友圈热文”,利用海量用户数据,通过用户画像、用户习惯偏好进行内容推荐。算法推荐不仅包括算法本身,也包括使之运转起来的一整套规则制度。但是,这些规则制度由于人工参与,使得算法机制呈现人工与技术的“混合逻辑”。因此,算法并不是价值中立的技术,而是由社会性的因素所建构,也必然会产生相应的社会影响。①

用算法编选新闻开始于 Google News,其前身是 2001 年谷歌当时首席科学家克里希纳·巴拉特(Krishna Bharat)开发出的一个与谷歌搜索核心技术 PageRank 算法相关的算法 StoryRank,该算法可以用于新闻的推荐排序。发展到现在,算法不但可以用来进行新闻内容推荐,而且还包括搜索引擎、浏览器、社交软件等多种信息平台。Google News 实质上就是一款 Web 新闻聚合器,但是它并不生产新闻,而是根据平台所设定的计算新闻价值的“算法”,对选定样本框内的新闻进行自动选择、推荐、排序等,最终由后台的聚合算法实现“千人千面”信息分发。另外,曾经宣称“我们不生产新闻,我们只是新闻的搬运工”的今日头条就是 Google News 的变种与升级。②

---

① 张志安,汤敏. 论算法推荐对主流意识形态传播的影响[J]. 社会科学战线,2018(10):174-182,2.

② 喻国明,丁汉青,支庭荣,等. 传媒经济学教程[M].2 版.北京:中国人民大学出版社,2019:105-107.

四、人工智能应用于媒介产品生产中的伦理失范问题

(一)侵犯用户隐私,偏离新闻价值

利用人工智能进行媒介产品生产时,需要利用大数据,实时追踪社交平台海量数据,并对其进行检测,从而获取相关地理位置、移动路线等有助于新闻策划和信息采集的信息。然而,由于大数据筛选的是用户在互联网上留下的历史浏览痕迹,虽然能够在很大程度上精准获取用户阅读偏好以及兴趣聚焦点,迅速获取相关新闻线索,但是,这不可避免地会面临源数据泄露,甚至用户数据被非法收集和过度分析,严重损害用户隐私等问题。另外,如果媒介产品生产长期通过利用大数据抓取和筛选信息,也不可避免会偏离新闻价值。通过大数据获取的用户兴趣点,可能在于娱乐消遣的暴力、猎奇或色情等题材信息,可能会过分关注娱乐信息,而忽视社会公共利益的重要社会议题,并损害媒介社会责任和公信力。

(二)缺乏人文关怀,危害新闻真实

人工智能在新闻产品生产时,通过大数据提供的“原材料”,基于工程师设计好的“算法”作为新闻产品的模板,表现出超强的新闻生产能力。但是,这种新闻产品写作方法是拼接式的,由此出现“算法新闻”“机器人新闻”“传感器新闻”等式样。不可否认,这种新闻产品的生产效率超高,无可比拟。例如,2021 年东京奥运会上,今日头条机器人“张小明”每天撰写 30 篇赛事简讯和报道。但是,通过人工智能生产的新闻产品,语言风格标准化、程式化,无法模拟和表达人类情感,也无法与观众感同身受,缺乏相应的人文关怀。同时,由于写稿机器人无法对新闻现场进行感知,只停留在了解事实的表面,从而不能透过现象发现本质,也容易造成新闻真实性的下降。

(三)造成信息茧房,塑造权力中心

信息茧房指的是个人长期处于过度的自主选择导致视野变窄,沉浸在“个人日报”式的满足中,失去了解不同事物的能力和接触其他事物的机会,不知不觉为自己制造了一个信息茧房。欧美学者还常使用“信息回音室”“过滤气泡”等来描述算法推荐可能导致的视野变窄问题。不同的是,“信息茧房”强调的是“被束缚起来的感觉”,“信息回音室”强调的“人们听到的都是和自己类似的声音”,“过滤气泡”强调社交媒体上的人际关系及算法推荐功能带来的信息过滤效果。个性化推荐主要以算法程序为支撑,

对新闻信息进行个性化匹配。但是,由于当前算法程序还存在“黑箱”,并缺乏相应的管制,媒介平台则成为个性化推荐“隐藏的权力中心”,用户和社会无法判断背后是否有人操纵。[①]

五、媒介生产过程中人工智能与人的价值匹配

在人工智能时代,媒介不仅是“人的延伸”,还因其深入新闻生产的各个环节而成为潜在的“信息生产者”。正是由于“写稿机器人”和“算法推荐系统”具有替代记者、编辑等传统新闻生产者的潜质,在人工智能时代,新闻从业者需要考虑何去何从。短期来看,由人工智能带来的“技术性失业”将在所难免。长期来看,人工智能将使媒介生产者“能做回新闻的本职工作,而不是忙于各种数据处理”。机器的特长在于高效且精准地处理海量资讯素材以及完成机器学习,但是在微妙情感关系处理和表达方面,特别是在价值规则制定和参照框架选择方面,还需要专业媒体人介入。内容的深度处理能力、资讯汇聚的激励能力和节点打造能力,应该是未来新闻人的技术关键。未来新闻人的角色重心应该体现在两个方面:第一,重点挖掘和采集机器新闻写作无法完成的调查性报道、深度解释性报道;第二,连接更多的社会人成为新闻生产的来源和节点,开展组织、策划、激励和整合活动,成为新闻生产的组织者和新闻来源系统的建构者、维护者。[②]

【本章小结】

1.对于媒介的直接消费者来说,媒介产品是其接触媒介的直接动因。媒介组织要吸引受众,就必须精心打造能够满足受众需求的媒介产品。

2.媒介产品的生产要素主要包括信息资源、信息采集者、信息处理者、信息实体生产与传输设备、信息传输者等。媒介产品生产实际就是各生产要素结合的过程。

3.受众潜藏的传播能力,被自由、共享、无边界的互联网最大限度地激发出来。传播对象从被动的“受众”转变为积极的“用户”和信息发布者。

【思考与研讨题】

1.媒介产品生产的一般流程是什么?

2.媒介融合下的采编流程再造包括哪些方面?

---

① 张宏瑜,杨孔雨.人工智能应用于新闻生产流程带来的伦理失范问题及对策[J].新闻世界,2023(8):40-43.

② 喻国明,丁汉青,支庭荣,等.传媒经济学教程[M].2版.北京:中国人民大学出版社,2019:109.

3.媒介融合下信息产品的生产流程包括哪些方面?

4.如何理解媒介融合时代信息生产主体角色的变化?

5.如何理解媒介融合时代媒介从业人员角色的变化?

6.请举例说明,媒介融合时代信息内容生产的特点。

7.请举例说明,人工智能在新闻生产领域有哪些应用。

8.请结合实际,举例说明人工智能应用于媒介产品生产中的伦理失范问题。

第七章 媒介市场与媒介营销创新

【章节大纲】

1.媒介市场与媒介商业模式;

2.双边市场与媒介双边市场;

3.营销与营销要素组合;

4.媒介融合下的媒介营销创新。

【章节内容】

本章介绍了市场及媒介市场的含义、商业模式及其包含的要素、双边市场的含义及其特征、媒介双边市场、营销与营销要素组合、媒介产品营销模式、媒介产品定价、媒介营销渠道、媒介产品促销等。

媒介消费者可以利用广播、电视、报纸、杂志、互联网、手机和户外媒体等多种媒介形态、渠道和平台等了解和挑选自己所需要的媒介产品和服务。但是,大多数媒介组织都在提供相似的产品和服务。在技术的推动下,媒介进入的门槛越来越低,每个消费者都可以称为媒介内容生产者。在此背景下,媒介组织需要遵循市场规律,进行媒介产品的策划、生产制作、价格制定以及市场品牌价值传播活动,以求生存与发展。①

第一节 媒介市场与媒介商业模式

一、媒介市场

(一)市场

"市场"一词,最早是指买主和卖主聚集在一起进行交换的场所。例如,集市、批发

① 张宏.媒介营销管理:智能化融媒时代的理论、政策与战略实践[M].2 版.北京:北京大学出版社,2013:75.

市场、商场等。马歇尔在《经济学原理》中指出，市场是买方和卖方可以自由进入，并在同一时间对同种产品形成相同价格的所有交易关系的总和。市场可以理解为具有特定需要和欲望，愿意并且能够通过交换来满足其需要和欲望的全部潜在顾客。市场规模的大小，取决于那些存在某种需要，并拥有使别人感兴趣的资源，同时愿意以这种资源来换取其所需要物品或服务的人的数量。

市场包含三个要素：有某种需要的人、满足这种需要的购买能力和购买欲望。这三个要素相互制约，缺一不可，只有三者结合起来才能构成现实的市场，才能决定市场的规模和容量。[①] 市场是人类社会分工和商品生产的产物。马克思指出：生产劳动的分工，使它们各自产品互相变成商品，互相成为等价物，使它们互相成为市场。[②] 列宁在《论所谓市场问题》一文中指出，哪里有社会分工，哪里就有商品生产，哪里就有市场，社会分工和商品生产发展到什么程度，市场就发展到什么程度。

（二）媒介市场

媒介市场就是媒介产品买卖的地方。媒介市场的买方包括受众和购买广告资源的广告主，卖方包括报社、杂志社、电台、电视台、出版社、互联网新媒体企业等。买方决定媒介产品和服务的市场需求，卖方决定媒介产品和服务的市场供给。需求和供给相互作用，推动媒介市场正常运作。从卖方角度来看，媒介市场就是尚未满足需求的现实的和潜在的购买者的集合，卖方的责任就是在符合市场规律情况下，如何更好地满足买方的需求。通过媒介市场，买卖双方都能从交易中受益，也可以让买卖双方都感到满意。

在社会主义市场经济条件下，媒介组织在媒介市场要承担社会责任，要遵守新闻规范和传播伦理，媒介社会效益要大于媒介经济效益，媒介党性原则要大于媒介商业原则，要恪守客观、公正、全面、平衡原则。媒介市场的形成，并不否定媒介要承担社会责任。重视社会责任的媒介企业，同样可以制作很多反映社会主义核心价值观的优秀作品，服务于广告主和社会大众。优秀的媒介领导者，既要考虑媒介应该承担的社会责任，也要考虑媒介自身利益、广告主和用户的现实需求。

媒介市场是市场经济的一部分。由于市场经济对媒介市场具有制约性和主导性，媒介市场必须主动适应并服务于市场经济的特点和运行机制。也就是说，有什么样的市场经济形式或体制，就会有什么样的媒介市场。皮卡德在《媒介经济学》一书中写

---

① 郭国庆. 市场营销学通论[M].8 版.北京：中国人民大学出版社，2020：4-5.

② 马克思.资本论：第 3 卷[M].北京：人民出版社，1975：718.

道:媒介市场既受制于市场经济,又制约媒介市场内的各种表现与选择。也就是说,媒介消费者与媒介生产者在市场中的选择,必将受到市场行为的左右与影响。交换行为如何在特定市场条件下进行,又决定了产销双方的方案选择。于是,市场类型的不同,造成了市场结构的不同;市场结构的差异,又造成了市场行为的不同。[①]

二、商业模式

决定企业市场绩效的首要因素是其商业模式。商业模式是一家企业用来建立并使用资源,以提供比竞争对手更高价值给顾客,并借此赚取利润的方法。商业模式(bussiness model)这个词最早出现在20世纪70年代的《计算机世界》(*Computer World*)杂志,被用来描写资料和流程之间的关联和结构。电子商务兴起后,很多新公司采用不同于以往的方式经营事业,为了和"传统事业"形成区隔而广泛使用"商业模式"一词。管理学大师彼得·德鲁克指出:"当今企业之间的竞争,不是产品之间的竞争,而是商业模式之间的竞争。"关于商业模式的定义,有许多学者提出不同的观点,从早期的定义涵盖产品、服务及资讯的电子商务商业模式,到后来认为商业模式与企业运营之间的密切关系,以及探讨如何通过商业模式说明企业获利过程与顾客价值的创造等。商业模式由各种要素组成,要素之间相互联结,并且动态变化。

蒂莫斯(Timmers)认为商业模式是一组产品、服务和信息流体系,此体系包括每一个参与者的角色、潜在获利和收入来源等。

哈默尔等(Hamel et al)将商业模式分成四大要素:第一,核心策略:包括事业使命、产品及市场范围、差异化基础;第二,策略性资源:包括核心能力、策略性资产、核心流程;第三,顾客界面:包括履行与支援、资讯与洞察力、关系动态、价格结构;第四,价值网络:包括供应商、合伙人、联盟。

莫里斯等将商业模式分为六要素:价值主张、顾客接触、内部流程/能力与耐力、外部定位、创造经济利益的模式、人事/投资者布局等。

杰森等(Johnson et al)的商业模式包括四项,这四项必须一起考量以创造及传递价值的要素:顾客价值主张、创造利润的途径、关键资源和关键流程等。

马克等人(Mark et al)的四方格商业模式认为,顾客价值主张、关键资源、关键流程、利润公式是商业模式模型中不可或缺的四个要素。

当前,比较公认的商业模式要素构成是奥斯特瓦德(Alexander Osterwalder)和皮尼厄(Yves Pigneur)的九要素论,即商业模式构成要素包括:核心价值主张、目标市

---

① 邵培仁,陈兵.媒介管理学概论[M].高等教育出版社,2010:157-162.

场、客户关系、渠道、关键合作伙伴、关键资源、关键业务、收入来源和成本结构。该九要素商业模式理论不仅涵盖产业方的价值链组成和从生产端到消费端的结构流程，还强调生产端到消费端之间的沟通产生的增值效应。其中，目标市场是商业模式要服务的客户是谁？是商业模式要接触或服务的个人或组织；核心价值主张是商业模式能为目标市场客户提供哪些价值？是商业模式能为客户创造核心价值的整套产品和服务；渠道是商业模式如何与目标客户沟通、接触并传达其价值主张；客户关系是商业模式与特定的目标市场所建立起来的关系形态；关键合作伙伴是让商业模式正常运作所需要的供应商及合作伙伴网络；关键资源是让商业模式正常运作所需要的最重要的人、财、物等核心资源；关键业务是商业模式运作需要开展的核心业务；收入来源是商业模式运营获取收入的途径；成本结构是商业模式运作过程中所需要花费的成本及其结构。①

第二节　双边市场与媒介双边市场

一、双边市场含义及其特征

现实经济生活中存在着一些平台企业。这些平台企业向两边（或多边）用户提供产品或服务，这些产品或服务促使平台两边用户在该平台上达成交易。平台两边用户由买方和卖方组成，平台企业向它们制定不同的价格以使它们在平台上交易（见图7-1）。具有这种市场结构形态的产业市场可以被称为"双边市场"（two-sided markets）。

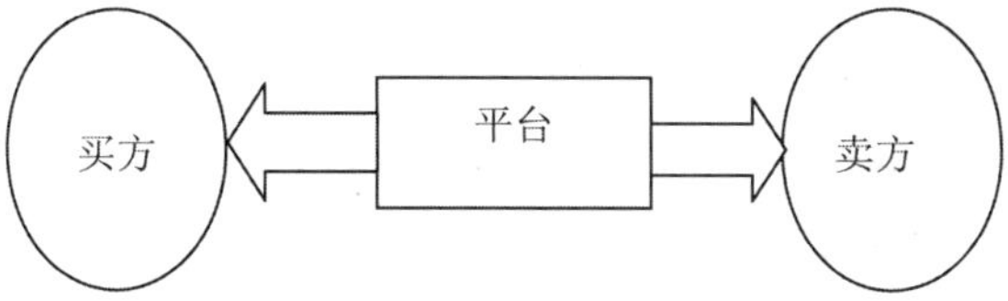

图7-1　双边市场

平台企业所联结两边的用户在平台上进行交互（或交易），在交互（或交易）中，双边用户都能获得一定效用，两边用户参与的需求与规模受到另一边用户参与的需求与

① 向勇. 文化产业概论[M]. 北京：中国人民大学出版社，2022：153.

规模的影响,即一边用户将对另一边用户带来“间接网络外部性”(indirect network externalities)效应,也被称作“交叉网络外部性”。

1985 年,经济学家卡茨(Michael L.Katz)和夏皮罗(Carl Shapiro)在《美国经济评论》上发表了题为《网络外部性:竞争与兼容性》的文章,正式提出了“网络外部性”(network externality)的概念,指出不论是物理网络还是虚拟网络,都存在网络外部性。网络外部性指的是一个消费者从一种产品消费中获得的效用,随着消费同一产品的其他消费者数量的增加而增加的现象。网络外部性反映了用户数量与产品价值之间的正反馈关系。网络外部性可以分为直接网络外部性和间接网络外部性。

直接网络外部性指的是当某种产品的消费者数量对该产品的价值有直接的影响,从而直接影响消费者从产品消费中获取的效用水平。直接网络外部性意味着同一市场内消费者之间具有相互依赖性。直接网络外部性可以用梅特卡夫定律来说明,梅特卡夫定律指的是网络的价值与用户数量的平方成正比。

间接网络外部性指的是由基础产品与辅助产品之间技术上互补性所形成的某种虚拟网络而非物理网络所产生的外部性效应。这种基础产品和辅助产品的互补性关系被称作“硬件/软件范式”(hardware/software paradigm),例如,计算机的硬件和操作系统软件、应用软件等。很多媒介产品往往是由一个产品系统的基础产品和辅助产品组合而成的。但是,这些基础产品和辅助产品在分散时并没有什么价值,但把它们组合起来就相当有价值,所以它们就组成一个产品系统。这个产品系统被称为“虚拟网络”,如果一个网络新增的用户为现有用户提供了价值,那么网络外部性就会存在。①

双边市场存在的特征主要有:第一,存在两组(或多组)通过平台进行交易的参与者。第二,其中一组参与者加入平台的收益取决于加入该平台的另一组参与者的数量,也就是平台参与者之间存在间接网络外部性特征。第三,平台双边需求存在相互依赖性和互补性。双边市场平台同时向两类消费群体销售具有相互依赖性和互补性的产品。只有这两种类型的消费群体同时出现在平台中,并同时对该平台提供的产品或服务有需求时,平台的产品或服务才真正有价值。否则,即使两类消费者同时处于平台中,但对该平台的产品或服务没有需求,该平台的产品或服务的价值也就不存在。②

具有双边市场特征的产业在现实经济生活中是普遍存在的,例如,银行卡产业中

---

① 喻国明,丁汉青,支庭荣,等.传媒经济学教程[M].2 版.北京:中国人民大学出版社,2019:198-205.

② 喻国明,丁汉青,支庭荣,等.传媒经济学教程[M].2 版.北京:中国人民大学出版社,2019:115.

的卡组织网络平台(如 Visa、Master 等卡组织)联结着持卡消费者和商户;在操作系统产业中操作系统(如 Windows、Unix 等操作系统)联结着消费者和软件开发商;在电子商务网络平台中,如淘宝网、京东等电子中介交易平台联结着供应商和消费者。

在双边市场中,平台企业定价模式都不一样。有的平台企业向消费者收取费用,但向商家提供免费的产品或服务;有的平台向商家收取费用,但向消费者提供免费产品或服务;有的平台向消费者收取低于边际成本的价格,但向商家收取高于边际成本的价格;有的平台向消费者收取高于边际成本的价格,但向商家收取低于边际成本的价格。此外,平台企业在双边价格工具上也有所不同,有的平台企业只收取双边用户的接入费(或注册费),有的平台企业既向双边用户收取接入费(或注册费),同时也收取交易费。

在具有双边市场特征的产业中,平台企业最根本的策略就是如何制定双边用户接入价格(access charge),以促使它们能够接入到平台中来并达成交易。平台企业的双边价格策略不仅影响到双边用户接入平台的需求,而且也影响到平台所实现的交易总量。因此,对具有双边市场特征的产业来说,合理正确制定平台企业的双边价格结构,就成为决定该产业发展的关键因素。

二、媒介双边市场

从双边市场特征来看,媒介产业是典型的、具有双边市场特征的产业。媒介以"平台"身份存在,一手"牵"着用户,一手"拉"着广告主。媒介平台既包括报社、杂志社、广播电台、电视台,又包括自媒体、短视频、社交、搜索、购物、游戏等网络平台。用户为使用媒介平台所提供的信息、娱乐、搜索、社交、通信和购物等服务投入注意力,广告主为获得媒介平台吸聚的用户注意力而向其支付费用。

需要说明的是,首先,媒介厂商间的版权市场大多为传统市场。其次,同一媒介组织可以在双边市场与传统市场同时开展业务。例如,一家报社既有刊登广告的免费或低价的报纸业务,也有"付费墙"业务。一家视频公司既有播出广告的免费收看业务,也有 VIP 付费收看业务等。

(一)媒介广告主收益受到用户数量的影响

广告主收益主要指广告主通过在媒介投放广告所获得的知名度和美誉度提升、销售量增加、市场份额的扩大、市场壁垒的形成等经济层面收益。

媒介市场中,用户的数量主要用发行量、视听人数、用户量等来衡量。用户量主要指系统、程序、网站等的用户数量,通常用于衡量其在市场上的曝光和活跃程度。从应用角度来讲,用户量主要分为注册用户量、在线用户量、并发用户量三种。广告主的收益受到用户量的正向影响,用户基数越大,广告信息触达的有效用户越多,越有可能带动销售,并最终提高销量、扩大市场份额甚至形成或巩固行业壁垒。

(二)媒介广告主收益受到用户质量的影响

广告主收益不仅受用户数量影响,也受用户质量影响。用户质量主要指媒介用户与广告目标消费者的契合度。与广告目标消费者契合度越高的用户,越有可能成为实质的商品购买者,其给广告主带来的实际效用也越大。因此,在广告主眼中,这些用户质量也越高,广告主也就愿意为此支付更高的广告费。

大众传播时代,面对广告主抱怨"我知道我的广告费被浪费了一半,但我不知道浪费的是哪一半",大众媒介一直没有停止为广告主提供高质量用户的努力。20 世纪 50 年代,媒介就通过"窄播"等手段,区隔出更精准的受众群体,以迎合广告主的需求。但是,大众媒介自身局限性为这种努力设定了"天花板"。

数字化、网络化等技术赋予媒介识别并触达高质量用户的便利。首先,数字媒介对海量数据的分析,不仅可以刻画用户的人口统计学特征,推测其兴趣、爱好、价值倾向等,还可以实时跟踪其所处场景。基于如此细致的用户洞察,数字媒介擅长识别与广告主目标消费者相契合的高质量用户。其次,数字经济时代,信息传输通道极大丰富,"大众"传播不仅转变为"小众"传播,还进一步转变为"个人"传播。媒介可以将广告信息在"适当的时间""适当的地点""一对一"精准投放至"适当的人"。以展示、行动、销售为依据的互联网广告计费模式直观反映出用户质量对广告主收益的影响。其中,以展示为依据的广告计费方式包括展示计费 CPM(cost per mille/cost per thousand impressions,每千次印象费用)和 CPTM(cost per targeted thousand impressions,经过定位用户的千次印象费用);以行动为依据的互联网计费方式包括 CPC(cost per click,每次点击费用)、CPL(cost for per lead,每次成功注册费用)等;以销售为依据的互联网广告计费方式包括 CPO(cost per order,根据每个订单/每次交易来收费)、CPS(cost for per sale,根据每单位销售额来收费)。

(三)用户收益受到广告主的影响

用户收益是指用户从视听媒介内容或使用媒介服务中所获得的个人体验。在广告主如何影响用户问题上,普遍的经验性看法是:如果媒介平台吸引广告主越多,则意味着其财力越雄厚,越有可能制作或开发出更高水平的媒介产品或服务。这些高水平的媒介产品或服务可以给用户带来良好体验。不过，用户收益与广告主数量的关系并非呈线性。当媒介因广告主数量多，而在节目中无节制插播或植入广告时，这些广告可能会对用户造成过多打扰，从而让用户产生糟糕的阅听体验，导致用户收益减少。例如，“魏则西”事件更是直接揭露了百度竞价排名机制下充斥网页的低劣广告给用户带来的极大伤害。[①]

第三节　营销与营销要素组合

一、营销及营销观念的变化

（一）营销

营销（Marketing）早期被称为“市场学”。营销也被称作“市场营销”，是以满足人类各种需要和欲望为目的，通过市场变潜在交换为现实交换的一系列活动和过程。

营销的基本目标是“获取、维持和增加顾客”。“交换”是营销的核心。营销的基本业务就是为了实现交换，不断地“创造、传递和传播”卓越的顾客价值和管理顾客关系。交换过程能否高效地顺利进行，取决于营销者创造的产品和价值满足客户需求的程度，以及对交换过程管理的水平。[②]

营销可以让生活更美好，让世界更美好。营销也可以看作企业为顾客创造价值，并建立牢固的顾客关系，进而从顾客那里获得价值回报的过程。人们通常认为只有卖者才开展营销活动，其实，当有支付能力的消费者在寻求所需产品时，也是在做营销。例如，采购员在寻求货源并与供货方讨价还价时，也是在做营销。

彼得·德鲁克指出，现代企业最重要的职能只有两个：一个是创新，一个是营销。最先认识到营销重要性的是日用消费品企业，然后是耐用消费品企业，之后是工业设备企业。后来，服务业，尤其是航空业、银行业都逐渐接受了营销思想。彼得·德鲁克曾指出：“营销的目的就是要使推销成为不必要。”海尔集团董事局主席张瑞敏曾指出：“促销只是一种手段，营销才是一种真正的战略。”营销的本质不是卖，而是买。买进来的是用户的意见，然后根据用户的意见改进，达到用户满意，最终赢得用户忠诚，这样

① 喻国明，丁汉青，支庭荣，等. 传媒经济学教程[M].2 版.北京：中国人民大学出版社，2019：114-117.

② 吴健安，聂元昆. 市场营销学[M].6 版.北京：高等教育出版社，2017：4.

的企业才能成功。某种意义上,营销意味着企业“先开市场,后开工厂”。[①]

(二)媒介营销

当前,媒介消费者可以利用广播、电视、报纸、杂志、互联网、手机、户外屏幕等多种媒介形态、渠道或平台了解和挑选自己所需要的媒介产品或服务,而且大多数媒介组织都在提供相似的媒介产品或服务。在媒介技术不断更新换代条件下,媒介行业的进入门槛不断降低,每个人都可以成为媒介内容生产者。在媒介融合大背景下,任何形态的媒介组织都不是绝对不可或缺的,媒介市场不会因为一个媒介组织的出现或消亡而有任何改变,都会按照其固有规律运转。因此,在此市场环境下,媒介组织需要按照市场规律,进行媒介产品或服务的策划、生产制作、价格制定和媒介品牌传播活动,以求生存与发展。

随着社会主义市场经济的逐步推进,在保证意识形态安全的前提下,市场机制在媒介资源配置中逐渐起到决定性作用。无论是媒介组织经营管理人员,还是媒介普通从业人员,都开始接受甚至主动强调市场的作用。但是,即便这样,媒介组织生产的大量媒介产品和服务仍然不能满足消费者的个性化需求,甚至有海量的媒介产品或服务不能进入消费领域。很多媒介组织的成功,原因主要在于其营销活动在一定时期内符合了市场需求。例如,开发出了比较好的媒介产品或服务项目,或者是建立了高效的媒介产品或服务流通渠道,或者是降低了媒介产品或服务生产成本从而形成价格竞争优势。

一旦某个媒介组织取得了成功,不管是出于竞争考虑,还是基于其他原因,整个行业都会纷纷模仿,最终导致整个媒介行业都在采取同样或类似行动。在中国媒介行业,“取经”活动在媒介组织间非常盛行。但是,这种“取经”活动有可能导致整个行业造就大量没有个性、同质化的媒介产品或服务,最后导致激烈的同质化竞争。

另外,媒介市场需求不以媒介组织的意志为转移,媒介组织的成功,可以说是在一定媒介环境下的成功。也就是说,在一定的媒介市场环境下,媒介组织的产品或服务与市场需求相吻合,媒介组织的产品或服务营销活动就会成功。但是,媒介市场环境在不断变化,媒介市场需求也在不断变化。媒介组织通过“取经”推广现在的成功经验,意味着不断强化现有的营销行动方向,但是可能偏离正在发生变化的市场需求方向。因此,媒介营销方向要随着媒介市场环境的变化而变化。

如今,媒介市场环境变化是加速度的,甚至是突如其来的。例如,经济危机有可能

---

① 郭国庆.市场营销学通论[M].8版.北京:中国人民大学出版社,2020:6-12.

在短时间内造成经济衰退；技术的快速迭代让人们的生活习惯发生根本性变革。另外，消费者的兴趣和价值取向也在不断多元化，并且也在快速迭代，大量生产和大量消费时代已经过去。在此背景下，关乎媒介组织生存与发展的媒介战略也需要在营销理念指导下，在有限的经营资源和组织管理水平下，不断学习并强化快速应变市场环境变化的能力。①

（三）营销观念

营销观念的演变可以分为五个阶段：生产观念、产品观念、推销（销售）观念、市场营销观念和社会营销观念五个阶段。前三个阶段一般称为旧观念，主要以企业为中心；后两个阶段被称为新观念（现代市场营销观念），也可以称为顾客（市场）导向观念和全方位导向观念。

1.生产观念

生产观念（production concept）是一种最古老的营销观念。生产观念强调，消费者总是喜欢那些可以随处买得到并且价格低廉的产品。生产观念盛行于市场需求旺盛、整个社会供给能力相对不足的时期。企业认为，只要把产品生产出来，不愁卖不出去。持有生产观念企业的口号是“我们生产什么，就卖什么”。生产观念是一种“重生产、轻营销”的理念。例如，福特汽车公司 1914 年开始生产的 T 型汽车，就是在福特的“生产观念”指导下创造奇迹的。到 1921 年，福特汽车市场占有率达到 56%。

2.产品观念

产品观念（product concept）认为，消费者喜欢那些质量好、性能高和具有某种特色的产品，并认为“酒香不怕巷子深”。只要产品质量好，不怕卖不出去。因此，企业致力于生产优质产品，并不断精益求精。持有产品观念的企业，往往迷恋自己产品的质量，把注意力都放在产品质量上，而不是放在市场需求上，从而导致“营销近视症”。

3.推销观念

推销观念（selling concept）也被称为销售观念。这种观念一般认为，消费者存在购买惰性，如果顺其自然，消费者不会主动购买产业产品，需要通过销售人员付出努力，加大推销力度，刺激消费者购买欲望，尤其是那些非渴求品。因此，企业的经营理念是积极销售和大力推广。持有推销观念的企业口号是“我们卖什么，就想办法让人们买什么”。他们相信产品是卖出去的，而不是“被买去的”。如果产品没有销售出去，

---

① 张宏. 媒介营销管理：智能化融媒时代的理论、政策与战略实践[M].2 版.北京：北京大学出版社，2013：75-78.

他们认为是销售人员不够努力。他们致力于广告和产品推广，进行无孔不入的促销“轰炸”，以说服消费者购买。当企业产品过剩时，一般推崇推销观念。

4.市场营销观念

市场营销观念(marketing concept)也被称作营销观念。这种观念以消费者的需求为中心，认为实现企业各项目标的关键在于正确确定目标市场的需要和欲望，并且比竞争对手更有效地传递目标市场所期望的产品或服务，进而比竞争对手更有效地满足目标市场的需要和欲望，从而让人类生活更加美好。与推销观念不同的是，推销观念更加注重卖方需要，以卖方需要为出发点，侧重于把已经生产的产品转化成现金；营销观念更加注重买方需要，以买方需要为出发点，考虑比竞争对手更有效地为其选定的目标市场创造、交付和传播顾客价值，以更好地满足目标顾客需要。持有营销观念的企业，也被称为市场导向企业，其座右铭是：“顾客需要什么，我们就生产供应什么”。

5.社会营销观念

社会营销观念(social marketing concept)要求企业在制定营销策略时，需要统筹考虑消费者需求、企业利润和社会利益，要通过承担社会责任，让人类生活更美好，让世界更加美好。市场营销观念虽然也强调消费者利益，但谋求消费者利益必须符合企业的利润目标，当两者发生冲突时，企业的利润要放在第一位。在此背景下，如果在满足消费者需求时，与社会公众利益发生矛盾时，企业营销努力可能会造成社会福利损失。因此，社会营销观念强调企业要承担社会责任，要考虑社会长远利益，要把经济效益与社会效益结合起来，要保证人与社会环境的和谐发展。①

三、营销组合的变化

1953 年，尼尔·博登在美国市场营销学会就职演说中提出了“市场营销组合”(marketing mix)观点，其意思是市场需求在某种程度上受“营销变量”或“营销要素”影响，为了达到既定的营销目标，企业需要对这些要素进行有效组合，从而满足市场需求。博登提出的市场营销要素包括 12 个要素，后来，这些营销要素组合不断扩充、演变。

(一)4P 营销要素组合

1960 年，麦卡锡(McCarthy)在《基础营销》(*Basic Marketing*)一书中将这些要素

① 郭国庆.市场营销学通论[M].8 版.北京：中国人民大学出版社，2020：27.

概括为四大类：产品（product）、价格（price）、渠道（place）和促销（promotion），即著名的4P。1967年，菲利普·科特勒在其畅销书《营销管理》（*Marketing Management*）中进一步确认了以4P为核心的营销组合方法。

1.产品

产品，是指能够提供给市场的用于满足人们某种需要和欲望的任何事物，包括实物、服务、场所、组织、思想、主意等。产品注重开发，要求产品有独特的销售卖点，把产品的功能诉求放在第一位。科特勒认为产品整体概念包括五个层次：

第一，核心产品，是指向顾客提供的产品的基本效用或利益。从根本上说，每种产品实质上都是为了解决某一个问题而提供的服务。例如，消费者购买iPad的真正目的不是仅仅要获得一台平板电脑，他们要买的是娱乐、自我表达、工作效率、生活便利以及与家人朋友的联系，一个通向世界的可移动且个性化的窗口。

第二，形式产品，指核心产品借以实现的形式。形式产品由五个特征组成，即品质、式样、特征、商标和包装。例如，一家酒店应该有床、卫生间等。

第三，期望产品，指购买者在购买产品时期望得到的与产品密切相关的一整套属性和条件。例如，电影院的客人期望得到最新上映的影片、舒适的座椅、良好的音响条件等。

第四，延伸产品，指顾客购买形式产品和期望产品时附带获得的各种利益的总和，包括产品说明书、安装、维修、送货、技术培训等。

第五，潜在产品，指现有产品包括所有附加产品在内的，可能发展成为未来最终产品的潜在状态的产品。

2.价格

价格是顾客为获得、拥有和使用某种产品或服务的利益而支付的货币，也就是消费者为产品支付的费用。价格是决定企业市场份额和盈利水平最重要的因素之一，也是营销组合中唯一与收益直接相关的要素，也是最灵活的营销要素。任何企业都不能随心所欲地制定价格，产品的最高价格取决于市场需求，最低价格取决于产品的成本费用。根据不同的市场定位，企业可以制定不同的价格策略，产品的定价依据是品牌战略。

3.渠道

渠道是指配合或参与生产、分销和消费某一生产者提供的产品或服务的所有企业和个人。例如，供应商、生产者、经销商、代理商、辅助商以及最终消费者等。生产厂家并不直接面对消费者,而是注重经销商的培育和销售网络的建立,企业与消费者的联系是通过中间商渠道来进行的。中间商的存在,可以减少交易次数,从而提高交易效率。

4.促销

促销是促进产品销售的简称。促销是企业通过人员和非人员的方式,沟通企业与消费者之间的信息,提升品牌形象,引发、刺激消费者的购买欲望,使其产生购买行为的活动。促销的方式一般包括广告、销售促进、人员推销、直复营销与公共关系等。促销是企业通过销售行为的改变来刺激消费者,以短期的行为,例如,让利、买一送一、营销现场气氛等促进销售量的增长。①

4P营销要素组合的提出,奠定了市场营销的基础理论框架。该理论以单个企业为研究对象,认为影响企业营销活动效果的因素主要有两种:一种是企业不能控制的,如人口、经济、技术、自然、政治、法律、社会、文化等外部环境因素,称为不可控因素;一种是企业可以控制的,如产品、价格、渠道、促销等营销因素,称为可控因素。企业营销的实质是利用内部可控因素适应外部不可控因素的过程。②

(二)4C营销策略

4P营销理论是从生产者角度出发的营销观点,只考虑营销者对消费者做什么,而不是从整个社会利益来考虑。另外,4P营销理论是对博登提出的市场营销要素组合概念的过分简化,是对现实生活不切实际的抽象,并且4P营销要素没有明确包含协调整合成分,也没有包含任何相互作用的因素。随着市场竞争的日趋激烈,消费者意识逐渐抬头。1990年,罗伯特·劳特朋(Robert F. Lauterborn)提出了以消费者需求为中心的4C理论:客户(customer)、成本(cost)、便利(convenience)和沟通(communication)。

1.客户

客户与4P中的产品相对应。客户主要强调根据客户需求提供相应产品或服务。企业必须先了解和研究客户,根据客户需求提供相应的产品或服务。同时,企业提供的不仅仅是产品或服务,而是在提供产品或服务过程中产生的客户价值(customer value)。

---

① 吴健安,聂元昆.市场营销学[M].6版.北京:高等教育出版社,2017:357.

② 林建宗.客户关系管理[M].北京:清华大学出版社,2011:51.

2.成本

成本与4P中的价格相对应。成本不仅仅包括企业生产成本,或者说4P中的价格,还包括客户其他购买成本,包括时间成本、精力成本、体力成本等。成本意味着企业产品定价不仅要低于客户的心理价格,也应该让企业能够盈利。

3.便利

便利与4P中的渠道相对应。便利强调为客户提供购买产品或服务的方便性,通过强化营销过程中的服务,为客户提供便利,减少客户的时间支出,节约客户购买时间,减少客户的精力和体力耗费。

4.沟通

沟通与4P中的促销相对应。沟通强调企业应该打破4P促销中的单向促销和劝导客户,企业与客户应该进行积极有效的双向沟通,客户在整个沟通过程中应该参与和互动,并实现信息传递和情感联络。

4C营销理论强调以客户需求为导向。与4P营销理论相比,4C营销理论有了很大的进步和发展。但是,4C营销过于强调以客户需求为导向,但客户需求有个合理性问题。如果过于强调被动适应客户需求,企业必然要付出巨大成本,进而影响企业发展。从长期看,企业和客户要建立一种更主动的关系,要实现企业和客户双赢的目标。①

(三)7P营销要素

服务产品具有无形性、不可分割性、异质性和易逝性等特征。这些特征导致4P营销组合在服务营销上显现出很多不足。例如,不同于有形产品,服务在购买之前是看不到、尝不到、摸不到、听不到、闻不到的。服务产品是由服务提供者和客户主体感受的价值共同构成的,这是服务产品区别于有形产品的本质特征;服务产品与有形产品不同,服务产品通常是生产和消费同时进行的,例如,照相、理发等。客户只有加入服务生产过程中,才能享受到服务;由于服务的质量取决于提供服务的人、时间、地点和接受服务的人,所以服务是高度可变的。即使同一个人做同样的服务,但因时间、地点、环境和心态等的不同,提供的服务成果也难以完全一样;由于服务产品具有易逝性,服务提供者和消费者都不能把服务产品贮存起来备用。

由于市场营销的实质是交换关系,有形产品营销理论和原则也适用于服务产品营

① 林建宗.客户关系管理[M].北京:清华大学出版社,2011:51-54.

销。但是,由于服务产品的特殊性,服务产品营销要素也需要有所调整。比特那(Bitner)与布姆斯(Booms)在4P营销理论的基础上提出了7P营销理论。7P营销组合在服务营销领域最具影响力,并被广泛采用。比特那和布姆斯的7P营销组合,除了有形产品的产品(product)、价格(price)、渠道(place)和促销(promotion)4P营销要素外,另加上了人员(people)、有形展示(physical evidence)和过程(process)三个营销要素。

1.人员

在服务营销组合里,主要强调"人"的要素。服务的提供者和服务接受者都是"人"。服务的提供人员,在客户心目中是服务产品的重要组成部分。例如,歌星演唱的歌曲、理发师的发型设计等。服务企业的特色,也体现在服务提供人员的服务表现和服务销售上。由于服务的不可分割性,服务提供和服务消费的过程需要同时进行,服务提供者一般以其提供的劳动直接为购买者提供使用价值。因此,服务提供者的素质极为关键,他们可以完全影响客户对服务品质的认知和喜好。当服务人员的素质参差不齐时,服务的品质也难以形成统一的标准。

2.有形展示

有形展示指的是服务提供过程中,可以传递服务特色和优点的有形因素,或者能够让客户看得见、感受得到的东西,包括服务环境、服务载体等。客户在消费服务时通过有形展示载体,去体验服务效果。最好的服务是将无法触及的东西变成有形的服务,例如,零售店、餐厅、旅馆等服务环境的装潢、摆设、配置等,都是客户评估服务品质的依据。服务环境或服务载体等有形展示是服务产品本身不可或缺的一部分。

3.过程

过程是客户获得服务所必须经过的。服务具有直接性,服务提供的过程和服务消费的过程是同时进行的。如果客户在获得服务前必须"排队",那么这种服务在传递到客户时所耗费的时间就成为必须重点考虑的因素。在服务营销过程中,服务提供者必须了解客户能否接受"排队"与"等待中"所耗费的时间。如果没有良好的过程管理,要平衡服务需求和服务供给是非常困难的。服务流程管理的质量,直接影响服务营销的品质。

7P营销组合在宏观层面上加入了服务营销特殊的微观元素,并开始注重营销过程的细节,因此7P营销组合比4P营销组合更加具体。7P营销组合考虑了客户在购买产品时的等待时间、客户本身的消费知识以及客户对于消费过程中所接触的人员的要求等。[①]

第四节　媒介融合下的媒介营销创新

党的十八大以来，习近平总书记对媒介融合做出了系列重要论述。以《人民日报》“中央厨房”建设为样板，以澎湃新闻等新闻客户端建设为典型，报业数字化转型全面铺开。以1997年《人民日报》电子版开通为标志，2000年前后，中国报纸基本上完成了“触网”任务，2005年，蔡雯教授撰文介绍了美国媒体融合和新闻融合的经验，媒介融合成为报业数字化转型的关键词。[②] 媒介融合过程中，传统媒体和新媒体在内容、渠道、平台、经营和管理等方面深度融合，出现了一批形态多样、手段先进、具有竞争力的新型主流媒体，建成了一些具有强大传播力、公信力和影响力的新型媒体集团，形成了立体多样、融合发展的现代传播体系。[③]

一、媒介产品营销模式

媒介营销主要存在两种模式：一种是以广告支撑的“二次售卖”模式，一种是以内容支撑的媒介产品模式。

媒介由于内容产生的影响力而拥有众多受众，这些受众对于售卖产品的厂商具有很大的吸引力和商业价值，厂商也可以借助媒介平台宣传、推销产品。此种模式要求媒介内容能够吸引受众注意力。媒介内容要想在媒介市场中增强曝光度，就必须强化对媒介内容的注意力研发与设计。在此背景下，媒介可以利用自己的版面、时段或者其他媒介空间为厂商提供广告服务，并将自己的受众“出卖”给广告商，实现“二次售卖”，从而通过广告获取收益。报纸、杂志、广播电台、电视台等媒介不同程度依靠广告收入来进行商业运作，这就形成了媒介以广告支撑的“二次售卖”模式。随着传播模式中受众主权的增强，原来建立在单向、大规模传播基础上的媒介“二次售卖”模式受到冲击，越来越多的受众付费自主选择内容产品，不再给硬性广告生存空间，传统的硬性广告空间逐渐被压缩。

内容支撑型的媒介营销模式，主要依靠销售承载内容的媒介产品进行运营。例

---

① 向勇．文化产业概论[M]．北京：中国人民大学出版社，2022：152-153.

② 祁涛，黄达．报业数字化转型的逻辑缺陷及其修补：写在互联网进入中国25年与报业消亡论争15年之际[J]．新闻爱好者，2019(11)：65-69.

③ 郭津．以市场化为导向的媒体融合发展问题研究[J]．新闻爱好者，2019(1)：63-66.

如,书报刊的销售收入、有线电视节目的节目订购费、视频网站的会员费或节目点播费、电影票房收入等。除此之外,很多媒介具有公共服务属性,其所提供的服务是公共文化服务,政府可以通过财政拨款为媒介提供资金支持。例如,我国全额拨款的事业单位属性媒介、西方国家的公共广电网络(例如,英国广播公司)等。[①] 另外,衍生品与后产品也是媒介内容支撑的重要内容。衍生品对媒介营销的作用主要有两个:一个是"营销宣传",一个是"增值收益"。例如,电影产业除了有票房收入外,衍生品市场已经拓展到音像出版、服装、玩具、旅游、图书、文具等领域。

二、媒介产品定价

媒介产品是一种特殊的商品,在市场经济下,具有自己独特的营利模式和定价规制。正确合理定价能够帮助媒介在市场竞争中获得优势,达到既定经营目标,实现社会效益和经济效益相统一。不合理的定价会影响媒介的长期经营。如果定价过低,媒介收入可能无法弥补生产中的亏损;如果定价过高,媒介将会失去客户。定价是媒介经营的重要环节。定价一般要经历六个步骤:选择定价目标、测定需求价格弹性、估算成本、分析竞品价格、选择合适的定价方法、确定最后价格。

媒介产品定价的主要依据有:

(一)成本定价

成本是报纸、杂志、图书等印刷媒介产品定价的最低界限。传统媒介组织所耗费的成本主要有采编成本(或者组稿和编辑成本)、设计制作成本、印刷成本、发行成本、管理成本和其他成本等。媒介产品定价只有高于成本,媒介组织才能填补生产中产生的费用,获得利润以维持组织运转。成本费用是媒介产品定价的重要依据,也反映媒介组织的管理水平。

成本导向型定价分为完全成本定价和部分成本定价。一般来说,在市场上占有一定垄断地位、以发行为主要收入来源、实行差异化战略、替代性弱、需求价格弹性小的媒介产品可以采用完全市场定价。以广告作为主要收入来源、实行成本领先战略、替代性强、需求价格弹性大的媒介产品可以采用部分成本定价。对于主要依靠广告收入的媒介产品甚至可以采取"负定价"策略,即低于成本定价策略。

广播电视节目的成本主要包括生产成本(原材料成本+采制成本+固定资产折旧)+推广成本+服务成本+管理成本(人工成本+纳税)+预期利润率。明星片酬往

① 周蔚华.媒介经营与管理[M].北京:中国人民大学出版社,2023:22-23.

往占据广电节目制作成本的大头，例如，知名 IP 剧《如懿传》制作成本超过 3 亿元。央视报道称，剧中两位主演周迅和霍建华就拿走了 1.5 亿元片酬。2018 年 10 月 31 日，国家广播电视总局发布了《关于进一步加强广播电视和网络视听文艺节目管理的通知》，明确规定每部电视剧（含网络电影）全部演员片酬不得超过制作总成本的 40%，其中主要演员不超过总片酬的 70%。在官方管控明星天价片酬后，节目质量成为定价的核心依据。①

"负定价"指的是当媒介产品价格低于其平均成本（包括固定成本和可变成本）时的一种定价策略，其营销模式依赖于广告的"二次售卖"。例如，1999 年 5 月 9 日，《江苏商报》以当时南京报业市场最低价格——0.2 元/份——打进南京的早报市场，点燃当地报纸价格战导火线。同年 9 月，《江南市场报》改名为《江南时报》，以 0.2 元/份价格跟进；10 月，《现代快报》扩版，以 0.1 元/份的价格销售；年底，《南京日报》推出了买《南京日报》送《金陵晚报》的政策……如此的媒介产品"负定价"导致了南京报业大战，报纸低价倾销。为了扭转该不良局面，2001 年 2 月 22 日，江苏省委宣传部、江苏省新闻出版局和省惩治腐败廉政建设领导小组办公室联合发出《关于进一步规范南京地区报纸价格的紧急通知》，该通知要求：自 2001 年 2 月 26 日起，南京地区报纸（4 开 16 版或对开 8 版），每份零售价最低为 0.3 元，凡低于此限价的报纸一律上调；各报纸不再实行相互搭售、"买一赠一"等"酬宾""优惠"变相降价方式。在行政力量介入下，南京报业市场秩序得以稳定。

（二）市场需求定价

供求平衡是媒介产品需求量与供给量在一定时期内保持平衡的状态。媒介产品在供求平衡下的价格被称为均衡价格。市场供求关系决定了媒介产品价格，媒介组织在给媒介产品定价时，要充分考虑媒介市场需求状况及其特征。当媒介产品价格低于市场均衡价格时，就会形成供不应求局面；当媒介产品价格高于市场均衡价格时，就会导致供过于求。反之，媒介产品的供求关系又会影响其价格。需求价格弹性指一定时期内商品需求量的相对变动对该商品价格相对变动的反应程度。需求价格弹性可以用需求价格弹性系数来表示：需求价格弹性系数＝需求量变动百分比（%）/价格变动百分比（%）。一般来说，需求价格弹性系数如果大于 1，代表需求富有弹性；需求价格弹性系数如果小于 1，代表需求缺乏弹性。市场需求价格弹性是影响媒介产品价格的

---

① 国家广播电视总局关于进一步加强广播电视和网络视听文艺节目管理的通知[EB/OL].(2018-11-09)[2024-06-22]. http://www.nrta.gov.cn/art/2018/11/9/art_113_39686.html.

一个重要因素。如果媒介产品缺乏弹性,适当提高销售价格也不会大幅降低消费者需求量,媒介组织也可以有更多盈利。如果媒介产品富有弹性,适当降低价格,可能会有更高销售量,从而获得更高利润。媒介组织在考虑价格调整时,无论是涨价还是打折,都应该根据消费者需求价格弹性做出判断。

媒介组织还可以根据消费者需求进行个性化定价。个性化定价指媒介组织以保留价格(消费者愿意付出的最高价格)向每个消费者分别售出产品。个性化定价可以为媒介组织带来更多盈利。个性化定价有两个前提条件:一是消费者之间信息流动不通畅,无法知道彼此支付的实际价格;二是在媒介产品或服务上提供差异化,例如,精装书和平装书,在生产成本上没有太大差异,但其价格以及传递给消费者的价值认知则相差很多。

在新媒介日益发展的今天,媒介消费者的个性化需求将会得到充分保证,例如,根据碎片化消费时间提供个性化的产品或服务,为媒介组织制定更为丰富的个性化定价带来可能。① 针对可替代性弱、受众期待高的媒介产品,媒介组织可以采取撇脂定价。撇脂定价指的是媒介组织可以把产品价格定得很高,以获取最大利润,如同从鲜奶中撇取奶油。例如,2017 年,财新传媒发布公告称,自 2017 年 11 月 6 日起,开始全面收费。其中,整合了财新网和《财新周刊》全线最强新闻产品的“财新通”定价为 498 元/年,主打专业数据库的“数据通”定价为 1998 元/年。在众多传统纸媒倒闭的大背景下,财新传媒敢如此定价,说明读者认可其高品质原创财经新闻、资讯和评论价值,也符合财新目标受众消费能力。②

(三)刊播方式定价

2015 年 1 月 1 日起,国家新闻出版广电总局对卫视综合频道黄金时段电视剧播出方式进行调整,内容包括同一部电视剧每晚黄金时段联播的卫视综合频道不得超过两家,“一剧两星”制度的推行终结了此前长达十年的“一剧四星”时代。至此,电视剧在电视台的播出方式包括独播、两家联合上星、二轮播出等。其中,独播的价格最高,两家联合上星可以分摊购片费用,购买电视剧的二轮播出权价格会比首播低不少。

独播剧是指某部电视剧的播出权被一家电视台垄断,买方拥有独家资源。2005 年,中央电视台率先提出这一概念并于 10 月初播出了中国电视史上第一部独播剧《宝莲灯》。另一部由央视豪掷 3,500 万购买独播权的《京华烟云》,单集最高收视率达

---

① 张宏.媒介营销管理:智能化融媒时代的理论、政策与战略实践[M].2 版.北京:北京大学出版社,2013:172.

② 周蔚华. 媒介经营与管理[M]. 北京:中国人民大学出版社,2023:202-203.

12.92%。地方卫视方面,湖南卫视的独播韩剧《大长今》也取得了巨大成功,仅一轮播出就带来了 4,000 多万元的广告收入。如今,独播已经成为各大电视台的收视法宝,平台需要花更多的钱去买断优质电视剧的独播权。

两家省级卫视联合上星播出电视剧,如 2019 年 3 月 1 日起,在浙江卫视和江苏卫视双台黄金档联合播出的《都挺好》,单集首轮版权收入约为 1,450 万元。其中,两家卫视共同为《都挺好》的每一集付出 600 万元。联合上星虽然可以帮电视台将高额的费用分担,以相对低廉的价格买到高质量好剧,但存在的问题是合买电视剧的电视台必须把剧目的档期和播出时间安排一致,否则就等于花首轮的钱播了二轮的剧。

(四)刊播平台定价

刊播平台,也就是报纸、广播电视的级别或影响力决定了媒介产品的交易价格。以电视剧为例,国家级电视台通常买断电视剧的全部版权,支付的价格最高。省级电视台、省会电视台和地市电视台的购片价格与该地的经济发展水平直接相关。另外,电视台的广告经营状况也会有很大影响。省级电视台的平均购片价格一般会高于省会电视台,地市电视台的购片价格则会更低。但有些经济发达地区,例如深圳等地电视台的购片价格比经济欠发达地区的省级电视台的购片价格更高。

另外,随着传统直播电视的式微,视频网站日益成为电视节目播放主要平台之一,电视剧的网络正版价格连年飙升。据报道,作为强势省级卫视的湖南、浙江、东方、北京、江苏五大卫视 2019 年的合计购剧预算仅为 115 亿,不及视频网站三巨头——腾讯视频、爱奇艺和优酷 700 亿元年度内容预算的 1/6。①

三、媒介渠道

媒介渠道,指的是媒介内容从内容生产制作方向用户方转移的过程中所依赖的载体和路径。鉴于媒介内容在形态上与普通消费产品存在差异,媒介渠道既包括承载和传递非实体内容产品的技术介质,例如,有线电视网、互联网、手机等,又包括传递和分销媒介产品的销售路径,例如,报刊和音像制品的发行渠道。整体而言,媒介渠道通常包括四个部分:内容制造商、内容集成商、渠道供应商和用户。某些情况下,媒介既扮演内容制作商角色,又承担内容集成的工作。例如,传统媒介大多自己制作内容,并通过集成的报纸、电视频道、广播频率等形式进行内容传送。新媒体平台大多自己不生产内容,而是将用户生产内容(UGC)和专业生产内容(PGC)依据特定规则进行全网

---

① 周蔚华. 媒介经营与管理[M]. 北京:中国人民大学出版社,2023:209-210.

分发。随着技术的进步,内容生产由围绕大众生产发展到围绕个人生产,用户可以从新媒体平台获取个性化定制内容。相应地,内容生产主体也由专业化走向平民化、分散化和多元化。①

媒介渠道模式在不断变化,因为环境在不断变化。现实社会中,媒介会采用多种媒介渠道。无论媒介采取什么样的渠道策略,都要考虑成本和风险等要素。渠道的背后是媒介关于成本和风险分担的综合考虑。例如,以前报纸只能通过邮局一家垄断发行渠道才能到消费者手里。正是因为邮局存在垄断性,没有竞争压力,导致报纸不能按时送达。后来出现了报刊亭,为消费者提供了便利。但是,报刊亭无法提供更多的渠道竞争优势。

制作技术的数字化为媒介内容多元化营销渠道提供了可行性。一则信息既可以在报纸上刊载,也可以在互联网上刊载。同样,一部文学作品既可以印刷为纸质书,供那些喜欢“书香”的人捧着阅读,也可以进入电子书库,供人们下载阅读。美国好莱坞开创的电影产业窗口战略也是一种多元化版权营销渠道。一般情况下最新的好莱坞影片在美国全国电影院首映,大约两个月后发行到海外电影院。有的电影是全球同步放映,甚至在海外先期放映。影片会在首映后一段时间,提供给付费频道播出,接下来在全球发行音像制品,然后在主要的免费电视频道播出。同时,这部电影选择在合适的时机进入互联网渠道。由此可见,一部电影可以通过多种渠道获得多元版权收入。另外,还有部分版权收入来自这部电影的副产品,例如,主题公园、玩具等衍生产品流通渠道。②

(一)印刷媒介渠道

由于印刷媒介内容传播更依赖实体产品(报纸、杂志、图书)的所有权和使用权转移,因此,普通商品的众多渠道营销策略同样适用于印刷媒体的渠道运作。整体而言,印刷媒介渠道主要包括五大部分,即作为内容供应商的作者,作为内容集成商的报社、杂志社和出版社,作为内容分发平台的代理商及零售终端、网站、社交平台、直播平台等,以及作为产品消费者的读者(见图 7-2)。

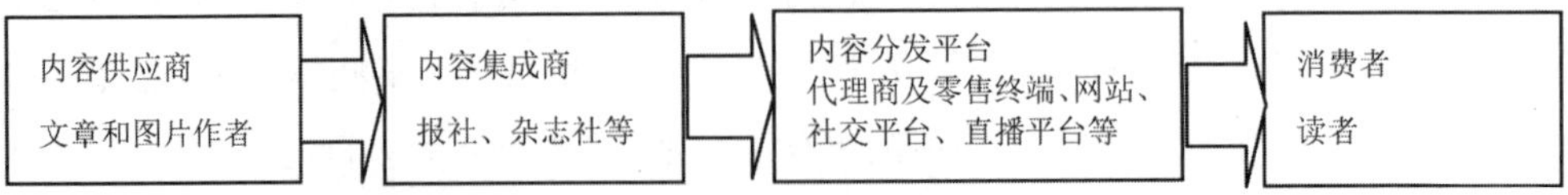

图 7-2　印刷媒介渠道

① 谢新洲. 媒介经营与管理[M].2 版.北京:北京大学出版社,2023:357.

② 张宏. 媒介营销管理:智能化融媒时代的理论、政策与战略实践[M].2 版.北京:北京大学出版社,2013:194-196.

我国印刷媒介渠道经历了“邮局独家代理”“邮局发行与自办发行各行其道”“多种渠道整合经营”三大发展阶段。印刷媒介渠道的参与者也从单纯的印刷媒介和邮局主导，发展到印刷媒介、邮局、民营运营商共同运作局面，产生了邮局发行、报社杂志社自办发行、第三方发行和数字化发行等多种渠道管理模式。

数字化背景下，印刷媒介数字化就是指报刊媒介借助数字技术，改变报刊媒介原始的内容呈现形态，丰富内容传递的媒介渠道，寻找内容产品发行渠道和发行范围的扩张。印刷媒介的数字化转型为渠道转型创造了机会，主要体现在三方面：

一是报刊媒介选择网络作为媒介渠道，通过开办传统媒介网络版，以赠阅或者有偿订阅的方式，实现报刊的网络发行。报刊媒介通过自办网络发行内容产品，是报刊媒介在数字化发展初期惯常采用的方式。大部分报刊媒介都把搭建自己的网站以及复制纸质版内容作为数字化的主要形式。

二是报刊媒介选择移动通信网络运营商作为合作伙伴，选择手机等移动设备作为媒介终端，采取推送或订阅方式向读者传递内容产品。部分网络运营商针对媒介网络发行需求，构建了综合的数字化发行平台，为多家媒体提供发行服务。移动通信技术的革新与应用，实现了期刊的移动终端出版和阅读。

三是报刊内容供应商和报刊媒介借助报刊数据库平台，实现内容的二次发行等。借助数字空间海量和分类存储功能，网络运营商开始搭建互联网包括数据库平台。这些运营商一方面扮演内容集成商角色，通过将成千上万包括文章分类管理，形成了庞大的报刊文章数据库；另一方面，扮演渠道供应商角色，通过互联网平台，为终端消费者提供查询、浏览和购买内容产品的渠道。

（二）电子媒介渠道

电子媒介的渠道大致由五部分构成，即作为内容供应商的节目制作者（包括广电媒体内部的节目制作部门和外部的内容制作商），作为内容集成商的广播电台和电视台，作为信号载体和传输平台的无线频率/频道、卫星频率/频道和有线广播电视网络，作为内容接收终端的收音机、电视机和手机等设备，以及作为内容消费者的听众和观众（见图 7-3）。

与印刷媒介不同，电子媒介的渠道运作，其内容产品要顺利到达消费者，需要解决两大关键问题：一是要寻找合适载体来承载其内容信号，二是要普及相应接收装置，供消费者接收、解码信号，并实现对内容产品的消费。

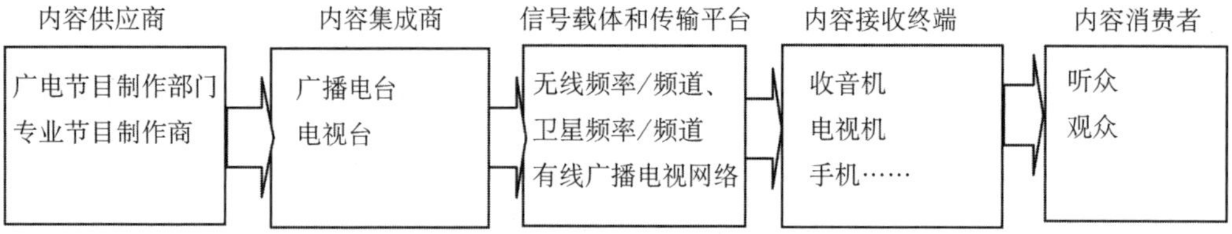

图 7-3 电子媒介渠道模式

1.广播渠道

对于传统的广播媒体而言,借助模拟信号的地面传输技术和收音机设备,向特定区域内听众传送信号,是其主要的渠道运作方式。由于地面广播信道资源有限,政府对频率资源的管理相当严格,特定频率执照需要有国家或省、自治区、直辖市广电主管部门核发。同时,为协调不同地区、不同媒介对广播频率的使用,相关主管部门还会对频率使用范围、信号传输的发射功率等进行管制。

数字技术下,广播频率有了承载多元化信号形态的能力。不少广播媒介尝试在声音内容之外,开发文字和多媒体内容,发挥广播频率移动传输优势,打造移动多媒体传输平台,为自身媒介渠道寻找更广阔的利润空间。

除了数字广播技术外,国内不少广播电台开始在互联网上进行音频直播,通过互联网到达更多听众。2014 年起,北京广播电台、东方广播、中央人民广播电台等进行变革,分别自建官方移动音频客户端“听听 FM”“阿基米德 FM”“云听”,打造新型主流媒体,并迅速在音频市场上占有一席之地。

随着私家车数量的迅速增长,车载广播普及率迅速提高。在行车过程中,占用听觉的广播媒介是最具优势的伴随性媒介,故而车载广播终端的广泛应用带来交通广播的繁荣,有效带动了广播产业实现市场突破。

2.电视渠道

不论是模拟技术,还是数字技术,电视媒介的内容传播渠道都大致分为三大类:一是有线传送;二是地面无线传送;三是卫星传送。

有线传送借助有线光缆向所覆盖区域的电视观众传送信号,能有效地保证图像和声音信号的稳定,是目前电视媒介最常选用的渠道形态。地面无线传送借助地面甚高频(VHF)和特高频(UHF)广播信道进行信号传送,与有线传送相比,具有成本低廉、覆盖较广等特点。地面无线传送经数字电视转换后,地面传送的信号质量被大大提高,并可以将内容信号传送到有线电视难以到达的农村和偏远地区,因而地面无线传送在电视媒介渠道中的地位大幅提升。卫星传送是指借助卫星信道传播电视信号的传送方法。卫星传送以覆盖面广、质量好、干扰少且资源丰富为特点，是目前最为重要的通信手段之一。但是，卫星传送所面临的终端接收问题比较严峻。由于消费者个体接收卫星信号的成本比较高，不少卫星频道选择与区域性的有线网络或无线差转台合作，从而实现信号落地。

电视媒介渠道主要包括如下几个流程，即节目制作商先制作节目，然后交由电视台或其他内容集成平台进行内容集成，接着电视台通过自有的或租用的传送平台进行节目传送，最终消费者通过特定的终端设备进行节目收视。在我国市场上，有线传送和卫星传送是电视媒介内容传送的主要渠道。在数字电视转换后，新增的付费频道和视频点播服务，同样也是依赖上述渠道进行传播。

数字电视转换除了在技术上提升电视媒介渠道的质量和效率外，其所带来的全新业务模式还促使电视媒介渠道进行流程再造。在基于数字电视技术产生的各种服务中，数字电视付费频道改变了传统电视“免费传送信号，以观众注意力换取广告收入”的经济模式，采用“观众支付一定费用订阅电视频道”的营利模式，丰富了电视媒介渠道创新。在数字电视付费频道渠道运营中，电视台或民营制作机构通过开发专业的数字付费频道内容扮演了内容供应商角色，由政府批准的数家付费频道集成运营商则借助自己在信号压缩、频道加密、代销服务和入网服务等方面的业务优势，扮演了内容集成商和内容经销商的双重角色，集成运营商集成的数字付费频道通过传送运营机构被传送给各地的有线网络运营商，并最终通过有线网络运营实现向电视观众的分销（见图 7-4）。

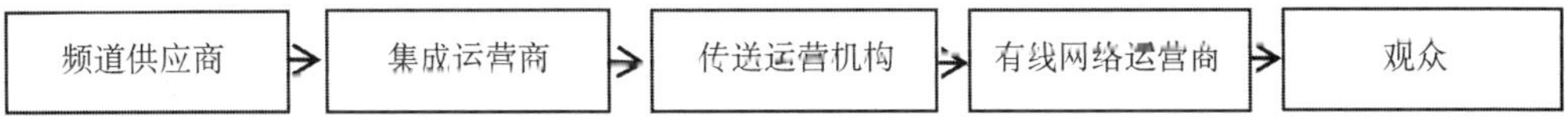

图 7-4　数字电视付费频道渠道运作模式

（三）新媒体渠道

新媒体从本质上说仍然属于电子媒介，和传统电子媒介相似，新媒体所传递的内容产品也大多属于非实物形态。因此，内容信号的载体和最终接收与解码的终端设备，是新媒体渠道运作中最为关键的两大环节。在新技术和消费需求推动下，部分新媒体开始尝试利用和延伸媒介渠道，提供产品销售和渠道支持服务，拓宽了媒介渠道盈利前景。在此情况下，媒介不再局限于通过渠道传递特殊内容产品，而是借助其信息渠道，完成对普通商品信息和服务信息的传送，并为商品交易和服务实现提供平台。

1.互联网渠道

互联网作为信息传播平台,尝试独立进行渠道运营。借助渠道优势,互联网吸引传统媒介之外的其他行业参与,并开拓新的业务模式。互联网渠道被视为产品供求信息的传播渠道,与产品的配送渠道和资金流动渠道相结合,构建非实体性市场平台。电子商务网站还通过建立电子数据交换系统、电子商情系统、电子合同系统和电子支付系统,加强与产品供应商、物流供应商和资金流通平台合作,保证了信息流和商品流顺畅。

随着移动5G技术的成熟,互联网出现了类似电视购物形式的销售渠道形式——直播带货。直播带货激活了上下游产业链的发展。产业链上游为实体产业,直播平台为直播带货提供场所和技术支持,并且产生了专业化的组织"MCN机构"。MCN机构负责筛选"网红",并为他们制定"人设",匹配相应的销售场景和销售产品。直播间通过"网红"的场景化呈现和即时互动,激发用户购买欲望。[①] 2019年,电商直播兴起并得到迅速扩张,以头部主播为代表的直播带货速度以秒计算。"万物皆可直播"的万亿直播市场迅猛发展,为各行各业提供了新的机会,直播从简单的"秀场"到如今的商业生态红利高地。直播带货具有高度实时性和交互性,已经渗透到消费者日常生活的各个方面。电商直播已经成为在线销售的新营销渠道,对于用户的活跃度、留存率、忠诚度和购买行为都产生了重要影响。[②]

2.社交媒体渠道

社交媒体与传统媒体的主要区别是内容生产方式和传播方式的用户自主性。用户能够利用社交媒体将图片、视频、文本和传统内容进行混搭处理,并建立互动,建构联系,生成意义。当前,社交媒体广泛存在于互联网应用的各个方面:虚拟社区、即时通信、移动直播、微博微信、音视频等。具体来说,社交媒体可以分为平台型社交媒体、社群型社交媒体、工具型社交媒体和泛在型社交媒体四种形态。

平台型社交媒体的特点是可以聚合资源、响应需求、创造价值。微博、微信等属于典型的平台型社交媒体。微博是当下中国最大的弱关系社交平台,当公共事件在微博上传播时,用户的参与度决定了娱乐的影响力。与微博的聚合内容平台模式不同,微信侧重于服务型平台,即通过即时通信、语音、"朋友圈"、二维码和"摇一摇"等服务,可以同时满足用户聊天、拓展关系、自我展现等社交需求,从而增强用户黏性。

社群型社交媒体伴随着互联网技术的发展而产生,从血缘关系、地缘关系、业缘关

---

① 谢新洲.媒介经营与管理[M].2版.北京:北京大学出版社,2023:363-379.

② 陈钦兰,周飞,陈小燕,等.新媒体营销:数字、工具与运营[M].北京:机械工业出版社,2023:389.

系发展到虚拟关系，从 BBS、网络论坛发展到 QQ 群和微信群等。社群型社交媒体主要两种：一种是基于熟人关系形成的强关系社群，例如，工作微信群、家庭微信群等；另一种是基于弱关系形成的微信群，例如，以趣缘为基础建立的微信群，成员之间可以是陌生人，也可以是熟人，彼此通过某种话题进行互动形成的社群。

工具型社交媒体将社交工具化，使社交成为新媒体中的重要元素，而不是主导元素，即社交是工具，服务才是目的。工具型社交媒体包括“滴滴出行”“网易云音乐”“饿了么”等。工具型社交媒体的核心特征是应用场景，通过使用场景与社交适配，接入用户。

泛在型社交媒体以社交属性的内容和服务，“嵌入”各类媒体形态。当前的移动互联网已经突破传统的 PC 互联网限制，移动社交已经广泛存在于各类媒体，从而泛在型社交媒体无处不在。例如，网络直播也是一种具有媒体属性的社交行为。

按照传统思维，渠道就是渠道，内容就是内容，渠道是内容的传输工具。但是，在新媒体时代，渠道发生了变化。例如，一部手机就是一个传播工具，以微博微信为代表的社交媒体变成了传播平台，移动互联网就是传输通道，每个人都可以通过平台生产和传播信息。移动互联网时代，渠道不再是问题，关键在于内容。①

3.新零售渠道

新零售指的是运用大数据、云计算、人工智能、新物流等技术，通过“数据挖掘＋算法”精准满足用户画像需求，深度融合线上和线下平台渠道，重构和协同人、货、场、云、节点、资源和环境，全方位满足消费者多种需要和体验的零售新形式。零售，是商品经营者或生产者把商品卖给个人消费者或者团体消费者的交易活动。零售，是实现消费的重要环节，是商业中最重要的要素，是最终实现 B、C 价值交换的重要、不可或缺的活动。新零售，英文是 new retailing，是有别于传统零售的零售新型业态。2016 年 10 月，阿里巴巴首次提出“线上＋线下＋物流”深度融合的新零售，引起人们的广泛关注。

新零售的关键要素是人、货、场、云。人，不仅包括需求方的用户和消费者，也包括服务消费者的所有业务人员、管理者和组织机构。货，是指商品或代售的货品。新零售下的货品形式多样，可以不受时间、地点、空间、仓库、面积等限制；场，是指商品交易或存储的场所、仓库，或交易业态。新零售下的场，不仅指固定实体场所，也包括线上虚拟的场、电商网站及其他新媒体交易业态。云，指新媒体下的网络技术、运营技术、信息技术支撑的零售服务和管理网络。“人、货、场、云”已经越来越成为企业未来发展

---

① 谢新洲.媒介经营与管理[M].2 版.北京：北京大学出版社，2023：380-381.

深度全渠道融合、端到端全链路高效精准匹配的新商业模式。[①]

四、媒介产品促销

媒介促销的核心是使媒介生产者和中间商或消费者进行信息沟通，刺激他们的需要，鼓励他们参与到媒介经营活动中的一种方式。

(一)技术驱动下的数字广告营销

广告在媒介促销中具有建立知晓、强化理解、有效提醒、提供线索、佐证效果、再度保证等重要职能。[②] 传统媒介时期的广告主通过向媒介购买媒介资源位，在固定位置展示广告，但是不能跟踪广告效果。随着移动互联网的普遍应用，用户分散在不同媒介平台，从搜索竞价广告到程序化广告，再到原生广告，大数据、算法在广告营销中的参与程度越来越高，借助用户画像、LBS(location based services，即基于位置服务)、关系链等维度的大数据计算，就能更有效触达不同人群，实现广告投放的灵活精准定向、实时竞价和广告效果的监测追踪。广告在互联网媒介投放已经成为主流，数据和流量成为广告市场的核心要素。在技术驱动下，广告的程序化购买得以实现，中小企业也加入数字广告营销市场中来。在此背景下，广告营销从单纯的广告代理转向整合营销传播。[③]

(二)人员推销

人员推销是指通过推销人员深入中间商或消费者进行直接的宣传介绍活动，使中间商或消费者采取购买行为的促销方式。人员推销是人类最古老的促销方式。由于是面对面交流，人员推销有助于建立信任关系。有的媒介产品适合人员推销，例如，电视剧、电影等向中间商、电影院的推销，图书、杂志等由销售人员的推销等。人员推销具有广告和宣传等其他促销方式无法比拟的优点：第一，推销注重人际关系，有利于顾客与销售人员建立友谊；第二，推销具有较大灵活性；第三，推销针对性强，无效劳动较少；第四，推销在大多数情况下能实现潜在交换，达成实际销售；第五，推销有助于企业了解市场，提高决策水平；第六，推销经常用于竞争激烈的情况，适用于那些价格昂贵和性能复杂的商品。

---

① 陈钦兰，周飞，陈小燕等. 新媒体营销：数字、工具与运营[M]. 机械工业出版社，2023：423-424.

② 郭国庆.市场营销学通论[M].8 版.北京：中国人民大学出版社，2020：245.

③ 周蔚华.媒介经营与管理[M]. 北京：中国人民大学出版社，2023：234.

随着互联网技术的发展和智能媒体的普及，直播营销已经成为营销的主要模式。2016 年是网络主播的“爆发元年”，京东、淘宝、唯品会等电商平台纷纷推出直播功能，开启直播导购模式。直播营销的井喷之年是 2020 年，通过直播方式，提高了公众与主播的互动，公众在社交活动中可获得符合自身需求的内容。直播营销以直播作为主要营销渠道，通过主播与用户的互动，为用户提供了直观、实时和丰富的购物体验。其中，商家直播和主播代播是主要的直播模式。[①] 除了日常直播外，一年一度的“双十一”“6・18”等电商活动期间，直播营销的促销作用发挥得淋漓尽致。淘宝、抖音、快手三大平台凭借直播场景扩容和场景构建，引领中国直播进入 4.0 时代。各大平台上，带货主播以远低于商品原价的直播专属价作为引流促销策略，并通过极力渲染、比价刺激等促销手段，吸引了大批受众。

（三）销售促进

销售促进也被称为营业推广，指企业运用各种短期诱因鼓励消费者和中间商购买、经销（或代理）企业产品或服务的促销活动。销售促进也是构成促销组合的重要促销形式。销售促进的方式多种多样，企业需要根据每种方式的特点、促销目标、目标市场的类型以及市场环境等因素选择适合本企业的销售促进方式。销售促进针对消费者推广的方式主要有：赠送样品、赠送代金券、包装兑现、廉价包装、赠品印花、有奖销售、现金折扣、免费体验、连带促销等；针对中间商的促销方式有购买折扣、津贴补助、经销奖励、销售竞赛、免费咨询以及展览会、团购、联合促销等。一般来讲，销售促进也可以被理解为企业刺激消费者购买产品或服务的一切办法。销售促进的短期效果显著，适合于在一定时期、一定任务的短期性促销活动中使用。但是，销售促进不宜长期使用，也不宜单独使用，需要与其他促销方式配合，否则会折损品牌形象。

移动互联网背景下，销售促进和互联网技术、人工智能技术、大数据技术紧密联系起来。例如，大数据营销利用大数据技术，对可用的、不断增长的、不断变化的、不同来源的（传统的和数字渠道的）、多种形式的（结构化和非结构化数据）的海量数据，进行收集、分析和执行，以鼓励客户参与，提高营销效果。互联网经济时代，免费是一种营销手段。例如，百度搜索免费，支付宝转账免费。但是，网站、平台提供完全免费的产品，并不是直接从用户身上获得收入，而是通过免费产品吸引用户浏览网站，增加网站的人气和流量。除了免费使用，基于大数据的互联网促销还有奖励作用，例如，返现促销和补贴促销都是奖励使用的具体做法。在互联网时代，补贴主要形式是返现，返现

---

① 费威，王阔. 直播电商背景下品牌商、平台与主播的食品安全动态策略[J]. 软科学，2023(7)：117-126.

又常常通过设定不同的数量折扣比例来实现,从而形成了补贴促销、返现促销和折扣促销等。

(四)公共关系

公共关系又称公众关系,源自英文"public relations",简称"公关"或 PR。公共关系指的是媒介在从事营销活动中,正确处理媒介与社会公众的关系,以便树立媒介品牌的良好形象,从而促进媒介产品销售的一种活动。也就是说,公共关系就是媒介以公众利益为出发点,通过有效的双向沟通,在公众中树立良好的形象和信誉,以赢得公众理解、信任、支持与合作,为媒介发展创造良好的社会环境。公共关系常常以新闻或评论形式出现,容易被公众接受和认同。媒介公共关系一般通过新闻发布等手段进行,媒介公共关系的目的是为媒介营造品牌信任的环境(包括舆论氛围等),而不是直接为媒介产品创造需求。但是,成功的媒介公共关系活动,可以激活市场需求。

媒介可以通过公共关系,及时、准确、真实、有效地向社会公众传递信息;同时,还可以随时收集、整理、分析公众的建议和意见,并迅速做出反馈,不断改进工作。[①] 媒介公共关系形象包括媒介产品形象、媒介服务形象、媒介员工形象等。良好的公共关系形象是媒介的无形资产,可以有效促进媒介与用户以及合作伙伴的沟通,从而增强媒介核心竞争力。按照公共关系的功能作用不同,媒介公共关系活动方式主要有宣传性公关、征询性公关、交际性公关、服务性公关和赞助性公关等。

(五)人工智能时代的整合营销传播

整合营销传播(integrated marketing communications,IMC)由美国西北大学的唐·舒尔茨教授 1992 年在《整合营销传播》中提出。整合营销传播是通过整合广告、人员推销、销售促进和公共关系等促销手段,传递一种形象、一种声音,并整合组织所有内部信息,确保对外传播信息的一致性和统一性,从而寻求从多种媒介渠道与多层面的传播工具实现协同效应。[②] 整合营销传播的一个关键因素是营销企业必须了解各类沟通或促销工具,并知晓如何使用它们来传递公司或品牌信息。在制定整合营销传播策略过程中,营销企业需要结合各种促销组合要素,平衡每一个要素的优势和劣势,以产生最有效的传播计划。

当今新媒体环境下,广告主不得不面对不同的场景、不同的营销渠道、不同的投放

① 邵培仁,陈兵.媒介管理学概论[M].北京:高等教育出版社,2010:183-185.

② 段淳林.整合品牌传播:从 IMC 到 IBC 理论建构[M].北京:人民出版社,2020:50.

形式和不同的终端。例如，微博涵盖热搜、超级话题、开屏专区和信息流广告等较为强势的广告产品线。在人工智能技术环境下，对单一的消费者决策链路全覆盖轻而易举。从任何角度审视，促销组合拳力度都要比传统媒体时代的散点式曝光更为有力。①

【本章小结】

1.媒介市场就是媒介产品买卖的地方。媒介市场的买方包括受众和购买广告资源的广告主，卖方包括报社、杂志社、电台、电视台、出版社、互联网新媒体企业等。买方决定媒介产品和服务的市场需求，卖方决定媒介产品和服务的市场供给。

2.在社会主义市场经济条件下，媒介组织在媒介市场要承担社会责任，要遵守新闻规范和传播伦理，媒介社会效益要大于媒介经济效益，媒介党性原则要大于媒介商业原则，要恪守客观、公正、全面、平衡原则。

3.商业模式是一家企业用来建立并使用资源，以提供比竞争对手更高价值给顾客，并借此赚取利润的方法。商业模式构成要素包括：核心价值主张、目标市场、客户关系、渠道、关键合作伙伴、关键资源、关键业务、收入来源和成本结构九个要素。

4.媒介以“平台”身份存在，一手“牵”着用户，一手“拉”着广告主。媒介平台既包括报社、杂志社、广播电台、电视台，又包括自媒体、短视频、社交、搜索、购物、游戏等网络平台。

5.媒介营销主要存在两种模式：一种是以广告支撑的“二次售卖”模式，一种是以内容支撑的媒介产品模式。

6.媒介产品是一种特殊的商品，在市场经济下，具有自己独特的营利模式和定价规制。正确合理定价能够帮助媒介在市场竞争中获得优势，达到既定经营目标，实现社会效益和经济效益相统一。

7.媒介渠道，指的是媒介内容从内容生产制作方向用户方转移的过程中所依赖的载体和路径。媒介渠道既包括承载和传递非实体内容产品的技术介质，又包括传递和分销媒介产品的销售路径。

8.媒介促销的核心是使媒介生产者和中间商或消费者进行信息沟通，刺激他们的需要，鼓励他们参与到媒介经营活动中的一种方式。

---

① 郭国庆. 市场营销学通论[M].8 版.北京：中国人民大学出版社，2020：244-250.

【思考与研讨题】

1.请利用商业模式九要素分析某一个知名媒介产品商业模式。

2.以某一媒介产品为例,请利用营销要素组合分析其营销策略。

3.请简要论述几种不同的营销要素理论,并进行比较分析。

4.请结合实际,举例说明双边市场及其特征。

5.请结合实际,分析你对媒介双边市场的理解。

第八章　媒介广告的经营与管理

【章节大纲】

1.媒介广告经营概述；

2.传统媒介广告经营；

3.新媒体广告经营。

【章节内容】

本章介绍了媒介广告经营的发展历程、广告在媒介经营与管理中的地位、传统媒介广告经营、传统媒介广告组织的工作内容、传统媒介广告的经营方式、新媒体广告的特点、新媒体广告的分类和运营模式等。

第一节　媒介广告经营概述

一、媒介广告经营的发展历程

媒介广告经营是媒介创造经济价值的重要途径。从本质上讲，中国媒介经济的发展是从广告经营开始的，我国媒介广告经营发展史从侧面反映了我国媒介经济发展的路径和趋势。在世界媒介广告经营市场中，我国媒介广告经营与发展受特殊历史环境和现实情况的影响，起步相对较晚，发展历程较为曲折，但发展速度较快，市场规模增长迅速。

（一）改革开放前的媒介广告经营

新中国成立之后，根据我国政治生态和经济生态的宰制状况与力量角逐，这一时期我国的媒介广告经营分别经历了三个发展阶段，即国民经济恢复时期处于整顿中的广告经营、社会主义改造时期低速发展的广告经营以及“文化大革命”时期全面停滞的广告经营。整体而言,经过对广告业的改造和初步探索,我国当时的媒介广告发展相对滞后,结构单一,市场规模小,发行收入始终是当时我国媒介收入的主要部分,广告收入则处于第二的位置。

1.国民经济恢复时期的广告经营

在国民经济恢复初期,为了适应社会主义建设的需要,国家加强了媒介广告经营的领导和管理,采取了许多措施进行整顿和规范:

第一,解散了一批经营作风不正、业务混乱、濒临破产的广告社,把分散的广告社合并为具有一定规模的广告公司。

第二,对国民党遗留下来的广告媒介采取军事接管方式,对私营商业电台的报社采取组织管理方式。

第三,各地开始创办相应的广告管理机构,同时在全国相继成立了广告行业同业分会,利用广告同业分会加强媒介广告的经营与管理。

第四,各地区以人民政府的名义发布了一批广告管理办法,1949—1951 年,在广告业比较集中的天津、上海、西安、广州、重庆等城市先后颁布了新的广告管理法规。

第五,加强对广播广告的管理。各大城市的广播电台开办了专门的商业广播电台,增设了广告节目。经过有效的管理,1951 年,天津台经费实现全部自给,北京台还可以每月向国家上缴利润。据《人民日报》广告部资料显示,1951—1955 年 5 年间,《人民日报》广告收入为 165 万元,年平均 33 万元。①

2.社会主义改造时期的广告经营

1953 年,第一个五年计划施行,我国开始进入社会主义改造时期。为了配合私营工商业的社会主义改造运动,国家将媒介广告行业纳入行政体制中进行领导,对一些分散经营的私营广告公司全面实行公私合营,整合改造为大型国营广告公司。

经过这一系列改革,私营的广告公司逐渐消失。全行业公私合营后,在社会主义改造所带来的计划经济体制下,“产、供、销”按国家计划配给,大部分企业的产品由国营商业包销。媒介经济也同样如此,报纸的发行全部交给邮局,媒介资源由国家按计划分配。

这些改革带来了一系列后果。第一,企业没有市场竞争压力,不需要进行广告宣传,广告活动中的广告主缺位;第二,媒介没有生存挑战,不需要“自谋生计”,广告经营

---

① 宁启文.1949 年—1956 年大陆报业企业化经营概述[J].新闻与传播研究,2001(2):58-66,96.

缺乏服务对象和动力机制；第三，广告被视为“资本主义的产物”，其经营和发展受到了政治场域的影响。因此，媒介广告经营活动逐渐萎缩，表征为各报刊登广告的篇幅大大缩小，一些城市的商业电台被取消，广播广告业日趋萎缩。1954 年以后，报纸基本上不再刊登广告，报社的经营活动基本上只剩下发行。1957 年 12 月，布拉格召开了国际广告工作会议，我国商业部派员参加后，借鉴和学习了一定的先进经验，使此后的媒介广告经营活动略微有了起色。但是，媒介的广告宣传活动以政治宣传和社会效益为重，媒介广告经营活动具有较为浓重的政治宣传色彩和意识形态特点，商业广告仍然举步维艰。

3.“文化大革命”时期的广告经营

1966 年“文化大革命”爆发，被视为“资本主义的产物”的广告经营遭到彻底的批判和否定，各地广告管理机关被撤销，广告公司关门停业，广告从业人员被迫解散、改行，整个广告事业基本处于停滞状态，新中国成立后取得了初步发展的广告业被“打回原形”。以人民日报社为例，该报广告年均收入下降到 13 万元，1970 年 1 月 19 日，《人民日报》在刊登了最后三条广告后，便不再刊登广告。

(二)改革开放后的媒介广告经营

党的十一届三中全会提出要把全党的工作重心转移到社会主义现代化建设上来，以经济建设为中心成为国家发展的战略目标。我国的媒介经济随着政治场域的变化开始复苏，媒介广告经营再度扬帆，广告活动得以“正名”，工商广告开始恢复。

1.工商广告的恢复

我国媒介经济复苏的标志是从恢复广告经营开始的。1979 年 1 月 4 日，《天津日报》刊发了“文革”后第一条商业广告——蓝天牌高级牙膏的广告；1 月 28 日，上海电视台率先播出了第一条电视商业广告——参桂养容酒的广告，同时播出“上海电视台即日起受理广告业务”的中国首条电视媒体自身推介的广告；3 月 15 日，上海电视台播出了上海广告公司代理的第一条外商广告——瑞士雷达表外商广告；3 月 20 日，《工人日报》刊出“文化大革命”后第一个整版的外商广告——日本东京芝浦电气株式会社的广告。与此同时，路牌广告经营业务也开始恢复。受广告业态环境的影响，大批广告公司纷纷成立。工商广告的恢复，迈出了媒介广告市场化经营的第一步。

2.为广告正名

我国广告事业虽然开始恢复生机，但人们对广告的质疑却没有停止，“广告”的意识形态属性和功能一直困扰着人们的认知,很多人坚持认为广告是"资本主义的产物",诋毁和干扰不断发生。因此,为"广告正名"就显得紧迫而必要。

1979年1月14日,《文汇报》第二版的"杂谈"栏目发表了丁允朋《为广告正名》一文,该文章对当时媒介广告运作的实际问题和人们对广告的抵制思想进行了剖析和批判,为广告的合法性和合理性作出了有力的辩护。此文一出,广告业界、学界和社会人士纷纷从不同角度对广告的合理性进行辩护。5月14日,中共中央宣传部颁发文件,正式认可媒介开展广告业务。从此,媒介业广告经营全面起步。11月8日,中共中央宣传部发出了《关于报刊、广播、电视刊登和播放外国商品广告的通知》,要求"调动各方面的积极因素,更好地开展外商广告服务"。

实践证明,一些企业或产品刊登广告后收益明显上升,不少企业转亏为盈,产品销量大增,同时媒介自身也获得了相应的经济效益,媒介经济获得了发展。我国媒介广告经营活动最终通过实践的检验,得以"正名"。

3.媒介广告经营快速发展

工商广告恢复后,我国媒介广告经营从1983年开始进入快速发展阶段。随着媒介广告经营的恢复和发展,被撤销和被取缔的广告组织也相继恢复或重新组建。广告行业组织的成立,加强了广告业界的内部协调和自律管理能力。1983年12月,中国广告协会在北京成立,成为我国影响力最大的全国性广告行业组织。

1992年邓小平南方谈话后,社会主义市场经济体制的逐步确立促使媒介经济发生了重大转变,媒介广告经营已经不再纠缠于姓"资"还是姓"社"的问题,思想的松绑为广告经营与管理的创新创造了条件,广告经营呈现常态化、专业化和规模化等特点。1994年10月,国家颁布了《广告法》,国家政策层面的优待,也促进了广告市场的繁荣。

1997年3月,IBM公司在信息站点 chinabyte.com 上,为其新产品 AS400 花费了3,000美元发布了我国第一个商业性网络广告。2000年4—7月,中国三大门户网站——搜狐、新浪、网易相继在美国纳斯达克挂牌上市,同时网络广告成为门户网站最主要的收入来源。网络广告的主要形式有横幅广告、文本链接式广告、按钮广告、墙纸广告、插页广告、电子邮件广告、背投广告、导航广告等。[①] 从2004年开始,网络广告经营逐渐走向成熟。与此同时,分众传播、精准营销等新型广告经营方式也推动了网络广告的繁荣发展。[②]

① 马中红,邱天娇.再读广告史(四):中国新媒体发展大事记[J].中国广告,2011(4):97-102.

② 王文锋,肖华,王瑜.传媒经济论:研究史纲卷[M].北京:中国书籍出版社,2013:253-263.

二、广告在媒介经营管理中的地位

"广告"一词，就字面意思理解，即"广而告知"。实际上，"广告"一词的含义本身经历了一个发展和变化的过程。"广告"是外来语，在英语中为 advertise，在中古英语时代(1300—1475 年)，其基本含义为注意、诱导、劝告、忠告、通知等。到了 17 世纪末，随着英国大规模的海外殖民和商业活动，advertise 也演变成为 advertising，其基本含义也变为广告、登广告和设计广告的职业或技术等。

大众媒介兴起之后，广告的内容和形式都有了很大变化。电视、广播和印刷媒介变为广告宣传的重要渠道，广告开始发生重大转变。这些媒介都无法将一个真正的产品带入消费者家中，相反，它们是产品的说明介绍。所以，通过大众媒介传播的广告进入了"劝说"的过程。广告试图传递给消费者使用该产品后满意的感受，于是当下一次选择购买此产品的时候，消费者对它已经有了舒适、熟悉的感觉。

随着互联网广告的出现，新的转变产生了。"互动电视""网络电视"使电视广告的互动成为可能。观众可以点击链接进入相关网站查询辅助信息，还可以链接到一个聊天室谈论此产品。

从以上广告的起源和演变过程可以看出，所谓的媒介广告经营，是媒介通过向广告主和广告公司售卖自己开发的各种各类广告资源来取得经营收入的过程。①

(一)广告业务是媒介双重出售活动的重要环节

在媒介经营活动中，存在三大利益实体，即媒体、受众和广告主。他们彼此之间形成了三种供求关系。

第一种，媒体是信息产品的生产者和经营者，它需要实现自身效益，通过获得资金以投入下一轮的再生产活动。

第二种，受众是媒体信息的传播对象，是媒介产品的消费者，他们追求高质量的信息服务以满足信息需求和其他精神生活的需要。

第三种，广告主是在媒体投放各类商品广告的生产者和经营者，他们希望广告被媒体受众接触，以满足这些"潜在消费者"的诉求。

在这些供求链条中，大众传播媒介形成了独特的双重出售方式。媒介市场运营主要面向两个市场：一是受众市场，二是广告市场。针对两个不同市场的消费者，媒介产品的销售也具有两个特点：一是作为新闻传播媒体，生产新闻、娱乐等内容产品出售给

---

① 谭云明.传媒经营管理新论[M].2 版.北京：北京大学出版社，2014：384-385.

受众,集结潜在商品消费者;二是作为广告载体,向广告主出售广告时段和版面,使广告被潜在商品消费者接触。媒体的广告传播依附于新闻传播,媒介的内容产品生产又在相当程度上依赖于广告经营。需要注意的是,我们是从媒介的立场来研究广告经营的。

(二)广告收入是媒介重要的经济收入来源

广告是媒介与市场最佳的结合点,也是媒介生存与发展的经济支柱。广告经营是我国媒介生存与发展最重要的经济来源。在媒介所有的经营活动中,广告经营是最重要的经营活动,具有无可替代的地位。

在市场经济环境下,我国媒介进入市场运作。媒介所需要的各种资源由市场配置,媒介产品按照市场规律流通。没有可观的广告收入,媒介的采写与编辑、印刷、发行等费用,以及员工薪酬、技术改造资金等就有很大的缺口。对于传统媒体来说,广告收入占媒体总收入的70%以上,对于一些广播电视媒体来说,广告收入甚至占90%以上。近年来,虽然媒体努力拓展创收渠道,实行多元化经营,但广告仍然是媒体收入最主要的来源。

媒体首先要通过提高媒介内容产品的质量来吸引受众,扩大发行量,提高收视率和收听率,吸引潜在消费者的使用;其次以自己的传播网络吸附的潜在消费者来吸引广告客户,增加广告收入;最后利用广告收入优化媒介生产条件,提高内容产品质量,才是媒介兴旺发达的良性循环之路。而提升广告经营,把媒介内容产品优势转化为媒体经营优势,是实现这一良性循环的关键。

(三)广告经营的价值补偿作用

受众消费媒介内容产品所支付的费用往往低于内容产品的生产成本,受众甚至可以免费获取内容产品。报纸、杂志、有线电视的费用等于或低于成本,无线广播和电视则完全免费。受众能够享受廉价或免费的待遇,是因为媒体能通过广告收入来补偿内容产品的生产成本。在某种意义上,可以说是广告主为受众所享受的信息服务买了单。当然,受众为此也要忍受广告轰炸,并通过购买广告主的商品向其偿还买单费用。

(四)广告传播的信息服务作用

广告传播也是信息传播的一种,在经济、政治、文化和社会服务方面发挥着重要的作用。广告除了传播信息商品之外,还会传播一些政府公告、公益宣传、分类信息(个人、组织付费传播的信息)等。商品信息有宣传产品、促进销售、引导消费、活跃市场的作用;政府公告、分类信息传播的是必要的社会、生活、服务等信息,这些信息可以方便公众生活;公益广告对树立公德观念、推进社会和谐起到很大作用。①

第二节 传统媒介广告经营

一、传统媒介广告类型

(一)报纸广告

报纸广告就是刊登在报纸上的广告,以文字和画面等视觉要素为主要感官刺激,通过印刷的方式呈现给读者。

1.常规报纸广告

报纸广告根据所占的位置和版面大小,分为报眼、跨版、通栏、双通栏、中缝、整版、小全版、半版式以及其他尺寸形式的广告。

2.分类广告

分类广告是把各种企业进行分类规划以形成行业的专业归类。分类广告一般独立成版,信息容量大,分类明晰,检索方便,读者和用户可以根据一层层的目录找到自己所需要的广告信息。分类广告一般篇幅较小,收费相对低廉,适合小工商企业和招聘招生类机构投放。

3.特约广告

报纸的某一相关栏目以企业冠名、特约刊登、征文或与报社联办、协办的形式出现。如“移动电话使用常识”和“某某企业中超战况排行榜”等都是具有中国特色的报纸广告赞助方式。

4.软文广告

软文广告形似报纸正文,而内容则为广告信息。

5.报纸夹页广告

在报纸中夹带单独的产品宣传广告,随报纸发行到订户手中。报纸夹页的特点

---

① 屠忠俊.现代传媒业经营管理[M].武汉:华中科技大学出版社,2007:201-202.

是,夹页的报纸是国家正规出版物,通过它们将自己的宣传品传递到消费者手中,这样自己宣传的内容可信度会更高。

(二)广播广告

广播广告就是通过广播发布的广告,以声音作为主要感官刺激,通过电波的方式呈现给听众。

1.常规广播广告

广告在常规时间播出,在时间安排上不做特殊处理。

2.插播广告

广告在广播节目播送前或播送中插入播出。将大量的插播广告集中在一定期间播放,让收听者一次又一次地接触同样的广告,便称之为集中插播。

3.特约栏目

如“某某医院专家门诊”和“某某企业点歌台”等冠名广告。

4.广告歌、主题歌等

因为广告的表现手法仅限于声音,所以有经验的广告主会充分利用一切声音形式来展现广告内容,如音乐、幽默、对话、现场报道等,并把广告歌曲放到重要的播放位置。

5.联播

广告主可以订购某一全国性广播网联播电台的时间,同时段向全国市场传播自己的信息。

6.点播

点播广播节目,在市场选择、电台选择、播出时效选择、方案选择上为全国性广告主提供了更大的灵活性。点播可以迅速播出广告,有些电台的预备周期可以短至20分钟,并且广告主可以借助电台的地方特色快速赢得当地听众的认可。

(三)电视广告

电视广告是以电视为媒介发布的广告,以声音、文字、图像、动作、表演等综合手段进行传播。2023年,在与中央广播电视总台春晚的品牌合作中,舍得酒业采用硬广与软性植入相结合的方式,主要包括春晚直播前广告播出、主持人拜年口播及小品植入等播出资源。通过多样化、高频度的传播方式，舍得酒业把来自春晚的顶配流量迅速、高效转化成助推品牌向上的强劲势能，实现顶级平台占位和品牌效能的最大化传递。该品牌因而成为 2023 年中央广播电视总台春晚中表现最具活力与品牌张力的酒企代表之一。①

1.电视广告片

电视广告片的时间长短不一，长的一般有 30 秒或 1 分钟，现在最为常见的是 15 秒。更多的广告从业者希望用时长 15 秒的广告片来传播更多的广告信息，因为 15 秒广告片有着 30 秒广告片一半的价格优势，可极大地节省传播成本。

2.标版

标版时间较短，一般为 5 秒甚至更短，通常只有一两个体现企业形象的画面和一句广告语。电视黄金时段的标版最为企业所看好。中央广播电视总台《新闻联播》后的 5 秒标版，连续多年成为企业争夺“标王”的标的物。

3.赞助形式

电视晚会、体育比赛直播、卫星实况转播、有奖智力竞赛以及电视片和电视剧的拍摄、进口大片的放映等，一般会在片头、片尾注上某企业赞助字样。在电视片和电视剧的拍摄中，赞助形式甚至“渗透”到了道具和场景中。企业还可以通过电视赞助的形式来塑造形象。

4.栏目冠名

用企业名称或产品品牌命名电视台的某些热门栏目也是一种常用的企业赞助形式。如中央广播电视总台的《正大综艺》《万宝路体育大世界》和《特步天天向上》等。挂名“特约播出”，也属于栏目冠名广告。

5.电视信息（专题）片

此类广告片的内容大多是对产品功能进行介绍和演示，电视直销广告片就属于这一类型。还有一类广告侧重展示产品形象，一般时长在两分钟以上。电视直销广告片与其他电视广告片不同，其往往会出现产品价格，并提供热线电话供消费者电话订购。

6.贴片广告

贴片广告也称跟片广告。广告片本身并没有什么特殊之处，但贴片广告是固定地

---

① 蔺博. 对 2023 年央视春晚白酒品牌 4I 传播营销模式的创新应用探析[J]. 市场论坛，2023(7)：65-69.

“贴”在某一部电视连续剧的片头、片尾或片中插播的。

二、传统媒介广告组织的工作内容

(一)拓展广告业务渠道,承接广告主的广告业务

拓展广告业务渠道、承接广告主的广告业务是传统媒介组织的主要职能。媒介能否获取丰厚的广告经济收益,关键在于其能否得到广告主的青睐。而能否拓展广告业务渠道、开发广告客户市场,则在于媒介能否在提供高质量的内容产品满足受众与广告两类消费群体需求的基础上,运用独特的广告营销手段,提高广告产品对广告主的效用。

(二)对广告主的广告作品进行审查

对广告主的广告作品进行审查,主要是对广告作品是否具有相关管理部门,如国家市场监督管理总局以及地方各级工商管理部门等所出示的审查证明进行审查。如有些广告作品没有提交相关部门审查,或者因为审查过程中广告主的主体资格(依照我国广告法规的规定,有些产品不具有进行广告宣传的资格,如烟草、精神药品等)、广告信息具有合法性但不具有在媒体发布广告的资格而无法播送等。现在有些媒体,因为片面地追求广告所带来的经济效益而忽略了广告信息的合法性、思想性,使得媒体中充斥着大量虚假、违法广告和低俗、恶俗的广告语。

(三)与广告主签订广告刊播合同,并收取广告刊播费用

在广告作品通过媒介审查后,为确保媒介在与广告主的合作中得到法律保障,确保媒介组织经济效益的实现,广告作品要与广告主签订广告刊播合同,并按照合同的约定收取费用。

(四)对广告主的广告作品进行临时性制作、修改与编排

媒介广告组织在接受广告任务时,一部分广告已经制成广告作品,媒介广告组织只是负责安排版面或时间。但有的广告客户只提供广告资料和广告要求,媒介广告组织就必须安排媒介广告部门进行策划、设计和制作。虽然媒介不是广告公司,一般不应该承担广告设计和制作的工作,但对于某些紧急情况而言,考虑到时间等方面的因素,媒介广告部门经常会进行一些临时性的设计和制作工作。还有一些社会服务类的广告,由于相对零散,广告公司不愿承接,一般由媒介的广告组织直接承接,并负责设

计和制作等。在对广告作品进行制作、修改的过程中，媒介需要依据自身的业务标准、受众标准与效益标准进行编排，以保证最终广告信息的传播在满足广告主需求的同时也能符合媒介自身的利益需求。

（五）及时、准确地发布广告

对广告作品进行修改与编排之后，媒介组织必须按照广告刊播合同的要求，及时、准确地发布广告。如果没有意外情况发生，作为广告主不能随意要求媒介组织改变广告发布的时间、版面和频次等，而媒介组织也不能随意变更广告发布的预期计划。

（六）向广告客户提供有关服务信息

在媒介广告部门与广告主的合作中，媒介组织应加强与广告主或广告代理公司之间的联系，随时向广告客户提供有关媒介的服务信息。媒介组织不仅要把自身的基本情况，如收视率、收听率、发行量、节目调整、媒介的社会影响和评价等及时告知广告主与广告公司，还要帮助广告主做好广告刊播后的效果评估和反馈。这样既可以帮助广告主及时了解广告传播的效果，稳定广告客户的信息，又可以为广告主未来的广告投放提供参考。

（七）协助媒介编辑部门和其他经营部门做好市场研究工作

新闻媒介的编辑部门、经营部门和广告部门应该是一架完整机器的各个组成部分，虽分工不同，但最终的目标是一致的。经常有人把媒介的编辑部和广告部对立起来，这样的认识是错误的，编辑部和广告部实际上是相互协调、相互促进的。编辑部的人一般是从自己的文章和节目有没有人看、有没有人听去考虑问题。广告部的人应该从媒介的经营尤其是媒介的市场定位来看待编辑部的工作，如果发现媒介的版面、节目专题的内容出现了背离媒介市场定位的现象，使得媒介的受众群体发生了数量减少或市场细分层次的变化，影响了广告主和广告商对媒介的关注，有可能造成广告收入的损失时，就应该提出修正意见。①

---

① 周鲲鹏.传媒经营与管理[M].2版.郑州：郑州大学出版社，2012：166-173.

三、传统媒介广告的经营方式

(一)自营制

媒介广告经营的自营制,是指媒介独立设置广告经营部门,并由该部门负责运营其媒介广告经营的运作机制。

媒介广告自营的好处主要表现在以下几个方面:第一,新闻媒介可以直接获得反馈,并根据客户需求对广告经营策略做出调整;第二,能够根据经营环境的变化迅速做出应对,及时调整经营策略;第三,有利于将新闻产品和广告经营进行适度协调,如播出时间、版面安排等;第四,能够更好地控制、利用广告经营收入,及时回收广告款;第五,可以规避与代理公司之间的法律风险等。但是,媒介广告自营也有突出的弊端,比如需要引进、培养大批懂得媒介广告经营的人才;媒介内部缺乏广告经营的竞争,不利于充分调动员工的积极性;难以避免因广告经营而产生的软文等。

(二)代理制

媒介广告代理制,指的是广告代理方(广告经营者)在广告客户的授权范围内开展一系列广告活动,从而在广告客户、广告(代理)公司与广告媒介之间确立以广告公司为核心和中介的广告运作机制,它是一种国际通用的广告经营的运作机制。[①]

广告(代理)公司指的是专门从事广告代理经营的服务性组织。根据服务的范畴进行分类,广告(代理)公司可以分为全面型广告(代理)公司和专业型广告(代理)公司。广告公司一般有三种收入来源:佣金、酬金和劳务费。

全面型广告(代理)公司,业务代理范围包括广告调查、广告策划、广告设计与制作、广告媒介投放与发布、广告效果测量和评估、广泛的公共关系活动、渠道终端促销等各类广告业务。全面型广告(代理)公司大多为国际性广告公司,例如,奥美、电通、智威汤逊等,它们往往从属于更大的广告传播集团,这些广告传播集团通过旗下专攻不同业务的子公司,提供不同环节的广告代理业务,甚至是覆盖公共关系、游说、品牌形象和沟通等更加广泛的服务。专业型广告(代理)公司,其业务范畴是专门代理某个行业、某类特定媒介、某种商品或服务的广告,或者专门代理广告活动中的某个环节业务的广告,典型代表如媒介购买公司等。媒介购买公司是专门从事媒介研究、媒介策划与实施、媒介购买等与媒介相关业务的广告公司。这类公司往往对媒介特性、媒介

---

① 陈培爱.广告学概论[M].3版.北京:高等教育出版社,2014:169.

资讯有较多了解，拥有较强的媒介购买力和价格优势，能帮助广告客户选择并合理配置有效的媒介资源。①

一般而言，媒介的广告代理制度有以下几种方式：

1.独家代理制

媒介广告经营的独家代理制，是指新闻媒介将其广告经营的权限全部交给一家广告公司，让其独家代理该媒介的全部广告经营业务。这种代理方式的好处是新闻媒介可以大大减少广告经营人员的数量，并将经营风险转移到广告代理公司上，有利于新闻媒介集中精力将采编业务做好，避免广告经营与新闻产品彼此不分的情况，有效降低了媒介的管理成本。但是，将媒介的全部广告业务独家代理给一家广告公司，可能会导致媒介的广告经营因被垄断而引起自主性丧失，进而使媒介对广告代理公司的依赖过大。

2.重点代理制

媒介广告经营的重点代理制，是指新闻媒介将其广告经营的权限交给不止一家广告公司，各广告公司之间所拥有的权限有显著的主次之分。这种代理方式的好处是有效规避了"一家独大"的垄断可能，在一定程度上形成了广告代理公司间的相互制约；同时，也减少了媒介自营广告的风险，减轻了广告部门的广告经营压力，激活了广告经营机制。不过，重点代理制也有一定的弊端，那就是广告代理公司之间由于重要程度的分化，可能会导致拥有较大权限的广告公司之间进行不良竞争。

3.广泛代理制

媒介广告经营的广泛代理制，是指新闻媒介将其广告经营的权限交给多家广告代理公司分散经营，各代理公司之间地位相对平等，并分别代理所承担的媒介广告经营业务。广泛代理制又被称作多家分散经营代理制。广泛代理制的主要优点是，能够避免因广告经营的独家代理、重点代理带来的媒介广告被一家或重点广告代理公司垄断的局面，从而有效发挥媒介自身对广告授权经营的主导地位，也有利于促进各广告代理公司间的良性竞争。不过，由于广告经营业务分担给了多家广告代理公司，所以难免会提高广告经营的管理成本，各代理公司之间的关系也需要去协调，各代理公司在代理业务上也可能出现交叉与盲点等问题。

---

① 周蔚华. 媒介经营与管理[M].北京：中国人民大学出版社，2023：230-231.

(三)自营与代理双轨制

媒介广告经营的双轨制,是指媒介在经营广告过程中,将自营制度和代理制度二者相结合,充分发挥广告经营积极性的模式。双轨制的好处是能够更好地调动广告自营和广告代理两种制度的积极性,选择媒介内部的广告经营传统强项和优势资源自营,对自身不善于经营的广告门类实行代理。

双轨制反映出了媒介广告经营能力的提升,但同时也会带来管理上的困难,例如怎样确定自营与代理的比重,如何协调自营与代理的广告门类等。

无论是自营制度、代理制度还是双轨制,都不是万无一失的,它们有各自的优势,也都存在着实际操作中的不足。因此,媒介如何选择广告经营的模式是一门学问,更是一门艺术。在媒介的实际运营中,广告经营要根据媒介自身的发展程度、发展规模以及所处地区、竞争对手、发展战略等具体情况来制定合适的广告经营方式。

就报业单位的广告经营模式选择而言,采用"双轨制"和"代理给多家广告公司"的方式进行广告经营的报业单位其稳定性都比较强,而采用"自营制"方式进行广告经营的报业单位则非常不稳定,变动性很大,且更希望变为"双轨制"的广告经营模式。

中央广播电视总台目前采用的是广泛代理制。中央广播电视总台广告经营管理中心目前与国内外有实力、讲诚信的广告代理公司展开了广泛、深入的合作,并不断健全和完善广告营销网络,逐年加大对广告代理公司的激励力度。中央广播电视总台一直将广告公司看作其媒介营销的重要通路,并成立广告公司服务小组,与清华大学联合为广告代理公司组织培训,提高广告公司服务的专业化水平。可以说,中央广播电视总台的广告代理制度在客观上促成了其广告经营收入的逐年高速提升。①

四、数字媒介技术背景下广告产业的发展趋势

数字媒介技术的不断更新迭代,推动了新媒体广告的创新发展,也完善了广告投放和监测环境,为广告投放、产品形态和广告代理服务等提供了动力。同时,数字媒介技术也深刻改变了广告行业的现状以及未来发展方向。

(一)广告主数字营销需求升级

随着数字环境的变化和经济下行的压力,广告主的营销成本增加,广告投资回报率明显下降,通过广告传播造势更加困难,广告营销转化乏力。在此背景下,广告主对

---

① 宋建武.新闻媒介管理[M].北京:高等教育出版社,2013:147-154.

"品效合一"的需求更加强烈,广告主不仅要通过广告营销打造品牌,还要提高实际销量。因此,"全营销"应运而生。"全营销"指的是以消费者需求为中心,以触发情感共鸣为原动力,以利益牵引和社交驱动刺激扩散;通过标签优化、算法赋能,精准匹配商品、营销物料和消费者场景需求,进行全网域信息分发;建立有效销售承接机制,整合利用相关的资源要素,从而提升企业经营效率。"全营销"特点主要有四个:一是数据和算法赋能;二是品效合一,促进销售转化;三是场景匹配,全域分发;四是内容牵引,利益驱动。

(二)"大广告"化与去机构化

随着市场环境的变化,广告主对广告的需求已经不仅仅是简单的广告业务代理,还包括公共关系、促销、数字营销以及整合营销传播等偏向"营销"的服务。广告代理公司也在不断调整其核心业务范围,突破传统广告业务的藩篱,使广告业务向"大广告"拓展。也就是说,除了传统的广告策划、广告创意、广告媒介投放等传统业务外,互动营销、事件营销、数字营销、终端促销等营销理念也开始被频繁使用,广告业务参与主体更加多元。随着直播和短视频平台的爆发式增长,自媒体、KOL(key opinion leader,即关键意见领袖)受到更多广告主的关注,传统广告业态不断升级,广告业务面临"去结构化""去大集团化"趋势。个性化、精准化、快速反应和创意灵活的移动广告,使得广告向小团队甚至个体作业方向转型,大数据和自动化投放技术也彰显了创意人员的价值。

(三)技术驱动下的数字营销

随着移动互联网应用的崛起,媒体竞争日益激烈,用户分散在各个媒体平台,从搜索引擎竞价广告到程序化广告,再到原生广告,大数据、人工智能和算法在广告营销中的参与程度不断提升,借助用户画像、LBS(location based services,即基于位置的服务)、关系链等维度的大数据计算,广告投放可以更有效触达不同人群,实现灵活精准定向、实时竞价、及时投放以及广告效果的监测追踪。网络媒介投入已经成为广告市场主流,数据和用户流量成为广告市场的核心要素。在技术的驱动下,广告程序化购买成为常态,广告与用户的匹配趋于精准化,广告场景化趋势凸显,内容与广告趋于融合,数据成为广告基础资源,人工智能技术在广告中得到广泛应用,广告运作从"以媒体价值为中心"转向"以用户为中心"。①

---

① 易红发.广告业发展趋势:精准化 场景化 融合化[J].新闻战线,2018(5):109-111.

(四)广告公司数字化转型

广告公司早期以媒介代理为主,以收取佣金为主要收入来源。当时的市场竞争没有那么激烈,对广告代理业务的专业化水平要求并不高。但是,时代已经发生变化,新媒体日新月异,渠道日益多样化,用户不断分流,注意力成为稀缺资源,并且用户对信息的主动选择权更大,广告主对广告的效能要求更高。因此,传统广告公司不断对原有广告业务进行调整,进行数字化重塑,将多方数据接入,对消费者进行洞察。广告公司纷纷成立数字营销部门,积极利用数字渠道进行营销传播。有的广告公司在原来的价值链条中加入新业务,为客户提供电子商务、客户关系管理等服务。同时,直播营销等新媒体营销形式已经成为广告主新宠,拉新、种草、卖货能力显著,也对广告公司的策划、设计以及终端促销等业务形成巨大冲击。广告公司只有实现数字化转型,适应内外部的环境变化,才能赢得主动权。①

第三节 新媒体广告经营

一、新媒体广告的特点

(一)创新速度快,形式多样

在报纸、杂志、广播、电视等传统媒体上,广告形态非常稳定,很少变化。受技术创新的推动,新媒体的形态、业务产品和服务模式不断变化,由此也带来了广告形式的不断创新。互联网的广告形式从旗帜广告发展为搜索广告,再扩展成各种社交媒体广告;手机广告从短信、文字链接到图片,再发展到了广告 App;数字电视中也出现了页面图片、VOD 视频插播等广告;户外广告也因为数字化出现了数码刷屏和触摸屏、在线投票等形式。

以支付宝 AR 实景红包为例(见图 8-1),这个活动能看出支付宝的广告创意放在了 AR 技术上。用户可以通过手机屏幕,把虚拟世界套在现实世界中并进行互动。互动的内容既新颖又贴近受众的日常生活,淡化了商业化的营销色彩。支付宝透露,目前已经有超过 20 家品牌及口碑商户,与支付宝官方合作 AR 实景红包。通过这个例

---

① 周蔚华. 媒介经营与管理[M]. 北京:中国人民大学出版社,2023:233-235.

图 8-1　支付宝 AR 实景红包

子可以看出，支付宝的广告创意策略更加注重用户的体验，意在实现广告产品和用户的结合。未来互联网的广告创意形式将会从单一走向交互。交互式广告的最大优点，就是能让用户主动参与进来，不认为"广告"是"广告"，放下以往那种对广告的排斥心理。类似的例子还有脉动的扫盖活动、各种朋友圈盛行的小游戏、心理测试的 H5 产品等。这些交互体验都体现了在新媒体时代下，广告创新的发展具有无限的生命力。

2023 淘宝造物节推出了国内首支全 AI 制作广告片，无须演员、拍摄、后期等就可以呈现出广告作品。作为行业首支 AI 全制作的视频，这支短片展现出 AI 的奇思妙想，也看到淘宝对未来生活的趣味想象。未来随着人工智能的进一步开发与应用，势必提升广告的创作执行效率，带来全新的视觉盛宴。

(二)重视互动参与

与传统媒体"你播我看"的单向传播模式不同，新媒体是多对多的传播，每个人既可以是信息的传播者，又可以是信息的使用者或消费者。消费者与媒体、消费者与广告主之间的互动成为新媒体的常态，由此给新媒体广告带来了互动的可能。各种形式的新媒体都非常重视广告传播中消费者的互动参与，甚至有些广告只有在消费者的主动参与下才能完成，如病毒视频的传播、微博上的转发和评论、用户原创的广告等。

(三)大数据成为新媒体广告营销的重要基础

在新媒体技术的帮助下,通过实时追踪记录Cookie、IP地址等方式,实现了便捷的数据采集、数据分析与数据挖掘。从每时每刻的海量数据中,可以对受众的媒体接触行为、消费习惯等进行实时监测,从而更加精确地找到目标消费者,由此也使得大数据成为广告营销的重要基础。

(四)使用广告管理系统进行广告经营与管理

新媒体的广告资源与传统媒体有很大不同,广告的经营与管理需要借助计算机系统来完成,其变化主要表现在以下几个方面:

第一,广告资源量急剧增加。截至2024年12月,我国网站数量达到446万个[①],一家大型门户网站的页面数量高达数千个,仅页面展示广告一项,每个页面上就可能有几十条,且每一条的规格、价格都不尽相同,更不用说大量其他类型的广告。

第二,广告资源的销售变得即时,广告投放的时间可以缩减到以"小时"计,甚至出现了实时竞价(real time bidding,RTB)这种投放方式,广告的销售更加灵活。

第三,广告投放的方式与数据的关联更加密切,要想实现精准投放、自助式投放,就离不开计算机软件系统的帮助。

第四,广告投放效果分析也变得及时,广告主需要根据即时的效果分析来调整其广告计划。

以上种种变化,都要求有大规模的、快速的计算量与科学、有效的管理方式,如此一来,广告管理系统就显得至关重要了。相关统计数据显示,在国际互联网广告领域,利用广告管理系统进行的广告投放已经占到展示类广告总投放额的70%以上。我国在这方面才刚刚起步,广告管理系统的应用还有很大的提升空间。

二、新媒体广告的分类

广告业界和学界对于新媒体广告的作用以及广告形式的命名、分类、效果的评估等还没有形成统一的认识。形成这种局面的原因,一方面是因为新媒体广告属于全新的广告领域,对于其认知尚处于摸索的阶段;另一方面,在新媒体广告交易中,为了广告销售的便利和广告产品制定的灵活性,交易双方简单地将自身现有或规划中的广告

① 第55次《中国互联网络发展状况统计报告》[EB/OL].(2025-01-17)[2025-02-20].https://www3.cnnic.cn/n4/2025/0117/c88-11229.html.

业务作为广告形式分类,因而形成了各种不同的广告形式,但实质上很多叫法不同的广告形式在本质上是一样的,很多广告形式分类有重叠的部分。

(一)依据技术实现方式分类

新媒体的传输网络有单向网络和双向网络之分,这两个不同的网络,决定了信息传输在表现上是否能互动。基于网络和传输手段的不同,可以在技术实现方式上把新媒体的广告分为非互动广告和互动广告。

1.非互动广告

非互动广告与传统媒体上的广告比较相似,仅以展示品牌、产品或传达某种生活和消费观念为目的。但是,与传统的广播、电视等媒体占用用户收视时间、具有强制收听、收看的特点不同,新媒体上的多数非互动广告只是占用媒介终端屏幕或页面的部分空间,并不影响正常的信息接收,不会强制用户接收或浏览。因此,对广告投放来说,也就不能达到强制收听、收视的效果。非互动广告所要达到的效果可以用曝光率等指标来进行衡量。

在新媒体中,非互动广告主要是基于单向网络上的广告形式。因为单向网络只支持信息从新媒体运营机构下行到用户的终端,而不能支持用户的信息回传,故用户只能被动接收信息,而不能发送信息,所以没有形成互动。在互联网、数字电视等新媒体中,非互动广告只是占用网页上的部分空间,不会强制用户浏览。

2.互动广告

互动广告即用户可以通过点击、转发、评论、参与活动、完成交易等行为进行交互的广告传播形态,强调用户对广告的参与程度和控制程度。

互动广告之所以能够作为区别于非互动传统广告形式,最主要的因素是因为它很好地利用了新媒体的互动性特征,采用视觉形象、有声语言和互动的形式实现了广告信息的传递。互动广告发生的前提是为用户的主动点击提供了技术的可能性。通过用户的自主点击,广告内容会以下载、超链接、窗口弹出或推荐 App 应用等形式呈现在用户面前。

互动广告十分强调用户对广告的参与程度和控制程度。同时,互动广告的传播模式改变了传统的“推”模式,变成用户主动寻求信息的“拉”模式,因此互动广告的传播能更加精确地到达目标消费者,传播效果较好,而且便于准确测量。另外,因为互动广告还具有可选择性的特点,所以这种广告形式拥有更加丰富的传播手段和更加广泛的应用范围。

在互动广告中,用户产生的互动行为深浅不同,可以分为以下几种形式:

第一,点击。通过点击行为,收看更多的广告信息。这是最简单的一种互动形式,不过存在点击率偏低、误点击等现象。

第二,对信息进行扩散,如转发、评论、回帖、顶、赞、踩、挖等。这种方式体现了用户对广告信息的主动关注与传播,在社交类媒体中普遍存在。

第三,参与广告活动,如使用促销优惠券、为广告活动投票、UGA(users generated Ad,用户自制广告)等。此时,用户不仅仅扩散了信息,而且还产生了实际的行为。

第四,直接购买。通过广告引导受众到产品的电子商务网站进行在线购买或线下购买,直接拉动销售。

以天猫美妆为例,天猫金妆奖定义了各大美妆品牌的行业地位,也为消费者提供了更多的购物参考和指南。特别是 2017 年第三届金妆奖在新媒体传播方面的创新,堪称社会营销的经典案例。"明星效应最大化,'特别助理'邀请函引爆线上舆论"。不同于 2016 年只邀请了一位明星的天猫金妆奖,2017 年的天猫金妆奖邀请了各个美妆品牌的代言人多达 10 余人。张艺兴、宋茜、佟丽娅、陈乔恩、宋佳、SNH48、关晓彤等当红明星悉数到场助阵。为了达到明星的粉丝效应最大化,天猫美妆在新媒体传播方面打造了明星"特别助理"邀请函线上活动,为明星的粉丝们提供了一个去颁奖典礼现场的机会,瞬间在社交媒体上引起了巨大反响。该活动在线上制作了有 AR 效果的 H5 页面,粉丝们可以提前穿越到金妆奖后台,体验明星特别助理的生活。在页面上,播放明星提前录制的声音和视频,尽可能达到逼真的效果,让粉丝身临其境,与偶像近距离接触。该款 H5 在网上引起热潮,在线报名人数超过 2 万人。

这种创意的新媒体互动形式,成功地让消费者了解了天猫金妆奖,更收获了各大社交软件中的爆炸式传播效果。微博话题#天猫金妆奖#讨论量暴增,累计阅读量达到 3.9 亿次,相关讨论更是突破 150 万条。天猫美妆策划的活动,通过新媒体广告互动传播的形式,使得天猫金妆奖、各大美妆品牌以及明星都得到了用户的认可。

(二)依据推送手段分类

新媒体作为广告发布的平台,具有独特的传播特性,它不仅和传统媒体一样能够随着内容或业务的直播把广告信息推送给所有的用户,也能够利用自身的技术支持把信息按照一定的层次和需求推送给特定的用户。

1.非定向广告

非定向广告,是指没有指定人群类型的广告,即所有人看到的广告内容相同,无法准确判断受众信息。非定向广告是一种大众传播的广告信息活动，到达的人群特征和大众传播的受众特征一样，具有人口多、成分杂、分布散、隐匿性等特点。

2.定向广告

定向广告则是建立在新媒体一对一、多对多传播特征基础上的一种广告形式。广告信息的发布者能够通过新的媒介传播手段把信息发送给特定的群体。可实现的定向功能有通过地理区域定向、通过接触频次定向、通过广告顺序定向、通过竞争分割定向等。定向广告以精准的方式，为广告主降低了广告成本和干扰，增强了广告效果，发掘了数字新媒体的特征。

一些新媒体机构或者互动广告服务商利用网络追踪技术整理用户信息，并对用户的年龄、性别、职业、爱好、收入和地域等不同标准进行了分类，记录、储存了用户的地址、电话等联系信息，而后利用定向信息推送技术，根据广告主的要求、商品及服务性质，向不同类别的用户发送广告。2015 年 1 月 25 日腾讯公司正式在微信推出 vivo、宝马、可口可乐三家公司的信息流广告，并在形式上全面模仿微信朋友圈内的好友动态。随后这三个品牌的广告被推送给之前基于算法分析的 1,000 万个目标用户，开拓了全新的社交媒体广告传播形式，开辟了媒体营销的新路径。①

需要注意的是，在对消费者进行精准定向的同时，也需要关注“规模”，如果单次广告活动所能覆盖的人数较少，即使精准程度提高，也很难达到提升品牌影响力的效果。

专注于互联网精准定向领域的网络广告公司——悠易互通，拥有行为定向和底层搜索等多项国内顶级技术专利，是国内首家以 CPTM(cost per targeted thousand impressions，定位用户千次印象费用)为营销模式的跨媒体精准定向广告平台。悠易互通推出自主开发的智能四维定向系统，利用强大的技术平台和大量的数据分析，通过时空、环境、兴趣、心理四个维度对目标受众和广告匹配投放进行精准定向，实现更加高效的传播。目前，悠易互通的数据库包括了 26 类具体行为指向和 600 类精准行为属性等，其 IP 库精准度达到了 90%，可精准投放到全国二三线城市。到目前为止，悠易互通已经为包括联合利华、奥迪、丰田、佳能、交通银行、海尔、联想、中国移动、中国联通等 300 多家国际与国内知名公司，提供了成功的推荐方案。

(三)依据传播范围分类

新媒体作为广告发布的平台，具有自己独特的传播特性，不仅和传统媒体一样能够广而告之所有的大众用户，还能够利用自身的技术，更精确地传播给特定的细分

① 李文远，李聆萱. 社交媒体“信息流广告”浅析：以微信朋友圈为例[J]. 声屏世界，2021 (15)：92-93.

用户。

1.大众广告

新媒体也是媒介的一种,因而它跟大众媒介一样,可以以一对多的传播方式将广告传送给媒体所接触到的所有用户,起到广而告之的目的。但是,这种大众形态的广告针对性较弱。

2.窄众广告

窄众广告是基于支持即时消息自动接收、播发并显示的消息系统而出现的一种广告形式。窄众广告依靠庞大的人群数据库资料,利用各种数字传送手段对用户的媒体接触行为进行实时监测,进而获得用户的接触习惯和相对应的消费行为模式。在此基础上,它能够按照不同的指标将用户进行人群划分,在推送广告时,根据不同的目标消费群推送不同的广告内容,真正做到将广告信息准确地传达给目标用户。

(四)依据不同网络媒介平台分类

1.网站广告

网站广告即发布在网站上的广告,主要形式有按钮广告、文字链接广告、横幅/通栏广告、弹窗广告、电子邮件广告等,主要按照广告效果(点击率、浏览量等指标)付费。

2.搜索引擎广告

搜索引擎广告指的是投放在搜索引擎上的所有广告形式,主要形式包括关键词广告、展示类广告、网络联盟广告等,其中以关键词广告为主导。关键词广告,指的是广告主根据自己的产品或服务的内容、特点等确定相应的关键词,撰写广告内容并自主定价投放在搜索引擎上的广告。当用户搜索到广告主投放的关键词时,相应的广告就会展示在搜索结果里。搜索引擎采取按点击计费的方式,只有在用户点击广告后才会按照预定价格收取费用。关键词广告主要有两种运作模式:第一种是固定排名广告,指的是将广告主的网站放在搜索结果页面的固定位置进行展示,并在用户点击广告后才按照预定价格向广告主收费;第二种是竞价排名广告,指的是搜索引擎服务商依据客户对关键词付费高低来决定搜索结果呈现顺序。

3.在线视频平台广告

在线视频平台广告,指的是发布在在线视频平台上的广告形式。国内在线视频平台主要以抖音、爱奇艺、腾讯视频、优酷、芒果 TV、B 站等为代表,基本覆盖了 PC 端、平板电脑端、手机端和 TV 端等。国外典型在线视频平台有 YouTube、Netflix 等。在 AI 视觉识别技术驱动下，互动视频广告、“边看边买”的直播营销也在不断迭代创新。

4.App 广告

App 指的是通过预装、下载等方式获取并运行在移动智能终端（如手机、平板电脑）上向用户提供信息服务的应用软件。App 广告是广告主投放在 App 上的广告形式，除了传统的横幅广告、弹窗广告等形式外，还有 App 特有的开屏广告、与内容混排在信息流中的信息流广告等。不同 App 也会根据自身特点开发特有的广告资源，例如，微信朋友圈广告、抖音的视频信息流广告，它们本质上是展示类广告，但也具有 App 自身特性。由于如今的 App 数量庞大，但用户注意力资源有限，不少 App 争夺用户使用时长，并不断创新广告形式，从而为广告创收提升空间。[①]

三、新媒体广告的运营模式

综合来看，新媒体广告的运营模式可以分为三大类，即基于内容的、基于大数据的和基于技术驱动的广告运营模式。基于内容的广告运营模式延续了传统媒体的经营模式，并加以改进；基于大数据的广告运营模式，则是对传统广告经营模式的彻底颠覆，利用海量数据、精准分析，实现了从购买媒体到购买人群的转变；基于技术驱动的广告运营模式，是基于广告管理系统和平台，通过大数据、人工智能、程序化购买等手段，实现广告投放的精准化、自动化和效率最大化。

（一）基于内容的广告运营模式

在新媒体的广告运营模式中，依附内容仍然是一种重要的模式，毕竟内容才是用户需要的信息。广告传播的信息依附内容，不论是展示在内容上（内容支撑型的广告运营模式）还是植入内容中（广告即内容的运营模式），都能够借助内容传播来实现广告信息传播。

1.内容支撑型的广告运营模式

内容支撑型广告运营模式是指新媒体机构把各类型业务中具有一定吸引力和关注度的内容上所负载的广告资源（时间和空间）售卖给广告主，这样的模式类似于传统媒体，即媒体向用户提供内容产品，实现第一次销售，并在此过程中收获用户注意力，同时把注意力作为吸引广告主的重要因素再售卖广告，实现第二次销售。典型的应用

① 周蔚华. 媒介经营与管理[M]. 北京：中国人民大学出版社，2023：238-244.

有页面展示广告、视频广告等。

内容支撑型的广告运营模式需要新媒体机构以自身的内容为中心,对广告空间、时间和价格进行合理配置和规划。其广告的运营通常也要以到达率、收视率和页面浏览量等考量指标来评估。

内容支撑型运营模式下的用户接触广告行为是被动的,媒体内容的品质直接影响广告价值,广告语内容的关联度影响广告效果。

例如,京东曾做过一个品牌活动,通过图片对比的方式,把品牌和人们在时间轴上发生的故事展现了出来,体现了人的变化和品牌不断增值的过程(见图 8-2)。简单的画面,在人情冷暖中讲述品牌故事,京东的这则广告收到了良好的传播效果。它的优秀之处在于赋予了广告以人性的内容,受众也因此记住了这个品牌和它的品牌副载体。

2.内容即广告的运营模式

内容即广告,也被称作原生广告,是真实内容驱动下的隐性广告形式,通过在形式、语境、内容或整体风格上与编辑内容一致,模糊了真实内容和广告之间的界限。该类广告能够很好地融入真实内容或特定场景中,符合用户习惯,使得其具有隐匿性的场景化、个性化、娱乐性强及被接受程度高等特点。[①] 新媒体运营机构洞悉了用户服务信息的需求,把广告主提供的广告信息当成媒体平台上的业务产品向用户提供,由此产生直接效果的广告模式。

在该模式下,广告与内容在界限上逐渐合二为一,广告主把广告服务化,使其能够贴近用户信息的消费需求,如关键字搜索、生活服务信息等。其目标不是用户的注意力资源,而是用户对内容本身的需求。

此外,该模式还存在激发用户使用主动性的优势。由于内容跟用户紧密联系,用户只要有一定的需求就会在数字新媒体的业务平台上主动查询、点击。

互联网进入新的泛娱乐时代,移动网络快速发展,用户的时间被各种应用切割得又多又碎。有"只消耗流量、带宽、服务器,却不挣钱的工业废水"之称的短视频,在制作和消费难度都开始降低的移动时代背景下,再一次得到了用户的青睐:在路上的短暂休息时间,用户能使用随身携带的移动设备观看短视频,获得轻松、有趣的消费体验。对比图文,短视频能承载的信息量更多,可视性更强,表现形式也更丰富,热门短视频更是以原创性、有趣性打动用户,借助当下热门 IP 的内容进行二次加工的短视频

---

① 彭鑫,杨德锋,孙彧,等."各投所好,各骋所长":原生广告可识别性与发布者类型对消费者的品牌态度的影响[J].营销科学学报,2024(4):93-111.

图 8-2　京东广告

资料来源：http://www.madisonboom.com/2017/06/06/time-flies-but-these-brands-are-always-there-for-you/

得到用户的狂热追捧，更成了追剧、追综艺之余的有趣谈资，短视频已经成为沉浸式体验的有效补充。

(二)基于大数据的广告运营模式

1.大数据时代的到来

在人们接触、消费信息和人与信息的互动过程中，各种信息在应用中被分发给不同业务以满足不同的需求，在这个过程中逐渐形成了新的数据组合，生成了呈几何级增长的海量数据。这些数据包括人口统计特征(性别、年龄、职业、教育程度和婚姻状况)信息数据；收发信息的设备、区域(智能设备种类、系统、所在城市、网络接入等)信息数据；信息内容接触痕迹(浏览和点击的内容、时长等)信息数据；搜索/需求(经常搜索的词、搜索行为转换、信息需求类型等)的信息数据;信息偏好(喜欢的信息、反感的信息等)数据;信息消费行为(消费时间、消费类别、消费次数、消费金额等)数据和话题参与、表达(参与话题讨论、表达的观点等)信息数据。

随着网络融合、各种数字新媒体业务与服务的普及,营销界更关心"大数据"。因为新媒体产生了海量的数据,基于大数据可以建立起完善的数据库,利用成熟的技术条件,可以按照广告主的要求筛选具体的用户类型,通过对传播空间、传播时间、传播信息的设定,传播有针对性的信息,由此提高广告投放的精准程度和效率。

例如,2016 年腾讯通过"京腾智慧",打通了用户数据与京东消费者数据,更加精准地还原了不同类型消费者的用户画像及品牌诉求,凭借品商合一有效触动了受众的消费愿望,并帮助以电商作为主要销售渠道的惠普商用打印机等品牌实现了广告与电商转化的有效联动。惠普商用打印机的营销需求,正在于投放的精准覆盖,并有效激发用户接触电商的行为。借助"京腾智慧",腾讯将单个消费者的娱乐、社交、资讯等行为数据与电商购物数据进行完整对接,为惠普挖掘、匹配了 160 万潜在购买人群,并在人群密度较高的平台配合用户习惯,以原生广告的形式与目标用户对接,使广告点击率超行业均值 3.7 倍。用户点击广告后,即被无缝引流至电商平台,一键完成购买,实现品商联动。在此次投放中,腾讯使惠普的产品浏览量和销量增长,展示了出品商数据从营销信息到购买行为打通后所带来的变化。

2.从购买媒体到购买人群思维模式的变换

在传统的广告投放中,最重要的工作是媒体购买,其目标是采购具有最佳性价比的媒体资源,主要涉及的工作是有关广告位资源及价格的谈判。这其中涉及预算、媒体类别、质量、时间和空间跨度等参数,通常使用媒介计划工具来完成。

人群购买建立在数据管理平台的基础上,可以绕过媒体直达目标人群,实现对人群的直接购买。①

3.大数据广告运营

在基于大数据进行的广告投放中,数据处于重要位置,是决定广告投放行为的核心要素。通过海量数据整合,形成对消费者的深度洞察和精准分析,由此提高投放的精准程度和有效性,从而实现灵活、高效的媒体购买。

搜索引擎广告较早实现了基于数据的精准营销,社交和电商平台也在数据积累的基础上,开始提供数据化的广告投放方式。

---

① 周艳、马涛.解构与重构:大数据时代的营销变革[J].广告大观:媒介版,2012(9):34-37.

搜索引擎营销是全球最大的一种网络营销渠道，比如谷歌、百度以及各种各样的行业搜索引擎；商业信息的搜索引擎代表为阿里巴巴；生活信息的搜索引擎代表有口碑网；社会化人脉搜索引擎的代表有人和网、若邻网等；健康医疗信息的搜索引擎有39健康等。

（三）基于技术驱动的广告运营模式

1.技术驱动型广告管理平台的构成要素

随着大数据的不断深入，基于广告管理系统和平台等技术手段完成投放的广告运营方式开始出现，这些技术驱动型广告管理方式，可以最大限度地提升广告投放效率。其中，以下几个关键要素必不可少：

（1）需求方平台（demand-side platform，DSP）

需求方平台是为广告主和广告代理公司提供的一个综合性管理平台，是通过同一个界面管理多个数字广告和数据交换的账户。利用DSP，广告主可以在广告交易平台上对在线广告进行实时竞价，高效管理广告定价。

（2）供应方平台（sell-side platform，SSP）

供应方平台整合媒体的广告资源，帮助媒体管理、销售广告位。通过这一平台，媒体的广告位可以获得最高的有效展示费用，而不必以低价销售出去。

（3）实时竞价（real-time bidding，RTB）

实时竞价指的是允许购买者对单一广告进行实时竞价购买的广告交易协议。对于每一次广告，实时竞价系统都会扫描整个市场，将买方的定位要求与卖方的广告资源进行匹配，广告资源将自动销售给出价最高的广告来源。RTB有非常强大的运算速度和能力，一次竞价的过程仅需几十、几百毫秒。竞价结束后，通过审核的广告创意就会及时发布到相应的广告位，极大加速了广告资源的流动性，为整个行业带来更高的效率。

（4）广告交易平台（Ad exchange）

与股票交易平台类似，广告交易平台联系的是广告交易的买方和卖方，也就是广告主方和广告位拥有方（媒体），它可以促成广告主和媒体之间的直接交易，实现交易自动化。

传统广告代理公司的收费模式是收取媒体代理费，而广告交易平台的收费模式则类似于股票交易所，靠收取每次交易的代理费营利。

（5）数据管理平台（data management platform，DMP）

数据管理平台的主要功能是管理和分析数据,它可以把广告活动中分散的各种相关数据整合起来,纳入统一的技术平台进行集中管理,并对这些数据进行标准化和细分,从而优化营销活动。数据管理平台是基于大数据进行广告经营的基础,需求方平台、供应方平台、广告交易平台等都需要数据管理平台的支持。

2.技术驱动型的广告运营流程

当一个用户访问广告位页面时,供应方平台会向广告交易平台发出访问信号,告知有一个访问请求,随后供应方平台把广告位的具体信息,例如所属站点、最低出价以及通过数据管理平台分析、匹配后的用户属性信息打包发送给各个需求方平台,需求方平台即对这个广告进行实时竞价,竞价获胜者可以让自己的广告展现在这个广告位上,进而让用户看到。如图 8-3 所示。

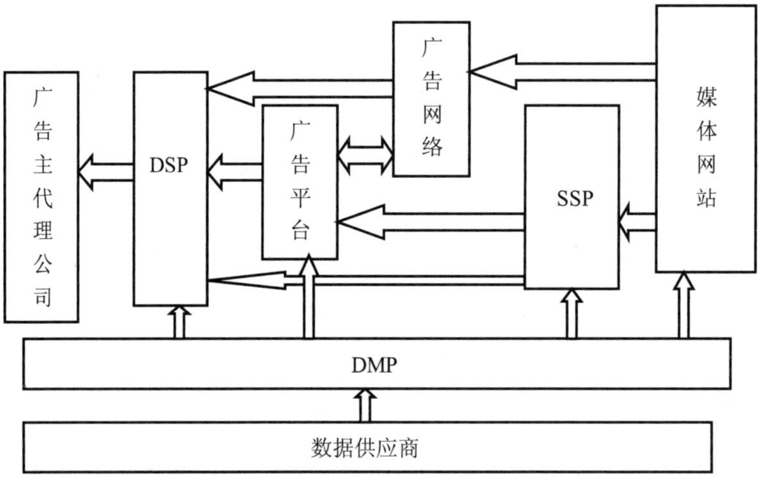

图 8-3 技术驱动型的广告运营流程

通过这种方式,可以实现广告的自助投放、效果优化等功能。对于广告主来说,可以收集处理属于广告目标客户的数据、自定义出价和预算,以便在恰当的时机买入符合需求的广告资源;对于媒体来说,可以对广告位进行管理,优化广告效果。[①]

【本章小结】

1.媒介广告经营是媒介创造经济价值的重要途径。中国媒介经济的发展是从广告经营开始的,我国媒介广告经营发展史从侧面反映了我国媒介经济发展的路径和趋势。

① 周艳.新媒体理论与实务[M].北京:中国传媒大学出版社,2014:139-161.

2.媒介广告经营，是指媒介通过向广告主和广告公司售卖自己开发的各种各类广告资源来取得经营收入的过程。

3.媒体是信息产品的生产者和经营者，它需要实现自身效益以获得资金来投入下一轮的再生产活动。受众是媒体信息的传播对象，是媒介产品的消费者，他们追求高质量的信息服务以满足信息需求和其他精神生活的需要。广告主是在媒体投放各类商品广告的生产者和经营者，他们希望广告被媒体受众接触，以满足这些"潜在消费者"的诉求。

【思考与研讨题】

1.广告在媒介经营与管理中的作用是什么？

2.传统媒介的广告经营方式是什么？

3.新媒体广告的运营模式有哪些？

4.请结合实际，举例说明数字媒介技术背景下广告产业的发展趋势。

5.请结合实际，举例说明新媒体广告的特点。

6.请结合实际，举例说明新媒体广告的运营模式有哪些。

第九章　媒介的品牌经营

【章节大纲】

1.媒介品牌及其作用；

2.媒介品牌定位；

3.媒介品牌资产；

4.媒介品牌的推广。

【章节内容】

本章介绍了媒介品牌及其内涵、特征和作用、媒介功能定位、媒介受众定位、媒介价值定位、媒介内容差异化定位、媒介价格定位、媒介风格定位、媒介品牌资产、衡量品牌资产的四要素、媒介品牌推广的方式。

第一节　媒介品牌及其作用

一、品牌及其含义

品牌(brand)一词源于古挪威的"brandr",意思是"打上烙印",它是古时候人们为辨明牛的主人而想到在牛身上打上标记的辨认方法。据英国 1266 年通过的一项法律,面包师被要求在每一块出售的面包上做记号,"目的是如果面包缺斤短两的话,马上就可以知道生产者是谁"[①]。"烙印"作为商品上的标记,为消费者辨识商品制造商身份、为法律规定下的"售后服务"提供了依据。因此,最初的"品牌"具有辨识性,也构

① 宋祖华.传媒业品牌经营探析[J].当代传播,2006(6):31-33.

成了品牌的基本作用:区分。即将不同制造商制造的同类商品以一种简洁的符号方式进行区分。经过多年的发展,品牌的作用已经远远超过了其刚开始使用时仅作为标记的识别意义,尤其是自工业革命以来,随着产品营销新模式的不断涌现,品牌的概念已经发生了很大变化。

品牌是一种名称、术语、标记、符号或设计,或是它们的组合运用,其目的是借以辨认某个销售者或某群销售者的产品或服务,并使之同竞争对手的产品和服务区别开来。[①] 这是美国市场营销协会定义委员会对"品牌"一词所进行的权威定义。而营销学大师菲利普·科特勒对品牌的界定也基本沿用这一定义,认为品牌是指"一个名称、标记、符号、设计或它们的联合使用,以便消费者能辨别厂商的产品或服务,并与竞争者的产品有所区别"[②]。

品牌含义一般包括以下几个方面:

- 属性:该品牌产品区别于其他品牌产品最本质的特征,如功能、质量和价格等;
- 利益:该品牌产品因能帮助消费者解决问题而带来的实惠、利益;
- 价值:产品为消费者提供的利益;
- 文化:品牌所具有的文化内涵;
- 个性:品牌所具有的人格特性;
- 购买使用者:该品牌现实被哪种类型的消费者所购买和使用,即目标消费者。

科特勒认为品牌具有聚合、扩散、磁场和时尚四大效应。也就是说,只有当品牌内涵与消费者的需求和情感产生共鸣时,品牌才能引起消费者的注意,继而使消费者产生好感、偏好,直至依赖、忠诚,也才能够成为品牌资产,为产品和企业带来价值。

品牌主要由两个维度组成:品牌形象和品牌资产。品牌识别、品牌定位和品牌个性三者的综合构成了品牌形象,品牌形象是三者的统一。品牌形象用于识别一个销售或销售群体的商品或服务,使自己与竞争对手的商品和服务区别开来。从另外一个维度来说,品牌资产是一种源于消费者的资产,是品牌在消费者心中产生的良好体验,并由此产生的对其品牌的知名度、美誉度、忠诚度和联想。品牌资产可以创造经济利润并形成经营价值。由此可见,品牌形象揭示品牌之间的差异,品牌资产保证品牌在竞争中的核心竞争力。

以海尔为例(见图 9-1),我们可以从该品牌在品牌形象、品牌资产这两方面所取得的成功中总结经验。

---

① 科特勒.营销管理:分析、计划、执行和控制:第 8 版[M].梅汝和,海清豪,张桁,译.上海:上海人民出版社,1997:649.

② 科特勒,阿姆斯特朗.营销学原理:第 5 版[M].陈正男,译.上海:上海译文出版社,1996:303.

Haier

一个世界一个家

图 9-1　海尔品牌

(一)品牌形象

1. 海尔的品牌识别

海尔的广告语为“一个世界一个家,海尔中国制造”等。从海尔的广告语“海尔,中国造”中可以看出海尔集团所传达出的对祖国的热爱,消费者通过海尔广告产生了民族认同感,加深了人们对海尔产品品牌的印象和认识。

2. 海尔的品牌定位

海尔集团在成立之初,便准确地找到了自己的品牌定位,舍弃了其他的产品线,专注生产冰箱;在自己的品牌属性定位上,实施了全面质量管理,提出“要么不干,要干就干第一”的口号;在品牌利益定位上,强调了产品的性价比,保证顾客能以较低的价格买到高质量的产品;在品牌发展定位上,海尔提出了要打造名牌产品,将海尔品牌推向世界,不仅要成为中国的名牌产品,还要成为世界的名牌产品的发展定位。

3. 海尔的品牌个性

海尔的品牌个性就是服务。服务,是直接面对消费者树立品牌形象、实现沟通的最好机会。面对面、从容、直接、高效地宣传产品和企业,这种沟通效果,任何广告都无法达到,因而服务绝不仅仅是解决维修问题的具体工作。

在高度同质化的家电领域,海尔提升了服务理念:服务不等于维修;个性化的产品更需要个性化的服务;优质的产品更需要优质的服务。拨打海尔的服务热线你会发现,海尔小姐、先生们统一的服务规范、有问必答的产品知识、亲情化的工作方式,使他们的形象顿显鲜明和美好。海尔独具个性的品牌通过确立和传播,使海尔产品出现了差距优势。这种差距优势主要不在产品上,而在于消费者的心理感受上,是企业运用包括服务在内的各种手段,作用于消费者的眼、耳、心的感觉效果。

（二）品牌资产

1. 品牌知名度

2024 年 9 月 26 日，由睿富全球排行榜资讯集团与北京名牌资产评估公司共同推出的 2024（第 30 届）中国品牌价值 100 强榜单发布，海尔以 4,768.66 亿元的品牌价值，23 年蝉联榜首。海尔是世界大型家用电器第一品牌，其家电一直在市场上占据较大的市场份额，尤其是白色家电、小家电市场。目前，海尔已在智能家居、网络家电、数字化、新材料等技术上有了长足的积累；在专利、自主知识产权上更有着坚实的沉淀。同时，海尔还参与了诸多国家家电标准的制定。海尔经过 40 多年的发展，其品牌不仅享誉中国，更在世界范围内提升了知名度。

2. 品牌美誉度

海尔的质量保证始于 1985 年的“砸冰箱事件”，当众砸毁质量不合格的 76 台冰箱，塑造了海尔产品质量过硬、对消费者负责的形象。直到今天，只要一提起海尔品牌，人们对海尔的印象就是质量特别好。无论时代怎么变化，产品如何改进、拓展，海尔始终坚持质量第一的原则，让顾客放心购买。

3. 品牌联想度

海尔在售后服务方面做得特别好。海尔从 1985 年的规范化服务，到 1994 年的标准化服务，到 2001 年的增值化服务，到 2010 年的成套化服务，到 2016 年智能化服务，到 2017 年的社区管家服务，到 2018 年的生态化服务，到 2019 年的智慧成套服务，再到 2020 年的场景服务。2020 年 12 月 30 日，海尔智家发布全流程、全场景、有温度的体验云服务，“好服务”已经成为海尔服务的代名词。物联网时代，海尔智家不断围绕用户需求升级智慧服务，实现从服务家电到服务家庭的迭代升级，开启了物联网时代的服务新模式。①

针对服务不便捷问题，海尔智家布局了 6000＋网点，12 万＋服务师遍及全国，实现乡、镇、村全覆盖。针对不同人群、不同需求，海尔智家创新打造高端服务、场景服务、量子小店等三大服务模式，以解决用户的后顾之忧。② 这种行为让消费者感受到海尔以顾客为中心，始终把顾客放在第一位的服务理念，由此也会对海尔企业的其他

① 从服务家电升级为服务家庭：海尔智家创物联网时代用户感动服务新模式[EB/OL].(2020-12-13)[2025-03-10].https://sd.china.com/luqi/20000938/20201231/25381813.html.

② 数量最多！海尔服务获三项大奖[EB/OL].(2024-12-11)[2025-03-10].https://www.163.com/dy/article/JJ5434LH05386EN4.html.

产品和其他方面心生好感,从而产生晕轮效应,使顾客进一步增加对海尔的信赖。

4. 品牌忠诚度

管理学中有个著名的“二八法则”,即一个企业 80%的业绩来自 20%的老顾客。对企业来讲,寻找一个新顾客的成本远远大于维护老顾客的成本。海尔集团为了增加顾客回头率,便根据顾客的需求不断开发新的产品。例如海尔的“地瓜洗衣机”,满足了消费者的实际需求,再加上其过硬的产品质量,使顾客产生了满意度,增加了购买海尔产品的回头率,从而增加了顾客忠诚度。①

二、媒介品牌及其内涵

(一)媒介品牌

媒介品牌是与其他媒介产品或服务相区分的名称、术语、设计、符号或这些元素的组合。它增值的源泉来自受众对其的印象,是给媒介所有者带来溢价、价值增值等无形资产的来源。媒介品牌是品牌类型的一种。

媒介不同于制造业,媒介提供的是内容信息。媒介品牌元素主要有名称、标识、标语、颜色和声音等。

1. 媒介品牌名称

可以用字或词来确定一个媒介名称,如谷歌(Google)、脸书(Facebook)、迪士尼(Disney,见图 9-2)、百度、腾讯等。

图 9-2 迪士尼品牌

① 杜超,宋慧,刘轩达,等.浅论海尔集团的品牌管理[EB/OL].(2017 02 26).http://www.xdsyzzs.com/guanli-zongheng/3185.html.

例如,“百度”二字源于中国宋代词人辛弃疾的《青玉案》:“众里寻他千百度,蓦然回首,那人却在灯火阑珊处”。“众里寻他千百度”象征着百度对中文信息检索技术的执着追求。

2. 媒介品牌标识

视觉商标,即 logo。媒介品牌标识大致分为以下几类:

第一类只有图形符号,不含媒介名称,如湖南卫视、东方卫视、黑龙江卫视、辽宁卫视等的台标。

第二类只有产品名称,没有图形符号,例如谷歌(Google)、时代(*Time*)杂志、迪士尼(Disney)、英国广播公司(BBC)、《金融时报》(*Financial Times*)等。

第三类既有图形符号又有产品名称,如美国在线、路透社、百度、河北卫视等。

3. 媒介品牌口号或标语

媒介商业广告上用的短语,即 slogan,如《人物周刊》的“记录我们的命运”(见图 9-3)。

图 9-3 媒介品牌口号或标语

4. 媒介品牌颜色

英国《金融时报》率先采用橙黄色纸张,以吸引读者眼球。我国的《经济观察报》也采用了类似的方式。

5. 媒介品牌声音

一个独特的曲调也可以代表一个媒介品牌。电视媒体在播出台标广告时,一般都伴有台标曲调。

(二)媒介品牌的特殊性

媒介品牌与传统商业品牌相比,特殊性主要有:

第一,媒介品牌采用大众传播手段,比较容易产生影响并树立品牌。媒介和受众的接触面广,关注度高,因而其推广周期比较短。传统商业品牌则需要借助大众媒介等手段来营销,推广周期相对较长。

第二,媒介受语言文化、政治、意识形态等影响较大,媒介品牌渗透性有限,不容易形成全球规模。而传统商业品牌受文化等因素影响较少,可以进行标准化生产和跨国生产。

第三,媒介主要生产的是信息,属于精神层面的产品。不同于衣、食、住、行等用品,受众对其品牌的依赖性相对有限。

(三)媒介品牌的内涵

1. 媒介作为产业的特殊性

创建媒介品牌,首先要有一个清晰的认识,即媒介产业与一般产业的不同以及媒介产品与一般产品的不同。长期以来,中国的媒体一直被归属于事业单位,并且继承了事业单位的一般属性。虽然"事业单位企业化管理"体制的确立迎合了媒介体制改革初期的市场化要求,但并没有从根本上解决媒介单位的事业属性。在中国,媒介产业整体就是一个"特殊产业",其必须尊重意识形态属性及带有的经营性文化产业属性。

中国媒介产业的特殊性,对于构建媒介品牌的影响是显而易见的。首先,如果媒介不能产业化,其品牌构建的意义就荡然无存。品牌的构建需要在充分竞争的市场环境下进行,以区别于其他同类竞争者,进而达到充分传播自身文化价值的效果。对于媒介来说,要打造强势的媒介品牌,前提是要有充分的竞争环境。其次,坚持媒介事业属性的特殊性,对媒介品牌的构建也起到了很大的制约作用。而且,媒介事业单位属性也强调地域的管辖,条块分割,各媒介事业单位的地域特征十分明显,如某地的电视或报纸很难真正打入其他地方。地域限制、地区壁垒,使得媒介自身在特定的地域里生存,自然缺少大力创建自身品牌的意愿和动力。

2. 媒介品牌不是一般品牌的简单复制

建构媒介品牌,不能把一般产业品牌建构理论照搬到媒介品牌的建构实践中,媒介品牌的建构绝不是对一般品牌建构的简单复制。媒介品牌对消费者的诉求不是直接的购买行为，而是消费者对媒介产品的认同和喜爱。因此，媒介单位在构建媒介品牌时，要抓好节目或内容质量，以赢得受众的支持。媒介产业注重内容和创意，素有“内容为王，形式是金”的行业要求，内容和创意是媒介产业的生命力。因此，媒介单位在内容和创意上的品牌建构意义远远大于在标志和符号上的表面品牌建构。对于媒介单位，自身名称、符号和设计等表面的品牌建构很重要，但它们需要内容、创意甚至人才等品牌方面的支撑，这些才是媒介品牌的核心价值所在，也是媒介品牌作为媒介单位一项重要无形资产的体现。2021 年，河南卫视春晚凭借舞蹈节目《唐宫夜宴》在众多卫视晚会中脱颖而出，备受瞩目。后续又接连推出《元宵奇妙夜》《清明时节奇妙游》《端午奇妙游》《七夕奇妙游》等中国传统节庆系列节目，成功形成品牌 IP，收获全网上下一致好评。[①]

3. 媒介品牌是一种影响力和竞争力

媒介品牌一旦形成，便成为一种影响力和竞争力。媒介产业，尤其是大众媒介，由于其一对多的单一传播模式以及其对权威信息的掌握，媒介所传播内容很多时候对于受众日常生活中的一些观念和行为有着一定的影响。当媒介传播的内容或者其节目本身已经日益成为品牌时，这种影响便会急剧放大。这种媒介影响力实际上体现的是媒介品牌作为传播者对受众在传播过程中施予的控制力，这种控制力足以影响受众对某些问题的认知、意见、态度以及行为方式。媒介品牌在形成和维系中，除了以影响力为标志外，同时也存在着另一种标志，即媒介竞争力。媒介品牌的真正魅力在于它对主流受众的掌控，而不是掌控所有受众。这意味着在媒介品牌的建构中，竞争力的体现并不在于获取了多少受众，而在于获取了多少忠诚的主流受众。

三、媒介品牌的特征

（一）知识产权属性

在媒介产业中，一旦某一家媒体的某一节目或某一运作方式取得了轰动效应，那么其他的媒体都会争相模仿，生产出很多类似的或同质化的内容产品，这是充分竞争的媒介环境中必然会出现的现象。这种趋势也必然会使各媒介单位开始重视自身内容产品的知识产权。媒介建构品牌必须有清晰的法律意识，面对日益激烈的同质化竞争，更应该树立起长远的品牌意识，从保护知识产权的角度出发，建构起与其他媒体之

① 余俊雯. 以创新性还原艺术本真性：探寻河南卫视爆火节目背后的章法[J]. 当代电视，2021(11)：47-53.

间的差异化产品。

国家加大了对知识产权保护的力度,2016 年 6 月出台了“限外令”,即国家新闻出版广电总局发布的《关于大力推动广播电视节目自主创新工作的通知》,规定卫视每年在黄金档引进的版权节目不得超过两档,新引进节目每年不得超过一档,首年不能在黄金档播出,并且将黄金档的时间延长至晚 10 时 30 分。不言而喻,知识产权受到了越来越多的重视,国家更加提倡原创并鼓励创新。

对版权的重视促进了新的创意,在新媒体时代,保护版权就是维持原创的动力。所以人们在自己获得利益的同时,也要懂得尊重他人的知识产权。因为版权问题,《中国好声音》于 2016 年第 5 季时改名为《中国新歌声》,节目中原先的“转椅盲选”也变成了“战车盲选”。盲选中的战车、滑道等都是节目创新的体现,可以申请专利,形成知识产权保护,使制片方获利,以便调动出更强烈的创作欲望。

(二)与竞争者的有效区分

作为品牌最基本的形象特征,每个媒介单位都会有各自的台标、徽标和特定的符号设计,这些符号特征能够使受众将媒介形象和品牌形象联系起来,使受众能够对各媒介品牌进行识别和选择,这就是媒介品牌的有形差异。另外,媒介品牌更深层次的内涵则在于每个媒介单位自身的特色和独有的媒介文化。例如,为许多年轻人所喜爱的湖南卫视,以强烈的社会责任感和最新、最快的资讯而著称的凤凰卫视等,它们各自不管通过哪种方式,都有着自己强势而独到的一面。在市场运作过程中,如何定位自身的特色并通过内容和节目传播自身的文化价值,是建构媒介品牌重要的一环,也是媒介品牌建构中营造无形差异的必要方法。

(三)吸引力

媒介品牌运作中最重要的一个环节就是制造轰动效应来吸引眼球。在竞争激烈的媒介产业中,媒介产品形式各异,受众的注意力都被淹没在泛滥的信息海洋中。而如何抓住受众的眼球,如何吸引受众停留、观看和选择,是媒介品牌建构要解决的问题。媒介经济是眼球经济,通过吸引眼球来传播媒介品牌形象是目前媒介产业中普遍的做法,其中一个最突出的手段是策划。为了提升竞争力而对品牌进行策划是必要的,但是策划的最终目的是使品牌形象更好地传播,因此策划千万不能有损于自身的品牌形象。

(四)品牌持久性

一个媒介品牌的形成,必然有自身一定的积累和传承。正因为这种一如既往地积累和传承,才形成了如今受众所信任和认可的形象。媒介品牌必须有一个长远的规划和眼光,不能朝令夕改或者盲目创新,不断地变化品牌定位和规划,否则只会让受众感到困惑,无法识别已形成心理依赖的品牌形象。除非新的品牌定位足够优秀和成功,否则品牌延续的持久性一旦被打破,将很难保留原有的忠诚的受众。

(五)有效支持与明确定位

在建构媒介品牌的过程中,必须得到除内容和创意之外的现实的有效支持,如广告、公关等形式的品牌经营。一个良好的品牌形象的形成,不可能脱离经营。而通过广告等形式的品牌经营,能够强化受众心中关于自身品牌形象的印象,这与一般行业的品牌经营并无不同。但是,媒介作为一种特殊行业,其拥有丰富的渠道资源,本身就是一个很好的传播平台,因此媒介要懂得如何利用自身的资源去建立和传播自己的品牌形象。不断强化有效支持,媒介品牌的形象才能逐渐明晰,这是构成品牌定位的必要手段。明确的定位不但可以拉开与其他竞争对手的差距,而且能够让受众熟悉媒介努力营造的品牌所要传达的媒介理念和文化价值。

四、媒介品牌的作用

(一)增强媒介内容产品的传播效果

我国的媒介不能依赖行政上的优越性而自满,而应该积极地提升自身的社会效益,打造出色的品牌形象,提升自身的权威性和公信力,主动为宣传党和政府的方针、政策创造条件,积极引导正确的舆论,弘扬积极向上的社会风气。媒介品牌的建构,在提升舆论导向能力的情况下,还能增强媒介内容产品的传播效果。例如,在不同的电视节目播出前后,会有不一样的广告收费,其中差别在于不同节目所产生的品牌效应。越是知名和有影响力的栏目品牌,就越能引起受众的注意,更能影响受众的观念。广告费用的多少只是衡量该栏目品牌价值的标尺,其内涵应是媒介品牌的影响力。

(二)媒介品牌是媒介重要的无形资产

在媒介行业的资产构成中,无形资产占据着很大的比例,拥有很重要的地位,发挥着巨大的作用。[1] 品牌是媒介最具魅力的无形资产,也是所向披靡、战无不胜的利器。媒介可以利用其精心创造的品牌节目、栏目、专栏等,形成一个个能带来良好经济效益的产业圈。同时,品牌标志着一种超越时空的品位和文化,对塑造媒介良好的形象是十分重要的。[2] 在多元化竞争的时代下,媒介行业比的不仅仅是硬件资源,更是品牌形象。

(三)媒介品牌是拓展广告市场的重要力量

媒介产业的主要营利模式是广告收入,任何一家媒介都离不开广告的支持。在我国,媒介广告收入更是媒介产业经济来源的主要渠道,而广告的投放往往以收视率、发行量等为衡量标准。收视率越高,发行量越大,广告主在其平台上投放广告的成本就越高,媒介的广告收入就越大。而收视率和发行量的数量指标证明了知名度越高的品牌节目或频道、版面越能带来更多的收益。媒介品牌资源是广告投放的重要标准,与其他的一般节目、一般频道、一般版面相比,受众对品牌响、名气大的媒介品牌更加具有关注和偏好的倾向,广告投放因此更有针对性。

(四)媒介品牌能极大提升媒介竞争力

强势品牌拥有更高的顾客忠诚度。媒介品牌可以通过与受众建立品牌偏好,有效降低营销和新产品开发的成本。强势的母品牌是品牌延伸的良好基础。从表面上看,媒介竞争力的着力点在于受众的争夺、广告收入的多少以及收视率和发行量的比较,但其实媒介竞争的内涵已经从内容竞争转移到了品牌竞争。受众最终的选择,取决于他们对媒介品牌的认同和忠诚。具有良好信誉度和知名度的媒介品牌,可以为企业主开拓市场,提高市场占有率,从而进一步提升媒介竞争力。河南卫视自 2021 年春节期间推出《唐宫夜宴》迅速出圈后,一直到《2024 元宵奇妙游》,不仅在技术方面不断突破,还从内容出发,深挖中华优秀传统文化,吸引互联网时代的用户。河南卫视的节日奇妙游将中国传统文化与现代艺术相结合,获得海内外受众的一致盛赞。节日奇妙游不仅提升了媒介竞争力,也发挥了传统媒体的文化传承功能。

---

① 吴飞.传媒竞争力[M].北京:中国传媒大学出版社,2005:19.

② 邵培仁,陈兵.媒介战略管理[M].上海:复旦大学出版社,2003:144.

第二节 媒介品牌定位

一、媒介功能定位

从媒介功能角度出发，我们把媒体大致分为新闻类、娱乐类和经济类等。我国各省级卫视大多走的是以新闻为主的综合频道之路，如北京卫视、东方卫视、天津卫视、四川卫视、辽宁卫视、河北卫视、河南卫视等。以综合频道的功能进行定位会导致特色不突出等问题，所以一些频道从媒介功能的角度出发，走出了特色化道路。虽然大多数都基于娱乐功能定位，但侧重点不一样。如湖南卫视——以娱乐资讯为主的个性化综合频道；安徽卫视——以电视剧为特色；江苏卫视——以情感为特色；新疆卫视——以歌舞为特色；陕西卫视——以汉唐文化为特色；偏经济功能定位、凸显财富特色的代表有广东卫视；走专业频道道路的只有海南旅游卫视。

二、媒介受众定位

受众定位是媒介定位的基础。是否找准媒体的受众定位，关系到是否能实现有的放矢的传播，关系到传播的效果是否能达到预期目标，关系到媒体内容定位、价格定位和风格定位等方面。受众定位基于对受众市场的调查分析及细分。对于媒介来说，受众就是市场。找准目标受众，了解目标受众的需求及特点，是媒介品牌定位的基础。即使针对相同的目标受众群，也有可能采取不同的内容定位策略。

媒介受众定位主要有：

（一）大众化定位

大众化定位是媒介发展初级阶段经常采用的策略。早期的报纸、杂志、广播、电视媒介或者网络媒体等，大多数走大众化路线。但是，随着媒介竞争的加强，大众化媒体的发展面临极大的挑战，例如我国都市报、晚报的衰落，早期新浪、网易、搜狐等网站被百度、腾讯等专业化网站逐步超越。

（二）细分化定位

媒介受众细分的指标主要有地域/民族、性别、年龄、收入、年龄、职业、文化程度、偏好及需求等。

1. 地域/民族细分

一些全球化媒体常用的策略就是将国际化和本土化相结合。

2. 性别细分

针对女性受众的媒体众多,尤其是涉及时尚、服饰、美容的媒体。

3. 年龄细分

年龄细分可大致分为婴儿、儿童、青少年、青年、中年人和老年人。也可以按准确年龄划分,如儿童的细分,可分为婴儿(周岁以内)、低龄幼儿(1—3 岁)、大龄幼儿(4—5 岁)、学龄儿童(6—12 岁)、青春期儿童(13—18 岁)。

4. 收入细分

就财经媒体来说,其主要针对经济领域或者有投资需求的人士。随着财经媒体竞争的日益激烈,财经媒体受众进一步细化,其中一种细分方式就是按照收入阶层来划分。

5. 职业划分

一些专业媒体主要针对某一行业的受众。这类媒体小众化,但如果能做到行业领先,利润也非常可观,如 IT 类的《中国计算机报》等。

6. 文化程度

文化程度主要是按照学历来划分的,从高到低可以分为研究生(博士、硕士)、本科、大专、高中、中专、初中、小学、半文盲与文盲等。中等以上文化程度一般指大专、本科和研究生(硕士、博士)。

7. 偏好细分

个人偏好就是个人的独特爱好,是潜藏在人们内心的一种情感和倾向。引起偏好的感性因素多于理性因素,个人偏好可以让消费者按照自己的意愿对可供选择的商品或服务进行排序。在现代营销实践中,客户需求是研究的核心,而个人偏好是客户关系管理研究的重中之重。对于媒体来说,就是要研究受众偏好,采取有针对性的定位和营销策略。

8. 需求细分

按照马斯洛的五大需求层次理论,可以划分出五大消费者市场:第一,生理需求——满足最低需求层次的市场，消费者只要求产品具有一般功能；第二，安全需求——满足对“安全”有要求的市场，消费者关注产品对身体的影响；第三，社交需求——满足对“交际”有要求的市场，消费者关注产品是否有助于提高自己的交际形象；第四，尊重需求——满足对产品有与众不同要求的市场，消费者关注产品的象征意义；第五，自我实现——满足对产品有自己判断标准的市场，消费者拥有自己固定的品牌。需求层次越高，消费者就越不容易被满足。由于社会变迁，现在已经没有明确的层次之分了，最新的需求理论被称为“需求范畴论”：生理范畴（吃、喝、拉、睡、玩、性、衣、食、住、行等，完全出于生理需求）、心理范畴（安全、信任、自尊、自我实现、求知）和社会范畴（隶属、群体、社会强化、社会认同、社会承认、社会赞许等）。

以《人民日报》为例，《人民日报》是我国最具权威性的党报，是党和人民的喉舌。《人民日报》所面向的受众群体包括内地读者以及海外华人、华侨、港澳台同胞，不包括不懂中文的国外人士。按受众年龄细分，由于《人民日报》是党的机关报，它的主要作用是宣传党和国家的方针政策，宣传先进思想和先进典型，因此，《人民日报》的主流受众定位应该是比较关心政治信息、思想相对成熟的人群，这个人群的年龄应在 30 岁以上。按受众职业细分，《人民日报》的主要任务是传播思想信息、宣传国家政策，这就决定了阅读《人民日报》的主要是较为关心国家政治动态、希望及时了解政治信息的人群。从社会实践的领域、特征和需要上看，这类人群多隶属于政党和社会团体部门的政府机关，是事业单位和国企的部分工作人员，职业内容多与政治工作、宣传工作、国家公共事务、行政事务等密切相关，他们需要第一时间了解党政部门的思想、政策变化，学习和掌握先进的思想观念，而《人民日报》恰恰是我国最具政治权威的机关报纸，主要刊登的也是党务、政务方面的内容，符合这类读者群的职业需求。①

在多媒体时代，每天都有许多 App 问世。如何使 App 在竞争中脱颖而出，掌握用户的需求并进行需求细分显得十分重要。App 在设计之初，就应该有了确切的定位，所有的功能开发、内容填充，都以定位为出发点。App 做到精准的内容运营，必须牢牢跟随着明确的定位，不偏不倚。例如，一款生鲜电商类 App 提供的商品品类、资讯消息、活动等内容，一定是有关水果、蔬菜、肉类、海鲜等未经烹调、制作等深加工，只做必要保鲜和简单整理上架便出售的初级产品；如果在 App 中加入服装这样的品类或信息，就显得内容杂乱，不伦不类，无法做到精准化运营。再比如，一款专门提供娱乐明星新闻资讯、独家采访、小道消息等内容的 App，经常发一些社会新闻，这也是不精准的。

---

① 刘叶琳.《人民日报》《人民网》受众定位与功能定位比较[J].新闻世界，2015(8)：213-215.

三、媒介价值定位

科特勒指出,营销人员对品牌定位有三种层次:如果是最低层次,他们可以通过产品特征来进行品牌定位;品牌也可以定位于产品的利益诉求;最强的品牌定位层次通过强有力的信仰和价值观进行定位,强调一种情感冲击,即品牌价值定位。

《花花公子》(*Playboy*)是一本著名的美国成人娱乐杂志,1953年由美国人休·海夫纳创办,是美国纽约股票交易所上市的媒体集团企业,出版多种刊物,也有电视、电影等业务。它曾以前卫的色情图片在世界范围内大赚其钱,并且捧红过像玛丽莲·梦露那样的一代影星。《花花公子》以言论倾向自由主义闻名,其内页的裸照以"品位高尚""乐而不淫"作招徕,走高格调、中产娱乐消费的路线。《花花公子》和它的兔女郎商标,已经成为美国文化的象征之一。

正如海夫纳所说:"它不仅是一份杂志,而且是一种态度、一种生活方式,更是一个让人过目不忘的标志。无论你是在中国穿着跑鞋,还是在巴西戴着太阳镜,或者在法国穿着T恤,着装打扮带有'花花公子'的标志都意味着性感、愉悦和冒险。穿着'花花公子'品牌的人们都是自信、豁达和浪漫的。"[①]

四、媒介内容差异化定位

同样的受众定位和功能定位,在内容定位方面也会发生差异。如美国三大著名广播公司哥伦比亚广播公司(CBS)、全国广播公司(NBC)和美国广播公司(ABC)的新闻报道就有明显的内容差异化定位:CBS新闻以报道严肃新闻为主,节目风格和特色由最具影响力的主持人或记者的个性决定;NBC新闻重视对新闻背景的分析和对新闻事件的评论;ABC新闻在报道事件上多是传统事件型"硬新闻",但在节目的技术性制作和包装上则敢于出新和出奇。

媒介内容差异化定位最常用的方法就是从受众需求的角度出发。2019年1月1日,中宣部"学习强国"学习平台正式上线,该平台专注于政治理论的深耕和红色文化的传播。"学习强国"以深谙传播动力和流量逻辑的体系扛起政治传播的大旗,一经推出即缔造了现象级的传播盛况。[②]

---

① 唐盖特.国际传媒巨擘品牌成长实录[M].许怡勤,译.北京:中国水利水电出版社,2007:146.

② 强月新,刘亚.从"学习强国"看媒体融合时代政治传播的新路径[J].现代传播(中国传媒大学学报),2019(6):29-33.

五、媒介价格定位

定价策略是市场营销组合十分关键的组成部分。价格通常是影响交易成败的重要因素，同时也是市场营销组合中最难以确定的因素。企业定价的目标是促进销售，获取利润。这要求企业既要考虑成本，又要考虑消费者对价格的接受能力。定价的影响因素有内部因素（企业的营销目标、企业的营销组合、产品成本、定价目标）和外部因素（市场结构、市场需求的价格弹性、竞争者的产品和价格、国家政策法规）。如针对机构投资经理的《机构投资者》和针对对冲基金经理的《阿尔法》，由于其市场需求的价格弹性较小，保持了较高的市场定价，前者年订费为325美元，后者年订费为775美元。如果同时订阅，价格则为825美元。

常见的六种定价策略有折扣定价、心理定价、差别定价、地区定价、组合定价和新产品定价等。美国的价格分类法有市场竞争定价法、成本加成定价法、撇脂定价法、限制定价法、损失领导者定价法、市场导向定价法、渗透定价法和价格歧视定价法等。

六、媒介风格定位

媒介只有个性鲜明，才能在市场竞争中立于不败之地。媒介的风格定位，应该从自身的内容、受众、社会文化、形式等条件出发，根据特定目标受众的需求，形成与众不同的媒介特点，与其他的同类产品区别开来，通过自身鲜明的个性特征吸引更多的目标受众，增强自己的市场竞争力。一般而言，强势媒体都有鲜明的风格和个性。成功的媒介风格定位，是塑造良好媒介形象、提高媒介知名度的前提条件。媒介风格定位也不是亘古不变的，其会随着环境的变化和受众的需求而适当调整，实现延续性与创新性之间的平衡。①

第三节　媒介品牌资产

一、媒介品牌资产概述

在理解媒介品牌概念的同时，我们必须理解“媒介品牌资产”的概念，即品牌是组

---

① 汤莉萍.媒介品牌经营[M].北京：中国传媒大学出版社，2014：56-94.

织最持久的无形资产。麦当劳的一位前任CEO说:“麦当劳的一个董事会成员曾经跟我们讨论品牌的价值。如果我们拥有的每一项资产都在一次自然灾害中被摧毁,由于我们还有品牌,就可以再借钱使一切都重新恢复。”品牌的价值比一切都贵重。①

媒介品牌资产(brand equity)是一系列与媒介品牌名称和标志相关的资产(或负债),它能够增加(或减少)产品或服务带给媒介或媒介受众的价值。它是只有品牌才能产生的媒介市场效益,也可以说是媒介在有品牌和无品牌时的市场效益之差。

被誉为品牌资产鼻祖的戴维·阿克在《管理品牌资产》中指出,品牌资产的主要项目有品牌忠诚、品牌意识、感知质量、品牌联想和其他所有品牌资产等。

我国著名品牌战略专家翁向东在《本土品牌战略》中指出,品牌资产由知名度、认可度、美誉度、忠诚度和溢价能力等构成。品牌资产可以分为两类,一类是浅层次品牌资产。也就是说,品牌资产中最基础的是知名度,然后是品质认可度。品牌知名度和认可度是品牌的初级浅层资产,拥有这两种品牌资产仅仅是品牌成功的基础,并不能构成竞争者难以复制的优势。另一类是深层次的品牌资产,包括品牌美誉度、品牌忠诚度和品牌溢价能力。品牌联想可以带来差异化的竞争优势,品牌忠诚度和品牌溢价能为品牌主带来更多的市场份额和丰厚的利润(主要是财务贡献)。目前中国品牌绝大多数都处于浅层次的品牌资产阶段,因此,打造深层次品牌资产成为塑造国际级品牌的关键。

综合诸多学者的观点,衡量品牌资产的关键指标主要有两类:一类是“基于消费者的四度指标”,即“品牌知名度、品牌认知度、品牌美誉度、品牌忠诚度”;一类是基于财务指标的“品牌溢价、品牌价值和品牌赢利”。

衡量品牌资产大小的方法,是看消费者愿意为某个品牌的产品支付多少,即品牌溢价。品牌资产是一种积极的差异化结果,将使品牌名称影响消费者选择产品或服务的决策。一项研究发现,相对于竞争的品牌来说,大部分消费者愿意为他们喜欢的品牌多支付20%的溢价;40%的消费者愿意多支付50%的溢价;汰渍和亨氏的偏爱者愿意多支付100%的溢价;忠诚的可口可乐饮用者愿意支付50%的溢价。

二、衡量品牌资产的四要素

品牌知名度(brand awareness)、品牌认知度(brand cognitive)、品牌美誉度(brand favorite)和品牌忠诚度(brand loyalty)被称为衡量品牌资产的四要素,也是衡量品牌力的标准之一。这四个维度的要素主要基于消费者来衡量品牌资产,不同于基

① 科特勒,阿姆斯特朗.市场营销原理:第11版[M].郭国庆,等译.北京:清华大学出版社,2007:221.

于财务等指标的衡量方式。

(一)品牌知名度及提升方法

媒介知名度是品牌资产的基础,它可以衡量一个媒介品牌在受众中的传播程度。一个强势媒介品牌必然有很高的知名度,比如即使我们不了解 CNN,甚至从来没有看过它的节目,但是通过很多媒体,我们都听说过这个频道。

提升媒介知名度的方法有:

1. 媒介品牌名称要易于记忆

具体化、形象生动、押韵、有个性等都是易于记忆的元素。脸书网站的名称就非常形象而具体,它最初定位为美国高校大学生的社交网站,后来扩大为囊括全球受众的社交平台。"有脸的书"就是指传统的带有照片的纸质"花名册"。通常美国的大学都有"花名册",上面印有学校所有成员的简要信息。大学统一印刷,发放给教职员工和入学新生,帮助大家相互认识。

2. 媒介品牌形象识别的视觉化

视觉形象往往比抽象的理念或文字更易于为人们所理解与记忆,企业形象识别系统简称 CIS(corporate identity system),也称 CI。CI 是指企业有意识、有计划地将自身的各种特征向社会公众主动地展示与传播,使公众在市场环境中对自己有一个标准化、差别化的印象和认识,以便更好地被识别并留下良好的印象,由此树立企业形象。CI 识别一般分为三个方面,即企业的理念识别(mind identity,MI)、行为识别(behavior identity,BI)和视觉识别(visual identity,VI)。

在视觉识别方面,广播电视塔是媒介向公众展示自我的重要窗口。上海东方明珠电视塔是浦东新区陆家嘴的标志性建筑,高 468 米,上海市标志性建筑,为亚洲第六高塔。塔体从下到上由塔基、下球、中间小球及环廊、上球、太空舱和发射天线桅杆构成,巧妙地融合了宇宙空间、飞船火箭和原子结构的形象。东方明珠塔的建筑造型新颖别致,有深厚的东方文化韵味。整个建筑由 11 个大小不一、高低错落的球体组成,富有"大珠小珠落玉盘"的美妙意境。分列两侧的杨浦大桥和南浦大桥,如两条巨龙腾飞于黄浦江上,巧妙地组成一幅"二龙戏珠"的画面。

3. 媒介品牌宣传标语要简洁明了

宣传标语基于媒介定位,是对媒介理念高度的概括和浓缩,同时具有易于传播和感染等特点。如 HBO 历年的宣传口号:

1972 年:个性和创新(Different and first);

1978 年:不要错过 HBO(Don't miss HBO);

1982 年:和我们一起 HBO(Start with us on HBO);

1983 年:HBO 无与伦比(There's no place like HBO);

1986 年:让我们聚集在一起吧(Let's all get together);

1989 年:上 HBO 收看我们(Watch us here on HBO);

1990 年:我们是 HBO(We're HBO);

1993 年:今天我们出城了(We're out of town today);

1997 年:这不是电视,这是 HBO(It's not TV,it's HBO)。

从 HBO 历年的宣传口号中可以看见,作为全美曾经最大的有线电视频道,其频道专业化的特色越来越明显,口号也一直简洁明了。

4. 运用事件营销

事件营销也可以称为公共关系营销,在英语里叫作 event marketing,是指企业通过策划或利用具有新闻价值的事件,吸引媒体和消费者注意,以提高企业或产品的知名度,并最终促成产品销量提升的促销方式。事件营销的成本不但比媒体广告的成本低,而且效果还比媒体广告的效果好。与观看广告相比,人们通常更愿意从新闻事件中获得信息。

事件营销主要分为:第一,策划文艺、体育等娱乐活动;第二,赞助文化、体育、娱乐活动;第三,媒介宣传展览,内容可以是展示媒介发展历程,介绍媒介优秀人才、媒介优秀节目内容等,形式上可以是文字、图像、影碟、展览等;第四,开展各种联谊活动,对象包括读者、听众、观众,也包括主管部门、供应商和代理商等。

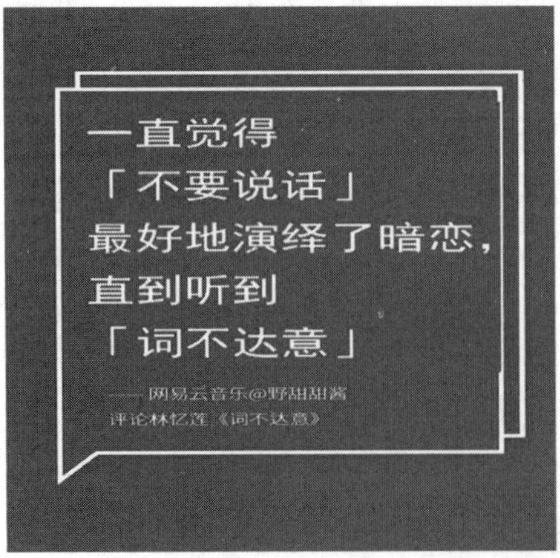

图 9-4 网易云音乐的地铁传播

2017 年 3 月 20 日,网易云音乐瞄准了人们的"孤独感",选择了最能体现"奋斗的疲惫和孤独感"的地铁这一媒介渠道,通过后台大数据以及人工筛选的方式,从 4 亿多条热评中精选近百条用户的热评,并将其铺满杭州地铁 1 号线以及江陵路站,举行了一场名为"看见音乐的力量"的营销活动。该活动刷爆朋友圈。在互联网音乐这个领域,网易云音乐是一个后来者。将音乐内容收听转变为陌生社交平台这一举措使得它在酷狗、虾米、QQ 等一众先发者中杀出了一条血路。网易云音乐所选择的内容都是由用户原创并且点赞量较高的、在线上已经有了很大共鸣的评论。地铁是上班族最集中的场所之一，而一号线是人数最多的地铁线路。此次策划出自用户、尊重用户、感动用户。[①]

（二）媒介品牌认知度及其内容

媒介品牌认知度是衡量受众对媒介品牌内涵、价值等元素的认识和理解的一种指标。有较好的品牌知名度并不意味着一定有很好的品牌认知度。CNN 相对于中央广播电视总台，其全球的知名度更高，但对于中国观众来说，其品牌认知度不如中央广播电视总台。

品牌认知的内容非常广，但媒介品牌管理者不必对所有的媒介品牌认知都感兴趣，而应该多关注认知中直接或间接增进受众对媒介品牌的美誉度评价、提高媒介品牌忠诚度与溢价能力的那些内容，如媒介理念、优质的内容、强烈的社会责任感等。

1. 媒介品牌定位

湖南卫视主打娱乐节目，海南卫视的定位是旅游休闲，《第一财经》做财经内容，凤凰卫视主要提供沟通内地与港澳台的资讯，《时尚》杂志紧跟时尚潮流，英国《金融时报》是全球财经杂志，谷歌主要做搜索引擎，等等。

2. 媒介目标受众群

媒介目标受众群与媒介品牌定位相关。

3. 媒介声望与领先感

媒介声望与领先感主要是指媒体在同行业媒体中所处的层次和地位。比如，中国公认的一流财经媒体第一财经、财新网等。

4. 媒介文化

要成为一个高溢价品牌，媒介必须具备富有价值的品牌文化与精神内涵，如迪士尼“创造欢乐的企业文化”就是一种极其鲜明的特色。

5. 媒介创始人或领导人的形象

媒介创始人或领导人的良好形象可以成为媒体品牌的加分项，也是受众了解媒体

① 刘彦宏，汤婷.新技术与营销创新：智媒体时代下网易云音乐的营销策略[J].国际品牌观察，2018(3)：63-66.

的一个重要途径。沃尔特·迪士尼的独特经历,为迪士尼增添了传奇色彩;张朝阳作为毕业于麻省理工学院的归国博士精英,成为搜狐网的一面旗帜;新闻集团创始人默多克在业界的名声很有争议性,在出现"窃听丑闻"后,亚克特曼资产管理公司总裁丹·亚克特曼尖锐地指出:"如果默多克下台,(他旗下机构的)股价或许会上涨,因为存在默多克折价效应。"①

6. 媒介子媒体及业务分布

认识子媒体、了解其业务结构,是认识媒体的重要内容。

新闻集团(News Corporation)是全球最大的综合性媒介集团之一,其子媒体的分布有以下几类:第一,有线电视网络,如福克斯电视台、国家地理频道、星空卫视等都是其名下的经典频道。第二,电影娱乐产业,包括20世纪福克斯公司和福克斯澳大利亚工作室,拥有诸多经典电影拷贝。第三,电视产业,如在美国,新闻集团拥有20世纪福克斯电影公司、福克斯网络和35家电视台,占全美电视台总数的40%;在亚洲,通过40多个频道向亚洲53个国家和地区提供节目。第四,卫星电视(付费频道),如在欧洲,默多克有天空电视台39%的股份;在拉美,默多克与3家电视台合作,通过卫星播送150套节目,印度EETV也在其名下。第五,出版业,如新闻集团控股了英国40%的报纸及澳大利亚三分之二的报纸,《泰晤士报》《镜报》《卫报》《太阳报》是其代表。第六,其他财产,如《美国偶像》、英式橄榄球联盟等。

7. 媒介类型

媒介类型主要分为报纸、电台、电视、网络、手机等媒体类型。

8. 媒介个性与差异性

全球一流的财经报纸之间也各具差异性。美国《华尔街日报》网络版在经营行业方面领先,英国《金融时报》则侧重于金融领域,日本《经济新闻》的数据库行业公认度高。

(三)媒介品牌美誉度及提升策略

媒介品牌美誉度是指受众对某一媒介品牌的好感和信任程度。如《华尔街日报》因其在财经报道领域的专业性而在财经报刊行业中获得了良好的口碑和声誉。美誉度是以知名度为前提的,知名度是美誉度的基础,品牌美誉度是真正反映品牌在消费

---

① 张璐晶,钟蕾.新闻集团大厦将倾[EB/OL].(2011-07-26)[2025-03-01].http://paper.people.com.cn/zgjjzk/html/2011-07/26/content_881010.htm.

者心目中的价值和地位的维度。知名度可以通过短期营销等手段迅速扩大，而美誉度则需要长时间的经营和积累，一不小心，就会名誉扫地。美誉度破坏容易，维护难。美誉度还可以参考品牌满意度。品牌满意度是指受众对品牌的产品、服务、主张和行为等的满意程度，是发现消费缺憾的重要途径。

提升媒介美誉度的途径有以下几种方法：

1. 提升媒介内容品质

品质是最根本的。"都说好才是真的好"，口碑都是建立在用户使用体验基础之上的。日本《读卖新闻》，作为全球发行量最大的报纸，其名字的由来基于一种现象：卖报的人被内容吸引，一边读一边卖，其名称由来是内容质量的侧面反映。

2. 搞好公共关系

在公共关系中参与或组织公益社会活动对提高媒介美誉度有积极作用。积极支持发展教育、健康、城建、环保、助残、扶贫、赈灾救济等社会公益事业，赞助体育赛事、文艺演出等各种大型社会活动都有利于提升媒介美誉度。

例如，"饿了么"为残疾人朋友提供了外卖员的就业岗位，事件披露后，"饿了么"官方微博下面一片好评，随后"饿了么"又顺势在其 App 上做了技术升级，进一步解决了听障外卖员的沟通难题，这一举措更是让网友大呼"贴心"。商场如战场，解决特殊社会问题就能争取民心，民心所向，战无不胜。

2021 年 7 月 20 日，河南发生特大暴雨洪水灾害，鸿星尔克在自身经营困难的情况下捐款 5,000 万元。7 月 22 日晚，有网友评论"感觉你都要倒闭了还捐这么多"，引起网民共鸣，推动话题热度。当日，#鸿星尔克的微博评论好心酸#冲上微博热搜榜第一，舆论迅速发酵，网友纷纷涌入鸿星尔克直播间抢购，表示支持国货。在自身经营不佳的基础上，依然捐款，展现了鸿星尔克企业的责任与担当，这一举措提高了该企业的美誉度。

3. 重视口碑作用

受众主流意见或者意见领袖的评论对周围人的影响比传播媒介更大，受众普遍认为受众自身的评价更可信。

2012 年贺岁喜剧片《泰囧》票房节节攀升，媒体评论出现一片叫好局势。该片成本不到 3,000 万元，上映一周票房即突破 4 亿元。该片上映 9 天，豆瓣网有 72,153 人参与评价，其中 42.5%的人力荐，42.0%的人推荐，13.6%的人觉得还行，1.3%的人觉得较差，0.7%的人觉得很差。好的口碑，进一步推动了票房的攀升。

2018 年,一部以热点事件“药侠”陆勇为故事原型的国产电影《我不是药神》取得了 30.7 亿元的高票房。除了电影产品本身质量在线以及贴近现实以外,高票房离不开其良好口碑的传播。《我不是药神》在上映后的宣传中,出品方选择点映。点映过程中,得到大量业内专业人士的认可和评价。在这种情况下,观看《我不是药神》成了一种趋势、一个现象。通过前期上影节千人场的业内观影预热,到上映前通过新媒体密集点映的口碑释放,从媒体到影城经理再到普通观众的新媒体口碑层层传播,这就为后续的首映打下了坚实的票房基础。①

(四)媒介品牌忠诚度

媒介品牌忠诚度是指由于媒介品牌技能、媒介品牌精神、媒介品牌行为文化等多种因素,使受众对某一媒介品牌情有独钟,形成偏好并长期接触这一媒介品牌内容的行为。开发一个新顾客的成本,是维护一个老顾客成本的 5 倍,所以提高品牌忠诚度,对媒介的生存与发展、扩大市场份额极其重要。

1. 媒介品牌忠诚度的衡量标准

媒介品牌忠诚度的衡量标准主要有:第一,受众重复购买次数。受众对某一媒介产品重复购买的次数越多,说明对这一品牌的忠诚度就越高,反之忠诚度就越低。这条标准主要针对印刷媒介产品。第二,受众收听、收看或在线时间长短。主要针对电台、电视台或网络媒介受众。收听、收看或在线时间越长,忠诚度就越高,反之越低。第三,受众对价格的敏感程度。运用这一标准时,尤其要注意顾客对于产品的必需程度、产品供求状况及市场竞争程度这三个因素的影响。第四,受众对竞争媒体的态度。受众对竞争媒体的内容兴趣浓、好感强,就说明对某一媒介品牌有一定的忠诚度。第五,受众对媒介内容质量问题的态度。如果受众对某一媒介品牌印象好,忠诚度高,便会相信媒介能正确处理并解决问题,不会影响其对该媒体的使用,但若受众忠诚度低,一旦新闻内容出现道德危机等问题,受众就会选择放弃该媒体。

2.强化媒介品牌忠诚度的方法

(1)重视受众需求

以受众为导向的媒介采取各种措施接近受众,如迪士尼乐园的管理人员每年必须有两周的时间待在乐园中,深入园区了解受众的需求。

---

① 韩雨霏. 浅析新媒体环境下如何对电影进行网络营销:以《我不是药神》为例[J]. 西部广播电视,2019(5):130.

(2)建立受众数据库

应对用户信息进行整理和归类,并常保持联系。对受众的特征、使用习惯、偏好等进行研究。

(3)测量并管理受众满意度

媒介测量品牌满意度以改进媒介的内容和服务。

(4)为受众创造累积效应

如沃尔登书店制订了"最受欢迎的读者"计划以回报顾客,最受欢迎的读者将持有一张卡并享受拨打免费电话订购图书、所有采购金额9折优惠、消费100美元即可获得5美元的优惠券、马上确认支票等优惠服务。该计划有效提高了顾客对书店的忠诚度。

(5)重视老读者、老听众或老观众

在受众数据库中应该突出这部分人群,定期联系、沟通并以赠送额外服务、优惠等方式长久地留住这部分受众。①

第四节 媒介品牌的推广

一、媒介品牌推广概述

媒介品牌推广是通过整合一切有效的传播手段,向受众传递媒介及媒介产品的品牌信息,从而提升媒介和媒介产品的认知度、满意度、忠诚度和联想度,形成强势品牌,提升品牌价值的过程。品牌推广不能简单地等同于产品推广,品牌推广的着眼点在于实现品牌与目标受众之间长期利益的融合,获得当前媒介产品售卖收益只是一个短期的目标,成功的品牌推广可以为同品牌的系列产品造势。通过树立健康、持续的品牌形象带动后续产品的售卖,获得额外的品牌价值和稳定的附加值收益才是品牌推广的根本目的。因此,品牌推广是产品推广的高级阶段。

媒介品牌推广是借助各种营销方式,使受众对媒介品牌的认知在推广过程中逐渐发生变化,把受众理性消费媒介产品的过程,变成感性消费媒介品牌的过程。

---

① 汤莉萍.媒介品牌经营[M].北京:中国传媒大学出版社,2014:127-157.

二、媒介品牌推广方式

品牌推广的方式随着社会经济及媒介营销理论的发展,经历了从摆脱单向的、静止的、封闭的推广模式到双向的、多变的、开放的推广模式转变的过程。在这个过程中,同时出现了口碑传播推广品牌、广告传播推广品牌、受众活动推广品牌等推广方式。这些方式反映了社会从品牌无意识到受众适应了新消费时代下物质产品极为丰富的媒介生态环境所发生的变化。

(一)口碑传播推广品牌

20世纪80年代改革开放初期,媒介作为纯粹的"新闻纸""广播站",肩负着宣传纲领、引导舆论的重要使命。人们的生活水平接近,读者阅读需求相仿,生活方式单一,报纸普遍提供相同的信息,受众分享相同的信息,社会讨论相同的话题。在电视普及前,受众对报纸的依赖程度很高,往往会细读版面所有内容。因此,报纸将自己刊登的信息和文化内容的写作品质作为塑造品牌的重要渠道,读者阅读后再聚首议论。在比较中,读者加强了对某报纸品牌的满意度,形成了口碑传播,再加上可以接触的报纸种类极少,受众的品牌忠诚度普遍较高。一般而言,口碑传播具有良好的公信力,而在社交媒介快速普及的今天,利用网络上口碑传播的速度,媒体组织能够用最短的时间和最低的成本实现品牌传播的目标。

(二)广告传播推广品牌

广告是利用媒介将所要宣传的品牌理念、产品概要推介给大众。媒介利用广告传播推广品牌这种得天独厚的优势是媒介本身享有的媒介资源。媒体组织要充分利用广播、电视、报纸、杂志、网络、手机、户外灯等各种大众型媒介手段,把媒体组织和媒介产品或服务的品牌价值尽可能地传递给普通的媒介消费者。对广告主体而言,一般有产品品牌推广和媒介自身品牌形象推广两种。从广告传播契机的角度出发,一般分为有纪念性意义广告和无特别意义广告两种。纪念性意义广告是指媒介为了纪念周年而发布品牌推广广告。带有重要纪念意义的时刻往往能引起受众的关注,在受众脑中留存的记忆时刻也会比较长。然而,更多的媒介品牌推广广告是根据版面情况或节目播出情况轮流、整点刊登或播放的。电视媒介在节目间隙的广告时间里播放自身的形象广告,富含创意、画面优美的广告本身就能带给观众快乐和享受。在电视传播过程中,观众被不自觉地灌输了媒介的品牌理念。就广告发布平台而言，一般有自身担当传播和借助其他媒介传播两种推广形式。报纸利用自己的版面，电台、电视台利用自己的节目时间刊登、播放品牌推广广告，这些方式具有极强的便利性。此外，如果借助其他媒介扩大广告传播渠道，势必会将非本媒介忠诚受众也纳入广告辐射范围，增加了扩大媒介产品售卖人群的可能。借助其他媒介传播有这样几种情况：一是同集团的媒介之间互相投放广告；二是用其他种类的媒介，如室外广告、楼宇广告、新媒体广告等；三是其他可供刊登广告的创意平台。

(三)受众活动推广品牌

媒介组织举办受众活动，例如读者俱乐部、网络征文活动、观众走进演播室、各类竞技比赛等，在符合自身品牌定位和发展战略的前提下，就可以达到真实了解受众群、向受众群传递情感诉求的目的。例如，《旅游情报》是一本针对白领阶层度假、旅游的信息类杂志。该杂志在内容上以帮助读者“动起来”为第一目标，为读者提供实用旅游资讯和具有可操作性的度假方案。在这样的品牌宗旨下，《旅游情报》不但出版内容按照读者实际的需求设计出游路线，而且还组织了若干次与杂志品牌贴切的“小众游”。①

完美日记通过对品牌目标消费群体进行分析，发现作为互联网原住民的95后具有如下的特点：第一，拥有极强的分享意愿和多平台的社交渠道，将消费与社交捆绑。95后消费者更容易受到分享带来的刺激和影响，从而增加购物的欲望，俗称“被种草”。第二，购物之后会进行分享，形成“分享—购买—分享—再购买”的裂变模式，有助于品牌信息的扩散。因此完美日记以促进销售为目的，通过社会化媒体，针对目标消费群体传播产品及品牌信息，重点选择了小红书、B站以及微博三个平台精准获取流量，引起95后消费者的兴趣，促进他们的分享，在短期内收到即效性广告效果，大大提高产品销量，推进品牌快速成长。②

(四)科学选择品牌延伸领域

品牌延伸的目的主要有三个方面，一是为受众和消费者提供更完整、更全面的服务以加强彼此之间的关系，提升品牌魅力；二是建立品牌权威，以专家形象组织竞争者进入；三是提高投资收益。在媒介业的品牌管理中，我们经常能看到两种品牌延伸的实践：一是通过兼并、收购来实现规模扩张，这大多体现在国外大型媒介集团上，在我

---

① 严三九，刘怡，庄洁.媒介经营与管理[M].武汉：华中科技大学出版社，2012：215-220.

② 蔺政宇，刘云霄. 完美日记 KOL 种草模式下品牌推广策略研究[J]. 全国流通经济，2020(34)：17-19.

国并不多见;二是通过创造多品牌来实现品牌扩张,如以《南方都市报》《南方周末》为代表的南方报系就是一个多品牌战略延伸的成功范例,南方系列以"敏锐、敢报"著称,形成了独具一格的品牌形象。

在进行媒介品牌延伸策略的时候,一定要科学地选择和规划。一个好的媒介品牌可以运用自身的积累和影响力,适当采取品牌延伸策略,扩大媒介品牌的影响力;而一个不好的媒介品牌在考虑品牌延伸策略时,则应当谨慎考虑品牌延伸的资源和能力。

【本章小结】

1.媒介品牌是与其他媒介产品或服务相区分的名称、术语、设计、符号或这些元素的组合。它增值的源泉来自受众对其的印象,是给媒介所有者带来溢价、价值增值等无形资产的来源。

2.媒介影响力实际上体现的是媒介品牌作为传播者对受众在传播过程中施予的控制力,这种控制力足以影响受众对某些问题的认知、意见、态度以及行为方式。

3.媒介品牌推广是整合一切有效的传播手段,向受众传递媒介及媒介产品的品牌信息,从而提升媒介和媒介产品的认知度、满意度、忠诚度和联想度,形成强势品牌,提升品牌价值的过程。

4.媒介品牌认知度是衡量受众对媒介品牌内涵、价值等元素的认识和理解的一种指标。有较好的品牌知名度并不意味着一定有很好的品牌认知度。

5.品牌延伸的目的主要有三个方面:一是为受众和消费者提供更完整、更全面的服务以加强彼此之间的关系,提升品牌魅力;二是建立品牌权威,以专家形象组织竞争者进入;三是提高投资收益。

【思考与研讨题】

1.什么是品牌?品牌含义一般包括哪几个方面?请举例说明。

2.媒介品牌的内涵包括哪些方面?请举例说明。

3.媒介品牌对媒介有什么意义?

4.媒介品牌定位方法有哪些?

5.媒介品牌推广的方式有哪些?

6.媒介品牌有什么特殊性?请举例说明。

7.媒介品牌有哪些特征?请举例说明。

第十章　媒介融合时代的财务管理

【章节大纲】

1.媒介财务管理的主要内容；

2.媒介组织的集团化经营；

3.传统媒介组织的资本运营；

4.互联网新媒体的资本运营。

【章节内容】

本章介绍了媒介的筹资和投资管理、媒介的成本费用和利润管理、媒介集团化、我国媒介集团的组织形态、媒介集团的组建模式、媒介资本及其运营、我国媒介上市的模式选择、我国媒介资本运营存在的问题、新媒体资本运营的特点、新媒体资本运营的风险。

第一节　媒介财务管理的主要内容

随着中国社会主义市场经济体制的深化，市场在媒介资源配置中逐渐起决定性作用，这需要更好地发挥政府的作用。国家对媒介组织的财政支持从全额拨款，转为少量的财政补助，甚至完全“断奶”。在文化体制改革不断深化以及媒介逐渐产业化发展进程中，媒介财务管理也发生了变化。社会主义市场经济条件下，媒介组织要在保证引导意识形态前提下，整合资源、占领市场、增强竞争力，必须改革计划经济体制下简单的“记账—算账”式管理模式，从媒介企业经营和提高效益角度出发，将媒介财务管理纳入科学化轨道，以增强媒介生产流程科学性、精确性，推进媒介组织企业化改革进程。

媒介财务管理是媒介经营与管理的重要组成部分。媒介财务管理主要是资金运动的管理,即在媒介组织运行中,对媒介资产价值形式进行控制,以实现媒介组织的经济目标。财务工作是贯穿始终的,因为所有工作都是在资金参与下进行的。媒介组织每天有大量涉及采编、广告、发行和投资等方面的现金流,一些大的媒介组织还有资本运作、公司上市、企业并购等重要项目的实施。如果没有科学和完善的财务管理系统,就难以进行正常的运营。媒介财务管理的对象是媒介组织的资金运动,体现在资金形态转换的各个环节,主要涉及筹资管理、投资管理、成本费用管理和利润管理等。[①]

一、筹资管理

(一)媒介筹资的含义与目的

媒介组织信息产品的生产,必须以占有或能够支配一定数额的资金为前提。媒介筹资是指媒介为了满足投资和用资的需要而筹措和集中资金的财务活动。媒介筹资的目的是促进媒介的生存与发展。媒介筹资的目标包括维持媒介日常的生产经营活动、拓展新业务或扩大经营规模、偿还债务、调整不合理的资本结构等。快速、有效地筹集资金是媒介财务管理工作首要考虑和研究的问题,也是媒介实现自身价值并拥有竞争优势的前提。

(二)媒介筹资的渠道

媒介筹资的渠道主要包括国家财政资金、媒体内部筹集资金、银行信贷、非银行金融机构贷款以及上市融资等。

早期媒介筹资的主要来源是国家财政资金,是国家政府部门或相关机构以国有资金形式投入媒介运营。目前国有媒介的资金来源大部分延续了国家财政拨款的投资方式。社会主义体制下媒介的意识形态属性使得国家对这一领域的控制具有重要意义;对于不适合转制成企业的国有媒介而言,国家财政拨款在相当长一段时间内是其重要的资金来源。

媒体内部筹集资金也是重要的资金来源,主要通过对信息和广告的销售以及媒体多元化的投资活动而获得的收益与利润。

银行信贷是我国企业的主要资金来源之一,这一点对于媒介来说也不例外。随着媒介融合与集团化趋势的发展,媒介领域的兼并、收购屡见不鲜,中长期大额商业贷款也越来越普遍,金融机构也纷纷创新针对媒体、影视等文化企业的信贷产品。

---

① 谢新洲.媒介经营与管理[M].北京:北京大学出版社,2011:442-443.

非银行金融机构，主要包括保险公司、信托投资公司、租赁公司、媒介集团的财务公司等。此类金融机构也为媒介提供各种金融服务，例如信贷资金投放等。

随着我国经营性媒介转企改制的完成，上市融资也愈发受到青睐。随着我国传媒产业的不断发展和国家政策对媒介企业跨区域扩张的鼓励，各类媒介需要大量资金进行资本运作。在媒介自我积累资金和间接融资难以解决资金短缺的情况下，优势媒介企业开始上市融资。

二、投资管理

媒介投资是指媒介以未来收回现金并取得收益为目的而发起的现金流支出活动，媒介取得资金后，将资金投入使用，以实现企业价值的最大化。媒介投资有广义和狭义之分，广义的投资包括媒介内部使用资金的过程，例如购买生产资料、扩大再生产、高薪聘请人才等；而狭义的投资则仅指媒体的对外投资，它是媒介追求利润最大化的产物。媒介行业根据投资领域的不同，可以分为横向投资和纵向投资。

横向投资，即媒介对传媒产业之外的项目进行投资。例如，自 20 世纪 80 年代开始，一些媒介出于盘活自身固定资产的目的，纷纷经营新闻大厦，涉足房地产、运输业和酒店业等。当时的南方日报社也投资了大量与报业不相关的行业，但由于该时期国内资本市场不完善，加上各个媒介的资本运作缺乏经验、盲目跟风，导致这一时期媒介企业的多元化经营并没有达到预期的效果。南方日报社投资的项目不仅没有赚到钱，反而亏损了 1.4 亿元。而如今，媒介进行多元化投资的步伐越发稳健，南京的凤凰出版传媒集团作为我国出版界第一个“双百亿”集团(资产规模和销售额均超过百亿元)，其经营的领域虽然涉及地产、酒店、金融等多方面，但始终不忘主业，在出版、发行、印刷等板块积极发展。

纵向投资，即媒介对媒介行业相关的领域进行投资。最典型的例子就是国外的大型媒介集团。比如，默多克的新闻集团、迪士尼集团等，它们所涉足的领域涵盖了广播、电视、电影、出版发行等各个领域，可以说是集传媒业之大成，形成了完整的产业链条。当前，国内众多媒介集团也通过改制走上了市场化道路，跨地区、跨领域的合作扩张已经成为媒介集团发展的重要目标。

三、成本费用管理

媒介成本费用管理是对媒介产品生产过程中各项成本费用的预测、计划、控制和分析评价等一系列的科学管理工作。其目的是充分利用媒介现有的人力、物力、财力来挖掘媒介内部潜力,在保证媒介产品质量的前提下,不断降低产品的成本费用,以提升媒介的经济效益。①

一般情况下,媒介成本由直接成本和间接成本组成。直接成本主要指为制作媒介产品所直接消耗的费用。例如,工作人员的工资、稿费、资料费、差旅费、邮电费、劳务费、编辑费用、广告宣传费用、新闻纸和油墨费用、录音摄像设备费用等,都可以直接归为该产品的成本。间接成本主要指制作某产品所间接消费的费用,如水电费、后勤管理人员和技术保障人员的工资、福利费、办公费、贷款利息费等。这些费用需要按照一定方法,合理计算后分摊到相关的节目、栏目、版面中去。②

四、利润管理

在中国媒介集团的总收入中,收入分布大致如下:广告收入占 70%,发行或节目收入占 20%,多元收入占 8%,其他占 2%。在四大传统媒体中,有 41.5%的媒体广告收入占总收入的 90%以上,其余媒介的广告收入占总收入的 50%—90%。广告经营依然是我国媒介集团的经营支柱,多元化经营效果还未能充分体现。

媒介实现利润是利润分配的前提,合理进行利润分配的前提是正确地计算媒介的利润总额。媒介利润是媒介在一定会计期间内的经营成果,是媒介收入扣除所耗费的成本以及税金后所剩下的余额。它的多少决定着媒介利润分配参与者的利益与媒介持续发展的能力。③

第二节　媒介组织的集团化

一、媒介集团化

媒介集团化指的是多个规模较小的媒介组织相互联合,其中自身发展水平无法与时代需求相匹配的媒介组织将会被其他的媒介组织或集团吞并,从而媒介集团从规模数量型转向优质高效型,从粗放型转向集约型。1996 年 1 月 15 日,中共中央宣传部批准《广州日报》挂牌成为全国第一家报业集团试点,媒介集团化改革序幕就此拉开。

---

① 杨海军,王成文.传媒经济学[M].开封:河南大学出版社,2008:134.

② 谢新洲.媒介经营与管理[M].北京:北京大学出版社,2011:460.

③ 宋建武.新闻媒介管理[M].北京:高等教育出版社,2013:213-226.

2000 年 11 月 17 日，国家广播电视电影总局下发《关于广播电影电视集团化发展试行工作的原则意见》。作为媒介集团化改革的指导性文件，它规定了广播电视集团化的具体内容，即广播、电视、电影三位一体，无线、有线、教育三台合并，省级、地级、县级三级贯通。2014 年 8 月 18 日，中央全面深化改革领导小组第四次会议审议通过了《关于推动传统媒体和新兴媒体融合发展的指导意见》，意见指出，要着力打造一批形态多样、手段先进、具有竞争力的新型主流媒体，建成几家拥有强大实力和传播力、公信力和影响力的新型媒体集团。近年来，在政策和市场驱动下，各地纷纷成立了新型媒介集团。经过近 30 年的发展，媒介集团的规模和影响力日渐扩大，社会效益和经济效益显著提升，成为中国媒介改革的“先锋军”。①

当今，世界媒介集团的发展日益呈现两大趋势：一是媒介集团之间的并购、重组日益加剧；二是媒介集团的数量日渐减少。作为一种特殊的企业，媒介集团化经营可以获得以下优势：

第一，在原材料的采购上，可以获得较大的折扣，特别是新闻纸的采购。

第二，方便融资。巨型的、稳定的、有声望的公司企业更容易从金融机构中获得低利率贷款，也更容易通过发行股票等形式从资本市场获取资金。

第三，对于区域性的媒介集团而言，只需拥有一家印刷厂就可解决集团内所有的印刷业务，从而降低生产成本。

第四，在广告经营上，由于集团有能力形成广告销售网络，客户可以通过一次性洽谈便在集团内的众多媒体中同时发布广告。这种形式易于客户获得较大优惠，同时也能拓宽集团的广告来源。

第五，在新闻信息来源上，媒介集团可以向集团内部所有的媒体统一提供稿源，特别是有关全国和全球的综合性新闻以及各种特写。同时，对于重大新闻事件的采访，集团可以集中优势力量重点突破，各子媒体无须分别采访，有利于减少采编开支。

第六，集团化有利于开展多种经营，扩大媒体的经营门路，壮大媒介经济。另外，集团还可以对麾下单位进行统一的员工培训、法律咨询、财务管理，从而降低行政开支。

就国内情况来看，从 20 世纪 90 年代开始，我国就开始出现媒介集团化浪潮。以 1996 年第一家报业集团广州日报报业集团和 1995 年第一家电视集团无锡广播电视集团的组建为发端，到 2003 年初，我国已经批准成立 69 个媒介集团。

---

① 谢新洲. 媒介经营与管理[M].2 版.北京：北京大学出版社，2023：482-483.

二、我国媒介集团的组织形态

我国组建的媒介集团,从组织形态上大体可以分为两类:一类是编委会领导体制,即由上级党委任命编委会成员,以编委会作为报业集团的政治领导核心,成立新的集团领导机构,集团委员会成员主要由编委会组成。在编委会的领导下,集团委员会下设采编系统、经营系统和行政系统。这类领导体制主要以《光明日报》和《经济日报》为代表。另一类是集团党委会领导体制,集团党委书记和党委委员由上级党委任命,党委会是集团的最高领导机构。

在整合内部机构、加强管理方面,各报业集团基本上都形成了宣传和经营两大运作系统。宣传系统一般由编委会组成,经营系统由经营管理委员会组成。在广播、电视的集团化设想中,还考虑了技术管理系统。编委会实行总编辑负责制,管理新闻宣传业务;经营管理委员会实行总经理负责制,管理产业的经营和开发;技术管理委员会实行总工程师负责制,负责新技术的运用和开发;行政管理委员会实行总政工师负责制,负责人事、纪检、后勤保障等。这些委员会各司其职,相互协作。

报业集团的一些下属公司一般在原有专业的基础上扩展外围经营,如广告、印务、纸张、摄影、酒楼等,也就是在原报社门市部的基础上改组为经营实体。此外,其产业扩展还涉及金融、房地产、商业等领域,如广州日报报业集团投资近千万元作为大股东参加组建广州市产权证券联合交易公司。

对比中外媒介集团的组织结构可以看出,两者最大的区别在于西方媒介集团的最高决策机构是董事会;而我国媒介集团的最高决策机构是编委会或党委会。组织结构的不同,反映了媒介集团性质的不同。西方媒介集团的性质是私有的或属于上市公司的,是彻底的现代企业;而我国媒介集团是具有事业和企业双重属性、政治和经济双重功能的特殊实体。

三、媒介集团的组建模式

以报业集团为例,中国媒介集团化的发展如果按照整合资源程度划分,基本可以划分为三种典型模式。

一是系列化模式。所谓系列化,是指在统一媒介层次上实现的平面联合,即由一张主报统辖若干子报。南方报业传媒集团比较典型。在它的旗下,《南方日报》作为省委机关报,面向广东各级行政领导、企业管理者、中年知识分子;《南方都市报》面向普通市民,开发都市报市场;《南方周末》为新闻类周报,面向中青年知识分子和都市白领;《南方体育》为体育类专业报;《21 世纪经济报道》作为经济类专业报,以企业管理者和知识分子为主要受众;《21 世纪环球报道》则以国际新闻为主要内容。

二是联合型模式。所谓联合型,是指两家或两家以上的大报社之间通过资产的合并实现联合组建与联合经营,如文汇新民联合报业集团。作为组建双方的《新民晚报》与《文汇报》是我国现存报纸中历史较为悠久的两家,两报有 10 多种系列报刊和 1 个出版社,期发总数已达 250 万份以上。但是,这种联合属于两大重量级报业的合并,主要依靠外部规划和行政命令来完成,而并非完全自发联合。因此,集团在资源配置、利益关系调整等方面依旧还有很多困难。

三是多元化模式。所谓多元化,是指媒介集团的资源链接已经超出媒介行业自身,报业集团需要在更大范围内来寻找自己"做大、做强"的资源。在媒介政策和市场政策的影响下,媒介组织一般要通过多元化投资找到新的经济增长点,通过多元化投资来弥补主营业务收入的亏损,利用企业整体优势来实现范围经济。广州日报报业集团拥有 10 多家子报刊和 7 家子公司,经营范围涉及房地产、报刊发行、印刷、连锁店、电子商务等。该集团还拥有广州出版社。通常认为,多元化会减少集团经营的风险。其实,如果集团实行与主业无关联的多元化经营战略,不太熟悉所进入的行业,其结果反而会增大经营风险。多元化经营迫使集团不断进入一个又一个全新的领域,集团的多元化程度越高,协调活动和可能造成的决策失误也就会越多。2014 年,随着媒体融合发展上升为国家战略,传统媒介为谋求自身发展,开始向新媒体转型,多元化投资就是转型的重要手段之一,为媒体融合提供了更多资金来源。例如,浙江日报报业集团旗下的浙数文化以 31.9 亿元收购了"边锋""浩方"两家游戏公司,投资建设了互联网数据中心和浙江大数据交易中心,收购了"ST 罗顿",布局了电子竞技产业;凤凰出版传媒、上海报业集团、大众日报报业集团等都成立相应基金,以进行多元化投资;河南日报报业集团布局教育产业;随着直播电商快速发展,湖南广电、浙江广电等投资直播电商等领域。[①]

四是媒介集团的跨区域扩张模式。报业集团的跨区域扩张主要有三种基本模式,一是本地生产、全国发行的"全国报"模式。采用"全国报"模式的报纸,内容在全国各地都是相同的,广告市场和发行市场以辐射全国为目标,主要代表有中央级报纸和专业类报纸。二是立足本地、渗透区域的"地方版"模式。在这种模式下,报纸内容因地而异,广告和发行以争取区域市场为重点。这一模式以广州三大报业集团在珠三角创办的"地方版"最为典型。三是异地办报、中心突破的"地方报"模式。这种模式以进入

---

① 谢新洲. 媒介经营与管理[M].2 版.北京:北京大学出版社,2023:480-481.

区域中心城市为重点,以拓展区域市场为目标。如果说“地方版”模式是基于报业集团“势力范围”的一种内部扩张,那么“地方报”则是在市场环境完全不同的地域进行的外部拓展。

四、媒介集团运营管理方式的转变

媒介集团是企业集团的一种特殊形式,与一般媒体相比,其最大的优势在于政策支持,也就是从内部管理到出版和经营,自主权进一步扩大。媒介集团组建不仅把过去媒介只是办传媒的旧观念转变为可以把媒介当作产业来经营,使之成为一种成熟的市场主体,而且还淡化了行政级别。在经营策略上,也实现了从“有什么抓什么”到根据报纸产业特点扬长避短的转变。在成效上,对内发挥了互补作用,即信息互补、人才互补、财务互补;对外则增强了竞争力。

从管理方式角度来看,媒介集团组建后要逐步实现以下几个方面的转变:

第一,经营方式由集中经营向分级经营转变。即由过去的过于集中向两权分离及分层而治转变,并在下放权力及划分责任的同时,建立各项监督、考核、奖惩及优胜劣汰制度,以制约权力的使用,实现放活与管好的统一。

第二,决策方式由个体向群体转变。即改变过去过分依赖个别领导者的主观决策方式,向以更加理性的智囊团式的决策方式转变。

第三,组织指挥方式由直线指挥向横向制约转变。即不将下属的工作任务根据上司的意志、指令确定在一条直线上,而是通过媒介机构的规章制度、社会法律规范等将下属的任务和上司的安排确定在一个较为固定且弹性的范围内。下属的工作若符合集团的总体利益目标,就能得到极大的自主权和灵活性;而背离企业和社会总体的目标时,就会受到责任考核指标体系、各项规章制度及国家法律的制约。

第四,管理、监控方式由具体管理向抽象管理转变,改变事无巨细、事必躬亲的事务性领导方式,实现抓大放小。

第五,业绩考核由定性考核向定量考核转变。以国有资产保值、增值为主要考核目标,以科学考核指标体系及统一的评分标准,为集团分清良莠、治理散乱提供科学的考核依据。

第六,产权结构由单一型向混合型转变。混合型产权结构的优点在于,可以充分发挥董事会等民主管理及监督机构的作用,为集团有序、高效、规范地运作提供有力的保障。而且,职工共同持股有利于增强集团的凝聚力。

第七,收益分配由成本、变相成本向效益分配方式转变。即改变过去劳动者的报酬与劳动贡献关系不大，工龄工资、职务工资、劳保、福利大多向“老一辈”倾斜的分配方式，而与个人的劳动贡献直接挂钩，激发员工的工作积极性。①

第三节　传统媒介组织的资本运营

资本运营，又被称作资本运作，指的是运用市场法则，通过资本本身的技巧性运营实现价值增值和效益增长的一种经营方式。从广义上看，资本运营是以资本增值为目的的经营活动。从狭义上看，资本运营独立于生产经营而存在，即企业对自身所拥有的一切有形资本和无形资本，通过流动、裂变、组合和优化配置等方式进行有效运营，以实现最大限度增值。资本运营的对象，可以是一种形态的资本，也可以是两种形态及以上的资本。资本运营的目的是获取利润，使资本增值。

一、媒介资本及其运营

（一）媒介资本

理论上讲，媒介产业具有的资本和其他行业的资本没有本质的区别，但是媒介产业有其特别之处。一般而言，媒介资本也被称作传媒资本，指的是媒介所拥有的可经营性资产。媒介产业可以用于运营的资本，包括经营性资产、实物资本、货币和金融资本、人才资本以及无形资本等。

经营性资产包括广告、发行、印刷、信息、出版等产业以及相关上游产业；实物资本包括办公楼、机器设备等；货币和金融资本指媒介企业拥有的流动资金、股票证券等资产。

媒介产业最重要的是人才资本。媒介产业既不是劳动力密集型产业，也不是资本和技术密集型产业，而是智慧密集型产业，即产业发展对智慧的依赖要超过对其他要素的依赖。西方媒体的“主持人中心制”很好地反映了这一点。在欧美，一些主持人既是节目标志也是节目运作核心。这些主持人拥有较大权力，是节目的主导者，他们通常学历较高，阅历很深，有很强的敬业精神、良好的语言表达能力和协调管理能力。

无形资本和有形资本相对应，是指具有资本特性的无形资产。无形资产的核心是商誉，此外还包括企业经营机制、管理能力、关系渠道、营销网络、频道资源、频率资源、

① 谭云明.传媒经营管理新论[M].2版.北京：北京大学出版社，2014：465-474.

栏目品牌、节目形式和内容、播出时间等。在西方发达国家,无形资本已经成为媒介的核心竞争力所在,有的企业无形资本的价值甚至数倍于有形资本。

(二)媒介资本运营

媒介资本运营是指将媒介所拥有的可经营性资产部分,通过价值资本的流动、兼并、重组、参股、控股、交易、转让、租赁等途径进行运作,扩张媒介资本规模,优化媒介资源配置,进行有效经营,以实现最大限度增值目标的一种经营管理方式。① 简单地说,媒介资本运营以资本增值为目的,它通过对媒介资源的优化配置和结构调整,对媒介资本进行运筹和经营活动。媒介资本运营从广义上讲,包括媒介产品资本运营、产权资本运营、金融资本运营和无形资本运营。

媒介资本运营起源于西方。以美国报业为例,其基本上走过了由党报到产业化运营再到大规模兼并的过程。从1776年独立战争到19世纪中叶,美国报业属于党报时期,此后逐步进入商业报刊时期。新闻传播产业化发源于廉价报刊,以美国19世纪30年代出版的“美分报”作为标志。19世纪末,美国报业开始走向集团化。在此后的几十年间,新闻传播的产业化主要以报业集团经营的形式出现。

近年来的媒介产业兼并狂潮起源于美国修订的《1996年电信法案》,在此背景下,新闻传播产业本身已经不再是单独的产业,而开始与其他相关产业实行大合并。例如,时代华纳公司与CNN合并、美国在线与时代华纳公司的再合并等。在1994年前后,网络浏览器的诞生使互联网革命一发而不可收。美国在线与时代华纳公司的合并正是在此背景下产生的被认为双赢的“婚配”。

媒介资本运营与其他行业并无二致。首先是开放式经营,媒介企业集团应该利用一切可能的融资手段,实现资本的扩张(或适时的收缩);其次是资本导向,媒介集团经营以资本增值为目标,通过资本增值带来更多利润,以利于企业展开进一步资本运营,构成一个良性循环;最后是利益最大化,所有可以被利用的资源都能参与资本运营,并试图以最少的资源获取最大的收益。

(三)媒介资本运营的作用

1.积累媒介发展所需要的资本

媒介组织通过资本运作,可以在较短时间内迅速积累自身发展所需的资金。20世纪90年代,中国媒介开始走向市场,从依赖政府拨款,逐渐过渡到依赖市场。例如,

---

① 周鸥鹏.传媒经营与管理[M].2版.郑州:郑州大学出版社,2012:196.

1994 年,上海广电总局下属的上海东方明珠(集团)有限公司上市,成为我国第一家由媒体发起设立的股份有限公司,标志着我国传媒资本市场发轫。1999 年,电广传媒便借助资本市场,以传媒业务在深圳证券交易所上市,并发行股票 5,000 万股,募集资金 4 亿多元,获取积累了自身发展所需的资金,被誉为"中国传媒第一股"。同年,《成都商报》通过控股博瑞投资有限责任公司成功上市,成为中国传媒"借壳上市"的典型。2007 年,中影集团发行了 5 亿元企业债券,这是国内首家获准发行企业债券的文化传媒类企业。2009 年,凤凰出版传媒集团发行了规模为 20 亿元的中期票据,这是中国出版行业第一次发行票据。2010 年,华人文化产业投资基金完成了首期 20 亿元募资,这是国内首支专注文化与传媒行业的人民币私募股权基金。

2.丰富媒介利润来源

媒介资本市场不仅为媒介快速发展提供必要的资本,而且为媒介的可持续发展开辟了更大的利润增长空间。媒介上市公司也可以充分利用资本市场规则,提升自身影响力,增强盈利能力。例如,中视传媒是中央广播电视总台控股的上市公司,最早由北京荧屏汽车租赁公司、北京未来广告公司、无锡太湖影视城、北京中电高科技电视发展公司以及中国国际电视总公司 5 家法人公司共同发起的股份制公司。中央广播电视总台利用这些业务平台分别进入影视制作产业、旅游产业和会展产业等,通过延长产业链带来综合效益,也为中央广播电视总台的多元化经营做出了贡献。媒介组织的多元化经营,是媒介资本与产业资本、金融资本等融合的有效途径,同时也是媒介发挥自身优势,拓展发展空间的自然选择。

3.推动媒介管理模式创新

媒介资本市场的发展,使得媒介产业与其他产业建立了密切联系,从而也带来了经营理念、人才流动的变化。一些非媒介企业的经营管理经验也通过媒介资本进入媒介经营与管理领域,影响媒介经营的方式,推动媒介经营与管理模式的转变。2022 年 3 月,《市场准入负面清单(2022)版》显示,禁止准入类负面清单共有六大项,其中,第六项为禁止违规开展新闻传媒相关业务,具体包括非公有资本不得从事新闻采编播发业务;非公有资本不得投资设立和经营新闻机构,包括但不限于通讯社、报刊出版单位、广播电视播出机构、广播电视站以及互联网新闻信息采编发布服务机构等六方面内容。除了这些禁止的负面清单外,媒介资本可以进入媒介产品的经营领域,从而推动媒介经营与管理模式的创新。

4.分散媒介经营风险

市场机制存在市场风险和经营风险,如果资本来源单一,可能会使风险更加集中。

媒介组织通过资本市场，可以实现资本来源多元化和股权分散化，从而改善媒介治理结构，降低媒介经营风险。例如，"东方明珠"上市，从最初的简单的电视转播塔业务和音像制品经营业务，扩展到车载数字移动电视、户外和楼宇电视等多种新兴业务，并且分化有近十家广电业务子公司。长期以来，大多数传统媒介和新媒介的收入来源主要是广告。但是，网易的网络游戏收入取代了广告收入，成为其最主要的收入来源。例如，网易自主研发的《梦幻西游》《阴阳师》《第五人格》等都获得了巨大成功。媒介通过资本运作，建立多元收入模式，开拓新的盈利增长点，才能实现营利模式多样化、多层次、相互依存的可持续发展道路，从而分散自身经营风险，提高市场适应能力。①

5.媒介资本运营提升媒介企业竞争力

经过多年的运营，我国媒介企业已经积累了大量有形资产和无形资产，但是这些资产没有得到有效利用。通过媒介资本运营，媒介核心业务资产与非核心业务资产被有效整合，从而盘活资产，并能实现媒介产业规模扩大和运营效益提升。同时，媒介企业通过资本运营盘活资产，也在短期内筹集了大量资金，提升了媒介的抗风险能力和竞争力。例如，2020 年，字节跳动入股风马牛文化传媒有限公司，布局 MCN 领域；上海报业集团、上海东方网股份有限公司实施联合重组，在内容建设、技术应用、平台管理等方面探索融合发展。2021 年，字节跳动与沐瞳科技达成战略收购协议，交易对价 40 亿美元，以弥补在中重度游戏领域的短板；腾讯音乐娱乐集团收购懒人听书 100%股权，以实现长音频领域的突破。②

二、我国媒介上市的模式选择

对于媒介产业而言，国内金融资本投资是主要的融资途径之一。国内金融融资包括三种：第一，通过银行融资。这也是最基本、最主要的传统融资方式，包括银行授信、发行短期融资券、发行中期票据等。第二，利用文化产业投资基金融资。例如，由中国财政部、中银国际控股有限公司、深圳国际文化产业博览交易会有限公司等多家单位联合发起的中国文化产业投资基金等。文化产业投资基金的设立更好地满足了传统媒体转型及拓展业务过程中对于投入运转资金的巨大需求。第三，私募股权投资基金。例如，红杉资本中国基金、凯鹏华盈中国基金、经纬创投中国基金等。其中，风险投资是较为独特的一个类型。风险投资简称风投，是主要面向初创企业提供资金支持并取得该公司股份的一种融资方式，也被称为"创业投资"。另外，我国媒介组织承担

---

① 谢新洲. 媒介经营与管理[M].2 版.北京：北京大学出版社，2023：457-459.

② 周蔚华. 媒介经营与管理[M]. 北京：中国人民大学出版社，2023：276-277.

着“喉舌”功能，对于吸纳社会资本有一定程度的限制。2018 年 12 月，国务院办公厅印发的《文化体制改革中经营性文化事业单位转制为企业的规定》开篇即点明，“经营性文化事业单位要转制为企业，要依法登记为有限责任公司或股份有限公司……坚持国有资本主导地位，积极稳妥推进混合所有制改革”。

我国媒介产业已经基本脱离从政府拨款获取资金的阶段，取而代之的是自负盈亏以及自我资本积累的新发展阶段，媒介组织被迫进入资本市场融资，即通过市场运作获得行业外投资，从而更为快速获取资金。我国媒介上市偏好以 IPO（initial public offerings，即首次公开发行上市或公开募股）方式上市。[①] 例如，歌华有线、电广传媒、新华文轩、出版传媒、凤凰传媒、中南传媒等媒介企业就是采用这种方式成功上市的。如果媒介企业能够取得上市地位，媒介企业就可以获得比银行贷款或私募股权融资数量更大的资金，通过上市发行股票筹得的资金可以看作是媒介企业自有资金，其使用资金的自主性较大，所筹资金可以给企业发展与扩张提供强有力支持。[②]

上市公司包括媒介行业和媒介公司上市融资，是一个最敏感的行业与另一个最敏感的市场的结合。中国媒介一直都被看作意识形态的关键部门，因此，相关的主管部门在媒介上市方面始终保持着高度警惕，不想让媒介的步子迈得过快，影响舆论传播，损害国家利益。但是，主管部门的保守并没有挡住媒介对资本的渴望，在生存和发展的压力下，中国媒体人用足、用活现有的政策，通过迂回的方式实现了媒介的直接或间接上市。特殊的国情，使我国媒介不能简单地套用西方媒介的资本运作模式，而是在实践中探索出中国媒介上市的方法。

（一）投资上市型：投资其他产业，上市募集资金

改革开放后，我国媒介获得了巨大发展，特别是在沿海地区，一些主流媒体积累了大量资金。资金只有周转才能增值，因此一些媒介将核心业务上的收入投资到其他有回报的产业中。有的是和上市公司联合，进行其他业务的开发，这种开发使媒体的闲置资金能够得到有效利用。如很多媒体投资房地产、旅游、会展，有的还购买水厂经营。随着媒介对其他产业投资的不断深入，越来越多的媒介会设法让从事非媒介业务的子公司上市。中视股份在刚上市的时候，其业务主要是做旅游业，直到 2001 年下半年，“中视股份”主营业务才开始从旅游业务转向影视剧制作。

① 周蔚华. 媒介经营与管理[M]. 北京：中国人民大学出版社，2023：474-475.

② 周蔚华. 媒介经营与管理[M]. 北京：中国人民大学出版社，2023：291.

(二)剥离上市型:剥离经营资产,实现边缘上市

我国媒介承担了重要的舆论引导功能,为了实现这一功能,我们必须保证国有资本能牢牢把握新闻传播的话语权。媒介的舆论功能使媒介的新闻传播不能走向资本市场,但是媒介发展确实需要资金。为了解决这一矛盾,很多媒介尝试给业务分类,即核心业务和边缘业务。核心业务就是新闻传播,媒介必须保证国有资本对其的绝对控制;边缘业务指的是媒介广告业务、有线网络服务、影视节目制作等,这些业务技术性、市场性较强,和意识形态的关联性不大,因此,可以剥离出来成立子公司申请上市。如1993年上市的东方明珠、1997年上市的中视股份和1999年上市的湖南电广传媒,这些都是将媒介的经营性业务进行重组然后上市。

(三)借壳上市型:购买上市公司,注入传媒业务

媒介自身虽然没有条件上市,但是却可以通过收购、兼并、控股或者股权转让等形式入驻上市公司,实现买壳上市。媒介买下上市公司后,通过关联交易将媒介业务逐渐注入上市公司,利用上市条件为媒介发展募集资金。但是,这种上市模式比子公司直接上市的风险大,因为它要求媒介要有强大的经济实力,并且还要得到原控股股东的支持,否则容易出现股权纠纷。

1999年6月,拥有《成都商报》绝对控股权的成都博瑞投资有限公司,买下了上市公司四川电器的2,000万股国家股,以27.65%的股份成为四川电器的第一大股东。交易成功后,《成都商报》对四川电器进行资产重组,更名为"博瑞传播",并将《成都商报》的发行和广告业务注入上市公司。此外,还有华闻传媒、赛迪传媒、时代出版、中文传媒、大地传媒、长江传媒、浙报传媒、杭报集团等媒介企业都是采用这种方式成功实现上市。但是,在借壳上市中,也存在一些不规范行为。针对这种情况,2016年,中国证监会对《上市公司重大资产重组管理办法》进行了修订。此次修订对重组上市行为(即"借壳")在实际控制人的认定、交易资产的标准、限售股的期限、权责追溯机制等方面提出了更严格的监管要求,对借壳上市的融资行为做了进一步规范。[①]

(四)依附上市型:依附上市公司,通过合作融资

在目前的政策框架内,媒介上市需要进行政策公关,等待上市机会,因此上市的道路往往艰难而漫长。媒介发展需要足够的资金,为了能够利用股市融资,一些媒介干

① 周蔚华.媒介经营与管理[M].北京:中国人民大学出版社,2023:281-282.

脆将自己的全部或部分股份卖掉，成为上市公司的一部分，从而实现依附上市。依附上市相当于“傍大款”，当媒介发现仅凭自己的力量难以上市时，会通过出售股份壮大自己。

1.传统媒介与上市公司联合开发新项目

由于媒介是计划经济年代留下的为数不多的盈利行业，因此很多上市公司都在寻找进入媒介的机会，这为媒介利用上市公司的资金提供了有利条件。现在有些媒体以频道、频率、刊号等作为资本，与上市公司合作，吸引社会资本投入媒介业务。如湖南电视台与湖南中意投资集团股份有限公司合作创办了“湖南卫视财经节目中心”，并共同组建了具有独立法人资格的有限责任公司。

2.直接将媒介卖给上市公司

随着市场经济的深入，投资人的投资行为变得越来越谨慎，当媒介在寻求资本的道路上越来越艰难时，一些媒介干脆考虑将自己的全部或部分资本卖给上市公司，让上市公司介入媒介经营，从而通过上市公司获得资本。

3.上市公司直接投资媒介

由于媒介产业方兴未艾，于是一些有资本实力的上市公司就采取进攻策略，主动进入媒介市场。上市公司创办的媒介天然地依附于上市公司，上市公司直接向媒介输血，提高了媒介在传媒市场上的竞争力。

（五）直接上市型：整合媒介资本，实现整体上市

整体上市是我国很多媒介的梦想，但是因为传媒媒介独特的身份，媒介在进入资本市场时受到了种种束缚。因此，我国的媒介上市必须进行资产剥离，将新闻业务牢牢地控制在国有资本手里。然而，一些网络媒体因为崛起自边缘，当它兴起的时候，主流意识形态还没有看到它的新闻价值，因此，对它股权结构的限制比较松弛。在政策宽松的背景下，像新浪、搜狐这些商业网站就几乎实现了整体上市。

（六）外资收购型：收购边缘媒介，等待扩张机会

中国庞大的文化市场，让很多西方媒介看到了巨大的利润。为了能够在中国媒介市场分一杯羹，国外大型媒介纷纷在中国寻找目标，期望将自己的资本注入中国媒介，实现在中国媒介市场上的“占位”，等条件成熟的时候再图发展。目前，时代华纳、新闻集团、迪士尼、维亚康姆等在中国都有或明或暗的资本涉足。市场上的一些专业杂志，

如《计算机世界》《财富中国》《IT经理世界》《个人电脑》等都有海外媒介公司的背景。外资资本虽然难以涉足新闻传播的核心业务,但它们多数已经在国内市场上有了“占位”,一旦条件成熟,它们会立即扩张。有的媒介在内地市场无所作为,就在香港选择媒介投资。如2003年初,时代华纳斥资1亿美元入驻香港华娱卫视,而华娱卫视的主要市场就在内地。[①]

三、我国媒介资本运营存在的问题

媒介产业的核心竞争资源是创意人才和创意成果,这些都属于无形资产,具有较强的不稳定性。一方面,在市场竞争日益激烈的市场环境下,无形资产的流动性进一步增强;另一方面,在相关法律法规体系尚未完善、媒介产业自律性仍有待加强的背景下,节目模式等创意成果及其收益很难得到有效法律保护。对媒介企业来说,无形资产在总资产中所占比重较高,其不稳定性使得资产价值难以得到准确有效评估,从而难以在媒介资本市场中得到抵押或认可。另外,媒介产品的市场反应还受到国家政策变化、演员声誉以及发行环境等多重风险影响。[②] 除此之外,媒介资本运营还存在其他方面的难点:

(一)我国媒介产业的市场化程度有待提高

长期以来,我国媒介产业存在市场体制下身份模糊不清的问题。我们可以问一个简单的问题:媒介究竟是事业单位还是企业单位?当然现在已经出现了很多产权清晰的股份制民营媒介企业,但仍然存在大量由原来事业单位改制过来的媒介企业(集团)。这些改制后的单位虽然名为企业,但仍保留了浓厚的事业单位色彩,这极大地影响了媒介市场的公平竞争,也给媒介产业的资本运营带来了危害。例如,假如某地一家有线电视台A垄断了本地的有线电视供应。此时,若有另外一家企业B进入,则一方面,A企业可以利用其原有的垄断地位,采取正常的竞争手段将B企业赶出市场;另一方面,即使A企业竞争力不强,它也可以求助于当地或其他高级别的广电局颁布一纸命令,规定不许别的企业进入该地。实际上后一种情况时有发生。2001年,中信国安试图收购湖南省四个城市的有线电视网络,但因为当地政府的抵制而宣告流产。

(二)我国媒介产业资本运营的规范程度较低

媒介产业资本运营有多种方式,如收购、兼并、资产剥离、发行股票、发行债券、参

---

① 谭云明.传媒经营管理新论[M].2版.北京:北京大学出版社,2014:497-500.

② 谢新洲.媒介经营与管理[M].2版.北京:北京大学出版社,2023:468.

股、合作经营等。但在我国,很多媒介企业都把上市当作资本运营的不二法门,这是为什么呢?实际上,公开发行股票只是媒介产业融资的一种方式。相对于银行借款、发行债券而言,公开发行股票应该是最后的选择,因为银行借款和发行债券不涉及所有权的转移,而发行股票则意味着企业所有权的转移。而我国媒介产业之所以选择发行股票并上市,是因为大部分企业在第一次公开发行股票时,只发行一部分股票(约30%),其他部分属于不上市流通的国有股和法人股。

此外,即使是其他方式的资本运营,也充满了不规范之处。由于媒介产业缺乏相关人才,经验不足,导致很多资本运营都是"热热闹闹开始,冷冷清清收场"。一些意愿良好的兼并、收购也都是行政干预的结果,并购成功后也没有很好地整合,难以实现想象中的规模经济效应。①

(三)我国媒介资本市场的规则缺陷

我国媒介资本市场存在很大的规则缺陷,法律法规的不健全使得媒介资本市场存在很多弊端。如业外资本进入媒介行业的规定以及媒介上市后业务经营范围等还缺乏明确的政策规定,投资者难以依法保护自己的利益,造成社会资本不敢大量投资媒介,而是采取观望态度,等待媒介政策的变化的局面。同时,媒介资本市场也存在一些通病。随着投资人和债权人权益意识的觉醒,我们只有整治违规操作,规范媒介资本市场的运行,才能保证媒介资本市场的可持续发展。

第四节　互联网新媒体的资本运营

一、新媒体资本运营的特点

新媒体是建立在网络数字媒体基础之上的,故而对新媒体资本运营的研究可以从网络经济的角度切入。网络经济是经济学的一个概念,它是指基于互联网进行资源的分配、生产和消费的经济形式。网络经济的基础条件是互联网,核心是电子商务,以技术创新驱动经济增长。网络经济的发展是信息技术快速发展的结果,体现了数字化、共享化和全球化等特征。

---

① 牛勇平.传媒产业资本运营[M].北京:经济管理出版社,2014:18-23.

(一)数字化成为资本追求良好增值性的逐利点

新媒体的数字化产生了正反馈规律——边际效用递增、边际成本递减,越生产越便宜,这使得网络经济扩张的成本接近于零。供给增加,价格下降,导致需求随即增长。因规模用户的增长而导致的收入价值平方式增长与平均成本迅速下降,构成了网络经济独特的规模报酬递增性,这种网络效应体现了网络经济无穷的价值增值潜力。同时,网络经济的数字化可以突破三维时空的诸多限制,使得经济活动的低成本和高效率变得更加广泛,上网的企业、家庭和其他组织都会因交易费用降低、商机选择增多而获益,提高生产力、提高经济效益等都是新媒体数字化的具体体现。

(二)共享互动的黏稠度形成用户价值

因为新媒体建立在现代通信、电子计算机、信息资源、生产交换及消费等各个环节相互渗透、交织而形成的综合性全球信息网络基础之上,所以形成了交流与经济活动相互联动、资源共享的态势。随着互联网的高速发展,媒体之间的相互依存和交流日益增多,彼此都是交互的而非单向的,是开放、自由而非孤立、封闭的。随着下一代互联网 IPv6 协议的推出,地球上的每一台电脑都可以拥有自己的 IP 地址,都可以随心所欲地在网络世界里显示它的存在。

互动的形态通常是较为稳定的往来关系。与传统经济相比,由于网络经济具有黏住效应,信息经济中的转换成本将大大高于前者。当人们已经习惯了某一标准时,再让他们转而投向其他产品,明显是十分困难的,尤其是存在外部效应的情况下更是如此。在信息产业中,巨大的转换成本使得人们更热衷于一个系统且不会轻易放弃,除非技术的先进性足以克服大部分使用者的综合转换成本。正是由于这种高昂的转换成本,才使得人们不会轻易放弃一个自己已经习惯的网络,我们把这种现象称为"黏住效应"。网络上共享、互动形成的黏稠度带来的用户价值,促进了社会网站热度的升温。

(三)全球化形成追求规模经济的投资基础

在地理空间上,互联网的虚拟性可实现全球信息传播,互联网体系的传输使不同地域的经济联系变得更加便利。网络经济活动的扩展具有全球性,可到达互联网连接的所有国家和地区,使各种经济主体进入全球市场,扩大营销范围,并能充分利用全世界的生产要素。所以,网络经济的发展与经济全球化的进程会互相促进。

技术的虚拟化带来了运营的全球化,为追求规模经济的资本运营打下了良好的基础。从西方很多资本运营的案例来看,追求规模经济是增值的主要模式,即通过扩大媒介的规模，发掘规模经济的潜力，使媒介集团在某一特定领域或者某几个方面取得比对手更大的规模和优势，从而占据市场的主导地位。这样做的目的在于消除竞争，扩大市场份额，增加买方公司实力。

二、新媒体资本运营的风险

新媒体开发过程中需要大量技术投入、宣传投入、内容生产投入等，但中小新媒体企业普遍存在资金不足问题。虽然新媒体企业在付费下载、内容定制、金融服务等方面都进行了创新，但“免费广告”模式仍然是新媒体企业运营的主流模式，这一模式难以支撑新媒体企业的可持续发展。由于新媒体可持续营利模式不清晰，导致新媒体企业资本运营风险巨大，新媒体投资者缺乏信心。另外，新媒体企业在发展过程中，商业价值链和成本的回收周期都被不断拉长，投资回报率的不确定性增加，从而使得投资者对媒介行业进行投资决策时采取更为审慎的态度，从而增加了新媒体资本运营的难度。此外，我国的风险投资市场还不成熟，相关政策迫切需要进一步完善。① 因此，我国新媒体运营还存在一系列风险：

（一）经营管理风险

经营管理风险是指媒介经营和服务是否为市场或用户所接受的风险。特别是当购买、兼并、联合其他企业或资产以实现企业规模扩增时，新的组织往往面临扩张无收益的风险，即新的不适应可能会导致企业整体或部门盈利能力的下降。

在经营中，内容同质化是新媒体发展的一个障碍。无论是网站、电子杂志、视频还是手机读物，均表现出原创性不足，一味地运用多媒体手段进行包装，难以对读者形成持续的吸引力等情况，这就造成了新媒体营利模式的不确定性。新媒体产业有其自己的特殊规律。业界投资者可能十分精通其他产业的经营管理或企业运作，但如果对于其引入的媒介产业的规律、特点、环境一无所知或知之甚少的话，盲目进入，把其他行业的经验简单套用在媒介产业上，结果很可能导致失败。例如，光线传媒曾经与新媒体公司华友世纪有过短暂的合并，结果以破裂而告终。另一家民营电视机构欢乐传媒也重金收购了互联网公司，结果致使欢乐传媒元气大伤。

（二）版权风险

新媒体数字技术的迅猛发展，为新媒体内容的存取和交换提供了极大的便利。但

---

① 谢新洲. 媒介经营与管理[M].2 版.北京：北京大学出版社，2023：468-469.

是,数字化技术精确、廉价、大规模的复制功能和互联网的全球传播能力为版权保护带来了极大的冲击。新媒体具有传播速度快、容易复制等特点,给知识产权保护增加了难度。

在中国,新媒体尤其是网络视频在版权保护方面做得很不到位,因为视频播放未获版权许可而遭起诉的案例比比皆是。网络视频内容多为电视或电影节目的重播,各个视频网站内容雷同。也有人提出可以让网民自己上传作品,这种节目虽然没有版权问题,但节目制作水平较低,难以形成固定的商业模式;但如果由运营商自己制作节目,则成本较高,得不偿失。网络盗版现象屡禁不止,网络版权维权不了了之,种种不良现状已经严重阻碍了新媒体产业的健康发展,知识产权保护已经成为新媒体发展亟待解决的问题。随着新媒体产业的发展,国家开始高度重视对网络与新媒体知识产权的保护,政府相继颁布了一系列法律法规。虽然相关行业组织和一些新媒体领军企业也开始携手版权人拉开网络版权维护大战,但结果不容乐观。

2023 年,国家版权局、工业和信息化部、公安部、国家互联网信息办公室四部门联合启动打击网络侵权盗版"剑网 2023"专项行动,这是全国持续开展的第 19 次打击网络侵权盗版专项行动。本次专项行动于 8 月至 11 月开展,重点一是以体育赛事、点播影院、文博文创为重点,强化专业领域版权专项整治,规范网络传播版权秩序。二是以网络视频、网络新闻、有声读物为重点,强化作品全链条版权保护,推动建立良好网络生态。三是以电商平台、浏览器、搜索引擎为重点,强化网站平台版权监管,压实网站平台主体责任。[①] 据公开报道显示,2023 年,全国公安机关共立案侦办侵犯知识产权和制售伪劣商品犯罪案件 4 万起,组织侦办盗版教辅图书、电影、软件等刑事案件 1,300 余起,并与有关部门联合组织开展了打击网络侵权盗版"剑网""打击院线电影盗录传播"等专项行动。[②]

(三)政策风险

从投资学角度来看,政策风险指的是因国家政治因素、法律因素的变化而导致投资项目出现问题的风险。一个成熟的产业投资环境对其体制构建和产权归属的保障尤为重要。现阶段,中国政府对作为新媒体主要投资主体的外资进行着严格控制,包括对准入主体的规制和进入方式的规制。而规制的范畴,长期以来以行政指

---

① 国家版权局等四部门启动"剑网 2023"专项行动[EB/OL].(2023-08-29)[2025-02-12].https://www.gov.cn/lianbo/bumen/202308/content_6900802.htm.

② 2023 年立案侦办侵犯知识产权和制售伪劣商品犯罪案件 4 万起[EB/OL].(2024-02-04)[2025-02-12].https://www.workercn.cn/2024-02-04/8139960.shtml.

令和行政政策为准则。当前，在适应媒介产业化运作的体制构造还未建立、对于媒介的产权性质尤其是多元资本进入后的产权归属问题还未得到法律解释的前提下，国家对外资进入的主体资格、进入数量、进入规模、股权比例等作出了非常严格、细致的规定。与之形成鲜明对比的是，国家对媒介业外资的宏观规制出现严重缺位现象，出现了法律规制不完善，外资准入规制的法制化程度不高，行政监管出现职能的“错位”与“缺位”，独立规制机构和对监管、执行机构进行监督的机制缺失，对传媒外资规制缺乏长期计划，短期规制和政策的随意性较大，缺乏外资预警机制，政府对媒介市场的宏观调控不到位等。

(四)传媒文化安全风险

媒介产业化的全球化能力不足或没有规范管理、缺乏预警机制等问题，会给国家带来威胁。加入世贸组织后，随着外资大规模进入中国媒介领域，其所带来的负面影响也越发凸显出来，西方的文化观念和意识的入侵逐渐威胁到中国的传媒文化安全。

文化危机的发展是一个过程。文化危机一旦形成，它就会按照某种态势发展下去。因此，对媒介文化安全的危机处理方案不应只注重当前，还必须同时对危机的发展态势有一个充分的估计，设计控制方案。而我国目前恰恰对国家文化危机管理缺乏统一的规划和研究，也没有统一制定传媒外资协调机制和预警机制，更未能在规划基础上对社会资源进行充分的利用和整合。因此，要保护国家文化安全和传承民族文化的重要内容，就必须建立科学的传媒安全预警系统和保护屏障，以应对外资进入而带来的威胁，要在文化观念、文化意识的入侵与反入侵的利益角逐中取得主动权。

(五)财务风险

新媒体资本运营所面临的财务风险，主要是因财务杠杆比例失衡而引发的在偿债能力减弱和资金链断裂的情况下产生的支付能力风险。综观西方大型媒介集团的发家史，无一例外是靠借贷起家，利用财务杠杆在并购中实现快速扩张。如今规模越来越庞大的集团并购，涉及的资金动辄数十、数百亿元，公司很难完全依靠自有资金完成收购和扩张，必须通过多种方式负债融资，而该债务带来的高利息费用大大增加了企业的财务风险。一旦并购后的企业预期利润下降，就会使收购者因债务过于沉重而导致公司的盈利水平和每股收益下降，进而影响公司的偿债能力，使企业的市值进一步下跌。同时，媒介业区别于其他行业的一个显著特征是生产经营活动中对现金大量而持续的需求，特别是在媒介集团的核心环节——内容制作上，需要大量的现金予以支持，而资本不能永远补贴现金流。所以，如果在这个环节发生现金支付危机的话，媒介集团的发展将会受到致命打击。

(六)人才匮乏危机

随着新媒体产业的持续发展,新媒体人才需求日趋旺盛。其中,网络、动漫、游戏、人工智能、新闻、编辑、广告、创意、营销、编导等专业的新媒体人才和技术人才供不应求。同时,随着新媒体发展的多样化和传统媒体的全媒体化,具备媒介融合管理能力和运营管理能力的高端人才成为媒介业的宠儿。以技术和模式创新为核心竞争力的新媒体企业,对技术开发、游戏动漫、新媒体营销、新媒体编导等专业的复合型人才的需求量每年都在增加。但由于教育与人才需求之间存在偏差,导致新媒体所需的复合型人才奇缺。技术人才和内容人才虽然好找,但技术和内容兼具的复合型人才却很少。①

【本章小结】

1.媒介筹资是指媒介为了满足投资和用资的需要而筹措和集中资金的财务活动。媒介筹资的目的是促进媒介的生存与发展。媒介筹资的目标包括维持媒介日常的生产经营活动、拓展新业务或扩大经营规模、偿还债务、调整不合理的资本结构等。

2.媒介投资是指媒介以未来收回现金并取得收益为目的而发生的现金流支出活动,媒介取得资金后,将资金投入使用,以实现企业价值的最大化。

3.媒介资本运营以资本增值为目的,它通过对媒介资源的优化配置和结构调整,对媒介资本进行运筹和经营活动。媒介资本运营从广义上讲,包括媒介产品资本运营、产权资本运营、金融资本运营和无形资本运营。

4.网络经济的基础条件是互联网,核心是电子商务,以技术创新来驱动经济增长。网络经济的发展是信息技术快速发展的结果。网络经济体现出全球化、数字化、共享化和智能化等特征。

【思考与研讨题】

1.媒介集团化经营有哪些优势?请举例说明。

2.媒介资本运营有哪些作用?

3.我国传统媒介资本运营过程中存在哪些问题?

4.我国互联网新媒体运营过程中存在哪些问题?

5.媒介集团的组建模式有哪些?请举例分析。

---

① 石本秀,蔡郎与.新媒体经营管理[M].北京:中国传媒大学出版社,2012:234-256.

第十一章　媒介融合时代的人力资源管理

【章节大纲】

1.媒介融合对媒介人才的要求；

2.媒介融合时代人力资源管理的主要内容；

3.媒介融合时代人力资源管理的影响因素。

【章节内容】

媒介融合时代下，媒介人才的职业技能也开始“融合”，集采写和编辑、拍摄、剪辑、营销等多项长处于一身的全能型媒体人才在市场中变得供不应求。媒介人力资源管理的主要内容包括人才选拔与匹配、绩效评估与管理、薪酬管理与激励以及劳动关系管理等四个方面。社会外部环境、企业内部环境以及媒介人力资源管理者自身能力的高低都会影响媒介人力资源管理的效率。

第一节　媒介融合对媒介人才的要求

媒介并不是孤立存在的，它也是一种社会子系统，是社会的有机组成部分，其存在及发展与其他子系统（政治、经济、文化等）有着密切的关系。这种关系的总和就是媒介的生态环境。从社会系统论角度来看，如果离开与其他社会系统的互动，就不可能对媒介有完整而透彻的理解。媒介生态环境会决定媒介产业的发展水平，决定媒介的改革方向和改革力度；媒介生态环境决定了媒介的行业规范、职业理念和运作方式。

随着互联网的飞速发展，各个行业都被卷入数字化变革的潮流之中。传统媒介产业向全媒体产业转型势在必行，媒介融合已成大势所趋。不同形态的媒介在同一个平台中得到整合，汇聚文字、图片、音频和视频的多媒体作品日益成为媒介传播的主流产品，“一次采集，多次分发”的制作和传播模式已得到众多媒介产业的认可。由《人民日报》打造的全媒体平台——“中央厨房”作为媒介融合趋势下的最新成果,受到业内的广泛好评。传统的媒体产品生产流程被解构和重组,各个媒介渠道交汇融合,传统媒体工作者所拥有的“能说会道”“能采会写”等条件已不能满足新环境下的媒介用人要求,人才管理模式也迎来新的面貌。以文科人才为主的媒介产业也开始大量招收计算机编程专业等理科人才。继媒介融合之后,对媒介人才所拥有的职业技能也开始“融合”,集采写和编辑、拍摄、剪辑、营销等多项长处于一身的全能型媒体人才在市场中变得供不应求。媒介融合之下对媒介人才的要求有以下几点:

一、拥有良好的道德素质

中国古代在选拔官员的过程中常常提倡“选贤任能”,所谓“贤才”就是指德才兼并之人,有才无德谓之小人。媒介产业担负着通达上下、传播信息的重任,对社会有着巨大的影响力。媒介从业人员掌握着大众媒介的使用权,记者在西方更是被称为“无冕之王”,媒介从业人员的一言一行都有可能掀起社会的舆论风潮,其影响力不可小觑。倘若这份权力为道德低下的人所掌握,那么便会产生假新闻肆虐、有偿新闻泛滥、炒新闻等恶劣的负面影响,毁坏新闻媒介在民众心目中的权威性、影响力,对整个媒介产业造成难以挽回的损失。

1997 年英国王妃戴安娜出车祸死亡的很大一部分原因就在于,7 名骑摩托车的摄影记者对王妃进行了围追堵截。他们为了获得王妃与其男友——埃及亿万富翁之子多迪·法耶兹的八卦信息而忽视王妃的生命安全,在马路上对两人穷追不舍,致使王妃乘坐的豪华轿车时速高达 150 公里,最终不幸遇难。王妃的车祸一度引发人们对八卦记者的批判,高呼记者道德的回归。

在利益的驱使之下,部分媒介从业者一再打破道德底线,挑战社会的容忍度。2011 年,“窃听门”事件让传媒大亨默多克掌权的新闻集团陷入史上最大的发展危机。该集团旗下的报纸《世界新闻报》为了报纸销量而窃听众多名人、政治家、军人甚至伦敦地铁爆炸案遇难者家属的电话。这种可鄙行为引发了全世界人民的愤慨,而由此牵涉出的贿赂警察、官员的行为更是让新闻集团声名狼藉。当《世界新闻报》这家百年报纸被迫停刊之时它才发出忏悔:“我们要求并赞赏高标准,但现在我们只能痛苦地意识到,在 2006 年的前几年,有些员工没有达到那些标准并为之感到羞愧。非常简单,我们迷失了方向。对于手机被窃听这点,本报真诚地表示歉意。”[①]然而为时已晚,触碰道德底线、法律底线的媒介从业者最终会被受众和市场淘汰(见图 11-1)。

---

① 《世界新闻报》窃听事件[EB/OL].[2024-08-20].https://www.maigoo.com/citiao/1097858.html.

图 11-1　《世界新闻报》最后一期封面“谢谢，再见”

正如中华全国新闻工作者协会的潘岗于 2015 年 8 月 19 日在由人民日报社与中共深圳市委、深圳市政府联合主办的“2015 媒体融合发展论坛”上讲到的那样，媒体融合，要始终坚守新闻人的职业理想和职业道德。在人人都有“麦克风”和“摄像机”的新媒介舆论环境下，有人把新闻的真实性原则抛在一边，有人打着以用户为中心的旗号滥发“三俗”内容，种种违背新闻职业道德和媒体社会责任的现象屡见不鲜。不论是传统媒体还是新媒体，抑或是融合发展后的新型主流媒体，在任何情况下，都丝毫不能忘记自己的社会责任和担当，不能忘记新闻工作者有着不同于业余信息发布者的职业道德。唯有如此，媒体融合才能走得坚实，走得长远。[①]

二、跨学科式专业化“复合型”人才

媒介传播本身就是一个涉及社会方方面面的复杂性传播活动，需要经济学、法律学、政治学等多门学科知识作为理论基础和实践指导。因此，从事媒介传播活动的媒介人才除了要掌握基本的新闻媒介专业理论知识外，还要对其他学科有相关的了解，正如《循环日报》创始人王韬所言，媒介从业者应当是“知识广博的通才”。

只有跨出新闻传播学科的领域，掌握一门或者多门其他领域学科的相关知识，媒介从业者才能在传播活动中做出更为精确、权威的传媒产品，达到更好的传播效果。

① 中国记协潘岗：努力培养适合媒体融合发展的高素质人才队伍[EB/OL].(2015-08-19)[2024-07-21].http://media.people.com.cn/n/2015/0819/c14677-27485707.html.

正因为“术业有专攻”,才有了我们现在看到的在各家电视台中划分出的“财经频道”“法制频道”“时尚报道”“音乐广播”等专业垂直类节目内容。

智能媒体时代的新闻传播学科,需要高度重视技术驱动和产业实践,交叉融合计算机技术、数据科学、人工智能科学、新闻传播学、市场营销学、心理学等学科的理论精髓和知识结构,实现培养新闻传播学跨学科复合型人才的目标。跨学科专业化复合型人才培养,需要充分考虑学科的综合性与交叉性、知识结构的稳定性和实效性、教学方法的逻辑性与系统性、课程内容的前沿性与继承性等多种因素。在人才培养模式上,要融入“新文科”思维,摒弃过时的课程,形成各自独立又相互关联的课程体系。例如,中国政法大学光明新闻与传播学院的专业课程设置,在新闻传播学类基础课程“新闻学概论”“传播学概论”“新闻采访与写作”等基础模块基础上,设置了信息管理系统、社会科学大数据挖掘、Phthon 语言程序设计和智能媒体技术等学科交叉应用课程。在技术革命助推产业变革,产业需求倒逼新闻传播学教学创新的背景下,中国传媒大学广告学院敏锐把握 AIGC 时代趋势,于 2024 年 4 月,携手阿里云和中央广播电视总台“央博”数字文化艺术博物馆,推出“探索 AIGC 设计新范式”训练营短期课程。这类课程运用一站式 AIGC 创作平台 PAI-Art Lab 工具,引领学生掌握数据管理、模型管理、模型训练、AI 绘图等 AIGC 全场景应用技能。新闻传播人才培养,不能仅在校园象牙塔内完成,还要走向更广阔的田野,在实践、实操和实战中下功夫,从而实现从“知识传递”到“问题解决”的转化。[①]

三、具备对内容和形式不断创新的能力

在科技日新月异的今天,媒介传播越来越依赖电子科技,传统的纸质传播逐渐没落,以“两微一端”(微博、微信、客户端)为代表的新型网络传播渠道成为主流。电子阅读取代纸质阅读成为人们接收信息的主要方式,电子书、付费音频、网络问答等新型媒介产品不断问世,丰富着人们的生活,也不断刺激着人们追求更加有趣、有料的媒介接触,受众的好奇心变得越来越难以被满足。这一切变化都要求媒介人才紧跟时代潮流,利用图片、音频、视频、直播等手段做出更加具有吸引力的内容,并不断创新内容的展示形式,利用 H5 页面、弹幕、漫画等符合新一代互联网受众兴趣的形式对内容进行一次新的改革,以获得更好的传播效果。

2022 年 10 月 16 日,中国共产党第二十次全国代表大会召开。大会开幕当天,大众日报微博#连线二十大#话题第一时间发布大会及报告系列内容,结合新华社《一

---

① 洪宜.智媒时代网络与新媒体专业知识体系与人才培养重构[J].传媒,2024(14):18-20.

图速览》与大众日报新媒体产品《二十大精神打卡学》的四个图示产品，第一时间发布了“一图速览♯二十大报告♯，快来打卡学习”的微博。♯连线二十大♯话题登上全国热搜榜，加上了♯二十大报告♯话题的微博也迅速成为微博500万+的爆款产品。[①]二十大会中和会后，新华社客户端的《AI主播读新闻》、北京广播电视台的《AI数字人对话二十大代表》等第一时间传达党的二十大精神。党的二十大报道作品中，央视网与抖音联合推出的《见证这十年——种花家，一路生花》，将AI换脸技术与互动游戏相结合，用户可以自主选择人物形象和场景，上传个人照片，最终生成短视频，见证并参与国家发展。产品一上线就登上抖音热榜第一名，话题♯种花家这十年一路生花♯在抖音单平台浏览量3.8亿，超7,000万人次参与互动。[②]

媒介融合之下，对内容和形式进行创新的能力是每个媒介从业人员所应当具备的素质，它不仅是个人的竞争力，更是企业发展的内在动力。

四、写作风格多样，能拍会剪的全能型人才

随着媒介融合进程的加快，“一次信息采集，多个平台分发”成为信息传播的主要模式，图片、视频也日益成为展示信息的主要形式。由此，媒介产业对媒介人才的要求也逐渐由掌握“采、写、编、评”扩展至掌握“采、写、编、评、拍摄、剪辑、制作”，进入媒介产业的基本技能要求逐渐增多。这并不是强人所难，而是传播变革的刚需。媒介融合要求媒介从业人员不仅要能写文风端正、风格严肃的正式文章，还要能编写出轻松幽默、短小精悍的微博简报；既要能够拍摄照片，又要能够录制影像并进行剪辑、制作。只有这样，才能在不同平台上分发出不同风格特色的传播内容。

第二节　媒介人力资源管理的主要内容

媒介人才大致包括以下几大类型：一是传播业务人才，主要是从事特定传播工作的策划、编辑、记者、播音员、节目主持人、导演、编剧等人员，即媒介生产活动的主要参与者；二是经营管理人员，即对媒介市场有一定认识，熟悉生产、经营流程的经营管理人员；三是专业技术人员，即为传播工作提供专业技术支持的人员，如印刷、制版、灯

---

① 齐静，刘一颖，张依盟.党报新媒体重大主题报道传播力提升探析：以大众日报新媒体党的二十大报道实践为例[J].青年记者，2023(5)：75-76.

② 高昊，彭丽.人工智能融入重大主题报道的创新实践研究：以主流媒体对党的二十大和两会报道为例[J].传媒观察，2024(S1)：10-13.

光、舞美、化妆以及传输、发射节目信号的工程技术人员等;四是市场营销人员,指报刊发行人员、节目营销人员、市场活动策划人员等。此外,还包括从事后勤、行政等保障性工作的其他相关人员。[①]

一、人才选拔与匹配

企业在运转过程中会面临人员的流动,这既包括人员的离去,也包含新人的进入。招聘新员工,填补岗位空缺,做好人才储备工作是媒介人力资源管理者的分内之事。

(一)招聘员工的准则

每年都有数以万计的媒介从业者走上求职之路,但鲜有适合的岗位能匹配到优秀的人才。媒介人才在挑选岗位的同时,企业也在对求职者进行筛选,只有当双方达成一致意见,才能形成稳定的劳动关系。媒介企业在进行人员选拔的时候,通常依据以下几个原则:

1.人岗匹配原则

众所周知,媒介企业运行需要众多部门和岗位相互协调。每个部门和岗位根据分工的不同而承担着不同的职责和工作。例如,美工组负责平面设计,财务组负责核算,等等。正是有了明确的分工,每位人员才能各司其职,高效工作。因此,根据岗位的空缺招聘相应的人才,是媒介人力资源管理的首要原则。

根据双向选择的人才招聘机制,企业首先会依据公司的发展战略以及人员的身体、心理状况,根据其所拥有的知识、能力、技术水平等方面的差异对应聘者进行挑选,以找到符合企业需要的媒介人才;其次,应聘者也会提出自己在薪金待遇、岗位安排、工作环境等方面的要求,当双方都能满足彼此要求的时候,劳动关系就能建立。

人岗匹配不仅体现为上述简单的人员与岗位的匹配,还体现在不同人员岗位之间的协调匹配上。媒介的运转需要的不只是单个人的贡献,更需要团体的合作。因此,媒介人力资源管理者在进行人才招聘时还应考虑到应聘者不同的专业背景、技术能力是否有利于完善企业内部的人员知识结构,使之更加丰富、合理;还需考虑应聘者的性格是否能够与其他岗位工作人员形成互补,让不同个性的员工充分发挥各自的长处,在工作中迸发更多创作灵感和工作热情。例如,日本最大的半导体制造商东芝公司,让企业员工申报最能发挥自己专长的职位,公司以最大的努力实现他们的要求,使大

---

① 周蔚华. 媒介经营与管理[M]. 北京:中国人民大学出版社,2023:335.

家各得其所。在此基础上，公司要求职工人人挑重担，“谁能拿得起100公斤就交给他120公斤的东西”。正是这种根据人才的不同特长进行工作分配的做法，让东芝人尽其才，才尽其用。英国管理学家德尼摩将这种现象总结为：“凡事都应有一个可安置的所在，一切都应在它该在的地方。”这就是著名的德尼摩定律。

2.价值理念匹配原则

马斯洛将人类需求从低到高按层次分为五种，分别是生理需求、安全需求、社交需求、尊重需求和自我实现需求。在当今的知识经济时代，越来越多的媒介从业者在挑选岗位的过程中更加注重社交需求、尊重需求以及自我实现需求等精神层面的满足。工作已不仅仅是为了解决吃、穿、住、行等生理和安全需要，更多的是为了寻求志同道合的企业，创造价值从而实现自我价值。当个人与企业的价值理念相一致时，个人更容易对企业产生认同，群体归属感更强烈，从而表现出有利于企业发展的态度和行为。

因此，明确定位企业的发展方向，明确媒介企业的价值定位、目标定位，对媒介企业招聘到合适人才尤为重要。例如，2015年创办的内容＋社群公司“新世相”在进行招聘时就明确指出了公司的价值理念：“我们创造而不是破坏，生产了美的产品和观念，提供了正向的价值，鼓舞和改善了一些人的生活状态。”“新世相”希望应聘者能够对新世相品牌和内容有深度认同感，以成为“共同缔造者”为荣。

总而言之，随着媒介企业市场竞争的不断加剧，企业类型不断增多，企业理念也各有差异，寻找到理念一致、能力卓越的优秀员工是各媒介企业的共同愿望。

(二)招聘员工的渠道

我国幅员辽阔，人才分散在全国各地，为了寻找最合适的媒介人才，媒介企业往往会采取各种招聘方法网罗优秀人才。常用的员工招聘渠道包括以下几种：

1.校园招聘

校园招聘主要面向大学生，一般有校园招聘会和校园宣讲会两种形式。校园招聘会多为针对应届毕业生举办的大型综合性招聘会，参展企业较多，有专门的展台供学生现场咨询、投递简历；校园宣讲会相对来说更加具有针对性，更多表现为单一企业在某一教室有针对性地面向某一特定专业领域的学生进行宣传，吸引学生参加招聘。

2.人才招聘市场招聘

政府部门承担着促进就业的职责，通常在其所辖范围内设置人才招聘市场，定期发布招聘信息，承办大型综合性招聘会，吸引大批待就业者。需要招聘新员工的企业会在此设置展台，以便应聘者能够进行现场咨询。但人才招聘市场举办的招聘会常常人满为患，很难为参加招聘的企业和应聘者提供良好的沟通环境，某些企业甚至自持“买方市场”而对众多应聘者摆出高高在上的姿态，故意抬高应聘标准，夸大公司形象，从而造成一些负面影响。

3.媒体广告招聘

随着网络的进一步发展，在网络媒体上发布招聘信息已成为越来越多公司进行人员选拔的重要渠道之一。诸如“智联招聘”“58同城”“赶集网”等信息服务平台就是企业发布招聘信息的首选渠道。求职者只需要在电脑、手机上进行搜索，然后投递电子简历即可完成求职，方便而快捷。但这种招聘方式的缺点是招聘信息的真实性有待核实，不少大学生在网上求职时被骗，甚至在去面试的过程中遭遇人身伤害，因此求职者需要加强警惕，谨慎分辨招聘信息的真伪。

4.猎头公司招聘

高级人才在任何地方都是稀缺的，因此，各企业对高级人才的竞争也异常激烈，专业网罗高级人才的猎头公司应运而生。这些猎头公司根据企业的要求，派专业猎头去寻找、接触并挑选在某一领域具有卓越才能的优秀人才，通过一系列详细的咨询服务为企业寻找总裁、总经理、市场总监等高级人才。猎头公司往往会向企业收取高昂的中介费。

(三)人才选拔流程

媒介企业在招聘过程中往往会进行多轮筛选，以找到最佳员工。一般而言，招聘流程分为三部分，首先是根据应聘者的简历进行第一轮挑选，其次对通过第一轮筛选的应聘者进行面试，最后再根据面试成绩得出最后的录用名单。

1.简历筛选

企业招聘面向的是整个社会，所以会有相当数量的应聘者前来求职。面对众多求职者，人力资源管理者不可能一一进行对话了解，只有通过简历上面显示的学历、个人特长、工作经历、兴趣爱好等对应聘者进行初步的判断和筛选，而应聘者所提供的相关资格证书、获奖证书等材料有助于展示自己某一方面的能力和特长，从而增加竞争筹码。企业会根据这些简历和材料对应聘者形成一个初步的判断和认识，从而挑选出一定数量的人员进入第二轮面试。这种筛选有时候会错过一些有能力但学历较低的人。

2.面试

在经过第一轮的初步筛选后，留下的人员相对较少，企业就会开始安排面试，即企业招聘方与应聘者通过面对面的交流来互相增进了解。通过现场提问，企业会对应聘者的知识结构、知识深度、专业水平、反应能力、思维逻辑能力等有一个更加精准的判断；应聘者也会对企业的价值理念、工作环境、薪资待遇等进行进一步咨询。双方可以互相考量，判断适合与否。

3.最终录用

当以上两轮筛选结束后，企业就能够确定最终录用名单，并以短信、电话或者邮件等形式通知最终的被录用者。在人员上岗之前，根据业务需要会对被录用者进行上岗培训；有些企业会进行员工试用，以判断所选人员是否真的能够胜任岗位。《中华人民共和国劳动合同法》(下称《劳动合同法》)第十九条明确规定，“劳动合同期限三个月以上不满一年的，试用期不得超过一个月；劳动合同期限一年以上不满三年的，试用期不得超过二个月；三年以上固定期限和无固定期限的劳动合同，试用期不得超过六个月”，“同一用人单位与同一劳动者只能约定一次试用期”，并且“试用期包含在劳动合同期限内。劳动合同仅约定试用期的，试用期不成立，该期限为劳动合同期限”。关于试用期的工资标准，《劳动合同法》第二十条规定，“劳动者在试用期的工资不得低于本单位相同岗位最低档工资或者劳动合同约定工资的80%，并不得低于用人单位所在地的最低工资标准”。这些规定有利于保障劳动者的合法权益，建立良好的劳动关系。

二、绩效评估与管理

绩效考评，是企业绩效管理中的一个环节，主流的商业管理课程将绩效考评的设计与实施作为一项重要的人力资源管理能力。

(一)绩效评估与管理的相关概念

绩效评估是绩效管理的基础和中心环节，它是指一套结构化的考评制度，用来衡量、评价员工的工作效率、行为表现，从而对员工做出评价，了解其可能蕴藏的潜力，为日后制定薪酬，进一步培养、激励员工提供科学依据，为提高企业的整体绩效做出贡献。

绩效管理是根据绩效评估的相关数据和结果，采用科学的方法，通过对员工个人或群体的行为表现、劳动态度和工作业绩，以及综合素质的全面监测、考核、分析和评价，充分调动员工积极性，激发创造性，挖掘员工潜力，以实现企业的目标战略。绩效管理是一个长期的过程,贯穿于企业人力资源管理的整个过程。①

(二)媒介融合时代的媒介考核机制

在媒介融合进程中,大多数媒介都拥有自己的新媒介矩阵,包括网站、微博、微信公众号、客户端和抖音账号等。这也意味着媒介内容生产流程和内部人员岗位安排变得更加复杂,媒介绩效考核方式也需要做出调整。目前,大多数传统媒介难以做到新旧媒介考评一体化,对新媒介人员考评相对粗放。另外,在微博、微信和新闻客户端等媒介的考评,目前还没有对从业人员的资历进行等级划分。在传统媒介考核指标体系中,缺乏对新媒介岗位的评价指标,导致员工成就感不足。

当前,媒介考核机制的主要困境在于:一方面,以原有传统媒介的计件制考核或打分制考核,在考核新媒介人员时并不适用。另外,由于实效性,新媒介岗位的工作量通常比传统媒介采编岗位的工作量大。因此,传统媒介和新媒介考核难以使用统一标准。媒介融合后,媒介生产流程发生改变,媒介考核机制更加复杂。另一方面,新媒介考核难以用点赞、转发和评论等数据计算绩效,因为这些数据难以体现新闻价值。例如,在新媒介平台,生活趣闻可能比时政新闻有更多阅读量,因此用阅读数量去考核时政新闻记者是不合适的。在这方面,浙江日报社新媒体运营中心进行了探索,其考评大致从用户指标绩效和传播指数两方面来考察。

1.用户指标绩效考核

用户指标绩效考核分为三个维度:客户端、微信、微博和其他第三方平台传播的所有用户数量维度、用户质量维度、传播影响力维度等。其中,用户质量可以分为用户活跃度、单个用户贡献值。传播影响力则针对各家被考核单位的高阅读量文章,以及每个分部门核心账号在本地的影响力,通过新榜的数据指数进行排名。

2.传播指数考核

在传播指数方面,浙江日报社利用语义识别和大数据技术,围绕传播力、引导力、影响力、公信力,借助阅读指标、互动指标等指标建立全媒体形态的分层加权计算传播指数模型,而传播指数由阅读量、互动数、转载量三个维度构成。其中,在转载量维度上,针对不同媒体进行权重分级,保证了各个指标权重科学有效。

在移动互联网时代,计件制考核办法已经不能适应媒介融合的要求,基于数量的考核办法,难以激励员工原创优质内容。因此,媒体融合要求媒介组织根据自身的发

---

① 赵曙明,刘洪,李乾文.CEO人力资源管理与开发[M].北京:北京大学出版社,2011:99.

展目标及特殊情况，思考自己的战略导向，进而确定考核指标，而不能照搬其他媒介的考核办法。由于新媒体更新迭代速度很快，媒介组织发展不同阶段也要有不同考核办法。例如，媒介组织在成立之初，需要内容和作品，此时考核采编时长或数量可能是合适的。但是，媒介发展到一定程度，普通内容已经饱和，需要吸引受众的精品内容时，考核标准就要考虑精品质量、收视率、点击率、浏览量、访客数量和广告收入等指标。[①]

三、薪酬管理与激励

薪酬管理与激励是媒介人力资源管理的重要组成部分，在企业的经营过程中，通过合理的薪酬管理体系满足员工的需求，激励员工高效工作已成为共识。薪酬激励是薪酬管理的核心，也是一种有形激励，与其他的言语激励等无形激励相比更能激发员工，故而在媒介人力资源管理的过程中越来越多地被使用。

（一）薪酬的概念

薪酬是指员工向其所在单位提供所需要的劳动而获得的各种形式的补偿，是单位支付给员工的劳动报酬，其数额多少取决于员工的工作绩效、学识、技能等。薪酬所指代的不仅是我们通常认知中的货币，还包括有形待遇和无形待遇。有形待遇包括金钱报酬，例如基本工资收入、加班费用、津贴奖励、年底分红等，公司举办的各种培训活动、旅游等也属于有形待遇。无形待遇是指非金钱报酬，例如名誉、社会地位的提升，自我成就感的实现，各种福利保障、休息休假权等。

薪酬虽然通过货币、奖励等形式表现出来，但实质上体现的是企业和员工之间的交换关系，在一定程度上反映了劳动者的价值，是劳动者劳动的价格。当薪酬水平与劳动者的劳动价值相匹配时，能够激励劳动者；当薪酬水平低于劳动者的劳动价值时，则会降低劳动者的积极性。不同劳动者薪酬水平之间的差异本质上体现出的是劳动者劳动价值之间的差异。因此，若想提高薪酬水平，劳动者必须不断提升技能，提高业务水平和工作能力，增强自己的竞争力。

（二）媒介企业薪酬体系的基本内容

互联网的飞速发展将人类带入了知识经济时代，在这一背景下，信息成为与自然资源同等重要的资源。媒介产业作为收集和制作信息的大型专业组织，其在社会的政治、经济、文化等方面影响深远。由于信息的产生、加工、制作都是由人来完成的，掌握

---

① 周蔚华. 媒介经营与管理[M].北京：中国人民大学出版社，2023：356-357.

媒介产业核心知识，拥有卓越内容生产能力的员工便成为企业的核心资源。如何留住这些核心的人力资源，发挥知识员工的作用，就成了媒介企业所要思考的重大问题之一。事实证明，合理的薪酬激励体系更能激发员工的创造力和积极性。针对媒介产业中知识员工的一些特点，企业采取的薪酬策略有以下几种：

1.以绩效导向为主的薪酬体系

绩效是成绩与成效的综合，是一定时期内的工作行为、方式、结果及其产生的客观影响。在企业中，员工的绩效具体表现为完成工作的数量、质量、成本费用以及为企业做出的其他贡献等。绩效导向就是以结果作为衡量工作成效的主要依据；重点关注提高绩效、实现目标和产出结果。

绩效工资就是以员工工作的成果和贡献为依据来衡量其工作价值并反映不同劳动者之间的差别，从而产生不同的薪酬水平。这种将雇员的薪酬水平与业绩挂钩的薪酬支付体系有利于员工积极完成企业目标，并不断提高自身能力。但缺点是容易导致员工只注重眼前利益，不重视与他人的合作、交流。

2.以工作为导向的薪酬设计

以工作为导向的薪酬设计就是以员工所担任职位的高低、重要程度以及劳动环境对员工的影响等来决定员工的薪资水平。不同的岗位和职务在薪酬方面也存在差距，随着职务的变动，薪酬水平也会相应地增加或者减少。以工作导向为主的薪酬发放体系能够激发员工的岗位责任心，但无法反映同一职位上的不同员工因技术、能力等方面的不同而造成的工作差异和贡献差别，容易引发其他高绩效低薪酬工作者的不满。

3.组合薪酬设计

组合薪酬设计是指将员工的薪酬划分为几个部分，分别依据绩效、技术、培训水平、职务、年龄和工龄等因素来确定薪酬水平。组合薪酬结构有利于让员工各个方面的付出都能最大限度得到相应的回报。无论是有突出贡献的新进员工还是有较长工龄的老员工都能得到合理的薪酬回报，是目前很多企业所采取的一种薪酬结构。例如，华为目前将按岗定薪和按人定薪两种方式结合在一起进行管理，不起决定性作用的岗位采用比较简单的按岗定薪，对于研发岗位和销售岗位则稍微偏向按人定薪。另外，对于具体报酬不同形式的分配华为也有其规律，它按照级别来制定薪酬结构，即从大的层面来看，公司共分为四个级别，即操作人员、专业技术人员、中层管理人员和高级管理人员。这四个级别的薪酬项配比为操作人员的固定收入占年总收入的90%，无股金；专业技术人员的固定收入占年总收入的60%，浮动收入占25%，股金控制在

15%;中层管理人员的固定收入为年总收入的50%,浮动收入为30%,股金为20%;高层管理人员的固定收入占总收入的40%,浮动收入为20%,股金为40%。经实践证明,这个分配比例是比较科学、合理的,既能够用灵活的长期激励机制留住高层管理人员,又能用短期激励鼓励新员工,最大限度地调动全体员工的积极性。

(三)薪酬支付的原则

为了保证薪酬支付能充分起到激励作用,就必须遵循薪酬支付的一些基本要求。

1.薪酬支付及时性原则

月薪必须每月支付一次,并且时间要相对固定。如有特殊情况,必须事先向员工解释清楚。按时支付薪酬,是企业应当承担的责任,也是员工的权益所在。

2.薪资支付的现金原则

即支付给员工的基础工资、奖励工资、附加工资,只能采用现金的形式发放,不能选用企业股金或者企业产品的形式替代现金。

3.薪资支付的足额原则

薪资必须按时间约定足额支付,不得有任何截流。在现实中,有些企业只按一定比例发给员工薪资,剩一部分承诺在未来的某一天兑现。

4.薪资扣除的约定原则

在企业管理中,对员工的某些行为进行惩戒性罚款是必不可少的,诸如旷工、迟到和缺勤要扣除一定数额的基础工资、奖励工资和附加工资。但这种扣除必须在事前有明确的约定,并让每个员工都熟知这种事先的约定,不得有任何暗箱操作,也不能事后任意追加。

5.福利享有的绩效挂钩原则

社会保险和住房公积金等福利的享有,必须事先在支付比例、支付方式上做出规范和约定,并与绩效考核挂钩,明确绩效考核得分与员工福利保险享有的数量和比例。

6.薪资预支的担保原则

一般情况下,企业不会允许员工随意预支工资,但特殊情况除外。每个员工面临的问题多种多样,如果对薪资预支做出过死的规定,就会让员工感到企业缺乏人情味,难以把企业作为自己的依托,进而降低对企业的归属感。

薪资水平一方面取决于企业的薪酬制定标准,另一方面还取决于媒介人才自身的内容创造力，具备高劳动价值的媒介人才更容易获得高水平的薪酬。鉴于薪酬绩效管理具有激励功能，媒介可以根据个人绩效和工龄对新媒体岗位设立见习编辑、中级编辑、高级编辑、资深编辑等级别，将微信、微博、新闻客户端产生的社会影响力等指标纳入职称评价体系，评价新媒体从业人员的把关、策划、编辑能力，从而使新媒体工作人员的工作也能获得职称晋升机会，让采编人员有切实可行的上升通道，从而更好发挥薪酬绩效管理的激励功能，更好激活媒介从业人员的积极性。①

(四)媒介组织的薪酬制度

20世纪90年代以来，事业单位开始实行能体现行业和业务特点的多种工资制度，媒介行业开始正式告别向机关行政单位“看齐”的历史。一些媒介单位开始建立以评比考核为工资分配主要标准的绩效工资制。比较典型的有南方日报社内部考评工资制。2002年，南方日报社配合新一轮改版推出了采编系列分配机制改革，对采编人员制定了一套以绩效论工资的薪酬体系：将职称、职务分开，采用“等级分＋加权分＋扣罚分”的方式计算总分。考评方案实行A(基本分的200％)、B(基本分的150％)、C(基本分的100％)和D(基本分的80％)四个等级制，通过利益杠杆鼓励多写好稿、多编好版，对于有重大创新或有重大社会反响的稿件或版面进行奖励，对于失实、走漏和差错稿件进行扣罚。②

当前，我国媒介主要实行综合考虑职位、技能和绩效三要素的薪酬制度。媒介组织员工的薪酬由体现技能价值的基础工资、体现岗位价值的职务工资(或岗位工资)、体现实际劳动价值的绩效工资三部分组成。基础工资和职务工资具有相当程度的稳定性，绩效工资则直接与工作业绩挂钩，取决于个人某个考核期内的工作表现，具有较大的浮动性。

职务工资方面，主要依据是所担任的管理岗位职务等级或者专业技术职务等级。管理岗位职务等级可以分为高管正职、高管副职、中层管理正职、中层管理副职、基层管理正职、基层管理副职等。媒介内的专业技术工作划分为采访、编辑、技术等类别，每类有若干专业技术职务等级。一方面，通过媒介职称评定，确认专业技术人员的专业技能水平，能力突出的专业技术人员被聘为高级记者、高级编辑、主任记者、主任编辑、编审、副编审等，基本工资自然提高。另一方面，根据专业技术职务(不是职称)工作的重要程度、复杂性决定专业技术人员的职务工资。例如，编辑职务有文字编辑、版

---

① 周蔚华.媒介经营与管理[M].北京：中国人民大学出版社，2023：359.

② 支庭荣.媒介管理[M].2版.广州：暨南大学出版社，2004：214-230.

面编辑、美术编辑、部门编辑、总编辑之分，工作复杂程度、责任轻重程度不同，相应的职务工资自然也不同。

从实践结果来看，采用绩效薪酬的同时，辅以技能薪酬或者职务加技能薪酬，在强调激励作用的同时，在一定程度上也考虑了公平性和忠诚度，是一种较为理想的薪酬模式。此外，在媒介产业设计薪酬制度时，还要考虑市场薪酬，特别是对于媒介产业发展极为关键的岗位来说，更应该考虑市场薪酬。只有这样，媒介在激烈的市场竞争中才能立于不败之地。[①]

四、劳动关系管理

媒介融合时代，劳动关系、生产关系和社会关系都被算法不断解构与重构，劳动转变为算法控制和数字支配的劳动。在这种劳动中，劳动者不但没有闲暇自由，还陷入了失去工作、生活边界，被迫自我施压竞相追逐的"内卷"困局中。劳动者在越来越忙碌的同时，也越来越焦虑。技术和算法规则在此过程中大行其道，劳动者的权利在无形中被异化、被控制和被剥夺。媒介空间中的劳动异化和数字殖民化成为算法的底色，也给社会带来不确定的劳动关系、隐秘的劳动控制和高位的劳动风险，与此同时也催生了数字劳动中的抵抗行为。

面对新媒体技术对媒介从业人员权利的消解，劳工如何进行"逆算法化"行动，完成逃逸和抗争是值得我们关注的问题。随着互联网和社交媒介的兴起，媒介组织的劳动管理也在随着媒介技术的进化而不断推陈出新。

（一）强化媒介平台的社会责任

人工智能的发展让人们逐渐认识到，算法所代表的价值体系并不是完全中立的，也并不公正。算法背后所隐藏的偏见、排斥和歧视使得"恶意算法"被反复讨论。平台企业的"去劳动关系化"倾向明显，导致平台从业者就业方式更加"灵活"，但当遭受职业伤害时，他们将会"劳"无所依。因此，平台应该承担社会责任，通过数字技术，将从业者的就业形态与保险服务模式相结合，并为平台从业者提供公益性质的社会保险普及。[②] 在此基础上，重提算法伦理，就要重新梳理人与算法、算法与社会以及通过算法所衔接的人与社会之间的关系和准则。建立完善劳动者权益保障机制，畅通劳动者诉求反馈渠道，关注劳动者权利、福利和社会意义等，都是对数字劳动治理体系的有效

---

① 周蔚华. 媒介经营与管理[M]. 北京：中国人民大学出版社，2023：365-366.

② 朱涟莲，潘敏. 完善平台经济从业者权益保障体系[J]. 宏观经济管理，2023(3)：67-73.

补充。

(二)“以人为本”的治理理念

秉持“以人为本”的治理理念就是要让“人”来决定自身事务和公共事务的自主性,实现人的全面发展,要在算法机器学习过程中保留人的最后决策权。另外,还要增强用户的自主选择机制,不能强制用户接受算法产品和服务,并为用户提供灵活退出机制。[①] 算法与劳动者之间的关系,是管理与被管理的关系,而非控制与被控制的关系。当算法出现越位,无限制地剥削和挤压劳动者生存空间时,劳动反抗就会发生。二者关系异化的根源就在于算法系统及其背后的资本逻辑。劳动是人类适应自然的活动和改造自然的独特方式,以算法为代表的信息技术的介入,应当释放新的生产力,助推人类从奴役劳动走向自由劳动而非反其道而行之。劳动者的安全、健康与发展在数字平台所建构的劳动关系中应该得到充分考虑。

(三)建立数字平台劳动关系规则

国际劳工组织发布的《2021 年世界就业和社会展望》指出:“平台覆盖多个司法管辖领域,因此需要协调一致的政策以确保它们提供体面的工作机会,并促进可持续业务的增长。”全面依法治国背景下,劳动关系管理要以法律为准绳。首先,政府要建立数字平台劳动关系规则,健全平台型媒介就业者社会保障制度,探索互联网平台媒介从业者维权公益组织,政府部门还要建立多部门参与的新形态就业关系监管体系。[②] 数字平台劳动关系规则的设计,要从数字治理思维模式创新、信息资源规划、劳动标准的制定等方面下功夫,实现媒介平台、政府、劳动者和社会组织有效沟通与协作。其次,相关法规制定需要以维护媒介平台从业者实际利益为导向。例如,针对媒介平台算法存在的“黑箱”控制、灵活用工、数据滥用、歧视性屏蔽等问题要进行专项整治。[③] 中央也明确提出:“要完善平台企业垄断认定、数据收集使用管理、消费者权益保护等方面的法律规范。要加强规制,提升监管能力,坚决反对垄断和不正当竞争行为。”[④]

---

① 杜泽蒙,王斌. 人工智能时代的算法治理:权力膨胀与风险[J]. 湖南社会科学,2023(5):84-93.

② 王延川,吴海燕. 数字劳务平台就业者权益保障体系构建[J]. 陕西师范大学学报(哲学社会科学版),2022(4):155-166.

③ 周蔚华. 媒介经营与管理[M]. 北京:中国人民大学出版社,2023:374-375.

④ 黄敬文. 中央经济工作会议在北京举行[N]. 人民日报,2020-12-19(1).

第三节　媒介融合时代人力资源管理的影响因素

良好的媒介人力资源管理能够激发员工活力，促进企业发展，但良好的媒介人力资源管理系统并非一蹴而就，社会外部环境、企业内部环境以及媒介人力资源管理者自身的能力高低都会影响媒介人力资源管理的效率。

一、社会环境影响媒介人力资源管理

媒介是社会运行系统中的一部分，其发展会受到社会发展的影响。媒介人力资源管理者需要根据社会环境的变化，及时调整管理策略，减少管理成本，提高管理效率。

（一）经济环境

当社会经济发展较好时，市场需求较大，媒介产业能够提供较多的工作岗位和机会；反之，当经济萧条时，市场急剧缩水，企业为降低生产成本会裁员、削减工资等。

2008 年，受金融危机影响，世界范围内的经济危机爆发，著名的媒体公司——香港电视广播有限公司（TVB）裁员 212 人，被裁者主要集中在制作资源部，包括布景、服装、道具、发型等人员，约占员工总数的 7%。2018 年，TVB 再次裁员，涉及 TVB 周刊、制作统筹部、美术分部及非戏剧制作约 150 名员工，占比约 4%。2019 年，TVB 裁减 350 名员工，涉及美术部、幕后及维修等部门，占比约 10%。[①]

（二）政策环境

我国的媒介产业具有形而上的上层建筑属性和形而下的信息产业属性，承担着引导国民精神思想的重任，也为经济的发展贡献独特的力量。因其对社会的政治、经济、文化等有着举足轻重的影响作用，所以媒介产业的发展尤其受到国家的重视。政府出台的相关政策会直接影响到媒介产业的发展环境、人员的薪资水平、工作热情以及创新创造能力等方面。

1992 年，我国进入全面经济体制转轨攻坚时期，社会主义市场经济体制的建立和完善成为改革的重点，大众媒介也响应政策的号召，进入全面改革时代。由原本单一

---

① TVB 宣布裁员！未达到经济效益节目将终止，小股东联盟：剧集毫无新意，不是豪门争夺就是宫斗、三角恋[EB/OL].(2023-03-26)[2025-02-12].https://news.qq.com/rain/a/20230326A011X000.

事业单位性质阶段进入相对竞争主体并存的阶段，媒介产业有了更加宽松的发展环境，市场化的竞争带来了人才的涌现和创造力的活跃，一大批具有广泛影响力的节目开始问世。

1993年5月1日，一档40分钟的杂志型新闻节目《东方时空》问世，改变了中国内地早间不收看电视节目的习惯，被誉为“开创了中国电视改革的先河”。而随后的《实话实说》《新闻调查》等节目也被创造出来。水均益、白岩松、敬一丹等著名主持人的才能在这种相对宽松的媒介环境中被挖掘出来，个人创造力得到极大的展示，节目与主持人相辅相成，造就了一个时代的独特记忆。

(三)市场环境

我国的社会主义市场经济为媒介产业发展提供了良好的环境，伴随着互联网的发展，“互联网＋媒介产业”的市场格局让媒介产业的发展发生了翻天覆地的变化。受众需求增多、细化，新老媒体抢实效、争流量，导致市场对优秀人力资源的需求越来越大，各家企业纷纷向优秀人才抛出橄榄枝，以高薪、高待遇等条件吸引优质的内容生产者、制造者。在这种开放性的市场竞争环境中，如何改革薪酬体系，创造良好的发展环境，留住人才、激发员工创造力成为媒介人力资源管理者的重要任务。

2017年8月29日，问答社区知乎上的著名答主“恶魔奶爸”发布的一则关于“今日头条签下300多个知乎大V，且是独家协议”的内容迅速在网络上传播开来，知乎与今日头条之间的“抢人大战”拉开帷幕。据公开消息，《今日头条》跟知乎大V签订合作协议，承诺给知乎大V高报酬。据了解，签约报酬在每月1万到3万元不等，知乎大V需要在“悟空问答”上完成一定数量的问答，同时每条问答要满足一定的字数。还有消息称，这些大V的签约价格是每年20万元。[①] 市场条件下关于人才的竞争由此可见一斑。

吸引人才只是企业发展战略中的一部分，如何实现长效激励才是重中之重。《人民日报》的“中央厨房”深谙现今知识人才渴望创新、渴望发展的心理，所以打破了以往“专人做专事，做事听指挥”的人员任用模式，鼓励报纸、客户端、网站中的优秀记者和编辑根据自己的兴趣跨部门、跨媒体、跨地域、跨专业地组织新闻工作室，生产有趣、有料的新闻，并且给予他们资金、技术、推广、运营等方面的支持，鼓励他们创新、创造，极大地激励了员工的生产积极性。

---

① 阿宝，李忻融.江湖有事！今日头条挖角知乎大V背后，问答产品再次迎来大爆发？[EB/OL].(2017-08-30)[2017-12-11].http://www.sohu.com/a/168265553_159592.

二、企业文化环境影响媒介人力资源管理

媒介人力资源管理不仅受到外部条件的制约，企业内部的文化氛围、企业理念也贯穿企业发展的整个过程，影响着企业的方方面面，媒介人力资源管理的策略也不例外。正所谓“木受绳则直，金就砺则利”，不同的环境能够造就不同的事物。若一个企业认可人的价值，尊重人的才能，崇尚创新，那么其在进行人力资源管理的过程中就会重视激励员工的创新精神，关爱员工，用等价的薪酬去换取相应的劳动创造；反之则会忽视员工权益。良好的企业文化环境更容易凝聚企业力量，增强员工的群体价值观念，激励员工朝着共同的企业目标而奋斗。

海尔集团创建于 1984 年，通过数字化转型，其已经成为全球领先的美好生活和数字化转型解决方案服务商。1999 年 12 月，海尔大学创办。海尔大学的校训是“创新、求是、创新”，每位到海尔大学学习的学员必须有强烈的创新愿望。通过理论与实践相结合，海尔大学实现更高级创新。通过对员工的创新培训，海尔大学形成了创新文化，从而为集团的创新发展提供源源不断的动力支撑。海尔大学培训员工时，非常注重内部资源的整合。一方面，海尔大学建立学习资源平台、课程平台、讲师平台、交互平台、测评平台、硬件平台等互联网形态下的新学习管理体系，顺应互联网时代的发展。另一方面，海尔大学针对集团管理层进行脱产培训和国际学术交流活动。海尔大学还与哈佛大学、瑞士洛桑管理学院、北京大学、清华大学、微软和宝洁等一流资源建立合作关系，可以 24 小时与员工进行案例互动。①

【本章小结】

1.媒介融合时代下对媒介人才的要求主要包括道德、创新能力、实践技能等方面。

2.影响媒介人力资源管理的因素包含了政治、经济和企业内部环境等多方面的因素。

3.媒介人力资源管理的主要内容包括人才选拔与匹配、绩效评估与管理、薪酬管理与激励以及劳动关系管理四个方面。

① 李名梁，王敏波.基于案例视角的跨国公司企业大学发展战略研究[J].职教论坛，2020(1)：98-103.

【思考与研讨题】

1.什么样的媒介环境能更好地激励媒介从业者的创造力?

2.在以点击率和转载量来评判内容的媒介环境之下,按照什么样的标准给媒介从业者支付报酬才能更好地激励其创造性?

3.知识经济下,企业雇主与员工之间仅仅是雇佣与被雇佣的关系吗?

第十二章　媒介融合时代的法务管理

【本章大纲】

1.我国的媒介管理法律和政策体系；

2.我国媒介传播活动可能引起的法律纠纷；

3.媒介广告经营活动可能引起的法律纠纷；

4.媒介版权活动中可能引起的侵权纠纷。

【章节内容】

本章主要介绍了我国传播媒介的相关法律法规和政策，以及传媒活动中所产生的图书、文字版权、音乐版权、视频版权等各种法律纠纷。

第一节　我国的媒介管理法律和政策体系

媒介产业作为一种信息传播系统，具有强大的社会影响力。从古至今，关于媒介传播活动的管制从未停止。只不过在漫长的发展过程中，媒介传播活动的自由度大幅提升，言论自由权、传播权、表达权越来越被社会所认可，并成为公民的合法权利。伴随着信息化时代的进一步发展，建立在互联网高度发达基础之上的媒介融合进一步激发了公众的传播热情。然而，自由并不是无限制的自由，它必然伴随着法律的监管和法规的约束。在媒介融合时代，我们的媒介法务系统也在不断调整、更新以适应新的传播环境，从而保证媒介传播活动在不侵犯他人权利与自由的前提下有序进行。

社会主义制度决定了我国传播媒介的所有制结构为公有制。媒介产业除了具有重要的经济功能以外，还承担着为人民提供生活所必要的信息、为党和人民发声的社会职责。为了更好地对媒介传播活动进行管理，防止新闻侵权等现象的发生，我国在媒介公有制的基础上制定了一系列政策和法律法规，形成了具有中国特色的传播体制。而随着时代的发展,我国的传播体制也经历了从事业单位向经营性企业转变的过程。

传播体制具有易变化的特点,而法律法规相对来说较为固定,具有长期实施的特点,能够在法律层面对传媒产业的发展进行指导和规范。我国没有单独出台关于文化传媒发展、传播的法律,但在宪法和民法、刑法等法律中包含了有关媒介传播的条款,还有各类行政法规和其他地方性法规,共同组成较为全面的媒介法律法规体系。

一、宪法

《中华人民共和国宪法》(下称《宪法》)是我国的根本大法,是制定传媒法律的基本依据,任何法律都不能与宪法相违背。我国宪法尊重并保护人权,保护人民的言论出版自由权。使用和借助媒介渠道发表和评论、写文章、出版音像制品等信息传播行为是人们行使表达权、自由权的表现形式,宪法保护公民正当的媒介传播行为。同时,作为社会重要的经济组成部分,媒介产业的传播活动也依法受到宪法的保护和支持。而宪法关于社会其他方面的规定也为媒介传播活动提供了底线限制,规范着媒介传播什么能做、什么不能做。

例如,《宪法》第二十二条规定:"国家发展为人民服务、为社会主义服务的文学艺术事业、新闻广播电视事业、出版发行事业、图书馆博物馆文化馆和其他文化事业,开展群众性的文化活动。"该规定为新闻传播活动指明方向,即为人民服务。

《宪法》第四十七条规定:"中华人民共和国公民有进行科学研究、文学艺术创作和其他文化活动的自由。国家对于从事教育、科学、技术、文学、艺术和其他文化事业的公民的有益于人民的创造性工作,给予鼓励和帮助。"

《宪法》第五十四条规定:"中华人民共和国公民有维护祖国的安全、荣誉和利益的义务,不得有危害祖国的安全、荣誉和利益的行为。"新闻传播活动涉及社会各方面,稍有不慎便会泄露国家机密,危害国家安全。因此需要对新闻传播活动加以规范,传播者在媒介活动中要守好底线和原则。

二、其他法律

我国关于媒介管理的法规散落在各类法律当中,互为补充,共同规范着我国的媒介传播活动。例如在《中华人民共和国民法典》(下称《民法典》)中关于公民和法人的"人身权利"部分就与新闻传播活动密切相关。

"人身权"指的是法律赋予民事主体与其人身生命、身份延续不可分离而无直接财产内容的民事权利。人身权具体可以分为两种，即人格权和身份权。"人格权"是指法律上享有民事主体资格所应具备的权利，主要包括生命权、身体权、健康权、姓名权、肖像权、名誉权、荣誉权、隐私权等；"身份权"包括著作权、专利权、商标权等。《民法典》中有关人身权利的规定是人民法院处理新闻传播侵权纠纷的重要法律依据。

在《中华人民共和国刑法》中也有 20 多种罪名与新闻传播活动有关。例如，侵犯知识产权罪、走私淫秽物品罪、破坏广播电视设施和公用电信设施罪、内幕信息交易罪等。《中华人民共和国保守国家秘密法》第三条和第五条都指出，新闻出版单位在传播过程中应当保守国家秘密，健全保密审查制度。

另外，在我国的《著作权法》《行政诉讼法》《广告法》《证券法》等其他法律中均不同程度地提到与新闻传播相关的法律规定，它们也规范着我国的大众传播活动。

三、行政法规

行政法规是国务院根据宪法和法律制定的领导和管理国家各项行政工作的各类规范性文件的总称，一般用"条例""办法""规则""规定""通知"等名称，其效力和地位低于宪法和法律，但在我国的法律体系中占有重要地位。我国主要的传媒行政法规包括：《出版管理条例》(2001 年公布，2011 年第一次修订，2024 年进行了第六次修订)、《广播电视管理条例》(1997 年公布，2013 年第一次修订，2024 年进行了第四次修订)、《互联网信息服务管理办法》(2000 年公布，2011 年第一次修订，2024 年进行了第二次修订)、《印刷业管理条例》(2001 年公布，2016 年第一次修订，2024 年进行了第四次修订)、《电影管理条例》(2001 年公布，2004 年第一次修订，2016 年进行了第二次修订)、《音像制品管理条例》(2001 年公布，2011 年第一次修订，2024 年进行了第五次修订)、《中华人民共和国电信条例》(2000 年公布，2014 年和 2016 年进行了两次修订)和《信息网络传播权保护条例》(2006 年公布，2013 年修订)等。

2017 年 6 月 26 日，国家广播电视总局发布《关于支持电视剧繁荣发展若干政策的通知》，其中第六条提到："统筹电视剧、网络剧管理。按照媒体融合的总体思路，对电视剧、网络剧实行同一标准进行管理。对重点网络剧创作规划实行备案管理，加强节目上线前对思想性和艺术性上的内容把关，进一步强化播出平台网站的主体责任。鼓励优秀电视剧制作机构积极投入网络剧制作，提升网络剧整体创作水平。鼓励各视听节目网站投资制作、购买、播出优质国产电视剧。规范网上播出影视剧行为，未取得新闻出版广电部门颁发许可证的影视剧一律不得上网播放。"这一规定是顺应媒介融合潮流的应变之举。

四、地方性法律法规

除以上法律法规外，各省、自治区、直辖市也会在不与宪法和其他法律法规相违背的基础上，根据当地发展情况和实际需要，按照相关程序制定地方性法规，发布并报全国人大常委会备案，以繁荣本地的媒介传播活动、促进文化产业发展，如《上海市图书报刊音像市场管理条例》《云南省出版管理条例》和《安徽省图书报刊出版管理条例》等。

第二节　媒介传播活动可能引起的法律纠纷

媒介传播活动包罗社会万象，它既是公民言论自由的象征，又是国家民主的表现；既涉及柴米油盐，也包含国家大事、政治要闻。新闻传播本身的复杂性决定了其所涉及的法律纠纷也各种各样，本节主要从媒介传播与人格权、媒介传播与国家秘密保护和媒介传播与淫秽、色情、暴力、信息的传播三方面来讨论媒介传播过程中所涉及的法律纠纷。

一、媒介传播与人格权

媒介在从事传播活动的过程中所引起的法律纠纷通常被称为媒介侵权，它是指媒介组织或个人通过媒介（报纸、期刊、广播、电视电影、网络等）以故意捏造事实或过失报道的形式向公众传播不当内容或法律禁止的内容，从而侵害公民或法人人格权的行为。[①]

这里的“人格权”是指权利人依法固有的、以自身的人格利益为客体，为维护主体的独立人格所必备的权利，[②]主要包括生命权、身体权、健康权、姓名权、肖像权、名誉权、荣誉权、隐私权等。媒介侵权通常不会涉及公民的生命权、身体权和健康权，较为常见的媒介侵权主要包括肖像权、名誉权和隐私权等。

① 北京市律师协会传媒与新闻出版法律专业委员会.传媒业法律风险提示与案例读本[M].北京：法律出版社，2009：1.

② 王利明.中国民法典草案建议稿及说明[M].北京：中国法制出版社，2004：43.

(一)媒介传播侵犯肖像权

肖像权,是指人对自己的肖像享有再现、使用并排斥他人侵害的权利,是人所享有的对自己的肖像上所体现的人格利益为内容的一种人格权。肖像权的权利主体是自然人而非组织机构。

我国《民法典》第一千零一十八条规定,自然人享有肖像权,未经肖像权人同意,不得制作、使用、公开肖像权人的肖像。肖像权侵权不再要求行为人具有营利目的,只要未经肖像权人同意,实施了利用他人肖像的行为,即可能构成侵权。

所以,媒介传播中对肖像权的侵犯主要指新闻传播者或者新闻传播单位在未经肖像本人同意的情况下随意使用其肖像牟利。

2002 年,北京概念久芭模特经纪公司模特陈娟虹起诉上海人民出版社侵犯其肖像权和名誉权。起因是 2002 年 4 月,上海人民出版社出版的杂志刊登了题为《都是漂亮惹的祸》的文章,文中描写了“有着魔鬼身材和出众容貌的陈娟红”大专毕业后在一家酒店中工作时,因崇拜名牌、爱慕虚荣而抛弃与自己恋爱三年的男友,与酒店副总经理结婚,但又因该经理婚后嫖娼被捕而婚姻破裂的故事。该文配发了原告陈娟虹的两张照片,照片上标有“有着魔鬼身材和出众容颜的陈娟红婚姻却不像想象中那么如意”的字样。最终,北京市朝阳区人民法院判定《都是漂亮惹的祸》一文中的文字和配图足以误导读者认为该文所述“以美貌换婚姻”的“陈娟红”即本案原告“陈娟虹”,被告行为构成对原告名誉权、肖像权的侵犯,应当依法承担法律后果。

(二)媒介传播侵犯名誉权

名誉,是指社会上人们对于公民或法人的品德、才干、声望、信誉和形象等各方面的综合评价。名誉权是人格权的一种。这些被维护的名誉是指具有人格尊严的名声,是人格的重要内容,受法律的保护。《民法典》第一千零二十四条规定,民事主体享有名誉权。任何组织或个人不得通过侮辱(贬低他人人格)或诽谤(捏造事实损害他人名誉)等方式侵害他人名誉权。

媒介传播过程中对名誉权的侵害是目前新闻侵权诉讼中数量最多的。它是指在媒介传播过程中由于媒体故意或者过失刊登了含有侮辱性、诽谤性的文字、图片或者影像,从而使他人名誉遭到贬损,造成他人名誉受到不公正评价的后果。

2008 年 7 月,电视剧《家有儿女》中“刘星”的扮演者张一山起诉某网站,因为该网站刊载了标题为“张一山性感半裸写真,‘刘星’日渐成熟童真不再”的文章,文章中擅自刊载了其从未公开发表的 4 张照片,并在标题中使用“性感”“半裸”“童真不再”等具有贬损和侮辱意味的字眼,张一山称上述行为严重侵犯了他的名誉权。[①]

2020年7月,杭州一女子在小区快递驿站取快递时,被附近便利店店主偷拍,该店主还编造"女子出轨快递小哥"的谣言发布在社交网络中。这一谣言波及范围广泛,该女子也被公司劝退。这一行为严重侵犯了女子的名誉权。

(三)媒介传播侵犯隐私权

隐私权是指自然人享有的私人生活安宁与私人信息秘密依法受到保护,不被他人非法侵扰、知悉、收集、利用和公开的一种人格权。权利主体有权决定自己的私人信息是否公开以及被公开的程度。隐私权是一种基本人格权利。

媒介侵犯隐私权的实质是将私人领域公共化、私密信息公开化。"个人媒体和社会化媒体所采用的特殊的舆论监督手段,如暗访、偷拍、人肉搜索、起底曝光等,使私人领域公共化,容易对公民的隐私权和名誉权造成伤害。"[②]

在媒介传播过程中,最容易被侵犯隐私权的是明星。明星作为公众人物,对其进行正常拍摄、曝光是法律所允许的,但其也是公民的一员,享有保护自己隐私的权利。2012年9月,英国凯特王妃与威廉王子在法国南部度假时,被狗仔摄影师拍到凯特王妃的"走光照":泳装上空照。该照片被刊登在法国娱乐杂志《靠近》(*Closer*)上,舆论哗然,女摄影师与杂志发行人因照片大尺度裸露凯特王妃身体而涉嫌侵犯公民个人隐私权,并因此遭到起诉。[③] 对公众人物进行过度曝光是一种触碰法律红线的行为。

2023年12月12日晚,著名演员周海媚因病离世后,疑似其生前个人就医病历截图在网络中流传。该演员的就医时间、既往病史等个人信息都遭到泄露。2月14日,@平安北京顺义发布消息进行通报,将发布相关信息的嫌疑人依法拘留。

在新闻侵权中,直接被侵害的对象是人格权,而非财产权,但也可能因为侵害主体的人格权而致使其财产权受到损害。特别是在侵害法人名誉权的情况下,法人因名誉受损而导致其产品滞销、交易减少,从而财产遭受损失,这时财产权也会成为新闻媒介侵权所侵害的对象。[④]

---

① 慕明春.游走在道德洼地与法律边缘的传播乱象:网络"明星走光"报道的道德出位和媒介侵权解析[J].当代传播,2016(4):30-33.

② 慕明春.游走在道德洼地与法律边缘的传播乱象:网络"明星走光"报道的道德出位和媒介侵权解析[J].当代传播,2016(4):30-33.

③ 慕明春.游走在道德洼地与法律边缘的传播乱象:网络"明星走光"报道的道德出位和媒介侵权解析[J].当代传播,2016(4):30-33.

④ 郑保卫.新闻法制学概论[M].北京:清华大学出版社,2009:189.

随着信息社会的飞速发展，互联网技术日新月异，媒介传播活动也日益频繁。网络"人肉搜索"成为找人的一大捷径，但也让公民的个人信息暴露在社会视野之中。公民的肖像权、名誉权、隐私权等人格权在信息社会中被频繁侵犯，这在很大程度上是由于媒介传播活动的不规范所导致的。这就要求媒介从业者在从事传播活动的过程中要严格遵守法律底线，把握传播原则，提高专业素养，尊重公民权利，避免媒介侵权。

二、媒介传播与国家秘密保护

我国依法保护公民的言论自由和出版自由。《宪法》第三十五条规定："中华人民共和国公民有言论、出版、集会、结社、游行、示威的自由。"《出版管理条例》第二十三条规定："公民可以依照本条例规定，在出版物上自由表达自己对国家事务、经济和文化事业、社会事务的见解和意愿，自由发表自己从事科学研究、文学艺术创作和其他文化活动的成果。"

权利与责任是相辅相成的，公民或者法人在依法享受自己权利的同时，也需要承担相应的责任和义务，保守国家秘密。维护国家安全就是其中之一。《中华人民共和国保守国家秘密法》将国家秘密的密级分为绝密、机密和秘密三个级别，任何组织和个人都不得非法获取、持有国家秘密载体，不得买卖、转送或私自销毁国家秘密载体。报刊、图书、音像制品、电子出版物的编辑、出版、印制、发行，广播节目、电视节目、电影的制作和播放，互联网、移动通信网等公共信息网络及其他传媒的信息编辑、发布，应当遵守有关保密规定。

《中华人民共和国保守国家秘密法》第十三条规定："下列涉及国家安全和利益的事项，在泄露后可能损害国家在政治、经济、国防、外交等领域的安全和利益的，应当确定为国家秘密：(一)国家事务重大决策中的秘密事项；(二)国防建设和武装力量活动中的秘密事项；(三)外交和外事活动中的秘密事项以及对外承担保密义务的秘密事项；(四)国民经济和社会发展中的秘密事项；(五)科学技术中的秘密事项；(六)维护国家安全活动和追查刑事犯罪中的秘密事项；(七)经国家保密行政管理部门确定的其他秘密事项。政党的秘密事项中符合前款规定的均属于国家秘密。"

为了防止新闻出版单位在繁杂的传播活动中泄露国家机密，我国本着既保守国家秘密又有利于新闻出版工作正常进行的方针出台了《新闻出版保密规定》(以下简称《规定》)。

《规定》中指明，新闻出版保密审查实行自审与送审相结合的制度，新闻出版单位和提供信息的单位，对拟公开出版、报道的信息，应当按照有关的保密规定进行自审；

对是否涉及国家秘密界限不清的信息,应当送交有关主管部门或其上级机关、单位审定;新闻出版单位及其采编人员需向有关部门反映或通报的涉及国家秘密的信息,应当通过内部途径进行,并对反映或通报的信息按照有关规定作出国家秘密的标志。

《规定》第九条规定:"被采访单位、被采访人向新闻出版单位的采编人员提供有关信息时,对其中确因工作需要而又涉及国家秘密的事项,应当事先按照有关规定的程序批准,并向采编人员申明;新闻出版单位及其采编人员对被采访单位、被采访人申明属于国家秘密的事项,不得公开报道、出版。对涉及国家秘密但确需公开报道、出版的信息,新闻出版单位应当向有关主管部门建议解密或者采取删节、改编、隐去等保密措施,并经有关主管部门审定。"

违反《国家保密法》及其他相关保密规定的组织和人员,将被依法判处泄露国家秘密罪、向境外提供国家秘密、情报罪以及非法获取或非法持有国家秘密罪等罪行。目前,对于实行"一国两制"的香港、澳门地区,仍视其为"境外"。

2012 年,范文敬利用 QQ 群传播考研试题答案,造成部分科目答案大范围泄露,违背了国家考试的公平性原则。范文敬与另外 3 名涉案人员一起,以泄露国家秘密罪被提起公诉。无独有偶,2016 年,河南省第一监狱八监区三分监区长曹某从负责印刷 2016 年全国研究生考试试卷的第八监区偷拍了综合能力、政治、数学等共计 8 张考卷,通过弹射装置将存储卡弹射到监狱外,最终使 2016 年研究生考试试题外泄至全国各地。最终,曹某以非法获取国家秘密罪被判处有期徒刑 1 年零 6 个月。①

三、媒介传播与淫秽、色情、暴力信息的传播

媒介产业是一种注意力经济,需要吸引眼球才能实现传播效果的最大化。美国报人普利策的《世界报》和赫斯特的《新闻报》之间的竞争让以夸张、色情、煽情、暴力为卖点的"黄色小报"进入一种大规模的传播状态,影响了后世众多的报人报业。而如今,这些暴力、色情信息搭载着互联网的高速路得到了更为泛滥的传播,不少传播者利用这些内容博人眼球,赚取不法收入。

我国《刑法》第三百六十三条规定:"以牟利为目的,制作、复制、出版、贩卖、传播淫秽物品的,处三年以下有期徒刑、拘役或者管制,并处罚金;情节严重的,处三年以上十年以下有期徒刑,并处罚金;情节特别严重的,处十年以上有期徒刑或者无期徒刑,并处罚金或者没收财产。"

---

① 2016 年考研泄题案:监区长与罪犯从监狱偷拍 8 张试卷[EB/OL].(2017-11-26)[2017-12-14].http://edu.163.com/17/1126/13/D46177LQ00297VGM.html.

即便这样,依旧有人知法犯法。究其原因,还是因为利益的驱使。2016 年 9 月 13 日,历时两年半的"快播案"庭审结束,前快播 CEO 王欣从主张"技术无罪"到主动认罪,因传播淫秽物品牟利罪而被判处有期徒刑 3 年 6 个月,并处罚金 100 万元。

然而,即便前有《刑法》《关于严禁淫秽物品的规定》《互联网视听节目服务管理规定》《网络出版服务管理规定》的明令禁止,后有"快播案"以儆效尤,互联网传播淫秽色情信息的活动依旧猖獗。近年来,电商平台、微博、微信中甚至出现了借销售 VR 眼镜向个人进行色情营销、传播淫秽色情信息的情况。一些商家在网上或网下出售 VR 设备时,有目的地开展色情或低俗营销,在宣传时以"不可描述""宅男的福利""可提升看片感官"等为噱头进行炒作,或宣称这些设备可实现"成人影院""3D 情趣"等功能。[①]

媒介从业者在进行信息传播活动过程中应该遵守法律法规,提高专业素养,避免成为低俗、淫秽信息的发布者和传播者。

第三节　媒介广告经营活动可能引起的法律纠纷

按照一般界定,广告经营是指经国家广告管理机关批准,利用一定的技术和设备,对广告宣传者提供广告设计、制作、代理或发布方面的服务,并从中获取经济收益的行为。[②] 广告是传媒业获取收益的重要手段之一,对维持传媒产业正常运转有着不可忽视的影响。因此,媒介广告经营的正常、规范与否将直接影响传媒产业链的正常运转,并关系到整个传播生态的健康发展。

一、媒介广告经营的相关法律概述

1994 年 10 月 27 日,我国制定并通过了《中华人民共和国广告法》(以下简称《广告法》),该法主要涉及广告内容准则、广告行为规范、广告监督管理和法律责任四个方面。

2015 年,修订过后的新《广告法》正式实施,被称为"史上最严广告法"。针对违法广告心存侥幸,试图借助网络环境进行传播的做法,新法加大了对违法广告的处罚力度,对发布虚假广告的罚款额度提高为 20 万元以上 100 万元以下,也增加了吊销执

---

① 中国官方强力打击利用 VR 传播淫秽色情信息行为[EB/OL].(2017-02-28)[2017-07-16].https://www.chinanews.com.cn/gn/2017/02-28/8161659.shtml.

② 田韶华,严明,赵双阁.传媒产业法律规制问题研究[M].北京:中国传媒大学出版社,2009:193.

照、证照、信用约束和行业进入方面的新规定,提高了虚假广告的违法成本。

《广告法》在 2021 年第四次修订时,强调了广告应当具有可识别性,能够使消费者辨识出其为广告。例如,第十四条规定,大众传播媒介不得以新闻报道形式变相发布广告。通过大众传播媒介发布的广告应当显著标明“广告”,与其他非广告信息相区别,不得使消费者产生误解。广播电台、电视台发布广告,应当遵守国务院有关部门关于时长、方式的规定,并应当对广告时长作出明显提示。

新《广告法》对虚假广告定义进行了补充和完善,明确指出广告内容虚假或引人误解均属于虚假广告。例如,第二十八条规定,广告有下列情形之一的,为虚假广告:“(一)商品或者服务不存在的;(二)商品的性能、功能、产地、用途、质量、规格、成分、价格、生产者、有效期限、销售状况、曾获荣誉等信息,或者服务的内容、提供者、形式、质量、价格、销售状况、曾获荣誉等信息,以及与商品或者服务有关的允诺等信息与实际情况不符,对购买行为有实质性影响的;(三)使用虚构、伪造或者无法验证的科研成果、统计资料、调查结果、文摘、引用语等信息作证明材料的;(四)虚构使用商品或者接受服务的效果的;(五)以虚假或者引人误解的内容欺骗、误导消费者的其他情形。”

新《广告法》提高了对发布虚假广告的罚款额度,由原来的 1 倍广告费用提高至 3 倍以上 5 倍以下的罚款,广告费用无法计算或者明显偏低的,处二十万元以上一百万元以下罚款;两年内有三次以上违法行为或者有其他严重情节的,处广告费用五倍以上十倍以下罚款,广告费用无法计算或明显偏低的,处一百万元以上二百万元以下的罚款,可以吊销营业执照,并由广告审查机关撤销广告审查批准文件、一年内不受理其广告审查申请。

新《广告法》删去了原第二十九条中“向县级以上地方市场监督管理部门办理广告发布登记”的规定,简化了相关审批流程,减轻了广告发布的行政负担。另外,新《广告法》删除了第五十五条第三款、第五十七条、第五十八条第三款中关于“吊销广告发布登记证件”的内容,以及第六十条整体被删去,使得广告发布管理的相关规定更加聚焦于广告内容和行为规范,而非过多的行政许可程序。

除上述法律法规以外,我国的《民法典》《合同法》《消费者权益保护法》《药品管理法》《食品卫生法》《烟草专卖法》等法律条文中也都不同程度地提到广告的设计、发布、代理等各个环节中可能产生的法律问题及相应权责。这些法律与《广告法》一起形成了较为完善的广告管理体系,规范着我国的广告经营活动。

二、广告经营中常见的法律纠纷

(一)虚假广告害人害己

虚假广告，应从两个方面界定：一是广告所宣传的产品和服务本身是否客观、真实；二是广告所宣传的产品和服务的主要内容(包括产品和服务所能达到的标准和效用，所使用的注册商标、获奖情况等)是否属实。凡利用广告捏造事实，以并不存在的产品和服务进行虚假宣传，或者广告所宣传的产品和服务的主要内容与事实不符的，均应认定为虚假广告。

有意夸大产品或服务的功能与效用是虚假广告最主要的特征，具体表现为对生产、销售的产品质量、制作成分、性能、用途、有效期限、产地来源、所获奖项等夸大其词，或对所提供的劳务、技术服务的质量、规模、标准等进行夸大宣传甚至任意捏造，比如广告语言模糊、故意混淆视听、引起歧义等。此类广告在内容上也许是真实的或者大部分是真实的，但是由于措辞明示或暗示、省略或含糊从而使消费者对真实情况产生误解。

广告宣传的一大目的就是为了获取公众注意，激发公众对所宣传商品的购买欲望和购买行为。为此，许多广告主不惜采取欺骗受众的手段进行宣传，对产品的某些属性进行虚假、夸张的描述，误导受众。一些保健药品的虚假广告宣传甚至会影响患者的治疗。对此，《广告法》第十六条规定："医疗、药品、医疗器械广告不得含有下列内容：(一)表示功效、安全性的断言或者保证；(二)说明治愈率或者有效率；(三)与其他药品、医疗器械的功效和安全性或者其他医疗机构比较；(四)利用广告代言人作推荐、证明。"第十八条从保健食品广告方面对广告进行规定，"不得含有下列内容：(一)表示功效、安全性的断言或者保证；(二)涉及疾病预防、治疗功效；(三)声称或者暗示广告商品为保障健康所必需；(四)与药品和其他保健食品进行比较"等。更有第二十一条、第二十三条等分别从农药产品、酒类产品角度对广告内容进行规范。

上海华美医疗美容医院有限公司发布违法医美广告案

当事人通过某平台自有账号进行了两场直播，宣传及销售其"热玛吉""超光子""超声炮全模式"等医美项目，宣称：热玛吉"一次能够达到什么样的效果？就是说你的下巴是三下巴，可以变成双下巴，如果是双下巴的话就可以变得非常紧致""我们的一个超光子，就可以改善你的肌肤问题"，以及"超声炮……效果好，不会出现什么反弹，没有什么副作用"等表示功效、安全性的断言或者保证的内容。

当事人的行为违反了《中华人民共和国广告法》第十六条第一款第(一)项的规定,构成发布含有功效、安全性的断言或者保证的医疗广告的行为。2023年11月,市场监管部门依法对当事人发布违法广告及价格违法行为合并作出罚款5.1万元的行政处罚。

上海莫双网络科技有限公司发布虚假广告案

当事人以弹窗、短视频广告等形式,分别在其运营管理的"实惠喵"App和腾讯广告服务平台上投放了"100元话费补贴"广告,含有"100元话费补贴,到手0元""支付后返还¥29.9""3折特惠""0元抢购""3折充话费""只要下载'实惠喵'App就能29块9领取100元的话费补贴券"等内容,但消费者通过"实惠喵"App购买100元话费充值优惠礼包券商品后,上述广告宣传内容均无法实现。

当事人的行为违反了《中华人民共和国广告法》第四条的规定,构成第二十八条所指的发布虚假广告的行为,2023年1月,市场监管部门依法对当事人作出罚款38万余元的行政处罚。①

虚假广告不仅误导患者,而且会对患者的生命安全造成伤害;害人害己,对企业自身也是一种致命打击,更会对整个广告行业造成不可逆的伤害,消耗公众对广告的信任,影响广告正常的传播环境。

(二)明星代言欺骗受众

请明星代言是目前广告宣传中常见的一种手段,商家支付高额广告代言费,请当红明星为自家产品拍摄图片、视频等进行宣传,刺激粉丝和大众进行消费。诸如衣服、手机等产品的宣传无可厚非,但涉及药品、保健品的时候,明星就需要慎重选择,切不可利欲熏心,成为不法分子的帮凶。

不少明星因为代言商品不慎而形象尽毁,受人口诛笔伐。2006年,演员濮存昕因曾为"盖中盖口服液"代言而被消费者告上法庭,消费者表示这个口服液没有他们所说的那些功能,有欺骗消费者的嫌疑。濮存昕在荧幕上塑造的正直、负责任的形象也因此大打折扣。

① 2024年第一批虚假违法广告典型案例[EB/OL].(2024-04-28)[2025-03-18].https://www.jfdaily.com/sgh/detail? id=1308736.

一向以憨厚、老实形象示人的演员王宝强曾代言河南绿业电脑学校石家庄分校，而后该校因涉嫌欺诈被媒体曝光。许多因看到王宝强所拍摄的宣传片广告慕名前来的学生表示，被欺骗后很失望。这对王宝强树立的憨厚形象可谓伤害颇深。

2006年7月，61岁老人王立堂因为服用藏秘排油茶减肥失败，将藏秘排油茶的代言人郭德纲告上了东城区法院，指控郭德纲、生产厂家和刊登广告的报纸虚假宣传。

明星代言频频出现风波，引起国家相关部门的高度重视，2015年、2018年、2021年修订后的新《广告法》就针对医药产品、医疗器械以及保健食品的广告内容出台了相关规定，明令禁止利用广告代言人作推荐、证明，以免误导大众。

新《广告法》第二十四条第三款也规定教育、培训广告不得利用科研单位、学术机构、教育机构、行业协会、专业人士、受益者的名义或者形象作推荐、证明。

新《广告法》第五十六条中提到，"关系消费者生命健康的商品或者服务的虚假广告，造成消费者损害的，其广告经营者、广告发布者、广告代言人应当与广告主承担连带责任"。这一规定的出台给明星代言产品提了醒：在代言之前一定要慎之又慎，这既是维护自己的公众形象，减少广告纠纷，也是对广大信任自己的观众负责。

（三）擅用人像侵犯人权

明星为企业、产品代言能够起到很好的广告效果，但一些企业为了避免高昂的广告代言费而在未经明星同意的情况下将其肖像用于广告宣传，进行商业营利之用，结果因为侵犯明星肖像权、名誉权等人身权利而被告上法庭，产生法律纠纷。

我国《民法典》第一千零十八条规定，自然人有权依法制作、使用、公开或者许可他人使用自己的肖像。第一千零一十九条也规定任何组织或者个人不得以丑化、污损或者利用信息技术手段伪造等方式侵害他人的肖像权。未经肖像权人同意，不得制作、使用、公开肖像权人的肖像，但是法律另有规定的除外。

演员小阳（化名），曾参演过多部热播影视作品，具有较高知名度。一天，小阳在某电商平台看到一家经营C品牌移动电源的店铺，首页展示一幅他手持C品牌移动电源的宣传海报，海报侧边写着"电影《××》主演小阳助力C品牌"。

该宣传海报被制作成商品购买链接，点击链接进入商品详情页，商品详情页使用了含有小阳肖像的产品照片。小阳通过该链接购买C品牌移动电源，收到的产品包装上也使用了印有其肖像的宣传海报。

法院结合原告的社会知名度、被告的侵权方式、被告的主观过错程度、影响范围和原告维权的合理费用等因素，判决被告停止生产并销毁已生产但未销售的印有原告肖像的宣传物料,并在其电商平台店铺发表致歉声明,赔偿原告经济损失20万元。[①]

明星在社会上具有较为广泛的影响力,其肖像具有一定的商业价值,企业在使用的过程中一定要遵守相关法律法规,防止侵犯肖像权而引起法律纠纷。

无过错原则要求媒体为发布虚假广告的行为承担责任,即使无过错也不能免责,这在一定程度上对媒体事业的健康发展产生了影响。而过错原则要求消费者追究媒体责任时必须就责任的构成要件逐一证明,否则其请求将无法得到法院的支持。由于信息不对称、经济上处于劣势等因素,消费者获得的信息极少,很难证明媒体的主观过错。这使得消费者在诉讼中会陷入举证不能的困境,对保护弱势群体的利益以及预防虚假广告的发生等极为不利。如果采用过错推定原则,将产生明显不同的效果。因为根据这一原则,只要发生虚假广告侵害消费者利益的情形,就推定广告的发布者有过错而应承担责任,除非媒体能够举证证明自己没有过错,否则将承担败诉的后果。这样便把过错的举证责任从消费者倒置给了媒体,不仅大大减轻了消费者的举证负担、提高其胜诉的概率,而且对媒体恪守职责提出了更高的要求。

第四节　媒介版权活动可能引起的法律纠纷

版权,即著作权,属于知识产权的一种,是指公民、法人对自己所创作的文字、艺术、科学作品等依法享有的发表权、署名权、修改权、保护作品完整权、发行权、信息网络传播权等人身权和财产权。

媒介产业作为一种典型的知识经济,在传播过程中会涉及文字、音频、视频等文化内容的版权归属问题,处理不慎就会引起版权纠纷。尤其在网络信息传播日益发达的今天,公众借助微博、微信等自媒体平台可以随时发表意见、发布作品,同一作品几乎可以同时出现在报纸、手机和电脑上,信息传播的飞速性、广泛性和便捷性令媒介内容的版权归属难以得到很好的保护。一篇文章或者一个视频在经过上千、上万次转载后,其原作者早已难觅踪迹,许多内容作者因此抱怨连连,甚至失去了原创的信心。

知识产权和作品版权问题关乎内容创作者的核心利益,也与媒介传播生态的健康与否息息相关,唯有注重版权保护,才能实现不同平台和不同媒介间的内容互传,实现真正的媒介融合。

---

① 擅自使用明星肖像,深圳福田法院判赔偿20万元[EB/OL].(2023-08-10)[2025-03-18].https://www.sohu.com/a/710640326_120046696.

一、著作权概述

1709年,英国议会颁布了世界上最早的版权法——《安娜法令》,旨在保护图书作者的合法权益,这一举动翻开了世界范围内版权法的第一页。我国关于知识产权和著作权的立法工作开展较晚。1990年9月7日,我国第七届全国人民代表大会常务委员会第15次会议通过了首部《中华人民共和国著作权法》(以下简称《著作权法》)。该法律指明著作权无须登记,作品一旦完成,无论出版与否,作者都享有著作权。作品登记采取自愿原则,著作权人可以自主决定是否办理著作权登记手续。《著作权法》后分别于2001、2010、2020年进行了修订。

(一)著作权主体

根据《著作权法》的规定,著作权主体就是指作品的著作权人或者著作权所有者,细分起来包括两类,即作者和其他依照《著作权法》享有著作权的自然人、法人和非法人组织。

作者即作品的创造者,既可以是一般意义上的自然人,也可以是以群体形式出现的法人或组织。如一本杂志中的每篇文章都有不同的作者,这些独立的作者就是每篇文章的著作权人。而这一整本杂志由某出版社发行出版,该出版社就是这本杂志的作者,即著作权人。

著作权包括:(1)发表权;(2)署名权;(3)修改权;(4)保护作品完整权;(5)复制权;(6)发行权;(7)出租权;(8)展览权;(9)表演权;(10)放映权;(11)广播权;(12)信息网络传播权;(13)摄制权;(14)改编权;(15)翻译权;(16)汇编权;(17)应当由著作权人享有的其他权利。

(二)著作权客体

著作权客体是指作者所创作的文学艺术作品、自然科学成果、工程技术产品等。《著作权法》第三条对此进行了详细说明,主要包括:(1)文字作品;(2)口述作品;(3)音乐、戏剧、曲艺、舞蹈、杂技艺术作品;(4)美术、建筑作品;(5)摄影作品;(6)视听作品;(7)工程设计图、产品设计图、地图、示意图等图形作品和模型作品;(8)计算机软件;(9)符合作品特征的其他智力成果。在媒介活动中涉及的著作权客体主要指文字、口述作品、摄影作品、音乐、电影电视等。

(三)著作权不予保护的作品

《著作权法》第五条规定,“本法不适用于:(一)法律、法规,国家机关的决议、决定、命令和其他具有立法、行政、司法性质的文件,及其官方正式译文;(二)单纯事实消息;(三)历法、通用数表、通用表格和公式”。这些法律条令旨在保证公民正常的知情权,满足其了解国家大事、社会信息变化的需求。

然而,并非所有作品都会受到《著作权法》的保护。一些国家明令禁止出版传播的作品,如淫秽色情作品等便不会受到著作权法的保护。

二、网络版权发展

面对由网络新技术、新模式、新事物引发的新型版权问题,我国立法、行政、司法部门积极应对,推动新技术环境下创作、传播、使用环节的利益平衡。

在法律制度构建方面,2016 年 11 月 7 日,第十二届全国人民代表大会常务委员会第二十四次会议通过了我国文化产业领域的第一部法律——《电影产业促进法》,明确规定与电影有关的知识产权受法律保护,任何组织和个人不得侵犯,同时对涉及信息网络传播的公映电影进行规范。该法体现出网络版权保护在电影产业中的重要地位。

在审判规则方面,2016 年 4 月 13 日,北京市高级人民法院发布了《涉及网络知识产权案件审理指南》,对涉及网络著作权中的热点、难点问题进行了详尽规定。

在行政监管方面,2015 年 4 月 22 日,中华人民共和国国家版权局发布《关于规范网络转载版权秩序的通知》,明确了著作权法律法规中涉及网络版权转载的几个重要问题,为构建良性媒体生态环境起到了保驾护航的作用。2016 年 11 月 14 日,国家版权局出台《关于加强网络文学作品版权管理的通知》,该文件规定了平台服务商在传播作品时的举证责任、侵权后果和判定要素,进一步明确了网络服务商的主体责任、注意事项和应尽义务,为产业实践提供了指引和判定标准。2016 年 11 月 27 日,中共中央、国务院正式发布《关于完善产权保护制度依法保护产权的意见》,强调加大惩治侵犯知识产权行为的力度。2020 年 9 月 12 日,最高人民法院《关于涉网络知识产权侵权纠纷几个法律适用问题的批复》,列出了人民法院应当依法审查并作出裁定的几种情况。2022 年 9 月 29 日,广东省出台了《广东省版权条例》,强调推动新业态版权保护,建立打击网络侵权为行的快速反应机制,鼓励采用时间戳、区块链等电子存证技术获取、固定版权保护相关证据。

三、常见的媒介版权纠纷

（一）媒介活动与文字版权

"版权保护"最早是针对图书文字所实施的一种法律规范，自《安娜法令》诞生至今，世界范围内关于文字版权的斗争与保护从未间断过，未经作者同意便使用其所写文字、图书而侵犯著作权的行为屡禁不止。

2006 年 5 月 22 日，持续两年的"作家郭敬明抄袭"事件终于落下帷幕，北京市高级人民法院做出终审判决，维持北京市第一中级人民法院的一审判决，认定郭敬明所著《梦里花落知多少》对庄羽的《圈里圈外》整体上构成抄袭，判决郭敬明与春风文艺出版社赔偿庄羽经济损失 20 万元，春风文艺出版社与北京图书大厦停止《梦里花落知多少》的出版、销售行为。

该案虽然以原告胜利告终，但其引发的社会反响却令人深思。不少中学生，甚至大学生对郭敬明抄袭一事表示"无所谓"，居然还有人表示"一个人能抄得让他人喜欢、能抄出名，已经证明了这个人的本事"。这不但反映出年轻人对版权、知识产权的漠视，而且还折射了社会存在的诚信危机，这也显示出完善著作权保护的迫切性和重要性。

2016 年 10 月 11 日，著名武侠小说作家金庸状告作家江南侵犯著作权的案件则将新时代下"同人作品"著作权归属的问题抛给了大众。

原告金庸诉称，被告江南的作品《此间的少年》中的人物名字均来源于自己的作品《射雕英雄传》《天龙八部》《笑傲江湖》《神雕侠侣》等，《此间的少年》人物间的相互关系等与自己的作品实质性相似。江南在进行改编的过程中不标明来源，侵犯了自己的署名权以及保护作品完整权。而被告代理律师辩称，《此间的少年》是作者追忆大学时代的青春校园小说，与金庸原作的时代背景、作品类型截然不同。从当当、豆瓣等网友的评价来看，谈论的关键词都是大学、校园等，而非原告作品中的武侠世界。《此间的少年》在作品类型、主题、时代背景、人物面貌、人物关系等方面都与原告作品具有明显区别，所以属于作者江南全新的创作。他赋予了既有人物名称新的角色内涵，融入了自己独特的生命体验，不构成实质性相似，不会让读者误以为和原告作品有任何关系。

2017 年 4 月 25 日，该案开庭审理，但并未当庭宣判，原告金庸表示愿意在被告停止侵权并赔礼道歉的基础上进行调解,被告江南则希望在庭后与原告进行协商。[①]

广东省网络作家协会的周西篱认为,网络文学这些年的发展,可能让很多从最初非营利、纯致敬的"同人作品"写作,发展到开始让很多写作者获得很大收益的地步,所以,在IP市场价值水涨船高的环境下,需要重新审视"同人作品"的写作界限和版权问题。

"现在的中国互联网文化产业,尊重知识产权已经成为常态,这是所有正规市场参与者的立身之本。没有版权,就没有文化产业。"周西篱说。"金庸诉江南"案对行业来说是一次提醒,对于增强创作者的版权意识非常有价值。[②]

(二)媒介活动与音乐版权

进入数字化时代以来,音乐传播也从最开始的唱片发展到现如今的数字音乐。然而,传播渠道的改变带来的不仅仅是音乐接触的便捷,更有音乐版权侵犯的泛滥。各种音乐在网络上被随意下载,免费获取。这虽然扩大了音乐的传播范围,却没有得到以往唱片时代的回报收入,令作词、作曲及歌曲演唱者叫苦不迭。

在国家版权局发布的《2022年度全国打击侵权盗版十大案件》中,2015年以来,杨某某搭建听歌网站,未经著作权人许可,雇用从业人员从其他音乐网站、音乐贴吧收集、下载22万首侵权盗版歌曲上传至该网站,采取注册会员、付费下载等形式非法获利500余万元。2022年7月,经检察院依法公诉,绵阳高新区人民法院以侵犯著作权罪,判处杨某某有期徒刑3年缓刑4年,并处罚金12万元。[③]

该案的查处,充分体现了版权行政部门维护网络音乐版权秩序的坚定决心。伴随着付费经济的崛起,越来越多的"90后""00后"开始为喜欢的音乐付费,他们推动着音乐版权秩序朝着更好的方向发展。

(三)媒介活动与音像版权

电影、电视是公民生活娱乐的一大选择,随着直播化、视频化传播时代的到来,音像制品在生活中的作用越加突出,但音像作品被侵权的现象日益开始频繁。尤其是云技术的发展,使得盗版影像作品在云端广为流传,侵害了正版作品的正当权利。譬如

① 金庸打官司,谁惹老人家不高兴了?[EB/OL].(2017-04-25)[2017-07-28].http://m.haiwainet.cn/middle/3541083/2017/0425/content_30880877_1.html.

② "郭靖黄蓉"到底是谁的?金庸状告江南索赔百万[EB/OL].(2017-04-27)[2017-05-28].https://baijiahao.baidu.com/s?id=1565791502523635&wfr=spider&for=pc.

③ 2022年度全国打击侵权盗版十大案件[EB/OL].(2023-12-22)[2025-03-18].https://www.ncac.gov.cn/xxfb/ywxx/202312/t20231222_864066.html.

百度云盘、新浪微盘以及腾讯微云，这些云盘虽然方便用户存储资料，但也成为盗版文字、音像作品的传播渠道。

2009 年成立的哔哩哔哩弹幕视频分享网站（简称 B 站）作为一种新兴的互动网站，受到众多年轻人的喜爱。然而，该网站自成立以来，版权便纠纷不断。2014 年，B 站以“侵害作品信息网络传播权”的缘由，被北京奇艺世纪科技有限公司、北京爱奇艺、广州斗鱼网及华视网等告上法庭。2015 年，B 站又成被告，其因未经乐视网授权就向公众提供《男人帮》《甄嬛传》《刁蛮新娘》等多部影视作品的在线播放，被法院判决赔偿原告 24.6 万元。2016 年，B 站再次卷入多起侵权纠纷。同年 7 月，上海市普陀区人民法院一审认定，未经搜狐视频许可，B 站提供电视剧《张小五的春天》在线播放服务的行为，构成侵权并应承担侵权责任；8 月，B 站在未取得蔡明亮导演作品视频播放权的情况下，分享了该导演的作品，受到该导演的公开指责。此后，B 站公开致歉蔡明亮导演，承认己方有版权失察的问题，负有沟通不畅的责任，并宣布已下架未经授权的作品。①

2022 年，上海 16 位退休阿姨在横店包了个剧组翻拍《甄嬛传》。翻拍的微电影在社交媒体一经发布，获得大量点赞，引来网友好评。该影视剧原制片人称翻拍已侵犯了著作权，要求平台将相关内容下架。

根据《著作权法》第十条第十二款规定，著作权人享有信息网络传播权，即以有线或者无线方式向公众提供，使公众可以在其选定的时间和地点获得作品的权利。而 B 站作为被告，站上法庭也正是因为侵犯了爱奇艺、乐视等其他视频分享网站的信息网络传播权。它擅自使用了原本只能在特定网站播放、传播的视频节目，令享有作品版权的爱奇艺、乐视等网站的财产权等权利受到侵害。

这种依靠侵犯著作权得到高人气、高流量的行为犹如在悬崖边跳舞，是一种极其危险的行为。幸好 B 站自己也意识到没有版权就没有发展未来的事实，在经历一系列侵权官司之后，开始推出“新番承包计划”，以众筹等方式购买独家版权，增加了自身网站的竞争力。

尽管网络侵权的案件时有发生，但我国公民的版权意识在逐渐增强，诸如腾讯、爱奇艺、优酷等一些原本也是侵权主体的视频网站现在也开始对作品版权进行保护，积极、主动地以“购买版权”的方式获取优质视频资源，使整个传播生态朝着越来越健康的方向发展。

---

① 杨芬霞，贺荟蓉.弹幕视频网站哔哩哔哩网侵权问题辨析[J].西部学刊，2016(12)：10-12.

【本章小结】

1.人身权指的是法律赋予民事主体与其人身生命、身份延续不可分离而无直接财产内容的民事权利。人身权具体可以分为两种,即人格权和身份权。人格权是指法律上享有民事主体资格所应具备的权利,主要包括生命权、身体权、健康权、姓名权、肖像权、名誉权、荣誉权、隐私权等;身份权包括著作权、专利权、商标权等。

2.媒介在从事传播活动的过程中所引起的法律纠纷通常被称为媒介侵权,它是指媒介组织或个人通过媒介(报纸、期刊、广播、电视电影、网络新媒体等)以故意捏造事实或过失报道的形式向公众传播不当内容或法律禁止的内容,从而侵害公民或法人人格权的行为。

3.肖像权,是指人对自己的肖像享有再现、使用并排斥他人侵害的权利,是人所享有的以对自己的肖像上所体现的人格利益为内容的一种人格权。

4.隐私权是指自然人享有的私人生活安宁与私人信息秘密依法受到保护,不被他人非法侵扰、知悉、收集、利用和公开的一种人格权。权利主体有权决定自己的私人信息是否公开以及公开的程度。

5.版权,即著作权,属于知识产权的一种,是指公民、法人对自己所创作的文字、艺术、科学作品等依法享有的发表权、署名权、修改权、保护作品完整权、发行权、信息网络传播权等人身权和财产权。

【思考与研讨题】

1.媒介融合时代下,我国的传播体制应该如何转型?

2.我国媒介侵权行为主要表现在哪些方面?请举例。

3.我国为打击媒介侵权行为还须做出哪些努力?

参考文献

北京市律师协会传媒与新闻出版法律专业委员会.传媒业法律风险提示与案例读本[M].北京:法律出版社,2009.

陈培爱. 广告学概论[M].3 版.北京:高等教育出版社,2014.

陈钦兰,周飞,陈小燕,等. 新媒体营销:数字、工具与运营[M].北京:机械工业出版社,2023.

崔保国,赵梅,丁迈.中国传媒产业发展报告(2023)[M]. 北京:社会科学文献出版社,2023.

郭国庆. 市场营销学通论[M].8 版.北京:中国人民大学出版社,2020.

科特勒,阿姆斯特朗.营销学原理:第 5 版[M].陈正男,译.上海:上海译文出版社,1996.

科特勒.营销管理:分析、计划、执行和控制:第 8 版[M].梅汝和,海清豪,张桁,译.上海:上海人民出版社,1997.

麦奎尔.受众分析[M].刘燕南,等译.北京:中国人民大学出版社,2006.

牛勇平.传媒产业资本运营[M].北京:经济管理出版社,2014.

邵培仁,陈兵.媒介管理学概论[M]. 北京:高等教育出版社,2010.

邵培仁,陈兵.媒介战略管理[M].上海:复旦大学出版社,2003.

石本秀,蔡郎与.新媒体经营管理[M].北京:中国传媒大学出版社,2012.

宋建武.新闻媒介管理[M].北京:高等教育出版社,2013.

谭云明.传媒经营管理新论[M].2 版.北京:北京大学出版社,2014.

汤莉萍.媒介品牌经营[M].北京:中国传媒大学出版社,2014.

唐盖特.国际传媒巨擘品牌成长实录[M].许怡勤,译.北京:中国水利水电出版社,2007.

田韶华,严明,赵双阁.传媒产业法律规制问题研究[M].北京:中国传媒大学出版社,2009.

屠忠俊.报业经营管理[M].北京:新华出版社,1992.

屠忠俊.现代传媒业经营管理[M].武汉:华中科技大学出版社,2007.

王利明.中国民法典草案建议稿及说明[M].北京:中国法制出版社,2004.

王文锋,肖华,王瑜.传媒经济论:研究史纲卷[M].北京:中国书籍出版社,2013.

吴健安,聂元昆. 市场营销学[M].6 版.北京:高等教育出版社,2017.

向勇. 文化产业概论[M]. 北京:中国人民大学出版社,2022.

谢新洲.媒介经营与管理:第 2 版[M].北京:北京大学出版社,2023.

谢新洲.媒介经营与管理[M].北京:北京大学出版社,2011.

严三九,刘怡,庄洁.媒介经营与管理[M].武汉:华中科技大学出版社,2012.

杨海军,王成文.传媒经济学[M].开封:河南大学出版社,2008.

杨溟.媒介融合导论[M].北京:北京大学出版社,2013.

喻国明,丁汉青,支庭荣,等. 传媒经济学教程[M].2 版.北京:中国人民大学出版社,2019.

张宏.媒介营销管理:智能化融媒体时代的理论、政策与战略实践[M].2 版.北京:北京大学出版社,2013.

赵曙明,刘洪,李乾文.CEO 人力资源管理与开发[M].北京:北京大学出版社,2011.

郑保卫.新闻法制学概论[M].北京:清华大学出版社,2009.

周鸿铎.传媒经济“三论说”[M].北京:社会科学文献出版社,2006.

周鸿铎.传媒经济学教程[M].北京:中国书籍出版社,2011.

周鲲鹏.传媒经营与管理[M].2 版.郑州:郑州大学出版社,2012.

周三多.管理学[M].3 版.北京:高等教育出版社,2010.

周蔚华. 媒介经营与管理[M].北京:中国人民大学出版社,2023.

周艳.新媒体理论与实务[M].北京:中国传媒大学出版社,2014.

韩金伶.美国互联网经济发展研究[D].吉林:吉林大学,2006.

奚欣明.互联网经济对经济增长的影响研究[D].南京:东南大学,2016.

谢雁娇.基于互联网经济的产业融合研究[D].北京:北京交通大学,2013.

陈萍.全媒体时代“两会”报道的融合与创新[J]. 新闻文化建设,2023(14).

关琮严.去媒介化:媒介运作的符号学隐喻:“媒介即信息”的再思考[J].新闻界,2017(3).

姬德强. TikTok 研究:一个国际传播的前沿领域[J]. 视听理论与实践,2022(2).

李珂. 深融语境下时政报道的创新探索:以三大央媒 2022 年全国两会报道为例[J]. 视听,2022(10).

藺政宇，刘云霄. 完美日记 KOL 种草模式下品牌推广策略研究[J]. 全国流通经济，2020(34).

马中红，邱天娇.再读广告史(四)：中国新媒体发展大事记[J].中国广告，2011(4).

慕明春.游走在道德洼地与法律边缘的传播乱象：网络“明星走光”报道的道德出位和媒介侵权解析[J].当代传播，2016(4).

宁启文.1949 年—1956 年大陆报业企业化经营概述[J].新闻与传播研究，2001(2).

强月新，刘亚. 从“学习强国”看媒体融合时代政治传播的新路径[J]. 现代传播(中国传媒大学学报)，2019(6).

瞿刚.写在全媒体报道实验边上[J].中国记者，2010(11).

单蕴菁.基于信息传播链的采编流程管理：以报业传媒集团为例[J].青年记者，2012(6).

宋祖华.传媒业品牌经营探析[J].当代传播，2006(6).

孙葆琪. 主流媒体如何做好重大主题报道：以《人民日报》庆祝中国共产党成立 100 周年报道为例[J]. 新闻论坛，2021(6).

王馨甜. 多维的“我们”：媒介形态变迁中共同体想象的建构与发展[J]. 全媒体探索，2023(8).

王莹. 从“中央厨房”看媒体深度融合[J]. 新媒体研究，2017(13).

杨芬霞，贺芸蓉.弹幕视频网站哔哩哔哩网侵权问题辨析[J].西部学刊，2016(12).

张小强，郭然浩.媒介传播从受众到用户模式的转变与媒介融合[J].科技与出版，2015(7).

赵炎秋.媒介与媒体：传媒的两种涵义及其区分[J].湖南社会科学，2009(5).

周艳，马涛.解构与重构：大数据时代的营销变革[J].广告大观：媒介版，2012(9).

周洋.媒介融合语境下的新闻业务流程再造[J].南京政治学院学报，2011(1).

朱涟莲，潘敏. 完善平台经济从业者权益保障体系[J]. 宏观经济管理，2023(3).